室町文学の世界

室町文学の世界

面白の花の都や

岡見正雄 著

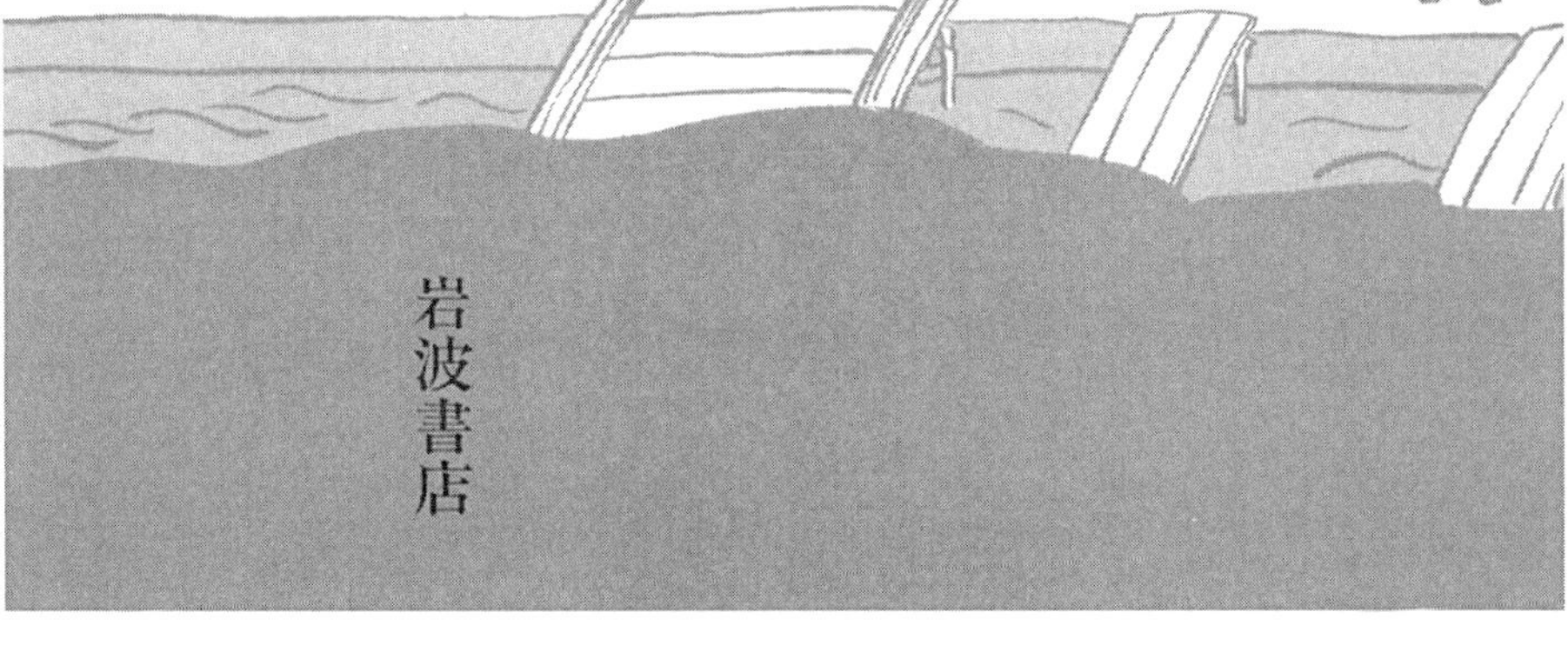

岩波書店

前　詞

岡見君のこの遺稿集の刊行を見ることは、逝去後にしてからも遅きに過ぎた感があるも、私に於いては嬉しき限りである。旧制高校時から、その対象の方面は相違するものの、共に国文学研究を志し、同じ高校、大学を卒業後も、職場を同じくすること数回にわたった私である。その私情をしばらく置いても、君と等しく室町文学を専攻とする人々にとっては、君の研究方法とその結論、結論に到っていないがおびただしい予見・推察の類は、有益に大きなる刺戟となることを、私は信ずるものである。本書をこれから読まれるに当って、その一二を述べることは全くの無駄ではあるまい。

岡見君の対象は目次にも見えて、唱導文学から連歌にわたり多端であるが、一言で云えば、動く文学と称すべきものが多い。一般に写本で伝わった作品では、自筆本など原本とするものが定まれば、他の写本は軽視する風があるが、この期のものは、内容が同じものなれば、題名が相違し、分量の多寡があっても、岡見君は、その全部を見逃さず、吟味することに努めている。唯そのまま読むもの、唱導用、琵琶に合すものなど、この種の文章界が様々に動いていることに注意するからである。これを第一として、

第二は、中世も室町期に入って来ると、日記を始め諸事の記録の残存するものが多い。丁度我々が学生期に、国史研究界に、これらの紹介翻刻が多くなり、現今の盛大とも称すべき中世史研究界になったのであるが、岡見君は、この中に早く加わって、国史の方々以上に、その類を調査した。室町期の文学界に通じなければ、歴史家も気付かない、

様々の現象を見出して、研究に活用している。国史学の進歩と共に、文学界もこの点を深め広げてゆかねばなるまいが、君はこの先達の一人であった。

第三に民俗学的視野での活用である。室町期の読み物に最も目に付くのは、神社仏閣の信仰に関するものである。と云う云い方は誤解をまねく。読み物そのものが信仰用で、次第に娯楽性が加わった。古来の信仰、今の娯楽、これは当然民俗学の対象である。原姿やその変化を考察に加えねば研究は全う出来ない。岡見君は早くから柳田国男先生の書を広く読んでいて、この書のいたる処に、柳田民俗学からの精彩ある理解が示されている。

第四は絵尽し、絵冊子類の活用である。室町期には、御伽草子に絵入のものがある。唱導文学には絵解があった。この期の作品と絵との連携を当然注意すべきである。岡見君は爰で考えた。この期に入っては「三十二番職人歌合」「一遍聖絵巻」などの絵巻・絵冊子が種々と多い。この類を調査中に、絵のない御伽草子中に出て来る人物達を見出した。例えば或る職業の人物とか、ある階層の女達とかである。岡見君は、それらの人物を、絵のない冊子の方の人物に適合させて、読む方法を習得して行った。元来は絵のことで立体化などとは云えないが、君の鑑賞に於いては、絵本の人物が物語の方で行動することとなる。かかる読み方をした上で、本書では色々の説をなしている点を注意されたい。

第五に、以上の如く、諸方面から室町文学を見て行くと、一遍上人の時宗に関するものが多いことを岡見君は詳しく見出した。彼は寺の出身ではないが、はからずも縁あって、京都の一寺の主となった。従って、少くとも我々の中では最も仏教に詳しい研究を進めていたが、今はもう、既に諸芸能と関係深いと云われる時宗と文学との関係は、この本書によって聞かれるのみとなってしまった。

以上主に室町期の最も特徴的な散文文学を、当時の人達は、如何に理解し、如何に面白いと感得したかとなると、本書巻頭に「室町ごころ」と題して詳述されている。通読されんことを。岡見君は中学時代詩人伊東静雄に学び、生涯この師を慕うた文学青年であったことをここで付言しておこう。

更に付言を今一つ。私共の若い頃には、室町期の文学、殊に小説体の作品は、国文学界でも軽視される傾向があった。それは評者が文学概論的、換言すれば明治大正期の文壇的文学評価をもって、日本古典文学全体、或いは歴代小説を見通していたからではなかったろうか。中世説話文学は未熟である、洗練されておらない、幼いと云うべきか、と云った風な感想で片付けていたのではなかろうか。その種評価、批評態度に対して、岡見君は明記してないが、その姿勢からの評を否定して、室町時代の当時風に丁寧に読めば、即ち室町ごころをもってすれば、かくの如き面白さ換言すれば文学性があるではないかと論じているのである。

私も若干述べて見ようか。すぐれた古典文学は、何時、誰に、どのように読まれてもよい。人によって時代によって、様々に取上げられて論じられることの多様なものの方が、すぐれた作品ではないかとさえ思われる。しかしそれは評論で、評論史の材にはなるが、作品論ではない。学問の対象とする時は、先ず第一に、その作品が生れて、云って見れば生きて行われた時に、如何に読まれ、理解され、面白がられたかを明らかにすることを目的とすべきであろう。

○

この一冊、「室町ごころ」をもって、様々のことを見事に結論つけているが、他に沢山に問題を提出して予言、推察にとどまり、その解明が後人に残されている。君に続く専攻諸氏の努力にまかされている事どもも多い。御努力に期待しよう。

それにしてもどれ程、彼が室町時代に通じていたかは、本書最後の「面白の花の都や」を一読されたい。もっとも、彼の住持である寺は、「四条道場」の近く、室町文学でも大事な京都の真中にあるのだが、今の京都の地図をひろげて、何処でもよい、その一部分を採って、そこの室町期やその前後の有様を選んで尋ねると、彼の頭中は、立ち処に中世の地図に替り、その地の歴史迄如何にも具体的に現れるには驚かされるではないか。

これから価値ある亡友のこの一冊を読まれる方々の道案内にもなればと、この前詞をしるすものである。

平成七年十一月

中村幸彦

目次

第一章　室町ごころ

第一節　室町ごころ

その頃和泉の堺は最も富貴繁栄した中世の一都市であった。「和泉の堺へいて、何なりともめづらしひ肴をもとめてこひ」、狂言「痺り」にいう堺の街は我が世の春をとうに過ごしてしまい、さていったんは傷ましい焼土の街となり了せた。だがずっと中昔には多くのたのしい、有徳《うとく》な御方も住まうていたという。だからこんな巷説も室町時代にはあった。すなわち応仁の乱も十数年は経っても、京都近辺にはいぜん土一揆のごとき類が世に多かったろうと思われる頃、奈良の興福寺尋尊大僧正は書く。

石さ衛門尉罷下、京都無殊事、和泉堺福天十六七人、各女房也、入上京之由申云々、真実拝見者在之云々、又京都之賓法神五六十人男也、各鷺、ニワ鳥ヲ頭ニイタヽク、和泉堺へ行向之由申下向云々、此節共雖比興事、一天下申合、希有事也云々。

（『大乗院寺社雑事記』文明十五年六月二日条）

すなわち京都から貧乏神が堺へ下向したのに対し、和泉の堺からは福天が十六七人も上京し、しかもそれが女房であるという巷説も伝わっていた。和泉の堺は西洋のいわゆる自由都市に近いような性格を持っていたといわれ、多くの文化荷担者、画人・茶人・連歌師等がしばしば戦乱を避けここに集り、やがて近世文化の一大淵藪をなしていたことが指摘されている。その堺からは、福天の女房が都へ上ったというのは何だか富市堺にふさわしく、京から貧乏神が下ったのは「算用に浮世を立てる京住居」のせせこましさを象徴しているようでおかしい。貧乏神と福の神。『沙石集』などにも「貧窮殿出ておはせ〳〵」と十二月晦日の夜桃の枝で追い払った話も見えて、以前からかかる考え方の種子はあったと思われるものの、貧乏神と対していわゆる七福神が揃って出来したのは室町時代からだと言われる。それはそうであろう。庶民は常に富貴円満を庶幾していたから。このような庶民勃興期にあっては、卑賤な塩焼の男も末は「天下」の婿殿となるというような、東路の果、常陸の物語が正月の吉日にまず読まれるべき、めでたい冊子の話であった。狂言では福神、夷大黒、鞍馬の毘沙門天の類が常に活躍する。はたまた、狂言の太郎冠者の頼うだ人には大名・小名のほかに有徳な御方がまま居る。有徳銭という金持税めいたものも当時はあったが、有徳とか「たのしい」とかいうことは富貴を意味したので、これはまた物語の成長過程に付加された挿話であろうが、『平家物語』を読んでも祇王の条に「姉の祇王を入道相国最愛せられければ、是によって妹の祇女をも世の人もてなす事なのめならず、母とぢにもよき屋つくってとらせ、毎月百石百貫をおくられければ、家内富貴してたのしい事なのめならず」（巻一）とあり、また餅は後に述べるように福という詞と関係があったと思うが、『古今著聞集』には餅を正月に賜り、興言利口した話に「福楽しさ言ふばかりなし」と洒落たと見える。そしてもちろん『万葉』の古代から貧窮の苦しみはあって、野山に竹を採るわびしい素性の翁すら天上人の恩寵によって富貴になったというような説話は、後代へ長く尾を引き伝わり賞玩された人々の夢であったと思う。富貴円満は常に庶民の願望であって、神仏の恩寵の結末はしばしば長者譚が古くからつきまとっていたのだ。だが物語の中で富んだ長者の家には七福神を影向させて大黒舞をさせて見たりするのは室町時代の物語冊子、いわゆる御伽草子であった。例えば梅津の里に住んでいた一貧窮人が長者になったというような「梅津長者物語」。また清水の観音に祈って藁しべ一本を拾ったことが富貴の原因になったというような、あの古くからの説話の系統を受けた大悦《だいえつ》の物語（「大黒舞」と名づけられた絵巻を寓目したが）。これらの冊子絵巻に見える貧乏神追出譚は広い意味で上代以来の言ほぎの精神が働いたのだろうが、また

　蔵のすみにも泣こゐぞ有

大黒にひむばうかみのたゝかれて
　かどのうちへはひとりましませ
　　　　　　　　　　　　　　（『犬筑波集』）
ふくの神びんぼう神をつれられて
　など大こくをかたらはざらん
　　　　　　　　　　　　　　（『守武千句』）

とか俳諧連歌にも見えて、七福神はむしろ室町時代の人々の胸に描かれた、あらまほしき絵様として熟して来ていた。また福神信仰に縁のある話として夜盗が猩々とか弁才天に化けて入り了せたという噂咄もあった。

季材語云。於二泉堺一夜盗陽為二猩々一。入二徳人之家一財宝尽取レ之。前代未聞事也。不レ知二実不実一云々。
　　　　　　　　　　　　　　（『蔭涼軒日録』延徳三年二月十一日条）
愚問二北房一云。於レ堺猩々石橋之藤右衛門尉宅仁入盗二取倉中財宝一之事実否。答云然也。非二猩々一。陽為二弁才天一誑レ之家財尽取レ之。前代未聞之事也云々。
　　　　　　　　　　　　　　（同記、延徳三年二月十三日条）

というような咄。誠におかしなことであるが、これも和泉の堺の徳人の家の咄である。そしてまたこの時代の物語冊子の類には

かゝる目出度草子なれば先づ正月の読始に此双紙を読み此神に申せば願もかなへ寿命もたちまち授け給ふなり……
　　　　　　　　　　　　　　（『室町時代物語集』五所収「鶴亀松竹」）
此さうし御らんせんともからは御いゐはふつきにけんそくもふそくなくまこひこまてもさかへたまふへし正月のはしめに此さうし御らんしはしめたまわゝすみよしの大みやうしん御めくみあるへしめてたやわれみてもひさしくなりぬすみよしのきしのひめまついく代へぬらん
　　　　　　　　　　　　　　（寓目した御伽草子的な形態の「住吉」の一写本）
毎日一度此の草子を読みて、人に聞かせむ人は、財宝に飽き満ちてさいはひ心にまかすへしとの御ちかひなり、

めでたき事なか〳〵申すもおろかなり

（「物臭太郎」）

というような結句がしばしば見られて、お家富貴というようなおめでた思想に満ちており、正月の吉書始に読まれた草紙の類が「文正草子」一つに止まらなかったことを証している。或いはまた、計らざるに放屁の上手になり了せた一翁がその施芸故に長者になったという花咲爺の類話の福富長者の物語双紙。これは竹伐り爺が神の恩寵あってか屁の音の故に一期《ご》富み栄えたという竹取翁の系統を引く昔咄の文芸化であったことは原本に近いかと思われる京妙心寺春浦院の同絵巻に「あやつゝ　にしきつゝ　こがねさら〳〵」という有名な竹伐り爺の昔咄の唱え詞があるのによって判る。しかもなお、この物語の名は屁の音の洒落か福富であり、また『宇治拾遺物語』や『五常内義抄』『醒睡笑』に見える瘤取りの話がこの時代の双紙絵巻になっては主人公の名は「こぶくのすけ」であった。「瘤は福のもの」という詞が『宇治拾遺』の瘤取りの話に見えるが、福という日本語は元来どういう意味であったろうか。餅をフクダという中世の詞もあったが、餅が白鳥と化し飛び去ったという古風土記の文が暗示するように、そのふくれた中味に幸福が存し、いわばその象徴である白鳥が不敵にも弓で射た餅から飛び去ると長者の運も傾いたという説話も古くからあった。

事によるとこの時代の人の心持に、白い鳥は至つて餅に化し易いもの、もしくは餅は往々にして飛び去ることありといふやうな考へが、何となく挾まつてゐたのかも知れぬ。私はまじめに右の如く思つてゐるのである。近世の子守歌にも、「縁があるならば飛んで来い牡丹餅」などゝ笑ひながらだが歌つてゐた。手毬唄のしよんがえ婆さまにも、餅にこがれて逐つて行つたと云ふやうな歌がある。童話の鼠の浄土などにも、正直爺を団子が導いて隠里へつれて行くとあつた。鎌倉期の初めに成つたといふ「塵袋」の巻九には、餅の白い鳥に化した話を、豊後の玖珠郡の事件として載せてゐる。古風土記を見て書いたらうと謂はれてゐるが、果してどうであつたらうか。

今ある「豊後風土記」とは、単に郡の名がちがうてゐるのみならず、全体に於いて記事がむしろ後世の言ひ伝への方に近い。しかしその中でも、何故に餅が飛び去つて長者の運が傾いたかの説明だけは、少なくともあの時代の人の考へ方と見てよいと思ふ。即ち餅を以て的とするなどは、たゞの奢りの沙汰として神の憎しみを受けるのみでない。餅は元来福の源である故に、これとともに福神が飛び去つたのだといつてゐる。「塵袋」の著者の時代には、福引といふのは餅を二人で引合ふ事であつた。恐らくは今でも若い人たちが戯れに煎餅をもつてするやうに、餅の両端をとらへて引合ひ捻ぢ合ひ、結局二つに割れたとき大きい方を得た者を勝とし、勝てばその年は福が多いなどゝいつたものだらう。

（柳田国男先生「餅白鳥に化する話」）

と説明されたのは意味深い。有名な信貴山毘沙門縁起の話の『宇治拾遺』に見えるのは「ふくたい」という暖衣の名も見え、その切れ端を世の人がお守りとして尊重し、また倉の朽ち破れた木の端をお守りにしたり、毘沙門を作り奉る人は必ず徳がついたというのもやはり福に関係した勧進の説話であろう。またとれどつきぬ米俵を得たというような説話は田原藤太の話や、また『今昔物語』に題名だけ見える、生江世継なる男が吉祥天女（『宇治拾遺』では毘沙門天）に仕えて富を得た話であり、『宇治拾遺物語』によると修陀なる鬼から米袋を授り、中の米がつきず長者となったとあるが、とにもかくにも現世に福を享けるのは神仏の恩寵によってであった。かつまた、室町時代にはこんな記述も見える。

抑鞍馬月詣今日代官参、与次郎、下向之時於貴船有百足、取之さんせう浹枝ニ乗之、ちとも不動、やすくとられて長途はたらかす持参、御福之条勿論、則張台之内安置、月詣信仰、預御利生之間随喜無極、

（『看聞日記』永享九年八月二十日条）

抑今日鞍馬代官参、於七曲扇一本拾、其絵如意宝珠鶴等有之、寿福之御利生勿論也、弥可信可仰、扇秘蔵珍

重々々、　　　　　（同記、永享十年正月五日条）

或いはまた「鞍馬の大悲多聞天の御福《ごふく》を主殿に参らせたりや参らせ賜ったりや賜った」（狂言「鞍馬参」）とか、「それ故此度御福を下さるゝとあつて。則ち福ありのみを下されてござる」（狂言「毘沙門連歌」）という文句も見えている。『沙石集』には南都興福寺で四天王といわれた、連歌好きの四人の僧の一人がある時「我等をば四天王とぞ人は言ふ」という句に「但し毘沙門なしとこそみれ」と付けたとあり、「四人共に貧き僧なるべし」と書いている。毘沙門は仏教本来の意味でも福々しい存在であったのであるが、特に鞍馬のそれは鎌倉時代の『古今著聞集』にも「鞍馬の福」「毘沙門の福」などという詞句もすでに見えて、室町時代には「御福」と言われて信仰され、徳川時代の『日次記事』にも正月の初寅に鞍馬で生蜈蚣を売り、「御福ト謂フ」と見えている。福神が七福神として揃って来たのは室町後期かも知れないが、例えば『看聞日記』応永二十七年（一四二〇）正月十五日の条には伏見の山村の松拍《まつばやし》の風流に「布袋。大黒。夷。毘沙門等」と見え、また『満済准后日記』永享二年（一四三〇）正月十三日の条には松拍の風流に「福禄寿」の名も見えている。そして鞍馬毘沙門の「御福」はむしろ現世利益としてこそ望まれたのである。神仏から福を賜わる思想は後に西鶴の『永代蔵』にも見える水間寺の初午の借銭や諸国の鷽《うそ》替えの神事のごとき、みな無関係ではないと思うが、かかる福を賜わる神仏、例えば狂言によく見える毘沙門天、大黒、夷の影向はあの古代からの神降臨の思想が永く尾を引いていたのであろう。すなわち古くは巫覡の言によって常世の神の来現を信じ、虫を祭り、富と寿を祈って衆皆歌い舞い、財を棄てたというようなことも記録に見えて、かつまた天降《あも》るということは大切な古代の詞であり、彼岸常世からの神仏の降臨影向は爾来引き続いて庶民の信仰であったかと思う。『今昔物語』の説話の中には樹木に登り、四季の景のある別世界に行ったというような話の断片もある（巻十九、東三条内神報二僧恩一語第二十三）。平安朝の庭園様式に取入れられたらしく、またいわゆる近古小説中にしばしばみえる四季の景の描写は恐らくこんな所から発している。すなわちそれは常世、彼岸浄土の景観としてあらまほしき世界であった。海彼の国からの神降臨の思想は最も根源的な古代信仰であったと思うが、現実の不如意は庶民に常に彼岸を望ませ、神仏を天降《あも》らせていた。中代に盛んだった弥陀来迎の信仰だってよもやこれと無関係ではあるまい。そしてその神々はしばしば高い山、樹木に天降りついたのであった。現つ神のみゆきに対しては榊に玉や剣鏡をかけて迎え申し忠誠を誓ったと古代の成書に見えるのはこの考え方の発展で、その榊の玉などに尊きみ霊《たま》を迎え宿り申す意であった。だから尊貴の方のみゆきには沿道に小松を並べ立てるというような中代の記録もあって、橋懸りに松を植えてあり、神仏怨霊の影向化現を主題に取扱うことの多い謡曲の構想もかかる信仰を背景としてのみ了解できると思う。古代的な神々の来現はなお残存していた現実の事件であったから謡曲の複式能と言われる霊出現の形式が民衆に難なく、否むしろそれこそ自然に受取られたのであろう。だからどうかすると猩々や弁才天の化現も信じられたのであろう。それは誠におおらかな時代であった。大福長者という詞は中世の語であったろうが、室町時代には福を悦ぶような、いわばおめでた思想があったので、近世初期の笑話集たる『醒睡笑』には「祝過るも異な者」という条があって祝い過ぎて失敗する話も見える。そして、そこでは福は何処からか常に与えられたものであった。「世上の毀誉は善悪にあらず人間の用捨は貧福にあり」(『太平記』巻三十九)という考えもあったが、西鶴に見えるような自分の力を信じて利が利を産むという近世の町人致富譚とはおよそ縁が遠かった。物臭太郎は都に出れば今までの物臭さがはたとなくなり栄えたのも物臭が元来神を本地とし、只の凡夫ではなかったというわけである。

「猿源氏草子」(寓目した古写本には「鰯売」とある。『言経卿記』にもその名が見えるから、「鰯売」の名の方が古かったかも知れぬ)に見られるように、卑賤なる鰯売の猿源氏は連歌の力によって、その恋の首尾をなしとげた。狂言ではしばしば祈る神仏は大黒、毘沙門の類で、殊に連歌の座には異香薫じて化現した。己が運命を法楽の連歌に賭け占った明

智光秀の話からも察せられるように、連歌は遊びという以上に挨拶であり、祝言法楽であって、『犬筑波集』にも

福を持つ連歌をも又すべきなり

祈れや祈れ弁才天神

なる句が存するゆえんであった。しかしながらそんな性格をもっていた連歌の席にはまま賭物《かけもの》も出されなどした。ちょうど室町初期の猥雑な「雲脚茶会」の雰囲気がおよそ利休という一人格を通じて考えられる茶会とはことなるように。だが見給え、どんなに神仏の力がかかわっていたかを。発句を客が読み、主人が脇を添えることなどは挨拶とはいえ古い信仰、臨む神と人の問答が影をさしていたのであろう。すなわち花合にしても茶会にしてもまた連歌の座にしても、天神の名号御影の類がかかげられて神まず臨むの晴れの祭の気持があったのであろう。そして、常世のまれ人を厚遇するのは民族の古代からの習慣、論理であった。だから公方《くぼう》将軍の御成にはまず家の女房が独り別室に在ってもてなすということもあった。連歌師「心敬僧都述」という注記がつく『馬上集』には越後の国の松の山家河原山の天神が客僧として現われたことを記録している。また応永・永享の頃の記録を見てゆくと、しばしば夢想の発句を書いたり、神句に付けて法楽の連歌を興行している。

今暁夢想連歌欲張行、賀茂祭の心地して予出発句、

日のめくる南になひく葵かな

脇末付之処夢覚了、葵傾日影事本文也、句句無子細歟、何様吉夢也、仍記之、

(『看聞日記』応永三十一年五月十日条)

こんなように夢中の連歌も真面目に記録しているのは当代の傾向であった。例えば

御八講第五巻日也、……又有連歌是夢想神句法楽也、興福寺衆徒春日社七ケ日参籠満夜示現、御発句脇第三蒙霊

夢諸神々句也、

春の花ひかる三枝の祭かな　　春日大明神

さくらをかさす神楽舞して　　八幡

かけていのる残の雪のゆふたすき　　北野

南都衆徒以告文注進云々、仍万人神句ニ相続法楽之由聞之、仍令法楽祈禱之間上下一献有張行之子細、……百韻畢、（下略）

（『看聞日記』応永三十二年四月二十四日条）

田向有連歌、神句《南都》夢想連歌法楽云々、一座了月次御会、（下略）

（同記、応永三十二年五月二十五日条）

とあり、奈良興福寺の僧が春日社で夢想の示現に神の連歌の発句、脇、第三を蒙り、万人がそれに付けて祈禱法楽したという話。この時代の前後には夢想と連歌の結びつきが多く、神句とか夢想の句に付句をしていることはなお例が多い。

抑今暁夢想八幡ニ参、神ト雑談中心地す、予発句申、

君ならてたのむかけなき我身かな

神付之、

昨日のふみの文字のうす墨

第三句傍人アリテ付之、其句不分明、世事申談ト見テ夢覚了、不思議之夢想也、仍記之、脇神句其心不審、吉凶如何々々、

（『看聞日記』、応永二十七年閏一月十一日条）

聖廟御発句、出雲大社脇句、或人蒙夢想、以之万人付神句奉法楽云々、

いく千代の松の色とや朝日寺

宮つくりする雲の丈尺

法楽事張行、宮中男女勧進、連哥不存知人々以代官書名字、一献事面々各出、

（同記、応永二十七年六月二十五日条）

抑持経去比夢想、於北野給神句、

また二葉なる松の一本

霊夢之間、是を脇句にして可法楽之由申、発句予可付之由頻申間、乍憚発句を遣、

神に千代かけてめくみにあふひかな

（同記、永享八年四月二十二日条）

於宿所今日法楽云々、人数如昨日、面々招請云々、

抑出雲大社神詫御発句、世間謳歌云々、明盛注進之、

天地我彦出子孫哉《アメツチヲワカウシヤマノコスヱカナ》　吹風並木諸国民《フクカセナミキモロクニノチリ》

至脇神句也、自第三可付云々、万人法楽以此神句沙汰云々、誠神句歟、非凡人之句、尤信仰忿可沙汰也、自夏初世間病流布、都鄙病死者不知数、道路如散算云々、今月殊興盛云々、恐怖無極、能々可祈禱者也、詠草合点進之、

（同記、永享十年五月十四日条）

去々年於聖廟参籠所夢想発句在之。其後兎角無沙汰。此一座不及興行。今日於妙法院此法楽沙汰之。夢想発句。

はつ音はや雲間にもらせ時鳥

（『満済准后日記』応永三十四年六月二十五日条）

自今日於北野社室町殿様御夢想御発句ニテ（千句在之。三ケ日）千句ヲ満スヘシト云々。御発句。

春風になひく野山の草木哉ト云々。

（同記、正長二年二月五日条）

将軍御前へ参申了。自今日恒例愛染護摩用手代。金剛王院僧正勤仕之。初夜時如昨日。脂燭一人。御夢中連歌事

御物語。即以此御句為法楽。於門跡連歌可張行由被仰了。（同記、永享二年四月一日条）

早旦自公方御書拝領之。御夢想御発句二句遊給之了。於門跡内々可致其沙汰云々。於当寺御沙汰由被思食云々。

　雲や水雨も落くる花の滝

脇句御沙汰。

　藤浪もよる青柳の糸

　花よりもやとこそことにさかりなれ

此脇句予可沙汰申承了。以吉日両三日間可令沙汰由申返事了。（同記、永享二年六月一日条）

夢想連歌張行。自将軍御発句拝領之了。正月一日暁夢也。将軍御句ニ奉付様キ。仍御発句申出了。

　今年猶さか行花の若枝哉　将軍

　又たちそふるよろこひの雲　夢想

　鶴の子のや千代の春を君に見て　予

人数禅那院僧正。金剛王院僧正。妙法院僧正。慶円法眼。胤盛。祐円。玄阿。万阿。祖阿。春阿。弥若丸。喜久寿丸。執筆祖阿。（同記、永享五年三月五日条）

大和住人藪内息春日神託御発句脇句在之。以之法楽連歌沙汰之。諸方已沙汰畢云々。（同記、応永二十年五月三日条）

御夢想法楽和漢御会可参仕之由昨日伯卿相触、仍早朝参仕、於御所各賜朝膳、親王御方、中御門大納言、下官、大蔵卿、源宰相、章長執筆為学等候之、於黒戸有此事、酉刻許終事退出、

御夢想発句

月出て霞にくるゝあした哉
鶯花山弄春　親王御方
水流和暖語　御製
煙浪触風皺　為学
かりねむるあまの蓬屋のあくる夜に　実隆
玉泉両緡送之、　（『実隆公記』明応六年十一月三十日）
今日連歌藤侍従母夢想也、いかにしてたへぬ三代世や常磐山、（下略）　（『言継卿記』天文二年九月二十日条）
中御門夢想法楽連歌、云々、可来之由有之間、午時罷向、（下略）　（同記、天文二十一年十一月十八日条）
禁裏御夢想、為太神宮御法楽御連歌有之、巳刻参内、（中略）御夢想以下如此
うけて見よ神もひろはむいさめ草
雲井へたてぬ神の瑞籬　御製
行水にかすむも月のかけ澄て　曼殊院宮
（同記、天文十九年三月五日条）
今日都護、夢想連歌張行、可来之由、昨日有音信　（『宣胤卿記』文明十二年九月五日条）
こんな記録は他にも多いが、かかる記述から考えられるのは『馬上集』の話が単なる作り咄でなかったことである。和歌に神秘な力のあることは古くから信ぜられたことであるが、遊びである連歌の座にもしばしば神仏が影臨し、のぞき込んでいるのである。
有名な日吉猿楽の犬王道阿弥が死んだ時には天華が下り紫雲がたなびくと人々は見た。この時代どこかに色濃い幻想が庶民につきまとっているのである。だからどうかすると「比興イタカ」の如きものの仕業とても民衆は素直に受

け取ったのだ。『看聞日記』を見ると、応永二十三年(一四一六)、山城国桂里の辻堂の石地蔵に奇得不思議の事をたくみ出した男のことが出ている。そして、その計画は見事当たって貴賤群集して「風流之拍物」をして参詣がはやったのであるが、後にそのことをたくらんだ桂地蔵奉仕の阿波法師と与党七人は近郷の者であることが判って、禁獄されるということになった。しかも事のいかんにかかわらず、『桂川地蔵記』に見られるように、種々の風流拍物《ふりゅうはやしもの》の参詣がつづき後々までもこの地蔵が繁栄する基をなした。この時代このような「イタカ」のごときに庶民はよく惑わされたのである。「イタカ」とは『七十一番職人尽歌合』『新編会津風土記』を見て察せられるように、明らかに巫祝の類であった。イタカは「比興」(『看聞日記』応永三十二年二月二十八日条)とか「スチナキ事云」(同記、応永二十三年七月十日条)という形容詞を冠した詞となり、また一休和尚の『自戒集』にも「イタカノシタニヲトラヌイタカアリ」という詞が悪口として出ている。この時代は一面かかる巫祝の横行した時で、文安の前後都で評判だった年八百歳の白比丘尼とてもやはりこの類の旅の巫女で、それが全国に多い八百比丘尼の伝説と関係があることが指摘されている。かかる風説がわけもなく評判になり、不老長生が信ぜられた時代である。『平家物語』なども音曲として広く上下をゆり起こしたのはむしろこの時代であったろうと思うが、平曲を地蔵堂で勧進興行中に地蔵が錫杖をふり給うたとか、その時犬が勧進に廻ったとかいうような風説も記録には見えている。私はいわゆる近古小説の無邪気さ、幼稚さ、幻想をそんな時代の空気から眺めるのである。虫や鳥や獣が恋をし、また合戦をするような御伽草子の世界——それはまたどこの国にも見られる原始民族的な昔咄の表象であったが、終末には常に仏道に入り発心し、まためでたしめでたしに終っていた。或いは現世に憂き目を見たり、なまけものだった者がかえって長者の婿になるというのは本来神の恩寵の強さを示すための意味だったろうが、それは常に本地が神仏であって、仮に凡夫と現われ給うたというのであった。そして、それは物語上の仮構というより、むしろまた巫霊者的な性格を持ったいわば旅の語部に説示される真実だったので、恐らくかかる神の本地譚を管理したのが、座頭や瞽女、物語僧であった。すなわち座頭の坊、瞽女等により、『平家物語』はもちろんのこと、本地譚やまた「利口上手」なる物語も語られたところに時代色があったのだろう。『曾我物語』が『神道集』などの成立した鎌倉末期以前に発生したと考えられ、やや暗い色を持つのに対し、『義経記』の無邪気さとほがらかさ、弁慶の滑稽ぶりなどは正しく狂言、近古小説と共通する室町ごころであったと思う。ともあれ、物語、咄の語られ、絵草子の眺め読まれた時代であった。継子いじめの草子などにしばしば尼さんや乳母が出て来るのと、長歌の恋文があるのが共通の約束構想のように思えるが、恐らく後世科負《とがおい》の比丘尼とか、御伽比丘尼とか言われた尼さんにこんな草子は読まれ、子女の教科書的な役目を果したのであろう。或いはまた説経聴聞の際に合戦記、『太平記』『明徳記』の類が物語僧に読まれたりなどした。大耳な大名にはのさ者、太郎冠者、沼の藤六、曾呂利新左の類が抱えられて御伽をしていた。夜伽と後には茶の湯咄が流行した時代であった。庶民の耳には文学もまた、或いは具象的に語られ、視覚的に眺められ、「絵解」の如きもまた存在した。それは近世の神話時代であった。異様なる服装、新奇なる慣習が起り、異聞がむしろ庶民の心を捕えていた。或いは女曲舞、遊女・傾城の如き女猿楽すら興行され、後世の女歌舞伎を連想させる。室町初期、『看聞日記』には連歌達者の女房が還俗将軍義教の連歌の席で河内の誉田より上洛して侍り、連歌をしたが、すこぶる名人で「世間美談云々」と永享三年（一四三一）十一月五日条に出ている。（後になると『大乗院寺社雑事記』には女が連歌をしたことについて「女房連歌是又希有事也。……何も凶也」（文明十二年二月十四日条）と見える。）そして女房なども近世期江戸以前の庶民の女房は幾つかの狂言に見られるように、なかなかに勝気な、わわしい、自由わがままな家童子、山の神であった。都に横行した山伏や、座頭、立売りの商人、小名、有徳人、そういう類が太郎冠者という京童の代表によって縦横にあやつられているのが狂言の世界であったが、それは何よりも室町時代のある時期の京都中心の庶民の社会であったろう。私たちは枯山水の庭園とか、利休の茶のようなものからのみ、この時代をながめがちである。しかし室町初期から「バサラ」という時代語もあった。『義経記』の鬼一法眼のように、「印地者」は人に一風変った「大過職」の風をしていた。それはいわば後の歌舞伎の大将であった。後に桃山時代から近世初期にかけて存したような「うはかぶき」の風潮は早くから充分にきざしていた。そこには荒々しいが、むしろ生々潑溂たるものこそがかえって渦を巻いていた。

この時代の小歌はうたう。

くすむ人は見られぬ　夢の〳〵世を　現顔して
何せうぞ　くすんで　一期は夢よ　たゞ狂へ
十七八は　二度候か　枯木に花が咲き候かよの
人は嘘にてくらす世に　何ぞよ燕子が実相を談じ顔なる

中世には常なきもの、夢幻と世を観ずるあのくすんだ見方が古くからあった。しかしそのような無常観の反面、「何ぞよ燕子が実相を談じ顔なる」――これは『禅林句集』によれば「紫燕黄鸝深談実相若了聞性即成正覚」という『宗鏡録』の文に依拠しているが――というような考え方、すなわち「空しきをきはめをはりてそのうへに世を常なりとまた見つるかな」(為兼)という歌にも通ずる、ありのままの現実を肯定する、柳緑花紅の実相論的な観方も生じていたのだ。夢幻の世こそがそのままに花々と肯定されてきたのである。後に芭蕉は「すてはてゝ身はなきものとおもへともゆきのふる日はさむくこそあれ花の降る日はうかれこそすれ」と西行像の画讃を書いている。この西行の歌と信じられている本歌について『実隆公記』に次のような法談の記事がある。

由良開山弟子五人住高野山　其内一人詠歌云
捨ハテヽ身ハナキ物トオモヘトモ雪ノフルヒハサムクコソアレ

詠此歌時由良開山許可云々　誠有興　（長享二年五月十四日条）

この歌は一遍上人の歌とも伝えられているようだが、和歌山県日高郡門前の臨済宗興国寺の開山由良法燈国師覚心は時宗と関係があり、このような歌はむしろ時宗の遁世聖の生き方を象徴しているので、時宗に伝承された歌と思うのである。他阿の法語を読んでも『阿弥陀経』中心の名号絶対の空観思想が見られると思うのであるが、かかる芭蕉に影をさしているような一つの遊行宗的な生き方が中世には広く存したのである。そして、それは「花の降る日はうかれこそすれ」と芭蕉に詞を付け加えさせるような、むしろ感性的なものを肯定する、またすなわち「世を常なりとまた見つる」と歌うような、常なき世が常なき故にかえって常なりと肯定するような契機もあったのである。近世の「浮世」の兆候は充分にきざしていたのである。前代にもすでに「仏も昔は凡夫なり」というような歌謡がやわらかく人の心にしみこんでいた。人間発見の芽があったのであるが、当代に至って多くの狂言小歌、俳諧の類にはしばしばなまの人間性の表白がある。そして、また雪舟のように強い強い自然を見る眼もあった。生々たる当代の禅精神は例えば茶道のわびに見られるようにかえって原始的な、自然的な、素朴なるもの、むしろ生命的なものをこそつかんでいた。それは文化精神に新しい息吹を与え、再生させたのである。健康な精神が存したのである。そしてまた、遁世者と号しかえって都にはなやかに隠れなくあらわれていた風狂人の群もあって、時代はどこかに沸々と沸き上る享楽的なものこそがひそんでいた。連歌の席、また茶会などは言われるように儀式であり、新興市民の新たなるエチケットである場合もあったのであろう。そこには、しばしば伝統的なものが被いをかぶせており、庶民的なものを制御していたとしても、土一揆や徳性の行われた当代——万句法楽の座や雲脚茶会と言われた茶会の雰囲気などはあまりにも逸楽的であった。また連歌の席には居たたまれずして、俳諧ばかりを編纂した宗鑑法師のような人もあった。そこには、常に露骨な大笑いがつきまとっていた。『昨日は今日の物語』のようにいったい御伽の笑話には「大笑」はつきものであったが、あの俳諧の連歌とてもむしろお伽の席の付合であり、謎々咄である性格をも持っていたようだ。人はかかる一場の談笑裡に生活の鬱を散じた。或いはまた室町時代の小歌とても野外の民謡というよりはまた酒宴の席の伽であり、肴であったろう。ここには疑いもなく自由な律動をもって人間性の表白がある。しかし、それはより雅びやかに艶なるものこそが溶け込んでいるようだ。

今結た髪がはらりと解けた　如何様心も誰そに解けた
薫き物の木枯の　洩り出づる小簾の扇は月さへ匂ふ夕暮
誰が袖触れし梅が香ぞ　春に問はゞや　物言ふ月に会ひたやなう

こんな小歌の類、また謡曲の「夕顔」や「野宮」のような三番目物。宗祇を中心とする東山時代の連歌、また桃山時代以前の障壁画や工芸品にひそんでいるような、むしろ装飾的な艶の精神。（庶幾する「幽玄」という詞が艶というほどの意味を持ち、また「なまめき」という詞が貴族的というほどの意味を持った場合もあったようである。）それは確かに伝統的、古典的なものを受け、それによりみがかれていたとはいえ、能の場合の如く、むしろ庶民的な健康や強さ、また王朝的なものに対する新興階級の憧憬をその根柢にもっていないだろうか。だから能に見られるような物狂、遊狂のうつくしさ、ほがらかさ、それは伝統的なものを受けるというよりは、もっと別の要素、むしろ古代の神遊びに通うようなほれぼれとしたものを基礎としていないだろうか。すなわち例えば、念仏踊が狂うようにしばしば行われた当代である。念仏踊の風流と能の関係については例えば筑土鈴寛氏が

風流とは、趣きある作物の意、蓬萊島鶴亀の作物から、その形様々に及んで、その最も進んだものは、戯曲的な所作を固定化した人間の姿にまでいたってゐることは、桂川地蔵記などをみればその代表的なものが知れる。人形はもとは神之に憑り給ひし依代であり、更にまた形代であったと思ふが、之を生きたる人間がなし、歌舞を附

し前後の地を整へるなら、すでに能の骨子は出来たのである。その風流精神より成る能が、殆ど過半、精霊とその得脱を主題にしたとは、誰も怪しんで之を考へて見ようとしたものがない。これをたゞ能作者が、勝手に選んだ主題だとすることは、私にはまだ腑におちぬところがあるのである。精霊を慰め和す歌舞踊躍の印象が、能楽発生の原初になつたものであらうか。而してその印象の最も鮮かであつたものが、念仏の踊供養でなかつたであらうか。能の「百万」「隅田川」の大念仏は、さうした印象を最も強く語つてゐはしないか。

と書かれたのはすぐれた解釈であると思う。或いはまた能狂言は劇というにはあまりにもおおらかな笑いと拍し和す祝言精神に満ちている。私は狂言能や猿楽能を念仏踊や松拍子の盛んに行われた時代の空気から眺めたい。それは衆庶の寿福増長を願いとした芝居、緑の草原の芸能であったはずである。

事実は土をはうほど圧迫され、無自覚な庶民も多かったであろうが、少くとも都市の市民社会にはどこかにのびのびとした生気があった。二条河原の落書に「この頃都にはやるもの」として俄大名があった。家来とても幾人あったものか、狂言の「かやうに過しは申せ共、召使ふ者は唯一人」というような、小名の中に入る、土くさい武骨な連中も多く、都に上ってはさぞ京童の笑いの対象となったことであろう。狂言の「萩大名」のような無学な大名も事実多く、素姓をただせば同じ山賊・野伏・山伏の馬の皮、牛の骨という連中も多く、「猿源氏」の話に見られるように、大名に化け込み、恋の首尾を遂げたということも実際存したのであろう。また中には狂言「二人大名」の如く、大名は翻弄され鶏の真似をして蹴合をさせられている。鶏合は室町時代には三月三日に行われた習俗であって、「鶏聟」のような狂言もある。またこんな記録もある。

抑洛中鶏はやりて万人養之、而室町殿京中鳥被払、辺土へ追放、境内へ随縁持来、三木一羽又進、後聞、前摂政《一条》亭鶏闘、諸人門前群集、室町殿被通、折節万人皷操之間抑御輿云々、依之御腹立、鶏被追払、前摂政も御意不快

云々、

（『看聞日記』永享五年六月二十二日条）

すなわち洛中で鶏合が流行し（嘉吉三年三月三日の同記には「世ニ鶏繁盛」とある）、それがわがままな還俗将軍義教の通行の邪魔をして、その逆鱗に触れ、京中の鶏が追放されるということになったのである。「二人大名」を見るとそんな鶏流行時代における軽い市民の皮肉がうかがわれるような気がする。これを庶民の反抗意識というのはあまりにも大袈裟である。悲しいかな、それほど狂言には階級意識については自覚が欠け、限定されていると思う。これは早くから猿楽能と並びそのもどきとして共に支配階級に奉仕していたと思う。しかし時あって現実の諷刺をするということは事実あったであろう。

抑猿楽狂言公家人疲労事種々令狂言云々、此事不可然之間、田向以禅啓召楽頭突鼻了、当所皇居也、公家居住之在所ニ公家疲労事種々狂言不存故実之条、尾籠之至也、為向後突鼻了、且有傍例於山門、猿楽猿事令狂言、仍山法師猿楽令刃傷云々、又於仁和寺猿楽狂言聖道法師比興之事共令狂言、自御室被罪科云々、如此皆就在所有斟酌、不存故実之条奇恠也、可召放楽頭之由勘発了、仍楽頭更不存知之由種々陳謝申、比興也、

（『看聞日記』応永三十一年三月十一日条）

とある記述はよく引かれる。現在の能や狂言のように類型化固定化せぬ以前に、かなり自由な猿楽、狂言の存したことは種々の点から想像される。しかし現在の能狂言の筋が全然室町時代のものと異なっているとは思われない。かつそれは鋭い諷刺と言うにはあまりにも和やかな笑いに満ちている。時代がそんな気持、おおらかな心を持っており、現実にふわりとベールをかけているのである。そしてしばしば心敬の如き孤星が光っており、むしろ無の芸術精神が銀線のように流れており、現実を現実として凝視する精神になおかけていたと思う。

中世的なものとして文芸その他の中にあらわれる著しい思想として児《ちご》愛玩の傾向がある。いわゆる若道《にゃくどう》に関しては

醍醐の「男色絵巻」の如きすさまじき草子も存する。いかに若道が広く行われたものか、それは私達現代人の理解の範囲を超えている。『醒睡笑』にも「若道不知」という条と「児の噂」という条があり、『犬筑波集』を見てもこの方面の句が多い。

あらぬ所に火をともしけり
いかにして蛍のしりはひかるらむ
しほはかりにてうくるいつはい
さしむかふ若衆のみめはわるけれど
くひをのへたる明ほのゝ空
きぬ〳〵に大若俗の口すひて
口をすうとてつかれこそすれ
若衆にも鑓おとかひのあるものを
我よりもせいたか若衆恋わひて
大木にせみの音をのみぞなく

確かに若道の如きも現実に行われていた。しかし「一児二山王」というような考え方が生じてきたのはむしろ信仰であった。例えば能では高貴の方に児が扮するとか、また連歌の座に児がおればまずその児が発句をよむとかいう慣習も多かった。児が山に上ることは広く見られる中世の習俗であったが、そこには信仰が存し、児を一山の象徴として愛玩し、尊敬したのであった。叡山とか平泉とかいうような大寺には一山を代表する花の如き美しい児があって、『義経記』に見られるような「児くらべ」ということもあったのであろう。それは単に女人禁制の故に性欲のはけ口として存したというようなものではなかった。「遊ぶ子供の声きけば我身さへこそゆるがるれ」とか「七つになる子が殿が欲しいと言うた」というような歌謡もあって、かな法師に心のひかれるのは人情の自然であったろうが、児はしばしば神祭の中であがめられるように、神に近いものであった。大寺においては児愛玩の習俗が平安末期から見えているのも、むしろかかる信仰が背景にあったからである。しばしば現実のモデルがあったと思われる児物語が製作された。児のためには一山騒動に及ぶというような事件が信仰に擁護されて、ロマンとしてもてはやされた。それは現実には確かに性欲のはけ口を求めるためのものであったかも知れない。一々例を挙げるまでもなく、若道の行われたことは想像のほかであったろう。そして、露骨な、単なる男色のための職業人たる若衆を形成するのは、例えば『鹿苑日録』の中に見られる如く、初期の歌舞伎の発生の頃からであったろうが、もうそれは中世的な世界ではなかったろう。なお人間性が露骨に表現されず、どこかに縹渺とした恋愛譚となっているのが室町時代の児物語草子であった。そこには傍から神仏がしばしばのぞき込んでいるのである。だから児愛玩の事実をあまりにも現実的に解釈すると的をはずれるのである。だが呑気な時代であったと思う。例えば猩々に化けて盗人に入るというような時代。ありようはもっと大様な、ほがらかな、生々たるものが中世心としてあったのである。茶道にしてもそれが下京の庶民の間に興起した時の、素朴なまたわびの根元は天照大御神に在るといった時の、最も原義的な意味にかえして了解することはなかなかむずかしいのではないか。

第二節　白河印地と兵法

――義経記覚書――

印地とは石合戦のことであると普通辞書に出ている。意味としてはそれで良いわけであるが、この語彙は御伽草子などにも見える。例えば「秋夜長物語」にも

我等ガ面白ト思事ニハ焼亡辻風小喧嘩論ノ相撲事出シ白川ホコノ空印地山門南都ノ御輿振五山ノ僧ノ門徒立（永和本に依る）

とある「白川ホコノ空印地」がこれである。これは白川鉾の空印地の意味であるが、ともかく室町時代初期に白川から祇園会に出る祭礼の白川鉾の徒党が悪党的な存在であることを示していると思うのであり、また『義経記』巻二に鬼一法眼の娘婿が

はやと申す所に印地の大将して御入り候

とある「印地の大将」がそういう悪党の大将の意であると思うのであるが、このことは鬼一法眼と関係づけて「義経記覚書」として書いて見たが、もう一度補足し、その語史をたどって見たい。

いわゆる石合戦が市井で行われたのは歴史が古い。すでに平安朝末期嘉承二年（一一〇七）五月二十三日条の『中右記』に

又近日京中下人、毎述《（辻カ）》飛礫互及殺害、早可被制止之由可奏者、則参内申此旨……

とあり、『百錬抄』の同日条にも

　検非違使等制二止京中飛礫一。自二此春一此事発起。

とあり、『年中行事絵巻』にも石合戦をしている様子が描かれているのは、平安末期の市井の事件であったのだろう。鎌倉時代に入ると、『吾妻鏡』文永三年(一二六六)四月二十一日の条に

　甲乙人等数十人群二集于比企谷山之麓一。自二未剋一至二酉剋一。向飛礫。爾後帯二武具一起二諍闘一。夜廻等馳二向其所一。生二虜張本一両輩一。被レ禁二籠之一。所レ残悉以逃亡。関東未レ有二此叓一。京都飛礫猶以為二狼藉之基一。固可レ加二禁遏一之由。前武州禅室執権之時其沙汰被レ仰二六波羅一畢。況於二鎌倉中一哉。可レ奇云々。

とあり、鎌倉で四月二十一日の日に向飛礫——むかいつぶてと訓むのだろう——をし、武具を帯し、諍闘に及んだ。これが京都で行われたことで関東ではまだ行われなかったことであると書いているのであり、なおそれより以前、寛喜三年(一二三一)四月二十一日の条に

　承久兵乱之後諸国郡郷庄保新補地頭所務事。被レ定二五ヶ条率法一。又被レ仰二遣六波羅一条々。先洛中諸社祭日非職輩好二武勇一事可二停止一。次強盗殺害人事。於二張本一者被レ行二断罪一。至二与党一者。付二鎮西御家人在京輩并守護人一。可二下遣一。兼又盗犯人中仮令銭百文若二百文之程罪科事。如レ此小過者。以二一倍一可レ致二其弁一。於二重科輩一者。雖レ召二取其身一。至下于不二同心一縁者親類上者。不レ可レ及レ致二煩費一云々。

とあり、六波羅に命令して、洛中諸社の祭に「非職の輩」が乱妨することを制止しているのであるが、「新編追加」によるとこの時に

　一　諸社祭之時、非職之輩、好二武勇一之類、礫飛之次、及傷殺害之条、固可レ被レ加二制止一也、而依レ令レ禁二遏此事一、世間飢饉之由、京中雑人風聞云々、泰時在京之時、殊雖レ加レ制、全以無二其儀一、是則好二武勇一之輩、寄二事於

左右一、令二構申一歟、甚不レ足二信用一、但於二礫飛一者、非二制之限一、至二武芸一者、可二停止一之由所レ候也、仍執達如レ件。

寛喜三年四月二十一日

武蔵守判

相模守判

なる法制が下っており、諸社の祭礼の際に非職の輩、武勇を好む類が「礫飛」のついでに刃傷殺害が起り、これを禁止したところ、それが原因で世間が飢饉になると京中の雑人がうわさをした、礫飛に至っては制の限りではないが、武芸は停止せよとの令が下ったことが判り、祭の際つぶてを飛ばす習俗があり、その際武勇に誇る輩が横行し、善良な市民に迷惑を及ぼしたのである。この礫飛が印地なのであり、『平家物語』巻八の皷判官の条に

公卿殿上人の召されける勢と申すは向へ礫、印地、云甲斐なき辻冠者原、乞食法師どもなりけり。

とある「向へ礫、印地」はかかる徒輩を指すのであろう。事実町冠者の中からこういう悪党が発生してきたと考えられるのであり、『普通唱導集』にも

町人伏惟々々々

以染木称黒木之数珠　招受戒法師而悦其恩

捧釭刀号白刀之指甲　対河原印地而勇彼心

なる詞句があり、町人の中に河原印地をした者があることを暗示している。そして、これによると河原で印地をすることが鎌倉時代末にもう発生していたのである。そして南北朝時代から印地の例が見えており、『後愚昧記』応安二年(一三六九)四月二十一日の条

今日加茂祭也……後聞雑人等及晩頭於二一条大路合戦俗、是ヲ伊牟地ト称ス死亡者及四五人云々、神事之日従祭之輩、通路流血

之条、凡不可説事也、末代之体可悲々々。

とあり、雑人等が印地をして、一条で合戦したことが見えており、さらに『園太暦』文和四年(一三五五)五月五日の条にも

彼是云、今年天魔流行、匪直世事、昨日下渡俀童等、結構菖蒲甲、即学合戦、所々催其興、童部親類以下成人武士等相交、刃傷殺害所々及数輩云々、誠不可説事歟、

とあり、京都の童子が菖蒲甲を造りて戦の真似をなし、はては成人武士が合戦に及んだことが見えるのであり、これは謡曲「浜ならし」に

京白川の童共。作り太刀作り刀。菖蒲かぶとを結構し。四条五条の河原にいで。手比の石をおつとつて。打つうたれつ追つおはれつ印地の体さながら見せたき遊びなり。

とあるような様子であって、印地を五月五日に室町時代にはやったのであり、『室町時代小歌集』解説にある三世鷺伝右衛門保教の伝書の小歌に

兎角子《トカク》供達ハ荘気《イタイケ》ナガ能物《ヨイモノ》。……五月ガオジヤレハ竹馬ニ打ノツテ印地《インジ》ショ〳〵。

と文句が見え、また『世諺問答』に

けふわらはべの小弓をもちていんちをし侍るは何のゆへぞや

と文句が見えるように、五月五日の遊戯であるのであるが、京白川の童とあるのは決して普通の子供でなく、童子をよそおった大人——八瀬の童子というような場合と同じ、鬼童子——、鬼一法眼を首領と仰ぐような無頼の徒であったわけなのである。すなわち『看聞日記』嘉吉三年(一四四三)五月六日の条にも

抑昨日於鳥羽有印地、横大路者被打殺、仍鳥羽へ寄、小家聊焼、聽又横大路へ寄、近郷両方へ合力、伏見も両方

見つく、……

などとあるような大人同志の荒々しい習俗であって、近世初期禁止されるまで行われたが、この習俗の中から町のあんちゃんが発生して来たのであり、印地はそういうあんちゃんの得意のわざであったと言えよう。すなわち『新札往来』を見ると、

及晩白河鉾。可入京之由風聞候。促印地。六地蔵之党。動招喧嘩条。尤不可然。侍所之警固。可イ河原辺候。御進発之由承候間。蟷螂一疋牽進候。

とあり、また『新札往来』から文詞を多く取ったらしい『尺素往来』には、

祇園御霊会今年殊結構。山崎之定鉾。大舎人之鵲鉾。処々跳鉾。家々笠車。風流之造山。八撥。曲舞。在地之所役。定叶二於神慮一歟。晩頃白河鉾可レ入二洛一之由風聞候。六地蔵之党如レ例企二印地一招二喧吼一候者。洛中可レ及二鼓騒一之条太不レ可レ然者也。仍為二其警固一。侍所之勢就レ可レ被レ打二出河原辺一。同御進発之旨伝承候之間。蟷螂二十疋牽二進之一候。

と見え、祇園会に大舎人の鵲《かささぎ》鉾とか、山崎の定《しずめ》鉾に交って、北白川から鉾をかついで祭礼に参加した徒党であり、それがしばしば印地をして喧嘩を招いたらしいことも判るのであり、事実室町初期にかかる事件が歴史的事実として存したことは『満済准后日記』応永三十四年(一四二七)六月十四日の条に

今日祇園会結構云々。山以下風流如七日。万里小路ヲ上ヘ内裏ヘ参云々。此路仕当年初例也。神輿還御後。於祇園大門前少将院駕輿丁ト宮仕ト喧嘩。宮仕ハ纔三十人許云々。仍犬神人ヲ相憑間合力云々。駕輿丁ハ二百人許云々。公方小舎人雑色少将院御輿為警固供奉間。彼駕輿丁ヲ又彼等合力。半時計戦。両方死人在之手負不知数云々。執行等罷出種々加制止。各退散云々。小舎(人脱カ)雑色等少々手負在之云々。此時分同時京与白川イムチヲ沙汰出。

以外大戦。白川者当座三人死。京者又両三人死。手負及数百人云々。侍所為制禁罷出処。イムチ衆両方以外大勢。還而侍所ニ矢ヲ射懸間不及払云々。希代珍事也。但先々モ少々如此事在之。於神人等喧嘩ハ近来未如此大儀無之歟。

とあり、『新札往来』の事実であることを証明している。

いったい印地がつぶてを打つことであることは幸若舞曲「高館」にも

さりながら汝等が。遠国に住んでいりとり強盗し。二十騎三十騎。引き分け引き分け。此処彼処にて空印地し。つぶて打つたるには似まじいぞ。

とあることで判り、それが一種の技術として存したことは、

其器量ノホトヲ計テ目タリインチヲコソ振舞フ事ニテ候ヘシ　（曼殊院本）

と、『是害坊絵巻』にもあり、

十種茶　印地　平家　酒盛　早歌　小歌

とか『撮攘集』にあるようなことでも判るのであるが、それが白川としばしば結び付くことは、例えば『義経記』の古本『判官物語』に

へんけいしら川の一はうのいんちにはなれたりたをるゝやうにてはおきあかり〱かはらをはしりありきけるおもてをむくる人そなき

とか、また『判官都咄』（鬼一法眼、島津久基博士著『近古小説新纂』所収）に

かのをにいちと申は、みやこのうちに、くぎやう、てんじやう人ならほうしにいたるまで、しかるべきじやううたゝおゝでしにもちてありけること、一千人、いなり、ふしみに三千人、しらかわいつちこぼうしばら二千人

……

とか、『義経記』巻四の土佐坊義経の討手に上る事の条に

　土佐が勢百騎、白川の印地五十人相語らひ、京の案内者として十月十七日の丑の刻許りに六条堀川に押寄せたり。

とかあり、白河にいた一種の徒党があったことはほぼ推測されるのである。『義経記』巻二の義経鬼一法眼が所へ御出の事では鬼一法眼の所に御曹司義経が兵法を盗みに行くのであるが、その兵法が盗まれたと知って、鬼一法眼は娘婿の北白川の湛海坊に御曹司を殺させようとするわけである。その湛海坊が御曹司と果し合いをする時の描写には

　屈強の者五六人に腹巻著せて前後に歩ませて、わが身は聞ゆる印地の大将なり。人には一様変りていでたちけり。褐の直垂に節縄目の腹巻着て、赤銅造りの太刀帯いて、一尺三寸ありける刀に、御免様革にて表鞘を包みてむずとさし、大長刀の鞘を外し杖に突き、法師なれども常に頭を剃らざりければ、おつつかみ頭に生ひたるに出張頭巾ひつかこみ、鬼の如くに見えける。

とあり、異様な服装をしており、「印地の大将」は白河にいた悪党の大将であり、後世の歌舞伎者、「歌舞伎の大将」を連想させるものがあるのであり、『大内家壁書』に

　但或火付又者つぶてうち。此外ぬす人などの事は。不㆑及㆑経㆓上裁㆒。其身を搦捕可㆓注進㆒。

とあるようにつぶて打ちは火付、ぬす人に並ぶ悪党であったと思うが、かかる徒輩は兵法にも達していたらしい。すなわち幸若舞曲「未来記」には

　牛若殿鞍馬の奥僧正がかけと云ふ所へ夜な夜な通ひ給ひけり。天下を治めんその為に兵法稽古の嗜あり。抑兵法と申すは。三略の術書たり。昔大唐しやう山のぞうけいが伝へし秘書なり。吉備の大臣入唐し。八拾四巻の中よりも四十二帖に抜き書きてわが朝へわたされしを坂上の利仁九年三月に習ひ。敵を鎮め給ひけり。さてその後に

田村丸。十二年三月に習ひ。奈良坂山のかなつむて。鈴鹿山の盗人。斯かる逆徒を平げ。天下を守り給ひけり。
さてその後に癒り叡山に籠められしを。白河印地のこのかうべ。習ふとは申せども。さしたる勇はなかりけり。

とあって、「三略」の書が四十二帖としてわが朝に渡ったが、その兵法を利仁や田村丸が習い伝え、また白河印地のこのかうべ――『下学集』等には「兄部」を「コノカウベ」と訓じ、「力者ノ頭也」と注してある――に伝えられたというのである。四十二帖の兵法ということについては色々のものに見えるが、例えば御伽草子の「御曹子島渡」に

四十二巻の巻物を相伝せんと申せしが、やう〳〵に廿一巻、いの法まで行ひて、それより末は習はぬなり。もしそれを習ひてや有らん、それを習ひて有ならばわれ〳〵が目の前にてこと〴〵く語るべし。その後大事を伝ふべしとの給ひければ、御曹子は聞召、もとより鞍馬育ちの事なれば、毘沙門天王の化身、文殊の再誕にてましますうへ、文字にくらき事ましまさず、鞍馬の奥にて習はせ給ひし、四十二巻の巻物をこと〴〵くを行ひ給ふ。

とある四十二巻の巻物も同じ意味であり、幸若舞曲「和田酒盛」にも、

いかに五郎それ張郎(張良)が四十二ケ条の兵法の巻物を学したりと云ふと。酒を過しぬれば何にも劣りぬ。

などと見えており、それが張良の兵法として出ているのである。

張良と兵法についてはむしろ「張良一巻の書」の名前が古くから見えているのであるが、「張良一巻の書」なるものが古くから存したとは思われない。むしろ「張良一巻の書」は『和漢朗詠集』巻下雑、帝王の部に

漢高三尺之剣。坐制二諸侯一。張良一巻之書。立登二師傅《フ》一。後漢書

と見える。『和漢朗詠集』では出典を『後漢書』とするが、柿村氏の考証に言う如く、実は『江談抄』巻六に「件句雅材冊文也。調和歌舞非二後漢書句一」とあり、雅材(肥前守経臣の子)の冊文であるらしい。とにかくこれ以後「張良一巻の書」という詞が出来、段々と神秘化してきているように思うのである。藤原兼実の『玉葉』を見ると、治承五

年(一一八一)二月二十三日に

入レ夜外記大夫師景参上、持二来素書一巻一、依二先日召一也、今日依二吉曜一、持参之由所レ申也、此書、相伝之人甚少、先年祖父師遠、自二白川院一下給、深以秘蔵、伝在二彼家一、余聞二此由一、仰下可レ加二一見一之由上、雖二子孫一、容易不レ可二伝授一之由、師遠書二起請一、仍恐懼甚多、進退惟谷、窃致二祈請一之間、夢中有二可レ許之告一、其状在二別紙一、他事等相交、為二師景一為レ余、総以最吉之祥也、仍手自終二写功一、今日所二持参一也、霊告厳重、殆拭二感涙一、余謹正二衣裳一、以読二合之一、余披レ新、師景持レ本也、張良一巻書即是也、黄石公於二圯上一授二子房一、伝二之登師傅一之書也、而余不慮得レ之、豈可レ不レ悦哉、抑張良一巻之書、或称二六韜一、或謂二三略一、其説区々、古来難義也、然而、晋簡文帝説、尤足レ為二証拠一、何況、六韜者、即太公之兵法也、黄公更授二子房一之条、其理頗不レ当歟、三略者、張良自所レ作也、然者、於二圯橋之上一、自二黄公之手一受之書、即以二素書一、可レ謂二真実一、彼三略者、伝二得此書一之後、所二制作一歟、世人深不レ悟二此義一歟、但区々末生、難レ決二是非一、只任二一旦之愚案一、為二後鑒一録二子細一許也、(下略)

とあり、兼実は「張良一巻書」を素書だとして感激して披見しているのである。いったい中国から兵法の書として伝わって来たのは色々あったらしく、例えば藤原佐世の『日本国見在書目録』に太公六韜六(周文王師姜望撰)、黄石公三略記三(下邳神人撰、成氏撰)などと三十三兵家の部に色々挙げてある。しかし、「張良一巻書」なる詞は『朗詠』から出て、例えば『十訓抄』に

漢の高祖の臣張子房、黄石公が兵書つたへて支度をなして項王を打得たり。高祖誉めてのたまはく「はかりごとを帷帳の中にめぐらして、勝つ事を千里の外に決する事、我子房にはしかず」となり。「張良が一巻の書は、立ちどころに師傅に登る」とはこれを書けり。

とか、また『源平盛衰記』巻三十六、維盛住吉詣并明神垂跡事の条には

山に入、市に交りても遁れ難きは無常の使、関固の兵を集めても防ぎ難きは生死の敵、漢高祖、三尺の剣を提し、獄卒の武《たけ》きをば征せず。張良一巻の書に携し、琰王の攻には靡けり。

などと使われているのである。もちろん張良が黄石公から兵法を授かったことは『史記』留侯世家に見えることであり、それによると太公の兵法を黄石公から授かったというのであり、例せば古活字本『保元物語』巻中、白河殿攻め落す事の条にも

敵魚鱗に懸け破らんとすれば、御方鶴翼に連って射しらまかす。御方陽に開きて囲まんとすれども、敵陰に閉ぢてかこまれず。黄石公が伝ふる所、呉子孫子が秘する所互ひに知ったる道なれば、敵も散らず、御方も引かず。されば千騎が十騎になるまでも果てつべき軍とは見えざりけり。

とあり、黄石公、呉子孫子の名が鶴翼、魚鱗の名と関連して見えるのであり、また張良は智謀の士として、『平治物語』巻中、待賢門の軍の事の条に

さりながら范蠡が呉国を覆し、張良が項羽を亡せしも皆智謀の致す所なれば、涯分武略を廻らして、金闕無為なる様に成敗仕るべし。

とあり、「誰か爰に樊噲張良が勇をなさざらん」と見えるのは『史記』に「夫運㆓籌策帷帳之中㆒、決㆓勝於千里之外㆒吾不㆑如㆓子房㆒」とあるように、その勇武と智略の歴史的記述から出たのであろうが、また一方に「張良一巻の書」という詞句の内容が神秘化して考えられて来たためであり、遂にかかる名の兵法の書が室町時代になると出て来たのではないかと思うのである。張良の兵法についてはなお『太平記』巻二、南都北嶺行幸事の条に

依㆑之大塔㆓品親王ハ、時ノ貫首ニテヲハセシカハ、今ハ行学クトモニ捨ハテサセ給テ、明暮ハ只武勇之御嗜ノ外ハ他事ナシ。御好ノアル験シニヤ、早業江都之巧ミ、軽捷ニモ超タレハ、七尺ノ屛風必シモ高トセス、打物ハ

子房カ兵法ヲ得タマエハ、一巻之秘書尽サセスト云事ナシ。

とあり、「一巻之秘書」「子房カ兵法」と見え、その他『太平記』には「是太公カ兵書ニ出テ、子房カ心秘セシ所ニテ候ハスヤ」(巻八、摩耶軍事并酒部瀬川合戦事)とか「黄石公カ子房ニ授シ所ハ天下ノ為ニシテ」(巻二十九、桃井四条河原合戦事)とか常に太公望と張子房の名が見えるのであるが、それは四十二帖の兵書の作者として伝わっているらしいのである。すなわち幸若舞曲の「満仲」にも

痛はしや。美女御前は終に一字も習はぬ経の事なれば、繙とくまでもましまさず、赤面してこそおはしけれ。満仲御らむして憑験のなきやつを。角祚計ふべけれと抜打にちやうとうち玉へば、此程寺にてならはせ給ひたる早態のしるしに、机の上なる御経一巻をつとつて、いや張良が一巻の書と名付。疾外と合せ居なからうしろへひらりと。……

と「張良が一巻の書」と見えているのである。そして次第に張良は神秘化されて来たことは確かで謡曲の「張良」や幸若舞曲の「張良」のように、老翁の黄石公から兵法を授かる際に大蛇が現われ、これを試すという如き筋まで生じ、『判官都咄』(鬼一法眼、『近古小説新纂』所収)では挿話として見えるものは兵法を授かるために上界に渡ったとしてあり、老翁が沓を落し、張良を試みた後昇天し、四十二巻の巻物を授かり、老翁は天上界の計都星と名乗ったとあり、張良は昇天したという説話が存し、張良は「一巻の書と名付けて、これを読みて三尺の竹に上りて虚空をかける」と『義経記』巻二に詞句が見えるのである。(もっともこれは湯浅幸吉郎氏も指摘されたように張博望すなわち張騫が天の河に至ったという故事(『荊楚歳時記』)により作られた朗詠、『新撰朗詠集』巻下の「張博望之到《ガイタリシ》二牛漢一。泝《サカノボリ》二十万里之濤《ナミヲ》一」という詞句(これは『本朝文粋』巻三所収の「弁山水」の一部であるが)を通じて、影響を受けたのであり、幸若舞曲の「屋嶋軍」にも「張博望が古へは浮木に宿を取と社承りて候ゑ」とあり、「馬揃」には「太公望はうき木に

のり、いひむのなみに釣をたるゝ」とあり、『義経記』の巻五には「大国の穆王は壁に上りて天に上り、張博望は浮木に乗りて巨海を渡る」という詞句があり、太公望と張良と張騫の三者に混乱があったらしいのであるが。）そしてこの張良の一巻の書は単にいい加減の想像ではなく室町時代に兵法書として通用していたらしいのである。すなわち『了俊大草紙』に

一　兵法事　今天下に人の用所の兵書は。四十二ケ条なり。此外ゐんちの巻と号て。手を下て(下さでの意であろう)習事等あるに也。（中略）兵法の事は。皆真言にて左右なく行かたき事也。御当家に御家日記と云事はかりは分明の事也。其も悉相伝の事は不侍にや。うたかはしき事なり。亡父か申しゝは。兵法と云は仁義礼智信也。されは張良は信と云字を書て本尊として。朝夕礼拝しけると云々。当時兵法をまなひ。武芸を稽古の若人には。只気なけふりして人を打はり。辻切酒くるゐするは。心外いふかゐなき事也。

とある記述が注意されるのである。すなわちこの記述によると四十二ケ条の兵法が了俊の頃実在していた書きぶりであり、また印地の巻という「手を下て習事」があったのである。最近『日本歴史』昭和三十一年四月号に島田貞一氏は「太平記に見えた子房の一巻の秘書」なる題で尊経閣所蔵の兵法秘術書一巻は鎌倉末期に遡り得るもので、内容は四十二ケ条の密教兵書であると書かれ、子房の一巻秘書が確かにあったと説かれ、前述の『了俊大草紙』にも触れられているが、私は印地巻と『了俊大草紙』にある記述は『義経記』に「白川の印地」とあるその白川の印地と関係づけたいのである。そういう兵法の内容には舞曲「信田《しだ》」に見えるような「棒を使ふ兵法」「長刀使ふ兵法」の如きものであったと思うのである。もちろん武士には武術的なものが古くから自然と発生して来たと思うのであり、例えば兵法にも達していたらしい西行の『山家集』には

武士《もののふ》のならすすさびはおびたたしあげとのしさりかもの入りくび

とある「あげとのしさり」「かもの入りくび」なども一種の技術であり、かかる技術の内容が次第に武術となったのであろう。しかし、石合戦であった印地打や棒術——それが武術として流行ったればこそ、狂言の「鈍太郎」には「棒遣ひを夫に持つに」とか、狂言の「棒しばり」の曲目が存したわけだ——の如きは特に一種の悪党的なものの武術であったのでないかと思っているのである。

この点については『義経記』では印地の大将を従えた鬼一法眼が一条今出川に住んでいた陰陽師法師であると書かれてあり、また一条今出川のすぐ側の一条戻橋に関係する説話にしばしば安倍晴明が出て来ることなどから、私は白川印地が唱門師とか、陰陽師とか、散所と呼ばれる人々と関係が深いことと思う。中世にしばしば見える金材棒《かなさいぼう》とか、杉材棒とかいうような武器が法師—弁慶のような悪法師、力者の武器であったこと、また力者の芸能が棒術の四十八手とかいうような名目でしばしば地方の祭礼に芸能として伝わっていること、また郡司正勝氏が明らかにされた歌舞伎の棒ふりのようなものとも関係する問題であることを付言しておこう。

御曹司義経は『義経記』に見るかぎり、しばしば現実を離れて空中にふわりと浮んだロマンとしての義経となっており、軍記物の系列としては『平家』や『保元』『平治』の流れ、叙事詩的なもの以外の要素もあるように思う。『義経記』は最初に御曹司を田村・利仁・将門・純友・保昌・頼光・漢の樊噲・張良の系列に数え、「目のあたりに芸を世に施し、万事の目を驚かし給ひしは」と言っているのである。「芸を世に施し」とは、猿楽や田楽等を演じたような時に日記記録に「施芸」と書かれたあの詞句なのである。それは兵法に達し、人間離れした御曹司の態度を言ったのである。白川印地をも討ち従える御曹司の物語はいわば室町の現実の上に飛躍した物語なのである。白川印地は確かに室町時代に存した。男だては確かにこの時代に居たのである。『故実聞書』には

況や男だてをして。直垂の袖をせばくして。刀の欛をあらかはりてゝとして。剣の柄を引合よりさし出しなとし。

わらひし者切候はん。切候者笑候はんずるなとの目様其粧して。気色こと〳〵しき人候時。金吾様常に仰候て御笑候き。

とあるが、室町時代のそういう男だてこそ印地の大将、「今日も歌舞伎の大将が死にました」(『寒川入道筆記』)というあの歌舞伎の大将の先駆であったのである。

第二章　書かれざる文学

第一節　瞽女覚書

琵琶法師と『平家物語』の関係については種々に論じられているが、最近もむしやこうじ・みのる氏に『平家物語と琵琶法師』なる著書があり、京都高山寺蔵の「鳥獣戯画」や「扇面古写経」等の例が画に見られることを挙げておられるが、それは男の琵琶法師の例ばかりであって、女の盲の語部については挙げておられない。しかし『年中行事絵巻』を見ると、二か所ほどに女の盲が鼓を持って社の側に居るのであって、古くから瞽女《こぜ》が居たと考えられる。一例をあげると『明恵上人伝記』のような文献にも

又美福門の前に一人の盲女あり、謳って云く、「南天竺に一小国あり云々」未だ次句を聞かざるに行過ぐ。便ち立ち返り、同行を顧みて曰く、我れ彼女盲女を供養せん。南天竺には如来遊化の地なり。遺跡処々に充満せり。此盲女仏法流布の国に生まれて、未だ深理を知らずといへども、五天の名字を唱へ如来の遺紀を歌ふの条、珍《め》づべし、貴ぶべしと、即ち同行を遣はして之を供養す

とあるごとき記事はあまり引かれないと思うが、これを見ると鎌倉初期に明恵上人の時代に、もう女盲は存して、「南天竺に一小国あり」という風に何か説話を語っていたことが判るのである。恐らくそれは鼓を持っていたのではなかろうか、一体に女性の語部は保守的であったので鼓を持つことなども中国で盲人を意味する瞽という文字が古代にあることから考えると或いは男の盲の琵琶を持つ以前の古い姿ではなかったろうか。絵巻を見ると幾つかの女盲の存在が見られるのである。前記の『年中行事絵巻』の場合なども女盲の辻講釈であったかと思うが、こういう類が寺

社の縁起などを語ったのでないか。そして明恵上人が聞かれたのは少くとも京都を中心とした近畿地方であったろうし、女盲が『曾我』ならぬ天竺の説話を語っていたのであろうし、関東で発生したやや荒々しい仇討譚が都に入って来るのは少し早かった時代であると私は考えているのである。その他絵巻物を見ると、「天狗草紙」の例であるが、やはりここにおいても寺社の楼門で瞽を持ち辻講釈らしきことをやっているのが注意される。『石山寺縁起』第五巻の図や『清涼寺縁起』の中の図でも、やはり寺院の楼門や寺の堂の中で衆人を相手に聞かしているのであって、これらの場合には皆鼓を持っているのであり、『一遍上人絵巻』の真光寺本などにも同じく女盲が鼓を持っている姿が描かれているのである。もっとも大原家蔵の『西行物語絵巻』などには歳末風景として女盲が二人杖だけを持って歩いている図が見えており、必ずしも常に鼓を持っていたとは言えないと思うが、鼓を持っているのが女盲のあたり前の服装であったらしく、『七十一番職人尽歌合』を見ると女盲の条には鼓を持っている姿が描かれて

宇多天皇に十一代の後胤、いとうがちやくしにかはづの三郎とて

とある詞句が見え、謡曲「望月」では信濃の安田荘司友治の妻が子の花若と共に亡夫の仇望月秋長を江州守山の宿で討つ際に盲御前に化けて「一万箱王が親の敵を討つ所を謡」って討つ筋となり、これらによって『曾我物語』は瞽女が語った証拠とされる。もっとも盲女はその他謡曲叢書所収の「小林」にも見えて、それによると丹波の国から都に上った僧が山上の廻廊で山名氏清の事をごぜ達から聞くことが見えて、

惣じてごぜ達の謡《うた》に、女御更衣帝王の御事をも謡《うた》に作りて謡ふは習ひ、まして弓取のかくなり給ひし事は、しだひ包むともかくれあるまじ

と見えている。山名氏清の謀反の事件は『看聞日記』の中に、物語僧が語ったことが見えており、従来しばしば引かれて、『明徳記』の内容がその記事であることから物語僧により語られたものと推測されて論じられることが多い。

謡曲「小林」の例によってのみでは『明徳記』の内容が果して女盲の語り物であったかどうか疑問であるとしても、彼等中世の語部にはいろいろの語り物があり、またお互いに融通していたのではなかったか。『曾我物語』のごときも必ずしも女の盲の語物であったかどうか、『曾我物語』について論じるのはまた他の機会にしたいが、私は『平家物語』が男の琵琶法師の表芸であったのに対して、都の瞽女が室町期にこの語り物を十二巻にして語ったので、以前は田舎盲、殊に関東方面から流れて来た語り物であって、元来は目あきの語部のものであったかも知れないと考えているのである。ともあれ、女の盲は室町期になると盛んに都に横行したのであって、枳園本の『節用集』の「古の部」にも「御前(ゴゼン)女盲」と見えているが、御前は『義経記』の巻二にも「や御前《ごぜ》〳〵」と見えて夫が妻を呼ぶすこぶるあたり前の称であって、元来の敬意をあらわした意味が薄れて来、女盲の場合は「瞽女」と宛字をされるように、盲女を意味する程になってしまったのは彼女達がさぞかしたくさん居たからであろう。新潟県の長岡地方で今日でもなお多くの昔話が採集報告されて、いろいろのヴァリエーションが話の素材が共通なるにもかかわらず、たくさん見られることなどは恐らく盲女がいろいろと村々を流伝して、お伽に細部を変化させて語ったためであると私は考えているのである。昔話には盲人の手を経て来ている場合がしばしばあると私は思うが、例えば佐々木喜善氏の『聴耳草紙』に見える継子いじめの昔話のお月お星譚などは姉娘のお月が山に捨てられ、昼夜泣いてばかりいたので、目を泣きつぶして盲になったが、妹娘のお星が抱き助けるとお星の左の目の涙がお月の右の目に入り、右の目の涙が左の目に入り目が開き、殿様に助けられ、また父が盲になって尋ねて来たとあるのなどは確かに盲人、殊に女の盲の物語であったかも知れないし、また謡曲の「仲光(満仲)」や幸若舞曲の「満仲」の物語——満仲の一子美女御前の身代りに仲光が一子幸寿丸を殺したが、その母親が悲しんで目がつぶれたという物語などはことによったら盲の手を経て来ている説話ではないかとも考えているのであり、私は別の機会に幸若舞曲や謡曲以前に、この物語が鎌倉時代に説話、恐らく説経僧の手控えとしてあることについてまた別に資料を紹介して論じて見たく思っているので今は触れない。とにかく瞽女は室町時代に存して、例えば

女盲目二人於三位局歌声有興　（『実隆公記』永正六年四月卅日）

盲女二人発微声、夜深而南殿月見　（同記、永正七年七月十九日）

夜盲女両人愛寿菊寿参、愛寿日来も参、菊寿初参、愛寿弟子云々、召前施芸能、五六句申、聴衆済々候、芝殿以下参、歌了賜引物、薫物、本結、檀紙十帖、其後於台所一両又歌、　（『看聞日記』応永廿五年八月十七日）

とあって『明恵上人伝記』の場合のように多く謡うとか歌うとかあるのであるが、これは女盲の場合には語ると考えてもよい表現であったのであろう。『蔭涼軒日録』の文明十九年（一四八七）五月廿六日の条には

建仁当紀綱韓蔵主。胸敲之乞食。清水寺西門女瞽等学レ之。一座快笑。

と見えている。清水寺は当時は庶民にとって最も親しい所であり、物臭太郎が妻を得たのもこの所であり、また弁慶が義経と会い、果し合いをして主従の契約をしたのもこの寺の舞台であって、『道成寺絵巻』の一異本にも「舞台」に琵琶法師がいるのが見えるが、清水の西門に女瞽がいたことが判り、それが胸敲《むねたたき》の乞食とならぶような身分であったことが判り、狂言の「瞽女座頭」にも

よろづの堂のつちめくら〳〵つま戸のなきぞかなしき　此御堂の辻目盲の法楽御本尊の加護にあづからは　よし〳〵世のとがめよもあらじ

と見えるように、当道の座に属さないような土盲《つちめくら》が瞽女であったのだろう。一休の『狂雲集』の詩題に「文明二年仲冬十四日。遊薬師堂。聴盲女艶歌。因作偈記之」とあるのが見られるのであるが、また一休自身は『狂雲集』の中に見られる盲女の森侍者を愛し、彼女と上下に並び画かれた画像まである。一休は薬師堂で盲女の艶歌を聞いたとあ

るが、薬師菩薩は殊に盲女と関係が深かったらしく、近世美濃可児郡の大寺山願興寺の薬師堂のある所には可児の瞽女という者がいたことが『新撰美濃志』にも見えている。薬師の十二の誓願には「転女成男」ということがあり、殊に女性と関係が深かった菩薩ではあろうが、もしかすると峯の薬師の申し子である浄瑠璃姫御前の物語も始めは女咄であり、三味線でしたことが単に琵琶法師の新工夫であったかもしれない。それはともあれ、盲女は琵琶法師に比べると蔭の存在であったようで、清水の西門などの寺院の門前に屯《たむろ》していて、琵琶法師の当道一座のごとき組織があったかどうか、それは問題であろう。しかし鎌倉時代から室町時代にかけて、都鄙を問わず辻々の盲法師は数が多く、『吾妻鑑』にも仁治元年(一二四〇)二月二日条には辻々盲法師を「鎌倉中可レ被二停止一条々叓」として挙げているのが注意される。しかしそういう盲法師が何を語ったかは明らかではないが、必ずしも当道の表芸である『平家物語』ばかりではあるまい。『峯相記』は種々の意味で注意すべき書ではあるが、それには

又安志奥ニ伊佐々王トテ高二丈余ナル大鹿二ノ角ニ七ノ草苅有テ。身ニハ苔生ヒ。眼ハ日ノ光ニ異ナラズ。数千ノ鹿ヲ相従ヘ人類ヲ喰食スル間。人ノ歎キ日追テタヱズ。仍勅使ニ下サレ。国中ノ衛士等ヲ相催テ終ニオ、ヒ殺ト云々。小目童等ノ物語ニ申セドモ年記等分明ナラズ。事久キ間巨細申者モ無之。此外ノ小神等ノ垂跡ニ興有ル物語共候ヘドモ。且ハ分明ナル所アルモノ無シ。

とある記事などによって見ると、小目童《こめくら》の物語の内容が中世小説的なものであったことが判り、こういう「小神等ノ垂跡」が無数にあって、それが例えば『神道集』のような神々の縁起に関する物語を生じさせて来た原因であったと思うが、「こぎう」と言われるような小座頭の才蔵役が琵琶法師にはしばしばついていたと思われ、いろいろの中世語部が居たことは事実であろう。中国でも『周礼』の大師に「瞽矇……諷詩」とか、『左伝』襄公十四年に「瞽為《ウタウ》レ詩」などと見えて、これはまた南宋のころ鼓を負うた盲翁に就いて、陸游の詩に「斜陽古柳趙家荘、負レ鼓盲翁正作

レ場、死後是非誰管得、満村聴説蔡中郎」と見るようなこととつながって行くのかも知れない。とにかく、わが国でも瞽女は蔭の存在であるが、中世以前から室町期にかけて存していたと考えられ、その存在について、琵琶法師の歴史を考えるものが、もう少し注意してよい存在であることを指摘しておきたい。

第二節　唱導師と説話

唱導ということは仏法を衆人に説き、化導する意味に使われて来ている。すでに中国でも梁の『高僧伝』には「乃ち別に宿徳を請ひ、座に升《のぼ》り、或は因縁を雑へ序べ或は譬喩を傍引す」とあることはしばしば引用されるところであるが、唱導が日本文学と関係するところは説話を言わば譬喩因縁として引用するためであった。日本でも『元亨釈書』に唱導の部に安居院《あぐい》の澄憲や三井寺の定円の如き人々を挙げてある。こういう人々が仏教の法会において人々を感動させたのは単に譬喩因縁ではなく、むしろ願文の部分であり、法会の場において何よりも施主のために願文・諷《ふ》誦文《じゆもん》の類を名文句として作りあげて、聴衆をまず感動させ、泣かせたのであり、そういう名句は例えば『平家物語』のような軍記物にも用いられたのであり、表白文—願文は『平家物語』に関しては無視出来ない関係を持っていた。

しかし、法会において今日の形式的な仏事でもそうであるが、何よりも経を誦むことが中心になることは言うまでもない。法会の趣意、施主の願意を盛った願文を表白した後は誦経になるが、その誦経に際しても単に形式的に誦まれたのではなくして、経釈ということが活発に行われたのであり、来意・入文・判釈と解釈《げしやく》が試みられたのであり、譬喩因縁が試みられ、またその後に論議の算題が出されて決択《けつちやく》がつけられるのが普通であった。だから『新猿楽記』の五郎君のような天台の学生は「宏才博覧にして論議決択の吻《くちきき》は満座の惑を破り、当弁は利口にして説経教化の声は衆会の睡を驚かす、大意釈名曚《くら》からず、入文判釈分明なり」と書かれたわけであり、柄《え》香炉《こうろ》を持った導師の表白を誦む頃はむしろ眠気を催すような、静粛な法会の場であったろうが、説経教化に入っては、如意の棒がしきりに動く頃はおとがいをはずさせるような譬喩因縁が試みられたのであり、「説経の講師は顔よき」というように、これに対する聴衆の気分も異っていた。清範や仲胤のような人は、こういう場所でしきりに名文句を吐いたのであり、その吐いた名句はしばしば説経僧の手控えに記入された。

まことに説経僧の手控えこそが実は説話文学を産む有力な地盤であった。そういう手控えが更に集成され、大成されると説話文学集を産んできたわけである。今日の法会においても見られるように手控えの類は説草箱と言われる小箱に古くから入れられたから極めて小冊子であった。そういう説話の小冊子は例えば「餓鹿因縁」と金沢文庫本に題するように「因縁」と題する場合が多く、例えば文永五年(一二六八)三月十日の奥書のある鎌倉時代の小冊子(縦十五センチ、横十四センチ)に「鹿野苑《ろくやおん》物語」(一名新語因縁集)と題するものがある。「鹿野苑物語」は『六度集経』巻三の十八番目の鹿王本生譚であり、鹿の王が、子を身ごもった鹿に代って国王の庖厨の犠牲になろうとする物語で、これは『三宝絵』上巻、仏宝の部にも釈迦前生譚として見え、また『西域記』巻七にも見えて、鹿野園の由来譚であるが、『宝物集』巻四にも鹿王の事と見え、『三国伝記』巻十二の第十「鹿野薗鹿事〈釈迦因位事〉」という題で見える本生譚であり、『三国伝記』では「此レ昔ノ国王ハ今ノ提婆也、彼ノ慈悲ノ鹿王ハ浄飯王《じょうぼんおう》ノ太子、善学大臣ノ外孫ト生レテ牟尼善逝ト成給フ……」とあるが、『三国伝記』の本説話が最初に釈迦因位事と題に注するように、「鹿野苑物語」でも「新語因縁集　鹿野苑物語　祖悲子」と表紙に題する小冊子なのであるが、その最後に

昔ノ白キ鹿王者ハ今尺迦如来是ナリ昔ノ国王者ハ今ノ弥勒菩薩是ナリ昔ノ懐妊鹿者ハ今ノ地蔵井是□昔□広野者ハ今ノ鹿野苑是ナリ昔ノ邪見ナリシ黒キ鹿王者ハ今ノ提婆達多是ナリ是ハ六度集経ニ見タリ母子思コト至畜生ニ如是ノ何況ヤ人界生ヲヤ仏説言我哀愍汝等諸[天]人民甚於父母念子此無量寿経ノ文也如父母恩ヲ誠ニ何テ不シテハ報可候依テ之今信心某

と結んでいるのであり、「今信心某」という詞句で結んでいるのは大変興味の深いことであり、この親子恩愛の説話の冊子が父母の供養のための法会に用意されたメモであったと考えられ、信心の某という施主に対してこの説話が用意されていることが、はっきりと判るのである。かつこの説話における「上下ノ諸人各〻貪欲狩装束ヲシテ入テ此林ニ狩シ下ニ愚癡邪見之腰シニ負四顚倒之胡簶《ヤナクヒ》ヲ放逸憍慢之馬ニ置テ猛悪瞋恚之鞍《クラ》ヲ懸ケ五逆之《カ》鞧《シリカヒ》ヲ羈《ハケ》テ無明之鑣《クツハ》ヲ乗テ此馬ニ揚《アケ》テ非情不敵《テキ》之鞭ヲ」という表現は、語り物であったらしい「無明法性合戦状」に「方便解脱ノ馬ニ乗リ、万善蒔ツタル金具ヲ敷キ、忍辱ノ鞍、上求菩提ノ胸当ニ、下化衆生ノ鞦《しりがい》ヲ懸ケ、界如三千ノ上褥ニ大慈大悲ノ纏ヲ結ヒ云々」とか流布本『曾我物語』巻六の「ふん女が事」の条に「装束には流転生死の鎧直垂に、悪業煩悩の籠手をさし、貪欲の脇立に、因果撥無の脛当に」とあるのと同じ表現であり、極めて語り物的な表現であり、語られるためのものであったことは明瞭である。南北朝時代の日蓮宗の僧日祐の「本尊聖教録」に、西域記因縁一帖とか頻婆《びんば》沙羅《しゃら》王《おう》之事一帖、天竺物語一帖とか見えるのも恐らくはこの類であって、かかる因縁譚が頻りに談義された時代で『内外因縁集』の如き孝子伝の系統を引く説話集や『私聚百因縁集』の如き説話集が編集されたのも恐らく同じような事情からである。

かくて室町期に至ると、真宗系統には「親鸞聖人御因縁」と題するような「…因縁」と表紙に題した、親鸞聖人や平太郎とかいうような談義本が多く生じて来ているのであり、例えば宮崎円遵博士がかつて紹介された大分県鶴崎市の専想寺に伝えられた談義僧天然の手記中には「女人往生聞書」「大唐平州男女因縁」「恵心僧都」の三部合綴の「文明三年辛卯壬八月十七日」の識語のある如きは、やはり縦十五センチ、横二十センチの大きさの書冊形式から考えて懐中本の類であり、金沢文庫に存する表白・法則の類には小冊子が多いのも皆実際の必要からであった。かつて永井義憲博士は金沢文庫の「院源僧正事〈母子恩事〉」と表紙に題される説話の冊子を紹介されたが、これにも表紙の裏に

『心地観経』巻二の有名な「四恩者一父母二衆生……」というような文詞が書かれてあるのはこの経の詞句が単に偶然に裏にあるのではなく、院源僧正と母に関する説話が唱導の場において語られる時に、まずこの『心地観経』の如き経の詞句が説き語られて、その譬喩因縁譚として院源僧正の親子恩愛の説話が語られたのであろう。中世の小説は恐らくこういうような、談義・唱導の場をいったんは通過して来た場合もあったのである。「鹿野苑物語」と同じような種類のものに「多田満仲物語」と題し、小冊子二つ折にして懐中にすることが出来るようになっており、また本文が折りたたんだ内側左端から始まって、開いて使ったと思われる懐中本がある。その表紙に「多田満仲」と題して、最初に「法花読誦勝利得益先蹤多之中ニ　昔清和天皇ノ末葉ニ多田ノ満仲ト申テ」で始まり、『法華経』読誦の利益の譬喩因縁譚として多田満仲の説話を引いているのであって、『法華経』読誦の利益の先例の多い中に、「昔…」と説き出す題目の表現法は唱導談義の場からこの説話が採録された形を示すものとして私は興味を感じているのである。その内容は多田満仲とその息の美女御前に関する説話であり、『法華経』の利益をさる聖人に説かれて寺に登せた息の美女丸が、武道にはげみ、修行せず、満仲は怒って殺そうとするが、家来の中務允がその息幸寿丸を身代りにさせるという、『菅原伝授手習鑑』「寺子屋」の身替り説話の元の話である。幸若舞曲「満仲」や謡曲「仲光(満仲)」の粉本説話でもあるが、幸若舞曲「満仲」と共通詞句が見られ、中世小説の類がこういう唱導の場を通過して来た場合もあったことをはっきりと示すのである。

唱導と説話に関しては色々の方面から説くことが多いが、今は一種の懐中本の如き形式の小冊子があったという点から解明を試みて見たのである。こういう類は小冊子であり、恐らく無数に存していたであろうが、実際の必要上の簡単なメモとして言わば書かれざる文学として亡んでしまうことが多かったことは確かである。

第三節　琵琶法師と瞽女

書かれざる文学として前回には文献の中からいわば唱導師とでもいうべきものの姿を窺って見た。しかし中世にはなんといっても民間を流浪して歩いていたのは琵琶法師であった。そして、その表芸が『平家物語』であったことは言うまでもないが、『平家物語』の成立以前から平安期に民間を流浪していた琵琶法師がいたことは文献にも見えて、すでにしばしば挙げられている。そのほか絵巻物の類にも折々琵琶法師の姿が見えることが注意される。一例を挙げると武藤家蔵の「扇面観普賢経冊子」には琵琶法師の姿が見えているのは平安末期のそれと考えられ、注意すべき例なのである。これは「扇面法華経」のつれであろうが、原本の模本が早稲田大学の図書館にあり、原本以上にその姿が窺われ、また岩波新書の石母田正氏著の『平家物語』の扉の挿絵にも引用されているから参照ありたい。それによると注意されるのは、庭に座して琵琶を弾く琵琶法師のほかに側に扇を持っている法師がもう一人居るのである。これは『年中行事絵巻』の中にも杖を持ち、下駄をはいて歩く琵琶法師の側にはだしで杖を持ち、琵琶をかつぐ童子が彼についていたり、『慕帰絵』の場合のように琵琶は下駄をはいている法師が持っているが、側に弟子らしい同じ童子姿ではだし姿の杖をつく者が犬を追っている姿が見られるように、或いはまた六条道場本『一遍絵巻』などの中の一場面に見られるように、二人づれで歩いていることが多いのである。

もちろん、『直幹中文絵詞』のように、ほこらの鳥居の前で一人で演能をしているような風景もしばしば見られるが、多くの場合二人づれなのである。これは後世の室町時代の例ならば、また東北地方その他で最近まで残存していたような例から言えば、師匠の盲法師が『平家物語』の一節を語ったとすると、その余興として興軽な早物語、滑稽な烏滸《おこ》話をしたのであり、「扇面観音賢経」の場合も琵琶をひく師匠の側に扇を持っているのも、謡曲の地謡方が扇を持ち、唱導師が必ず如意棒を持つように杖の類を持つことは杖部以来の語る事の象徴で、小盲・弟子の方は単にだまって坐っているわけのものでもなく、「つれ平家」という語がある以上、一つの物語を二人でしたか、または別の物語をしたに違いないのである。『平家物語』が華やかに当道の座を造ってしまった後にも『看聞日記』には小盲が地神経を弾いた例も見え、また琵琶法師について、『日我いろは字』に「琵琶法師〈地神経ヨムメクラナリ〉」とあり、また「平家ハ下手也」「物語利口上手也」と『看聞日記』に見える盲法師があったように、平家が表芸となった後にも、色々の物語をしたかも知れないし、また九州の地神盲僧のように、宗教的な機能を持っていたかも知れない。

ともあれ、琵琶法師は二人づれで歩いている場合が多いのであり、御伽草子の絵巻になったようなものにはしばしばそれが見られるのである。『峯相記』に伊佐々王という人を食う大鹿を殺した話が短く見えて、「小目童等ノ物語ニ申セドモ」とあるのは恐らく「コメクラ」と訓むのであろう。そのコメクラは弟子の坊の方を言ったのであろう。琵琶法師がどういう集団であったか、また流派をなしていたか、古いことは実はさっぱり判らないのである。いわゆる『梁塵秘抄口伝集』巻十四に、「仁安のころ、さめ牛のめくらどもが今様講の真似をしてあられんふしにして唱歌こそ心ありぬ」とあり、さめ牛に盲が居たことが判明するのは注意すべきことである。またその際謡った歌謡の詞句に、「われらが杖はあま夜つえ」とあるのは、盲人の祖先として光孝天皇の皇子雨夜御子を伝える伝承の古いことが判り、また時宗一条大炊《おおい》道場に光孝天皇の塔があったと近世の地誌に見えることなどと関連して注意すべきことなのであるが、今日でも一条大炊道場が東山に移ってしまい、そんな伝承などはとんと忘れてしまってもなお寺門に「光孝天皇開眼地蔵」の提灯がぶらさがっているのである。かつまた、「左牝牛目くらが杖つきて光孝天皇へ参る」と童詞に伝承されていたというが、左牝牛は源氏がもと居た所であり、六条若宮八幡宮の側であったということなどは、景清伝説の宮崎県の生目八幡と関係させて注意すべきことかも知れないのである。

更にまた、琵琶法師は男の盲であったろうが、女の盲が別に居たことも注意されねばならない。『明恵上人伝記』を見ると、「又美福門院の前に一人の盲女あり、謳って云く、「南天竺に一小国あり云々」未だ次句を聞かざるに行過ぐ。便ち立ち返り、同行を顧みて曰く、我れ彼女盲女を供養せん。南天竺には如来遊化の地なり。遺跡処々に充満せり。此盲女仏法流布の国に生まれて、未だ深理を知らずといへども、五天の名字を唱へ如来の遺紀を歌ふの条、珍《め》づべし、貴ぶべしと、即ち同行を遣はし之を供養す」とあるのは、十三世紀初頭に盲女が居り、「南天竺に一小国あり」というような説話を語っていたからであろう。盲女と考えられる姿は、例えば、『西行物語絵巻』にも見え、また『年中行事絵巻』や『天狗草子』『石山寺縁起』などにも見えている。そして、多くの場合に鼓を持って、寺社の門前などで演能しているのであり、『曾我物語』などを室町時代に語る以前から、平安末期にはすでに存在していたのである。

鎌倉時代の延応二年（一二四〇）二月二日の日付で、北条泰時が「鎌倉中保々奉行」の存すべき事として出しているふれに、「辻捕《つじとり》」とか、「押員」とかいうこととならんで、「辻々盲法師并辻相撲事」が禁制されているが、そういう辻々の盲法師に、絵巻などに見える盲女は、むしろ属していたかも知れず、恐らく中世小説の本地物のようなものはこういう徒に管理されていたのであろう。中国でも宋代・明代になると陸放翁の詩に、「負レ鼓盲翁」とある「盲翁」の語りの徒が見えているが、瞽姑児のようなものが中国に近世出て来る淵源には恐らく、古代『国語』や『詩経』などという典籍に、「瞍矇」とか「瞽」という者が見え、「瞽為レ詩」（『春秋左氏伝』襄公十四年）とあることと無関係とは言えまい。我が国でも突如として平安中期から発生したものであったか、どうか。盲女などが鼓を持っているのは、むしろ琵琶法師以前の古い姿であったかも知れないのである。

第四節　物語僧のことなど

琵琶法師・瞽女の類は皆旅の吟遊詩人であった。そして、記録から窺う限り、意外なまでの遠距離、遠い地方に旅をしているのである。この場合、彼等は目が見えない故に、またお互いに関係が深かった故に、聖《ひじり》とか、遁世者とか言われるような人と連れ立って下ることもあったのではないか。一例を挙げると「東寺文書」の中に「丹波大山荘一院谷国役入足地下立用注進状」(大日本古文書『東寺古文書』二)その他の文書には、丹波守護代の内藤が丹波大山荘に下った時に遁世人と座頭が芸能を勧進して下ったらしく、その礼金の額が百五十文とか、二百五十文とか見えているのは、おそらく共に都より下向したのでなかったか。『犬筑波集』を見ると、「遁世したる武士《もののふ》の果　八十宇治茶立つる座頭にやとはれて」とあり、遁世した武士が座頭にやとわれて下って行ったことが考えられるが、小金をためていた琵琶法師は道中の危険もあってか、共に連れ立って下って行ったのであろう。しかもこの遁世者は単に用心棒のためではなく、彼等もまた芸能人であったのである。中世小説の鼠権頭を主人公とする「鼠草子」の一本には、結婚式の席上に鼠の琵琶法師、幸若大夫等が祝言に参上している図がある絵巻があるが、その中に竹若なる者が彼等の先に立って引きつれて座敷に参上し、「たんなめつらしき御しうけんのようけたまはり候間ざとう衆どうたういたしまいり候」と言っているが、こういう扇を持って打刀を腰にさしている者はおそらく遁世者の類なのであり、彼等はお互いに密接な関係があったに違いないのである。そしてかかる遁世者の類には物語僧と言われる人々があった。

普通物語僧と言われる時には、『看聞日記』の応永二十三年(一四一六)六月二十八日の条に、後崇光院が聞かれ記されているように、伏見の大光明寺の客僧に物語の上手があり、宴の御肴に語ったとあり、同じく七月三日の条には先日の物語僧が召され、「山名奥州謀反事」を語ったとあり、また同年七月七日の条にも物語僧を召され、種々の「狂言」を申したとあるのである。この「山名奥州謀反事」はかつて藤田徳太郎氏が推測された如く、『明徳記』一巻がその内容にふさわしいものである。『蔗軒日録』の文明十八年(一四八六)三月十二日の条には、道栄老居士なる人物が『太平記』と『明徳記』の二つの物語を諳《そら》んじていたとあり、また『親長卿記』文明十一年八月八日の条にも、甘露寺親長が参内して御前で『明徳記』を読んだことが見え、お伽に読み聞かせることがあったのであるが、『明徳記』は内容に時宗の聖の記事が多いのは注意すべき事柄なのである。その他、義堂周信の『空華日用工夫略集』巻三、巻末追抄の部の康暦三年(一三八一)十一月二日の年号のある記事の中には、「時有善談劇者、謂物語、一日日本禅僧与梵僧宗論、二日准后・将軍両人入内盤馬之戯」と見える「善談劇者」は物語僧の類であろう。その外、『蔭涼軒日録』永享九年(一四三七)八月二十七日の条に物語僧一峯の名が見え、十年正月二十五日の条に将軍御成の時、「御点心之後一峯有物語」と見えている。この一峯がいかなる人物であるか、不明であるが、物語僧でもあったらしい人物で、その名の判る人物に古山珠阿弥陀仏がある。よく挙げられる例であるが、『大塔物語』の中に合戦を見物している遁阿弥なる人物が見え、洛中で名人であるとされ、連歌は侍従周阿弥の古様を学び、早歌は諏訪顕阿・会田弾正の両流を窺い、物語は古山の珠阿弥の弟子であると見え、その滑稽な人物ぶりが記述されている。この古山珠阿は足利義満が応永元年三月厳島詣をした時の記に見える古山珠阿と同一人であろうとは、後藤丹治博士が指摘されるところである。そして、この珠阿は大日本史料に引用されてある「宝鏡寺文書」応永元年三月二日の日付のある崇光上皇の院宣を賜って近江船木荘年貢の中、毎年千五百疋を崇賢門院に進納すべき仰せを下された文書に珠阿弥殿と見え、また応永元年九月十一日に義満が日吉社に参詣した際に召具せられた人物の中に、医師の士仏坊、古山珠阿弥陀仏、三上泉阿などと見え、珠阿が義満の同朋衆として雑事に関与していたらしいことはその他の文書から考えられるのである。世阿弥の『中楽談義』に「道阿コモノニウチガタナヲモタセケルヲシュ阿ミダ仏セツカンシラレケル也」とある「シュ阿ミダ仏」も恐らくこの人で、海老名南阿弥陀仏と同じような同明的な人物であったのであろう。『道成寺絵巻』の異本である『賢学草子』の一本には、地方の豪族の娘が京上りをして賢学なる僧と縁を結ぶという話を発端としているが、その最初に地方の豪家の娘の座敷に尺八を腰にさしたしゅつ阿弥という僧が参上している図があり、その図の中に、「しゅつあみと申てかやうの御さしきへ参りてよろこひ申さてはかなひ候はぬ物にて候おひさき見えてあら〱うつくしの姫君やあちきなや〱」とある詞句が書き込まれているのは、かかる座敷に遁世者が参上して祝言をすることがあったのであり、しゅつあみとある遁世者はこの古山珠阿弥の如き類をモデルとしているのかも知れない。『蔭涼軒日録』文正元年(一四六六)閏二月八日の条に、江見河原入道なる者の名が見え、「江見河原癖。好学㆓人之風度又言語㆒。夫世所謂云㆓狂言㆒者乎」とあり、『日録』の筆者真蕊《しんずい》と共に有馬に湯治に行き、しばしば滑稽な言動をしており、連歌をよむ時の名を真柳と言ったとあり、また客の徒然を慰むために『太平記』を読んだことが同年閏二月六日の条に、「江見河原入道為㆑慰㆓客寂㆒読㆓太平記㆒也」と見え、江見河原が一人の典型的な遁世者であったことが判明する。

二十三篇の御伽草子にも収められている、題名を「鰯売」、また「猿源氏草子」ともいう一篇は、鰯売が京都五条東洞院の好色《いろごのみ》なる遊女の一階級の蛍火に恋をし、舅の海老名の南阿弥陀仏の指導で歌連歌の知識をふりまわして、恋の首尾をとげたとあるが、海老名の南阿弥は大名高家の家にも出入りしていたとあり、一方五条東洞院の遊女の家にも出入しているのであり、「都に隠れなき遁世者」と書かれてある。五条東洞院の傾城で足利義満の妻妾の一人であった高橋殿は世阿弥の著書にもその名前が見え、また海老名の南阿弥という同朋衆も世阿弥の著書に確かに見えて、佐々木京極道誉の家に出入したり、「海道下り」その他に曲《ふし》付けしたりするような芸能者であったが、古山珠阿弥陀仏も同じような浮世を茶にした遁世者としての面があったのかも知れない。『大塔物語』の遁阿弥は合戦を横から眺めている風狂の人物であり、「今日見物者以㆓頓阿㆒為㆓規模㆒」とあるが、こういう遁世者が横から合戦を見物しているのは彼等が局外中立者であったからであるが、一方遁世者は戦死した際に最期の十念を授けて戦死者をとむらったりすることが、『太平記』その他の軍記物にも見えている。そして、戦死者をとむらうことで殊に有名なのは、北条氏滅亡の際に他阿弥陀仏が証阿に与えた元弘三年（一三三三）五月二十八日付の「信濃金台寺文書」であるが、その他、「七条金光寺文書」にも南北朝時代に陣僧の心得を書いた文書があり、遁世者が従軍したことが判る。この際ちょうど北欧の巡遊詩人（Skāld）が戦争の際に横から観察し、後にその光景をサガ（Saga）にして語ったように、陣僧の中には合戦記を作る者がいたのであり、神田秀夫教授がかって言われたように、『太平記』は弥次馬文芸であって、横からひやかしているようなところが感じられるのである。

　こういう類が豊臣秀吉の所に仕えたという曾呂利新左衛門、織田信長の所に出入したという沼の藤六の類、「げんじよみの法師」（川端道喜老人宛宗易書簡）という類、或いは安楽庵策伝の類につながりのあることだけは確かである。

第五節　絵解のことなど

中世の語部として琵琶法師とか、物語僧とかのほかに種々の語りの徒が居た。その一つに絵解《えとき》がある。いったいわが国の物語は平安時代以来絵と密接な関係があり、すでに『源氏物語絵巻』の東屋の巻に中君が「絵などとり出させて、右近に詞よませて見給ふ」とある条の絵があり、それから想像されるように、平安時代の姫君は絵を見ながら、物語を耳から聞いたのであり、その伝統は鎌倉時代の物語の中に見られるのである。『忍音物語』の中にも、

細き隙見付けてのぞき給へば、人々あつまりて、絵にやあらん(と)巻物見ゐたり。少し奥の方にそひふしたる人や若し姫君といふ人ならんと目をつけて見給へば、菊の移ろひたる色ばかり白き袴ぞ見ゆる。髪のこぼれかかりたるはまづ美しやとふと見えたるに、顔はそばみたれば見えず、四十あまりなる尼君、白き衣の萎えばめるきてよりふして絵物語を見ゐたり

とあるが、そういう光景を今、中世の御伽草子系の絵巻の中に見れば、『児今参り絵巻』に見えるような光景が、いわば御伽ともいうべき状態なのであり、女房は絵草子を見たり、双六をして隣の部屋で夜を明しているのである。

絵と物語の関係については、種々の面白い問題が御伽草子にある。今一々書くひまがないが、私は極めて本質的な問題をはらんでいるということだけを言って、今この珍しい光景を紹介しておこう。

さて、物語だけではなく、説話が古くから絵と密接な関係があることはすでに説かれており、根本的に言って変相図といわれる曼陀羅系の絵画が必然的に絵解を伴っていたことは言うまでもない。そして中世後期に「絵解」と言わ

れる専門の職業的な語りの徒が出現して来たのである。この絵解が中世の説話を語っていたであろうことは、一休の『自戒集』の中に、「此御影ノ賛ヲミヨト云テフケラカス。エトキガ琵琶ヲヒキサシテ鳥帚ニテアレハ畠山ノ六郎コレハ曾我ノ十郎五郎ナンド云ニ似タリ」と言っているので察せられる。一休は『自戒集』の中で、自分の兄弟子の養叟が師華叟の肖像を見せびらかし印可を得たといって誇っているとし、「懐銭譬如振尾狗、指影画説鳥帚手、座頭田楽無是非、印可証状犬亦取」と悪口を書き、絵解が鳥帚で曾我の十郎・五郎や畠山六郎重保の物語を絵解するのに似ていると言っているのであるが、絵解を引いて来たのは大変な侮辱のつもりであったのである。事実絵解は『三十二番職人尽歌合』では、千秋万歳と対になって出ているのであり、千秋万歳が声聞師であったことは隠れもないことであるが、絵解もそういうものであったことの証拠として今一つだけ新しい例を挙げておこう。それは「教王護国寺文書」の、「東寺勧学院勤行并規式条々案」の中に、「一、酒宴・一切遊戯・博奕等、一切可停止之、五辛并武士等又不可入院内」とある条の「一切可停止之」の条に書き入れ傍書があり、「又一切呪術師・絵説・盲目法師等不可入院内」とあるのである。これは「東寺百合文書」の中に東寺に属する散所の藤次入道なる絵解が盲目法師と争った文書があることから察しても、盲目法師と同じような範疇の者であったことが察せられるのであり、『三十二番職人尽歌合』の琵琶をひき、雉子《きじ》の羽根で絵説《えとき》をした職人がおそらく東寺の近くに居たことが察せられるのである。

説話と絵が常に必然的な結びつきのあった以上、その他にも種々の絵解が居たのである。例えば『一遍聖絵巻』の中には、第六巻の尾張甚目寺の七日の行法をしている条の第三段目の絵図に、すぼめる傘を持てる男と髑髏の図を描ける団扇を持った男、及び笠をかぶって赤児を抱いている女、腰に巻物をぶらさげて笠をかぶった女四人の一団が、堂の外を歩いている図が見られるのであり、また最後の第十二巻の一遍上人臨終の条には、絵図の片隅の雲を引ける中にひらいた傘の内に巻物をぶらさげている男、赤子を抱いた女など五人の一団が見られるのであり、また第六巻の片瀬の浜の道場で躍念仏をする条には、念仏躍を見る群衆の中に琵琶法師と共に、同じく開いた傘の内に巻物をぶらさげる人物が見られ、また第三巻第二図の熊野から本国へ帰った条に、同じくひらいた傘に巻物をぶらさげる人物、赤子を抱き笠をかぶれる女等三人の人物が見え、また第八巻の美作国一宮の条には、楼門にひらいた傘と団扇を持った二人の人物が居るのである。かかる一遍上人の傍に影の如くつきまとっている不思議な一群の人物は、おそらく時宗と因縁浅からざる下級の宗教人であると思われ、後世の、ひらいた傘の下で語った説経師語り(「歌舞伎草紙」)や、巻物をぶらさげている点から鐘鋳勧進(『人倫訓蒙図彙』)に類する者、おそらくは一種の絵解の類と考えられるのである。絵解という時は、近世には地獄極楽の絵解をした比丘尼があり、こういう類が古くは熊野比丘尼であったという。しかし文献的にはいつまでさかのぼれるか、明瞭には言えない。絵巻の形態自身から察して、また「熊野本地」などの類には熊野比丘尼の家に伝わったのを私は見たことがあり、比丘尼の類が絵解をしたことはあり得べきことなのであるが、なお明確にはわからない。ただ文献的にはっきりしているのは『職人尽歌合』に出て来る散所出身の男の絵解なのであるが、中央アジアの絵解の例からも、むしろ比丘尼がこういう絵解をしたのではないかと思われる。

その他にもいろいろの語りの徒が中世には居たらしいことは種々の方面から言えるのであり、草子売りとか、懸想文売りの類もいたのでなかろうかと思われ、清水寺の舞台の図に琵琶法師と共にいる二人づれの男はおそらく近世の瓦版などを売ったような草子売りと関係があろう。清水寺は室町時代には庶民と親しい所であり、物臭太郎が妻を得たのもこの所であり、或いはまた『太平記』に見られるように南北朝末期下京の東寺を中心とした合戦の最中でも、「見物衆五条橋ヲ桟敷ト」し、高見の見物としゃれる庶民の集り場所であり、合戦の最中でも「不思儀成シ事ハ当日終夜清水坂ニ立君袖ヲ列テ座頭琵琶ヲ調参シニ少々平家語ランズル烏呼ノ輩」(『源威集』)も出現するような場所であったからであり、或いは「清水寺西門女瞽」(『蔭涼軒日録』文明十九年五月二十六日)のような者もいて、今日のお彼岸の天王寺や浅草観音の縁日のような光景が展開されていたのであろう。そしてそういう中で文献には書かれざる多くの庶民の物語が展開して行ったのであり、声聞師や山伏等種々の語部が活躍したのが中世の口承文芸であった。

第六節　陣　僧

さてこうして『太平記』の注釈をすませて見ると、私の脳裏には目まぐるしいばかりのいわゆる観応の擾乱以来の、南北両軍入れかわること数回、変転ただならぬ京都の街と世相が思い浮かんで来る。或いは合体し、或いは離散する。昨日の味方は今日の敵、大名連中はせまい京都の中を右往左往、狐疑し、逡巡し逐電するのである。これより前に北条高時の田楽に天狗が出現したことは有名な『太平記』の記述であり、この南北朝期は天狗全盛期であって、京都の街をしきりに天狗が横行し、「武家権勢道誉法師」の宅にも飛礫をうつというようなことも起こるのであるが（『園太暦』延文四年八月十七日条等）、「言詞不及、凡慮難測」世上の体、大名の狼狽にはどうかすると人々が天狗法師の横行を幻の巷に見かねないのであり、大名の狼狽を天狗の所行にしている『太平記』の記述は事実であったかも知れない。それはむしろ狂言の、太郎冠者に翻弄される大名の現実の姿であり、むしろ彼等を動かしていたのは、一揆の衆であり、国人《くにうど》であったのかも知れない。東山にでも上って見れば、南の巨椋《おぐら》の池が淀大渡まで海のように光っていたであろう京都、今よりは一層小さい、狭い京都の下京の小路小路を切って京軍《いくさ》がはげしく展開される。そして、日毎の合戦の合間合間には敵味方が同じ風呂屋に入浴して、恐らくは馬鹿話をして、「湯屋風呂ノ女童部」に戯れでもして煩がなかったであろうようなおおらかさ、それは正しく私の言葉をもってすれば「室町ごころ」なのであり、京軍の、文和四年（一三五五）二月十五日の最中にも「見物衆五条橋ヲ桟敷トス、勝軍成シカトモ、手負打死多カリシ程ニ、諸人愁傷之処、不思儀成シ事ハ、当日終夜清水坂ニ立君袖ヲ列テ、座頭琵琶ヲ調参シニ、少々平家語ランスル烏呼ノ輩モ有シ也」(『源威集』)という具合であったというが、五条橋を桟敷として見物しているような京童の中にどんな者が居たであろうか、私はやはり題とした陣僧の存在が思い浮かんで来るのである。

『太平記』の後半を読んで行くと、例えば巻二十九の高師直が直義側に降人となった条に、師直と師泰は出家して裳無衣《もなしごろも》になったと見えるのであるが、裳無衣は時宗の僧侶の特徴であったらしく、他にも房官のような俗法師が着ていた例(『満済准后日記』応永三十五年四月二十日)もあるが、これを着用している者を切頸にするのは問題になった(『祇園執行日記』観応元年八月二十七日条)ようなこともあり、いわば浮世を外処にふり捨てたことの一つの標章であって彼等は普通僧とは区別せられて念仏衆と言われたらしい。師直等はしかし遂に誅せられてしまうが、その最期の際に共に死んだ者の中に文阿弥陀仏、正阿弥陀仏の名が見えるが、それらの人々は陣僧であったためではないか。

陣僧という名について前から私の知っていた例は例えば「西福寺陣僧之儀、従先規召連候、殊ニ丹後陣迄如此候」云々とある大永五年(一五二五)五月二十二日付、疋壇兵庫助景保花押の若狭西福寺の文書や「陣僧諸役等儀、免除候様可ニ申調一候」云々の詞句ある天文八年(一五三九)五月四日浅井亮政花押、泉阿弥陀仏宛の近江番場蓮華寺の文書などがあるのであるが、これらの例は皆時宗寺院の例であることが注意される。そして、戦後に私の知った例では七条道場金光寺文書の例であって、その中に、

一　軍勢に相伴時衆の法様は観応の比遊行より所々へ被遣し書ありといへとも、今は見お(よ)ひ、聞およへる時衆も不可有、仍或檀那の所望といひ、或時宜くるしからしといひて、心にまかせてふるまふ程に、門従のあさけりにおよひ、其身の往生をもうしなふもの也、檀那も又一往の用事はかなへとも、門下の法にたかひぬれは、時衆の道せはくなりて、かへて檀那の為も難儀出来すへし、然は世出可被心得条々

一　時衆同道の事は十念一大事の為也、通路難儀の時分、時衆は子細あらしとて、弓矢方の事にふみをもたせ、

使せさせらるゝ事、努々あるへからす、但妻子あしよは、惣して人をたすくへきいはれあらは、不可有子細

一　軍陣において、檀那の武具とりつく事、時としてあるへき也、それもよろいかふとのたくひはくるしからす、身をかくす物なるかゆへに、弓箭兵杖のたくひをは、時衆の手にとるへからす、殺生のもとひたるによてなり

一　歳末の別時には、軍陣なりとも、こりをかき、ときをし、何知□を着して、称名すへき条勿論也、雖然所によりて水もたやすからす、食事も心にまかせぬ事あるへし、又檀那の一大事を見ん事も、無力にては叶ましけれは、食事は何時にてもあるにまかせてさたし、こりはかゝすともくるしかるへからす、若又□□□□へからん所にては、如法におこなふへき也

一　合戦に及はん時は思へし、時衆に入し最初身命ともに知識に帰せしめし道理、今の往生にありと知て、檀那の一大事をもすゝめ、我身の往生をもとくへき也、此旨存知せさらん時衆には、能々心得やうに可被披露、穴賢々々

応永六年十一月廿五日　他阿弥陀仏

南無阿弥陀仏

とあるのである。これによると、観応の頃に「軍勢に相伴時衆の法様」の書があったらしい。その他よく挙げられる例には新田義貞の鎌倉攻めの際の他阿上人が書いた信濃金台寺の元弘三年(一三三三)五月二十八日付と考えられる書状には「たゝかひの中にも、よせて城のうちともに皆念仏にて候ける、としうちしたりとて後日に頸めさるゝ殿原これの御房達はまへ出て念仏者には皆念仏すゝめて往生を遂させ」云々とあり、合戦の際に時宗の僧が十念を唱えさせて、往生を助けたのはやはり陣僧の先駆であろう。

『太平記』の中には例えば巻三十八に畠山国清等が伊豆修善寺城で敗戦した際に畠山兄弟は藤沢の道場に逃げたと

もあり、更に国清等は京都七条道場へ落ち着いたとあるが、こういう敗軍の際には常に陣僧が活躍していたことが『太平記』の諸所に見えるのである。しかも彼等はまた連歌師であったり、物語僧であったりしたから、実は吟遊詩人的な役目をしていたのであり、また『太平記』の記述態度が後半には殊に記録的であり、また傍観的であったりするのは、こういう人達の存在がその成立と関係して考えられることは確かであろう。『蔭涼軒日録』を見ると、佐々木道誉はその家の遁世者の給恩に座敷の明燭の滴蠟を以てしたとあるが、四条京極道場は佐々木京極道誉の邸のあった土地らしく、道誉や大内弘世のような大名の茶寄合や座敷飾りの描写に『太平記』ではしばしば遁世者の姿が見られるのは理由のあることである。

第七節　小さな説話本
——寺庵の文学・桃華因縁——

説話が中世においていわゆる唱導と言われるような場において生きていたことはしばしば指摘されてきたことである。古くは天仁三年（一一一〇）の『法華修法百座譚』のごときものがあり、これを見ると法会の場において比喩因縁譚として語られる場合が多かったことがよく判るのであり、更にそういう場合に引用される説話が集成された時に説話集が生まれてきたことは十分に考えられるのである。しかし、中世の説話集には必ずしもそれだけの目的から生じたのでなく、たとえば有職故実的な知識として覚書的に集めたような場合もあったと思われる。しかし、説話が直接唱導の場において利用されることがはっきりと判るのは、私が前にも紹介した言わば小さな説話本と言われるものの存在である。それは個々の説話が直接説経の種本であることを示しているのである。一体法会の場合は色々の形式があったのであるが、主として天台系の場合の法会においては『草案集』の場合に見られるように、願文が最初に誦せられて後、講経に入るのであり、更に講経の場合にはその講経に関係ある因縁比喩譚が引用され、更に論義が行われたりしたのであり、願文は独立して表白集を生じ因縁比喩譚は独立して集められると説話集を生じ、論義が独立して集められると算題集を成立させているのである。もちろん、それぞれは密接不離の関係にあり、願文集には説話がしばしば引用されたりするのである。

そして、説話は唱導の場においてかかる説話集を種本として語るのに利用したのであろうが、一方また、個々の説話を手控えとして、言わばメモに記す場合もあったのである。こういうものは戦前から寓目したのにかなりの数があるのであるが、一般に十センチ前後の縦横の大きさである小冊子の場合であることが多い。寺院では今でも法会の場では説草箱と言われる箱に僧侶が手控えを入れ利用することが多いが、恐らくかかる形式の説話本はそんな説草箱に入れる説経僧の虎の巻であったのであろう。

一例を挙げるとかつて言及、紹介したことがあるが、文永五年（一二六八）三月十日の奥書のある京大国文研究室蔵の「鹿野苑物語一名新語因縁集」と題される縦十五センチ、横十四センチのものは明らかにそういう種類のものであり、

新語因縁集
鹿野苑物語　祖悲子

と表紙の中央に書かれており、次に説話が記述されており、その説話は『三宝絵』上巻にも釈迦前生譚として『六度集経』に見えたりとして出ているが、『六度集経』巻三の十八番目の鹿王本生譚を出典としているのであり、『西域記』七にも鹿野園の名処由来譚として見えており、有名な説話であった。それは『宝物集』にも見えているゆえ、梗概として引用すると「むかし、国王・鹿野苑にして狩をし給ひけるに、おほくの鹿うせにけり。二の鹿王あり。おの〳〵五百のけんぞくの鹿あり。おほやけに申て云く、狩の度におほくの鹿うせぬ。ねがはくは御狩をとめられて、日次の鹿をたてまつらん、と申ければ、鹿王の申むねにまかせて、日なみの鹿を奉るべしとて狩をとめられぬ。鹿王等よろこび、日次の鹿を奉るほどに、一のはらめる鹿あり。鹿王にうつたへて云く、我けふの番にあたれり。しかりといえども、此はらめる子をうみては、今一日のしかもいでくべし。今月の番に他の鹿をさしかへてよ、といひければ、まことにさもある事ならば、他の鹿をさしかへるに、誰も命はをしき事なれば、かはるべからず、といひければ、は

らめる鹿をうませんが為に、しか王みづから日次にたつ。ちくしやうすら、物のいのちの死するをはあはれむことにてぞ侍るめれ。いはんや、心あらん人、ものゝ命を殺す事なかれ。こまかには六度集経にいへり」(九冊本に依る)とあるのであるが、また『三国伝記』巻十二の第十、鹿野薗鹿王事、釈迦因位事といふ題の説話で見えている。そして、その説話は『三国伝記』では最後に「此レ昔ノ国王ハ今ノ提婆也。彼ノ慈悲ノ鹿王ハ浄飯王ノ太子。善学大臣ノ外孫ト生レテ牟尼善逝ト成給フ」と結んでいるが、「鹿野苑物語」では最後の一丁の表、裏は「昔ノ懐姙鹿者ハ今ノ地蔵井(菩薩)是□昔□広野者ハ今ノ鹿野苑是ナリ昔ノ邪見ナリシ黒キ鹿王者ハ今ノ提婆達多是ナリ是ハ六度集経ニ見タリ母子思コト至畜生ニ如是ノ何況ヤ人界生ヲヤ仏説言我哀愍汝等諸天人民甚於父母念子此無量寿経ノ文也如父母恩ヲ誠ニ何テ不シテハ報可候依テ之今信心某」と文句を終えて文永五年三月十日の奥書を記しているのであり、明らかに信心の某のための法会において利用される説話であることを示しているのは珍らしい例である。実はかかる形式のものはなおかなり寓目したものが多く、鎌倉期から室町期にかけて説話はしばしばこんな小さい説話本の形で流布していたのでないかとかねて思っているのである。そして、「鹿野苑物語」では例えば、大王が狩に行く時の装束を「尒時ニ上下ノ諸人各〻貪欲狩装束ヲシテ入テ此林ニ狩シ下ニ愚癡邪見之腰シニ負《ヲヒ》四顚倒之胡録《ヤナクヒ》ヲ放逸憍慢之馬ニ置テ猛悪瞋恚之鞍《クラ》ヲ懸《カ》ケ五逆之鞦《シリカヒ》ヲ羈《ハケ》テ無明之鑣《クツハ》ヲ乗テ此馬ニ揚《アケ》テ非情不敵《テキ》之鞭《ムチ》ヲ」というような形容で叙述するのは例えば『曾我物語』流布本系に巻六の三、ふん女が事の条に「装束には流転生死の鎧直垂に、悪業煩悩の籠手をさし、貪慾の脇立に、因果撥無の脛当に、愚癡暗敵のつなぬき履き、極大邪見の膝甲に、誹謗三宝の裾金物をそ打ったりける」云々とあるような表現と共通するのであり、それは「無明法性合戦状」に「仏法護持ノ多聞天大聖不動明王モ馳セ集テ、随縁不反ノ東門ニテ、各物具ヲ被ラレケリ、方便解脱ノ馬ニ乗リ、万善時ワタル金具ヲ敷キ、忍辱ノ鞍、上求菩提ノ胸当ニ、下化衆生ノ鞦ヲ懸ケ」云々とあるのと同じような表現でもあり、この「無明法性合戦状」は「久能寺縁起」によると、永久の頃久能寺の星光坊具蓮という学匠が奥州忍の里に下向し、盲目をよそおい、「無明法性合戦物語」を作って児童に語り教えたとあることが指摘されるのであるが、早物語の擬人物、例えば「餅酒合戦」や敦煌文書の「茶酒論」と共通するような擬人物の表現であったのである。この「鹿野苑物語」と同種のものに、「多田満仲」と題するものがあり、やはり小さい縦十三センチ横二十二センチの小冊子であり、明らかに幸若舞曲「満仲」や謡曲「仲光(満仲)」の元の説話であろうが、満仲の子美女御前のために家来の中務が自分の子の幸寿丸を身代りにする説話は明らかに後の「菅原伝授手習鑑」の有名な話の元であろうが、また中国古代に晋の程嬰が公孫杵臼と謀って身代りを立てて趙朔を守った説話から発していると思うが、殊に十禅師の前で恵心僧都と会い、その弟子に美女がなるという構想になっているのは、児神《ちご》であった十禅師の前で会うという構想がこの説話の重要なモチーフなのであり、御曹子牛若も粟田口十禅師社の前で金売吉次と会い、東下りするように児《ちご》物語の唱導文芸化であったかも知れぬ。そして、その説話本の最初を、「法花読誦勝利得益先蹤多之中ニ昔清和天皇ノ末葉多田満仲ト申テ天下无双ノ弓取也」云々と文詞をおこすのは、恐らく法会で『法華経』を読誦でもしてその比喩に因縁譚として語る用意でなかったであろうか。南北朝時代には日蓮宗の僧日祐が『本尊聖教録』に挙げている書目の中には「西域記因縁一帖」とか「頻婆沙羅王之事一帖」とか「天竺物語一帖」と見えるのも恐らくこういう種類の小さな説話本であったのでなかろうか。『私聚百因縁集』と題された説話集が鎌倉末期には出来たのも、因縁譚がしきりに談義された時代だったからであった。最近名古屋大学所蔵の『内外因縁集』と題する孝子伝の系統を引く説話集であろうが、その外に表白が引かれており、殊に「将軍御母儀十三年御仏之時願文」が禅律奉行でもあった藤原有範の草として引かれているのは、表白と説話が法会において不離であったことを考えると興深く、その願文に「建武以降未　太平之象。義兵所嚮猶有不服之徒乱於春秋□(之)二百年甚於楚漢之七十戦」とあるごときは、『太平記』に見える「楚の項羽と漢高祖と国を争事八箇年軍を挑事七十余箇度也」(巻二)とあるごとき表現とも関係があろう。そしてともかく『内外因縁集』と題しているのは、或いは現在の本は断簡であろうが、内外の因縁譚を主として集める目的の説話集であったためであろう。そして、かかる因縁譚の説話本は室町期においていっそう流布したのでないかと思われる。かつて宮崎円遵博士は九州の大分県鶴崎市真宗専想寺に伝えられた談義僧天然の手記の談義書を紹介されたが、その中には縦十五センチ、横二十センチの「女人往生聞書」「大唐平州因縁」「恵心僧都事」の三部合綴の書があり、それには文明三年辛卯壬八月十七日の識語があり、専想寺に蔵している諸本は皆懐中本であることを、かつて私が専想寺で一見の機会を得た時に印象づけられたのである。そういう種類はやがて「平太郎物語」ともいうような真宗の談義本に変化して行くのであり、なお小さな説話本は真宗系の寺院には非常に多いのである。

かつて永井義憲博士は著書『仏教文学研究』に「院源僧正事」なる一本の本文を復刻紹介されたが、概本は原本を見るに「院源僧正事」なる表題と共に「母子思事」なる小書きを付けており、それはこの種の、言わば説経書のきまりきった表紙の表現であり、多くの場合、中央に「……事」と書いて別に「何々因縁」と書くか、また「何々因縁」と書いて、別に小さな副題を付けたりする。また原本を見ると表紙の裏に『大乗本生心地観経』巻二の詞句が

心地観経句云

四恩者一父母二衆生三国王四三宝如是四恩一切衆生平等荷負善男子父母思者文ニ有慈恩一　母悲恩　母恩者

若我住世於一劫中説　不能尽我今為汝宣説少分仮使有人為福徳故恭敬供養一百浄彼波羅門

と書き込まれてあるのは、復刻には省略されてあるが、偶然に表紙裏に書き込まれたのではなく、経釈の際にこの『心地観経』が使用され、その比喩因縁譚として院源僧正の説話が引かれるのであったろう。

そういう小さな説話本の一つが「桃華因縁」と題する唐招提寺に蔵する森本孝順管長の集められたものの中の一冊

の本である。唐招提寺にはなお「取鷹俗母縁」と題する縦十六センチ横十センチ程の小冊子で巻首に「本朝法華験記下」とあり、『本朝法華験記』下巻の奥州鷹取の説話をそのまま意訳して書いたものが別にあり、書体を見ると鎌倉末期と思われるが、これも明らかに同じような性格の談義本なので、「桃華因縁」は、縦十センチ、横十センチの粘葉装の小冊子で、室町期も古い時代のものと思われ、表紙表一丁には

唐土　并方壺草餅事

桃華因縁

三月三日

とあり、右端に「已上小桝令食」の異筆書入れがある。この種のものの典型的な表題であり、明らかに説経の種本である。今その内容を紹介すると、

漢朝に或樵夫《セウフ》《キコリ》候ケルカ
為取薪入山入ケル
而《ニ》道《ニ》迷ヒテ分行所ニ
浦ハタニフット出候

とあり、漢朝で一人の樵夫が道に迷い山の奥に入って行ったところ、道に迷って行くと浦ハタにフッと出たとあり、次の丁以下の文詞を紹介すると、

不思議ノ思ヲ為処《ニ》
山ノ奥《ヨリ》川流
出タリ　此河ノ水《ミツニ》

桃ノ花多浮ミケリ

とあり、そこに山の奥から川が流れ出たとある。続いて

取《テ》之《ヲ》食シ早ヌ
又水《ヲ》飲ス其後《ハ》
且《テ》食《スル》 事《モ》無レトモ
更ニヒタルキ事無シ
爰樵夫思候様ハ

桃ノ花《ハ》至タル深山《ニ》
無キ物ヲ　イカニモ
此奥ニ里《サト》アルラシト
思《テ》尋行候ホトニ
犬ノ啼ユル声《コヘ》

聞ヘケリ　サレハコソ
里ハ有レト思道《ニ》ヲ
シルヘニテ　行候ホトニ
不思　フツト仙家ニ至ル

中《ウチヨリ》　仙女出合《テ》申様
何《ニトシテ》　御分来《ハリ》
給フソ　此処ハ仙家ナリ
凡骨《コツ》ニテハ来ル
事不叶《カナハ》　何事カ
アリツルト申スニ此山奥《オク》ヨリ

川ナカレ出テ候ツルニ
其川ナカレノ浦ハタ
ニテ桃ノ花ノ有リツル
ヲ取テ　食《テ》候ツル
ナリト申　サテハ
ソレコソ仙薬ニテ

候ヘ此仙家来《ニル》

道理《ナリ》　然ニ犬
吼《ルハ》何《ニ》トカ思フ
此犬ハ淮《クワイ》王ト申シ、
王習《テ》二　仙術《ヲ》一合《セ》二
仙薬《ヲ》一服《シ》之　仙人ト
成テ此処ニ有リ
其薬リヲ　簁《ツキ》タル　臼《ウス》
キ子ヲ　フネブリタル
犬ト鶏《トノ》仙法《ヲ》
得テ此処《ロニ》アリ
ト申ス　此男《カ》
心ニハ二三日ト程《ホ》ト
此仙家ニ□(止カ)住スラント
思《フ》処《ニ》此仙女此男《ニ》
申ス様《ヤウ》　若帰リタクハ
可帰《キカヘル》之由申シケルホトニ

此男可《キ》三帰《カヘル》二　古郷《ニ》一由《ヨシ》
答ヘ候　如元《クモトノ》一　道《チニ》
マカセテカヘリ候
程《ニ》旧里《ニ》カヘリ
付《ヌ》　本《ノ》郷里《ハ》
更不《ニス》見《ミヘ》一　尋二老人《ヲ》一
問《トヒ》二事《ノ》子細《ヲ》一　候ニ
無二子細一　我旧里トナリ
更其跡ハ無シ又入二山《ニ》一
年暦《ヲ》勘候ヘハ七百
余歳《ニ》ナル其桃花《ノ》
花《ヲ》取《テ》食シケル
三月三日ニ当ルナリ
仍《テ》以二此因縁《ヲ》一
三月三日《ニ》桃花《ヲ》
賞スルナリ　是仙

薬ナリ

とあり、内容は明らかに武陵桃源の説話を三月三日の桃の節句につけ説明している。また『古今集』の壬生忠岑の長歌にも「獣の雲に吠えけん心地して」と詠じられ、中世文学にも宴曲や連歌にも詠ぜられる淮南王劉安が昇天した時、鶏と犬が仙薬の余りをなめて昇天したという神仙伝の記述が取入れられている。更に表紙に「方壺草事」すなわち母子草餅、ゴギョウを入れた草餅に関する説話が語られていることを記しているが、最初に

魏文帝の御時曲水ノ
苑ト云事有リ巴水
トテ此巴字ノ様二
マガリタル河《カハ》ナカレタリ
此川ニ盞《キヲ》浮メテ
桃花《ノヲ》ノム事ヲ
被《ラレ》二始一タリ此事ヲ
聖廟御詞二
思魏文《ヲ》二翫《ソフ》風流《ヲ》一
トハアソハサレテ候

嗜《キ》犬《ケン》花二　吼声《コヘ》聞《キコユ》二
紅桃之浦二一ト中候
此事也
漢武帝第六孝武
皇帝御時東方相《ト》
云者有リ西王母カ
桃三千年ニ一度
ナルヲ二度ヒ食也
タリト云ヘリ

とある。この部分は『和漢朗詠集』巻上の三月三日付桃の条にある菅公の作の詞句に「曲水雖《ドモ》レ遥《ナリト》、遺塵雖《トモ》レ絶《エタリト》、書《キ》二巴字《ヲ》一而知《リ》二地勢《ヲ》一、思《テ》二魏文《ヲ》一以翫《ブ》二風流《ヲ》一」とあるのに依って述べているのであり、また「奇犬吠《ユ》レ花、声流《ブ》二於紅桃之浦《ニ》一」とある同じ『和漢朗詠集』巻下、仙家の条によっているのであり、殊にこの詞句は武陵桃源の故事による朗詠であり、この説話本の種本は恐らく『朗詠集』であったらしく、続いて次に

又方壺草餅事
此方壺草ハ蓬萊方丈
瀛《エイ》川《ノ》三嶋《ノ》中《ニ》方長
有ル草ナリ　彼仙洲《ニ》
アル草ヲ以テ　ツク
餅ナレハ方壺餅ト
ト申スナリ　或ハ
蓬萊《ニ》蓬《ヨモキ》多シ　此又
仙薬ナレハ　蓬子餅《ト》
云　タ、方コ餅ト人云《ヒ》
習シタリ　此方壺
草ハ金銀ヲ方取タル
草ナリ花《ハ》金《ネ》　葉ハ
銀《ネ》ナリ　サレハ詩ニモ
三壺《ニ》雲浮《フ》　眼《コ》七
万里之外《ニ》疲《ルト》　申スハ
此事《ナリ》　海《ノ》中《ニ》
此三《ノ》嶋□ナルカ
壺《ヲ》三ツ並ヘタル
カ様《ニ》見ヘ候ナリ
此草ヲ以《テ》餅《ヲ》ツキテ
食スルモ桃ノ花《ヲ》用ヒ
候モ皆以漢朝《ノ》以《テ》二

風流ヲ二我朝ニ賞一
翫候ナリ
用草餅事　周ノ
霊王ノ極テ腹悪シク
有《マシ〱》ケルニ知臣草餅ヲ
薬ト云事　云事ヲハ
王ニハ不奉知一知臣
ナマフタリケリ□ヨリ
後世人皆知用之也

と終っているのである。最後の所は判読し難い所があるが、最後に方壺草餅の因縁が語られるのは、或いは春季に母子草の草餅が法会の供養として出されたのであろうか。そしてここでも『和漢朗詠集』巻下の仙家に「三壺雲浮《ブ》七万里之程分レ浪《ツヲ》」という都良香の文詞が取られ附会されて説明する。内容を見るとやや断片的であるが、それだけ寺院において僧侶が手控えとして小さい説話本を作為した跡がよく窺える資料なのである。従来、かかる小さな説話はしばしば見受けられるにもかかわらず、小冊子であるため、看過される傾向があった。寓目した範囲にはなお幾つかあり、例えば御伽草子の「蛤草紙」がこんな形であるのがまま存するのは、やはり一度は寺庵の手控えを通過してきたことを示していよう。願わくは今後かかる表紙に何々因縁と題する些小な説話本に顧慮をはらわれ報告されんことを。

第三章　近古小説のかたち

第一節　熊野の本地のことなど

一

近古小説と言われ、室町時代物語と言われ、また御伽草子と言われるような一群の文学形態、それは説く者によって色々の規定が有り得よう。従ってそれぞれの名前づけ、定義により、その範疇に多少の差があるとしても、なお共通した幾つかの特長が有ると思う。その一つに例えば内容に短篇が多いとか、筋に類型が多いというようなことが挙げ得よう。短篇が多いということは、一般に内容を読んで行くと、物語的とか、小説的とかいうことよりも、より説話的なものをしばしば含んでおり、また更に口承文芸的な性格があるというようなことが考えられると思う。説話という詞は明瞭なようで明瞭でない語であるが、少なくともわが国の説話、神話であれ、伝説であれ、昔話であれ、はたまた仏教的な説話文芸であれ、一貫してそれに流れるものは恐らく口誦性ということであり、その一端として近古小説にも筆致に文体にしばしば口誦的なところが見えているのである。そして、現代において「夕鶴」とか、「三年寝太郎」とかいうような劇がいわゆる民話の名で取り上げられているが、そういうような民話、むしろ日本民族の心の故郷のようなもの、民族説話とでもいうようなもの、それが例えば上代の竹取翁や少彦名《すくなひこな》を中心とした説話や『霊異記』に見える小子部《ちいさこべ》の栖軽《すがる》の本縁譚とかいうようなものから、私達が幼時聞いた桃太郎のようなものまで、言わば一貫して脈々と流れる地下水として存在していると思うが、また近古小説の中に一部分露頭して来ているとも言えよう。私はそういう方面から近古小説の形態についてむしろ興味をもって眺めているものである。そして、恐らく南北朝頃に結成されたらしい『神道集』の存在は、近古小説的なものが口承文芸として古くから存したことを暗示しており、特に近古小説の中でもいわゆる本地物と言われるようなものや、近世初期の古浄瑠璃のような形のものがずっと古い歴史があること、いわば普通の神道と異った、縁起神道とでも言うべきものが古くから民間に在ったことを思わせる。またその比較的物語的な内容も誠に暗い話が多く、いわば淵源が古代にまで遡るのではないかと思われるような幽暗怪詭な中世口承文芸史の存在を考えさせ、そんなものを管理し、文字というものとあまり縁のなかった庶民に対して働きかけた、寺社に付属していた下奴的存在を示唆させる。

『神道集』の内容を検討して行くと、まま地方的な語り物であったのではないかと思われるものもあり、従って写本や、恐らく主として中央の都で作られたらしい、絵草紙、絵巻で姿を現わして来ないようなものがあるように考えられる。もちろん現存している写本はほんの一部分であろうし、多くの亡びた近古小説の写本があったわけであるが、『神道集』の中の諏訪の本地譚、すなわち甲賀三郎とか、赤城山の本地譚の如きは当然絵草紙になっていて良いのではないかとも思うが、この方面に注意を向けて以来かなりの年月の間に絵草紙としてあるのをほとんど見たことがない。反対に非常に絵草紙や絵巻の多い「熊野の本地」の如きものがある。「熊野の本地」のようなものの絵草紙の多いことはそれだけの理由があるのでなかろうかと考えられる。また『神道集』には見えぬが、写本でまま伝わり、その内容が日光山の本地であり、近古小説の本地物に近いような、ありふの中将が都より下り婚姻するいわゆる貴種流離譚の系統を引く、日光山の本縁譚があり、これもむしろ地方の語り物でなかったかと考えられる。熊野の本地譚の如きは後に述べるが山中の奇怪なる神誕生を骨子としており、中世の語り物、本地譚にしばしばくり返されるテーマであって、霊山の神秘、神誕生を説くことは霊山の信仰を宣布する山伏、比丘尼の如きにより繰り返された題目であったと思う。或いはまた両羽から奥州地方にかけて盲法師に最近までも語られて来たらしい早物語の如きがあり、室町時代にも『経覚私要抄』『言経卿記』その他の記録を見ると正月の祝言などに語ったらしい。しかもその内容を見るとちょうど中央アジアの敦煌文書の中から出た、北宋頃かと考えられる『茶酒論』が語り物であったと思われるのと同じく(那波利貞氏論文『史林』十三巻三号「晩唐時代の撰述と考察せらるゝ茶に関する通俗的滑稽文学作品」、および『東洋文化史大系』宋元時代、二六頁)、その内容は餅と酒とが合戦したとか、猫と鼠が合戦したというような擬人的なものが多く、近古小説の擬人物、烏と鷺とが合戦したというような内容のものが単に上流の公卿さんが手玩びとしてこれを著わしているという以上に、何らかの舌耕文学とでもいうような性格を帯びていることが考えられる。実際中世には座頭とか、瞽女、絵解、物語僧、御伽比丘尼とか山伏、色々の文学の管理者が考えられ、近古小説もそういうものと密接な関係のあることは種々指摘出来る。しかし今ここで問題とすることはかく口誦性が多いにもかかわらず、実際は写本(これも絵草紙とか色々の形があるわけであるが)とか、また近世初期に刊本として書物の形で伝わって来ていることが多いことである。また室町時代にはもちろん双紙、書物の形態が多かったと思うが、言われるように、双紙を皆の前で徒然を慰めるというふうに読まれ聞かせたもので、

此物語をきく人、まして読まん人は、すなはち観音の三十三体をつくり、供養したるにも等しきなり。

(『小町草紙』)

此双紙ヲ一度モ読マン人ハ三度詣デタルニ同カルベシ況五度十度モ聞ン人ヲヤ。

(『神道集』巻六「三嶋之大明神之事」)

というような文句も見える。記録を見ると内容が何であるか判らないが、

……惣得庵参来、持経祗候、双子《物語》持参読之、違例慰ニ聴聞、

(『看聞日記』永享五年閏七月二日条)

……持経朝臣双子持参、於女中読之、雨中徒然御盃申沙汰、雖断酒献之、

（同記、永享九年五月十二日条）

……夜前仙洞被語平家、又被読双子云々、

（同記、応永三十二年八月一日条）

というような例もある。これらの「双紙」が何であるか判らないが、病気の際違例慰に聴聞し、持参した人も惣得庵は比丘尼であったろうし、また「於女中読之」とあるのだから内容は固いものでないことは確かである。いわばそれらは御伽のために読まれたものであろうが、『康富記』には『源氏物語』を読んだ比丘尼のことも見え、こんな御伽の場合には必ずしも近古小説とは限らず、例えば『明徳記』を御前で親長卿が読んだようなことが記録に見える（文明十一年八月八日条）。『明徳記』はよく指摘されるように、『看聞日記』の応永二十三年（一四一六）の六月、七月の条に見える「山名奥州謀反事一部」を語った大光明寺の客僧であった物語僧の記事と関連させて考えるのが至当であろう。『明徳記』は物語僧の語り物としてふさわしい語り物的な調子を持っている。そして一般に口誦的な調子を持った近古小説が読み聞かせられた場合も多かったであろうことは想像される。殊に御伽の衆の中には、例えば室町末期、前田家の御伽衆に「物よみ三休」という名が見えることは桑田忠親氏が『大名と御伽衆』に指摘されている。御伽の衆には出自においてもかかる物語僧と共通の場があったのであろう。物語僧の記録としてはなお『空華日用工夫集』の巻末追加、康歴三年（一三八一）十一月二日の条に「時有善談劇者謂物語一日日本禅僧与梵僧宗論、二日、准后将軍両人入内盤馬之戯」とあり、義堂は二条良基の屋敷に行って聞いたらしいからこれは専門の物語僧であったろう。その他、物語僧の一峯という者が将軍の御成の時物語をしたことが『蔭涼軒日録』永享十年（一四三八）一月二十五日の条に見え、その前永享八年九月二十七日の条に「物語僧一峯在洛否。使播磨守問之」とあるから旅の客僧であったろう。この一峯の記事はかつて私は指摘しておいたが、一向に注意されない。以上の三例のほかに義満の周囲には古山珠阿弥という者が居ったことは『厳島参詣記』に見え、これは恐らく『大塔物語』に言う「物語者古山之珠阿弥之

弟子」とある記事の「古山之珠阿弥」と同一人であろう。阿弥と言われる遁世者には芸能人が多く、かつて指摘したように室町初期の何阿弥という連歌師は皆時宗の出身であった。時宗は芸能の宗旨で、彼などはむしろそんな仲間であり同朋衆であり、御伽の衆であったのであると言った方が当っているかも知れない。御伽の衆のようなものはすでに制度としては『吾妻鏡』の中からも挙げられる。すなわち、

昵近祇候人中。撰二芸能之輩一。被二結番一之。号二之学問所番一。各当レ番日者。不レ去二御学問所一。令二参候一。面々随二時御要一。又和漢古事可二語申一之由云々。武州被レ奉二行之一。

一番　修理亮　伊賀左近蔵人
安達右衛門尉　嶋津左衛門尉
江兵衛尉　松葉次郎
二番　美作左近大夫　三条左近蔵人
後藤左衛門尉　和田新兵衛尉
山城兵衛尉　中山四郎
三番　安芸権守　結城左衛門尉
伊賀次郎兵衛尉　波多野次郎
内藤馬允　佐々木八郎

（建暦三年二月二日条）

と見える。すなわち芸能の輩を撰んで結番させられ、時の御要に随い、和漢古事を語るのが役目であった。『吾妻鏡』にはなお「伊賀前司朝光。和田左衛門尉義盛。可レ候二北面三間所ニ一之由。今日武州被二伝仰一。彼所者。撰二近習壮士等一。令二結番祇候一云々。而件両人。雖レ為二宿老一。為レ被レ聞二召古物語一。所レ被レ加レ之也」（建暦二年八月十八日条）とも見える。

制度としては確かに源実朝のまわりにいた結番衆は御伽の衆の古い例であるし、こういうものが双紙を読むことも確かにあったのであろうし、後世の『貞徳文集』に「仍伽之者一両人抱置度候、謡鼓方存じたる者歟、又者湾医師、八卦占仕者歟、或太平記、東鑑等仮名交之草子読者歟、或禅僧落ち坊歟、嘉様之媚《こひ》者にて、然も不レ賤人御尋出候て御馳走頼申候」とあるように「伽之者」には「太平記、東鑑等の仮名交之草子」を読む役目の者があった。また『太平記』のようなものは量が大部であって、物語僧のようなものも恐らく読み聞かせたことであろう。事実媚びた遁世者が『太平記』を御伽に読んだことは『蔭涼軒日録』に江見河原入道という逸興な人物が見える。また、『庶軒日録』の文明十八年三月十二日の条に栄老居士という人物が見え、倭学があり、太平、明徳の二記等を諳んじたとあるのも一種の遁世者であったろう。しかし、桑田忠親氏のように御伽草子としての『天正記』というような言い方の場合と、普通近古小説のようなものを国文学者が御伽草子という場合、後者のそれが主として渋川版の二十三篇の草子を中心とした名称である以上、両者の間に齟齬があるように思われる。御伽草子という名前が室町時代にあったかどうかまたこの版の出版年代等は暫く措き、この二十三篇の草子は写本の絵草紙に見られる横本の絵草紙、いわゆる奈良絵本の形をとっていることは間違いない。現実に近古小説が伝わっているのは多く書物の形であり、写本としては種々の形のいわゆる奈良絵本のようなものであり、また刊本としても江戸時代初期の刊本がしばしばそうであるように、挿絵を伴っている。その挿絵を熟視し、比較すると刊本を出す際に、その図柄が作られたというよりは、その図柄が同じ作品の絵入りの写本、絵草紙や絵巻の形のものと共通していることが多い。そして、この種の文学形態には絵を伴っていることが多いことが資料に即して確かに言える。近古小説を見ると市古貞次氏が指摘されるように、「文正草子」とか、「福富草子」とか、物語より草子と名づけられる場合の方が多いようで、古くから「花鳥風月双紙」(『山科言国卿記』長禄元年十一月八日条)という風に記録の中にも見える。そして、その草子も絵草紙の方が多かったのであろう。従来かかる絵草紙については絵巻物が絵草紙の形に変化して行ったことが説かれている。それは確かにそう言えることで、その中心にいわゆる奈良絵本がある。奈良絵本については最近清水泰氏が『立命館大学人文科学研究所紀要』第一号の中に「奈良絵本考」を書かれ、詳細に論じておられるので付言する必要もないと思うが、奈良絵本の名前が『看聞日記』に見えるという説は清水氏も推測せられるように誤りである。このことを最初に言われたのは『国文学踏査』第二輯（昭和八年六月）の「磯崎」解題の条で高野辰之氏が述べられ、また『江戸時代文学史』上巻の条でも述べられ、その後この説がしばしば引かれている。一例を挙げると宮崎晴美氏は昭和十九年刊行の自著『国文学論考』の中の「奈良絵本と御伽草子」なる論稿で

然らばこの奈良絵本の名称は、何時の頃からどうして起つたのであらうか。その起源や意義なりは、確実に判明してはゐないが、かの後崇光院の日記といはれる看聞御記に、南都絵と見えてゐるのがその最初である。即ち嘉吉元年四月十五日の条に「絵五巻被下大仏絵上下慈恩院平家屋島絵三巻喜多院南都絵也」とあり、また同四月十七日の条には「自二禁裏一玄弉三蔵絵一合拾二号被下、是も南都絵也」と載つて居るのがそれである。南都絵といふのは奈良絵のことで、奈良の春日社を始め、主な社寺にあつた絵所の絵師が物した絵をいふのである。

というようなことを説かれ、このことは一昨年出た仲田勝之介氏の『絵本の研究』の中に

お伽草子の創作年代なり作家なりは殆ど不明である。公卿や僧侶が創作したらしいが、確然たる証拠はない。従つて奈良絵本の製作年代も不定である。ただ『看聞御記』に、奈良法師絵と見えてゐるので、奈良法師達がかいたものとして間違はないであらう。お伽草子の中に宗教的色彩の濃い本地ものやその他の物語がかなりある処から見ても、奈良から盛んに出たものと考へられる。

と言われている。『看聞日記』には確かに「南都絵」の名が見えるが、同記をよく読んでみると、この「南都絵」は

単に奈良に在る絵という意味に過ぎないと思われる。前記の「南都絵也」とあるものの一つに「玄奘三蔵絵」十二巻が見える。これは同記の永享五年(一四三三)七月三日、四日の条にその名が見え、「南都大乗院絵也、殊勝々々絵也」ともあり、南都大乗院より召されたのである。また五巻の「大仏絵」二巻、「平家八島絵」三巻も同じく南都の慈恩院、喜多院の所蔵していた絵巻である。以上の絵巻は永年の間にそれぞれの寺院の宝物として伝えたと見え、それから約五十年後の『大乗院寺社雑事記』延徳三年(一四九一)九月の条に、絵注文三蔵絵十二巻、当院、吉備大臣絵二巻、春日験記絵一巻等が大乗院の所蔵として挙げられ、また慈恩院地蔵絵六巻(西南院)、八嶋合戦絵三巻(北院)などと見え、また大仏験記絵(東南院)などと見えている。この中「玄奘絵」とあるのは、玄奘三蔵を主題にした十二巻の「法相宗秘事絵詞」と同一のものと考えられ、これは『考古画譜』にも、

倭錦云、住吉慶恩、法相宗秘事絵詞、南都御門跡什物、真頼日、南都御門跡は一条院なり。

と見えている。私はこれが同一物だと気づいたのは昭和二十二年春、白鶴美術館で大阪藤田家蔵の同絵詞の中、二巻が出陳された時であるが、一見して有名な『春日験記』と手法が近似しており、隆兼筆と考えられ、優秀な絵巻物である。この絵巻については田中一松氏も

大阪藤田男爵所蔵、もと興福寺一乗院の什宝であつたもので法相宗の始祖たる唐の玄奘三蔵の一代を叙し、殊にその渡天の行蹟を描くこと最も精しき点に於て、恰も大唐西域記を絵巻化したるが如き感がある。描写は頗る慎密精細なもので色も華麗を極めてゐる。その筆致画趣とも高階隆兼の筆の「春日権現験記」と近似する所が頗る多いので、同筆説が最も有力である。併し主題が「春日験記」と違って見も知らぬ天竺が主となつてゐるので、これが描写もなか〳〵苦心を要したことと思はれ、人物風俗や山川草木の変化など周到に気を配り、努めて異国情調を出さうとしてゐることが察せられる。総じて描図描写とも整美の趣に富んで典麗の致に終始し、活趣に乏

しい点は「春日験記」に於けると同様に、これにも認められるが蓋しこれも鎌倉末期の時代的特色と云ふべきである。

と書かれている。ともかく、この「玄奘三蔵絵」のごときを南都絵と言っているのはいわゆる奈良絵の意味ではないと思う。

二

数年前『国華』七百八号の中に藤懸静也氏の解題で、「御伽絵巻残欠」と題し、解説を付し、岩崎亮彦氏蔵という一枚の挿絵が木版で出されている。今その解説文をやや長く引用させていただくことを許していただこう。すなわち本図は山中に子供と猿と遊べるさまを図したのであるが、この絵については何等伝ふる所はなく、物語の内容も不明である。然し何かの御伽話を絵にしたものとして注目すべく、童話の如きものの古い絵としておもしろい。今これを形式上から考察すると絵巻物の残欠であることは、一目して明かである。その大さも竪八寸五分であるから絵巻物としても小さい方ではなく、画中に詞が記されてゐる。その詞によると「さるもこゝろあるによりて、これをめし候へとそ申ける、御らんしてやかてめされけり」とあつて、他に「おもしろの山や」とある。かやうに画中に詞を書き入れた形式もおもしろく、童話の如きものを絵にしたものとしては適当である。勿論かやうな形式はこれより以前からあるのであつて、善教房物語絵巻や天狗草子に見らるる所で、更にこの形式が発達すれば、後の黄表紙の如きものとなるのであるから、その発展の途上にあるものとして、注目に値するのである。然しこの詞の外に童話の如きものの梗概を書いた本文があつた筈で、それがこの絵の前に記されてゐることは、普通の絵巻の形式と同一であらう。而して本図の如き童話的の内容の絵巻は丁度足利末期から近世文化への転換をきざした時期の産物と見ることができるので極めて興味が深い。

次にこの絵を様式上より考察すれば、足利末期に行はれてゐた典型的な大和絵様式とは異るもので、また当時流行してゐた大和絵様式に宋元画式の手法を折衷したものとも違ふのであつて、若し類を求めるならば、絵巻物の下手物即ち長谷寺縁起や道成寺縁起の絵巻などに近い所にあるものともいひ得る。

更にこれを一考すればいはゆる奈良絵様式にも関連するものであらうと思はれる。即ち奈良絵本の内容は、平安鎌倉時代の公家や武家を題材としたものであつて、その表現様式は大和絵の堕落した拙劣なものである。また宋元様式の影響とまではいへなくても、やゝ堅い線を用ひたものもある。なほ時代文化の要求によつてこれよりも更に自由な庶民的な趣致を以てしたものも作らるるに至つた。それは正に時代のかはりめで、新らしい様式が作られたのである。本図の如きは新しい様式の一例ともすべきもので、童話といふ新内容によつてその表現様式も亦新らしく自由で、旧来の典型的手法から離れたのであらう。公家の生活を絵の内容として表現せんとすれば大和絵様式に似たものとなり、支那のものを内容とすれば、やや堅い傾向のものとならう。新らしい童話の如きものを題材とすれば、新らしい表現様式を以てするのは当然である。かやうな画風のものは、多く絵巻物の形式をもつものであるが、また披見するのに便利のやうに、冊子に綴ぢたものもある。これを普通に奈良絵本といふてゐる。本図の如きは旧形式をとつて巻物の形となつてゐるのである。

という風に言われ、最後に

かやうに考察してこの絵を鑑賞すると技法は稚拙でも束縛がなく、自由であり庶民的傾向をもつてゐるので、殊に今の世の人におもしろく味ふことができるであらう。然し形式美を重んじ、典型的のものをよしとした江戸時代の人々の間には、その美を認めなかったものが多かったであらう。或は稚拙の一言の下に排斥したものもあったであらう。惟ふに本図はその内容を明らかにせず足利末期のものと鑑することを得るだけで、もとより筆者はわからない。宗教的のものでもなく、古典的のものでもないやうで、近世初期の文化を転換せんとする新時代のものと思はれ、殊に童話的の絵巻として意義がある。本図は絵巻の一部と思はれるから鑑賞者は貴族か長者であつたかも知れぬ。然しこの絵の性格は庶民的で新時代の香のあるものでその特色をうかがふに足るべく、従って今の世に意義深く認めらるるであらうと思はれる。

と書いておられる。私はこの絵柄を見てすぐに「熊野の本地」の中の山中に捨てられ独り育った王子が獣と遊んでいるところと直覚した。「熊野の本地」は特に写本等の伝本の多いものであるが、その図柄がおおよそに共通している。そして必ず他の妃にそねまれ、山中につれて行かれ、首を刎ねられた際に王子を誕生し、その王子が母の死骸の乳房にすがり、山の虎狼なども皆王子にかしずき遊ぶという怪奇な筋が最初にあり、絵図として獣が王子と遊んでいるところがある。高崎正秀氏のいわゆる金太郎誕生譚がその筋のモチーフの一つをなしているのである。この「熊野の本地」については和辻哲郎氏もしきりに興味を持たれ、よくその著書の中でふれておられる。すなわち「この時代の物語を読んで行くと、時々あっと驚くやうな内容のものに突き当る。中でも最も驚いたのは苦しむ神、蘇りの神を主題としたものであった」と「埋もれた日本」の中に言われ、「熊野の本地」の筋を挙げられ、中で

女主人公は観音の熱心な信者である一人の美しい女御である。宮廷には千人の女御、七人の后が国王に侍してゐたが、右の女御はその中から選び出されて、みかどの寵愛を一身に集め、遂に太子を身ごもるに至った。その故にまたこの女御は、后たち九百九拾九人の憎悪を一身に集めた。あらゆる排斥運動や呪詛が女御の上に集中してくる。遂に深山に連れて行かれ、頸を切られることになる。その直前にこの后は、山中において王子を生んだ。

さうして、頸を切られた後にも、その胴体と四肢とは少しも傷つくことなく、双の乳房をもつて太子を哺んだ。この后の苦難と、頸なき母親の哺育といふことが、この物語のヤマなのである。

と書かれ、また

この物語では、女主人公の苦難や、頸なくしてなほその乳房で嬰児を養つてゐる痛ましい姿が、物語の焦点となつてゐるが、しかしこの女主人公自身が熊野の権現となつたとせられるのではない。ただ頸なき母親に哺育せられた憐れな太子と、その父と伯父とのみが熊野権現になるのである。しかるに同じ「熊野の本地」の異本のなかには、さらに女主人公自身を権現とするものがある。そのためには女主人公が頸を切られただけに留めて置くわけに行かない。頸なき母親に哺育せられた新王は、この慈悲深い母妃への愛慕のあまりに、母妃の蘇りに努力し、遂にそれに成功するのである。さうして日本へ飛来する時には母妃をも伴つてくる。だから頸なくしてなほその乳房で嬰児を養つてゐた妃が熊野の権現となるのである。ここに我々は苦しむ神、悩む神、人間の苦しみをおのれに背負ふ神の観念を見出すことができる。奈良絵本には、頸から血を噴き出してゐるむごたらしい妃の姿を描いたものがある。これを霊験あらたかな熊野権現の前身として眺めてゐた人々にとつては、十字架上に槍あとの生々しい救世主のむごたらしい姿も、さう珍らしいものではなかつたであらう。

と書かれ、「厳島の縁起」にも同じようなテーマが見られるとし、

わたくしはかういふ物語がどういふ源泉から出て来たかは知らないのである。物語の世界がインドであるところから、仏典のどこかに材料があるかとも思はれるが、しかしまだ探しあてることができぬ。物語自体の与へる印象では、どうも仏典から来たものではなささうである。死んで蘇る妃は、「十二ひとへにしやうずき、紅のちしほのはかまの中をふみ、金泥の法華経の五の巻を、左に持たせ給ふ」などと描かれてゐる。これは全然日本的な

> 想像である。のみならず、苦しむ神の観念は、仏典と全然縁のないらしい、民間説話に基いた物語のなかにも現はれてゐる。さうなるとこの観念は、日本の民衆の中から湧き出て来たと考へるほかないのである。

と言われ、三島の本地とも言うべき「三島」の物語の筋を挙げ、

> このやうに苦しむ神、死んで蘇る神は、室町時代末期の日本の民衆にとつて、非常に親しいものであつた。勿論、日本人のすべてがそれを信じてゐたといふのではない。当時の宗教としては、禅宗や浄土真宗や日蓮宗などが最も有力であつた。しかし日本の民衆のなかに、苦しむ神、死んで蘇る神といふごとき観念を理解し得る能力のあつたことは、疑ふべくもない。さういふ民衆にとつては、キリストの十字架の物語は、決して理解し難いものではなかつたであらう。

と書かれる。和辻哲郎氏の言われる苦しむ神は日本の古くからある貴種流離譚などとも関連する問題であるが、なお蘇る神というような筋にはマリヤの聖母受胎のような話がからまって来ていると私は思う。それはすなわち幽玄な山中誕生譚が日本にあったと思うのである。この点については後に紹介する如く筑土鈴寛氏もふれておられるが、私はこの岩崎氏の絵巻など、むしろ金太郎式な点がよく出ているように思う。いわゆる金太郎誕生譚の話としては大石寺本『曾我物語』巻二に見える平井保昌の話がある。それは延喜帝の時に元方民部卿の家には悪霊がたたり子が無いので、仏神に祈り若君を一人得たが、四歳の時に父はその魂が不敵で山野に交わるべき相貌があるというので、荒乳山の奥深くに捨てたが、仏神の加護であるか、猛獣もこれを犯さず育ったが比叡山の麓に猟人があり、山の中で見つけ、育てられたのが後の保昌であると出ている。『義経記』の巻七には愛発《あらち》山の事として、弁慶が加賀国で下白山に女体后の竜宮の宮が、志賀の辛崎の明神に見初められ、懐妊近くなったので加賀国に下る途中、近江国と越前の堺である荒発山で産の気がついて、産のあら血を雫したからあら血山というと語っているが、それが「浄瑠璃十二段草子」で

は志賀寺の上人が京極の御息所を恋し、その手にふれただけで懐妊し、越前敦賀と海津の堺なる荒乳山で産の紐を解いたと見えている。恐らく元この荒血山に神秘なる女神と神子の誕生と成育譚が存したのである。金太郎などは『前太平記』に見えるのが古い方で足柄山中で山姥母子を探し出して来ることになっているが、現在地方に伝えられている伝説を見ると、例せば紀州西牟婁郡近野村大字野中の秀衡継桜の伝説がある。これは元禄の頃紀州藩士児玉庄左衛門の著『紀南郷導記』の中にも見える話で、秀衡夫妻が熊野社で滝尻王子(剣山の窟とも)で出産し、その子をそこに置き熊野に向う途中、野中で桜の枝を挿し、戯れに祝して我が子が恙なく生育すればこの枝が生きて成長せよと言ったところ、下向の時見ると不思議に枝が成長し、桜の花は咲き、我子も虎狼に害せられることなく無事であったというのである。これなども獣が育てたというモチーフは消えかけているが、やはり同じ系統の話であって、その場合子を守ってくれたのは山の神、従って金太郎の山姥であったわけである。そしてこの山姥が「熊野の本地」では五衰殿の后であったわけで、山神にわが子の無事を祈り死ぬということになっているが、一方山神が狼であるという考え方も地方によくあり、「山の神おこぜ」の奈良絵本などにも山の神が狼となっているのもあって、王子を育てた獣も五衰殿と本来別人ではなかったと思う。山姥の子育て譚は幽玄なる伝説であって、霊山につねにまつわった話であった。柳田国男先生は『山の人生』以来しばしばこのことを説かれ、

たつた一つだけ、自分などの久しく注意して居るのは子持ち山姥、山で何人もの子を育てて居るといふことで、是は足柄山の金太郎以外に、阿波の剣山山彙にも実話と伝ふるものがあれば、遠州の奥山の例は古く臥雲日件録にも出て居て、其子はそれ〴〵の霊山の主となつたとも言はれてゐる。日本の固有信仰の中では、是は可なり奥深い一つの問題の末端であるやうに私は思つて居るのである。既に義経記の中にもある荒血山の物語を始めとし、美しい姫神が山中で御産をなされ、それを助け申した山人が末永く幸ひを得たといふことは、今もなほ九州と奥

羽と両端の土地の猟師の群によって信受せられて居る。乃ち彼等にとっては伝説以上、寧ろ神話と謂ってよい大切な口伝であった。ウバは本来権威ある女性の名で、齢や姿にはよらなかったのを、いつの頃からか女扁に老、姥といふ漢字を是に宛てるやうになって、絵や彫刻にけうとく描き出すものが次第に多く、結局は常の人の幻とは合致し難くなったけれども曾ては山姥も山の女神の、親しみある一つの呼び方であったかも知れぬのである。

（『新国学談』山姥の話）

と言われており、なおその他にもしばしば言及されている。前述の秀衡継桜の伝説などと比べて見ると、熊野にもかかる山中異常誕生説があったのでなかろうか。柳田国男先生は『山の人生』では山神の祭文、九州や奥州の狩人に伝えられているもの――などから山神の女性にして、また産育の習俗と関係のあることにも触れておられる。恐らく上代説話の一源泉に浪漫的な異郷説話があったように、中世には中世らしく誠に暗く玄怪なる山中の神子出現譚があった。筑土鈴寛氏はこの熊野本縁説について、

「山の人生」によって深山の神秘は段々明かになった。とくに、山と産育との密接な関係は、いたって丁寧に説かれてある。近代人の西洋流の山岳憧憬にも、或は血統としてこの書に説くが如きものが、密かに働いてゐるかもはた知れず、往昔、仏教家が山を開いたことも、深山のこの神秘が縁をなしたと思はれるものが多々ある。高僧の御山建立に、狩人と犬とが、導いたといふ話は、一二の例ばかりではない。入峯行者に先立つものが、狩と呼ばれてゐることは暗示的であるが、それとこれとの関係も、追々筋目立ってくると思ふ。狩人にも、敬虔にして厳重なる信仰と戒律とがあった。「山の人生」に載せてある日向椎葉の山神祭文猟直しの法に、山神の由来本地を説き、母一神《イチガミ》の君、産して三日まで産腹を温めず、時に大摩の猟師、狩して山中に一神の君に逢ひ、持てる破子を望まれるが、これを拒絶し、その後小摩の猟師来って、求められるままに、破子を捧げて神を救けるその

ゆゑに、小摩の方は幸を授けられる。佐々木喜善氏の「東奥異聞」五四頁にある、陸中閉伊郡の二人の狩人の話も亦これである。山寺立石寺に、磐司・姥神を祭り、山上の小池水に、産死者のため血盆経を納めることのあるのは、もとこの山にも、産育の信仰を伝へてゐたかと思はれる。『民俗学』第三巻第四号、早川孝太郎氏が紹介された三河北設楽に伝へる山神祭文の詞章は、熊野権現のお告に従ひ、奥山太郎、一人の姫に婿入することから始つて、姫の懐妊、山中で大男神宿男神の二人これに逢ひ、宿男神が救けるといふことになつてゐる。熊野本地は、本地物の中でも代表的なものであるが、これが山中誕生を説いてゐる。

と書かれ、「厳島の本地」にも触れられた後、

和辻博士の「尊皇思想とその伝統」に、熊野本地を説かれ、山中誕生の神子を苦しむ神といふやうにいはれてゐるが、新たに生れるために身を痛め苦しましむることは、山の宗教の最も肝腎なところで、本地の王子が胎中からすでに苦難に遭ふ運命も或いはさうした印象を伝へてゐるかも知れないのである。山の宗教には、なほ母性の神秘を、仏教流に伝へてゐると思はれる節が多々ある。一人の行人の出生には、この母胎を必要不可欠としたらしい。この本地に母の死を語つてゐるのは、また興味ある一事であるが、ただ物語の技巧からのみ考案されたのではないと思ふ。この信仰が平野に下って、物語の形を仮り、信心勧化の具に供せられるやうになつたが、恐らく聴手の多くは女性であって、説く眼目は、産育と山の信仰といふところにあつたのかと思ふ。昔の聴衆がどう理解し、語る者がどこまで自覚して語つたか判らぬことであるが、山の神秘を説く経典として、たんなる慰安の物語でなかつたことは、結末の書振りによつても判断できる。かつては女性を神にまで高め、忍従と犠牲と愛とによつて、神子誕生するといふ教は、聴手も語手も自覚しなかつたにせよ、これは尊い日本の女性観であり、美しい心操の教育であつたと、いまにして思ふのである。物語が、これを汚れとして説いたところの章もないのは、

古い深山の信仰が、なほ強力に作用してゐたからであるとも考へられる。

（『復古と叙事詩、神・人・物語』三・山の宗教と山の文芸）

と書いておられる。私は前にも論じたことがあるが、弁慶に関する物語も同じようにかかる熊野の本縁譚が成長したと思っている。例えば「弁慶物語」の中にも熊野別当弁しんが若王子《にゃくおうじ》に祈って生れた子であるが、容貌魁偉で所行荒々しいから、これを捨てると某の大納言が拾って帰ったことになっており、「橋弁慶」（旧藤井乙男博士蔵本）では熊野別当湛増が熊野権現に申子を祈り、鉄のまるかせ（丸）を左の袂に賜ると夢み懐妊したが、三歳を経て生れると普通の人間と異なるので山奥に棄てたが、二十日ほど過ぎて様子をうかがうと児は狐狼と戯れ遊んでいた。都五条の弁新大納言はまた子の無いのを憂え、熊野に詣でて夢の告げにより、山奥で子を拾い育てたのが弁慶になるという筋である。また「自剃《じぞり》の弁慶」（岩瀬文庫蔵）では熊野別当と二条大納言の娘との間に出来た弁慶が懐妊してから三年目に生れたが、生れると容貌魁偉、たくましいので、父は殺そうとするが母の請いにより熊野若一王子《にゃくいちおうじ》の社の後に棄てると権現の申し子であるから野干の類も立ち寄らず、木の実を拾い食べていた。その頃都に山の井の三位という人があって、四十になるまで子が無いので、熊野参詣をすると権現の夢想があり、山の中に氏子一人を捨てたというので、山中に入ると「かのちごはごんげんのをうごましますゆへに山神もまもり」、三七日になったが虎狼野干にも食べられず遊んでいたのを拾って帰り、若一王子の社の後に拾ったから若一と名づけたとあり、以下筋が展開して、弁慶の例の話になる。これなどは全体の筋が『義経記』と関係があるように思うが、『義経記』の方の弁慶譚には捨子のことが無く、十八月目に生れると世の常の子のようでなく、二三歳ほどの児であったので、別当が「さては鬼神ござんなれ。しやつを置いては仏法の仇となりなんず。水の底に柴漬《ふし》にもし、深山にはつけにもせよ」と怒ったが、母が歎き、また別当の妹の山の井の三位の北方が乞うたので、叔母に引きとらせ、鬼若と名づけ、京へつれて行ったとある。弁慶譚はその後の弁慶のあばれる話の方が詳しく、筋の主なる点になっているが、この山中に捨てられる話がいわば桃太郎の話で桃太郎が川に桃の中に入って流れ、拾われる部分に当るわけである。その部分より後の方の桃太郎で言えば鬼が島の征伐譚に当る、やや無稽なあばれ話を散々に成長させて行ったのは、恐らく「熊野の本地」が女の比丘尼などによって成長させた話であると思うのに対し、座頭の坊などが成長させたと思っているのである。この点については前にも論じたこともあるから略すが、少くとも山中の異常誕生が中世の口承文芸のモチーフをなしていたことは考えられると思う。例えば「山中常盤」の話の如きも私は山中誕生譚が成長したものと思っている。この「山中常盤」はちょうど、「皆鶴」が室町末期上井覚兼の日記によると幸若舞で演じたのが見える一方、いわゆる奈良絵本で現存(これは清水泰氏が紹介された。また上井覚兼の日記には「みなつる」の名が天正十三年九月十七日の条に幸若舞として見える、幸若舞で演じられているものと思う)しているのと同じく、一方複製にもなっている絵巻また、奈良絵本としてある一方、笹野堅氏の出された『幸若舞曲集』にも収められ、また永禄の奥書を有する譜本もあるから、幸若舞でも語られた素材である。その筋は、常盤御前が御曹司の後を慕って奥州に行く途中、美濃の山中の宿で、夜盗に殺されるが、後御曹司は母が夢に見えるので気になって都に上る途中、山中の宿で念仏廻向あれと有る無縁の旅人の卒塔婆がある塚を見て、母の塚と知らず経を誦み、常盤が討たれた宿に泊ると母が夢枕に立ち知らせるので、奥大名が上る途中の如くに見せかけ、夜盗の襲撃を受け、敵を討つという筋である。この筋はほとんど山中誕生譚と無縁のようであるが、なお近古小説に「明石」がある。この筋は市古貞次氏が「明石の物語」という題で、『未刊中世小説解題』にその筋を紹介しておられるが、私の見たのは天文の奥書のある天理図書館の本、また阿波国文庫本の奈良絵本であるが、その筋の中に奥州に流された夫の明石を慕い下る明石の北の方が途中、遠江の小夜の中山に着いた時、雪が降りこめ懐妊の身であり倒れてしまう。侍女の常盤が介抱し水を求めに行き帰って来ると子供の泣声がする。そこで尋ねると明石の北の方は子供を産み、北の方はことぎれていた。どこからともなく紫袴の女房が出現し、瑠璃の壺から薬を出し飲ませ、姿を消すというところがある。この話などと近世よく題材になった小夜の中山の伝説などを総合して見るとこの小夜の中山にはいわゆる幽霊子育の系統の伝説があったことは明らかである。近世小夜の中山には夜泣石の伝説が有名で、賊に殺された女が墓の中で子を産み、夜毎に餅を買いに民家にやって来る。その後をつけると墓石の中で泣声が聞えるというのである。こういう伝説を柳田先生は赤児塚と名づけておられ、境の神に子を禱る風習のあったことを「赤児塚の話」の中に述べられる。赤児塚の系統の咄には例えば頼光の郎等の季武が某国の渡という地名、川の辺で産女に会い赤児を抱かされた『今昔物語』にあるような昔咄もあって、色々の形もあるわけである。東京の世田谷の十三塚の伝説などは近世の御家騒動式な咄で世田谷の殿様吉良某の十二人の側室が常盤なる侍女を讒言し、殺させる時、生れたのが若で、その若はすぐ死んだという如きも必ずしも無関係の咄でなかろう。小夜の中山はサヤはサヘのカミのサヘであり、賽の河原のサイであって、「境の神の祭場附近は再び用いられてもよい清い魂の集合場であるために、ここに我々の祖先は無邪気な色々の不思議を見たのである。政治的・経済的な理由から境というものが変化し、赤子の霊という記憶だけが後に残れば、僧侶や神主の潤色を待たずとも、月日につれて話は成長せずにはいない。赤子塚の伝説が各地さまざまな形を示しているのはこのためである」(東京堂『民俗学辞典』)。中山とか、山中という地名、また峠の境にあっては上代以来常に幣を旅人が奉る場所であった。荒血の中山、小夜の中山と同じく美濃の不破の中山にもかかる山中誕生譚の発生する契機はあったろう。或いは小夜の中山にあった話が付託されたとも考えられる。ともあれ中世には山中誕生譚が多かったことと思われる。上代にあって海彼の国との交通がしばしば物語の発生の契機であったように、恐らくこれは本地譚には繰り返されるモチーフであったと思う。この藤懸氏の紹介された御伽絵巻の内容が何であれ、今私の指摘し、注意したいのは絵詞を絵の中に書き入れて行く形式である。この絵の部分を見ると絵の中に二人の子供が見える。これは恐らく一人の子供の行動を示したのであるが、物語を説明するために、絵だけを見るとあたかも二人のように書かれてあるので、それは「熊野の本地」の絵巻にしばしば見られる図柄で必ず裸の童子の側に猿がよくおり、まま木の実らしきものを手に持っている。ただそれが絵詞を入れているところが岩崎氏の絵巻は面白く、絵の図柄としては「熊野の本地」と考えてまず誤りないと思う。そして、近古小説の形として、かかる絵詞式の絵巻にこそ考察の中心を私は置いて見たいのである。それは近古小説だけでなく、例えば「善教房物語」や「破来《やれこ》頓々《とんとん》」とか、「一休骸骨」とか、種々の絵巻物にも見られるところである。こんな絵詞式な絵巻にこそ藤懸氏の言われるような「庶民的な」香りがあるので、むしろ近世絵画史などの先駆をなしているものと私は思う。

第二節　絵解と絵巻、絵冊子

一

御伽草子と言われ、近古小説と言われている一群のものが絵巻物から絵草紙に転じ発展したことは従来しばしば言われていることである。例せば島津久基博士は昭和六年の『国語と国文学』第八巻第十号の「御伽草子論考」に

物語文学《平安》……（絵巻）《鎌倉》……御伽草子《室町》……仮名草子……浮世草子《江戸》

と図式的に示され、

前に御伽草子の範囲に関して藤井博士の説に左袒したいと言った理由が、今まで論述し来つた所でおのづから明らかにせられたと思ふが、室町期に入ってから突如発生したと看ねばならぬ必要は無く、平安末期の物語文学の流れを承けた鎌倉期小説に引続いて徐々に鎌倉末頃から御伽草子式形態が絵巻の冊子化と共に生成しつゝあつたと想像する事が自然であり、現在御伽草子類の小説中にもその頃に近いのではないかと思はれるもの、或いは原本がその頃に存したらうと思はれるもの、又は散佚物語でその頃の作にかかると想像せらるるもの等もあるからである。

と書かれ、御伽草子の形態が絵巻の冊子化と共に生成しつつあったと想像することが自然であると言われているのは極めて穏健な、正しい説で何人もいわゆる近古小説の形態の実際に接した時にそういう方向に思いを致すであろう。

しかも近古小説が一方極めて語り物的な口調を帯びているので、この絵草紙と結びついて絵解の存在に注意を払った幾人かの方がおられる。例えば、高野辰之博士は新潮社の『日本文学講座』の「幸若舞曲研究」の中に「さうして詞書と絵とを併せ味ふは教養を経た者の為すべき業であって、目に文字のない者に絵だけを示して、それを説く絵解といふ専業者も出た時代である」と軽く触れられている。絵解は絵巻のような詞書と絵の併せあるものには関知しなかったとは急に言い切れぬと私は思うが、このことは後で説くことにして、高野辰之博士は自著、昭和九年刊の『国文学踏査』所収の「近世の語り物」と題し、「説経特に苅萱の考察」と副題を付けられた論稿(最初『文学』第二巻二号に載った論稿)の中で、盲御前・物語僧等について言及された後、「絵解と説経」と題する項目中で説経、いわゆる唱導文芸的なものが世俗化したものについて絵解に言及され、鎌倉時代の絵巻物については室内に展開し、信仰または娯楽の用に供され、相当な教養を経ている者を対象としたのに比し、

室町時代に出た、かの御伽草子の、世にいふ奈良絵本の如きは、絵巻物に比すれば貴族味が大いに減退して来た。とはいへ目に一丁字の無いものを対手としてゐるのではなく、是も屋内に於ける読み物たるに止まり、絵と文章と相俟つて意を表はしてゐるのである。之を街頭に持出して、一般大衆に示して布教なり糊口なりの目的を遂げようといふには、絵を主にして説くこと、今の紙芝居の如くにするのが便法である。往古に於て是が実行せられた。是がすなはち絵解である。

と言われる。そして「絵解は嬉遊笑覧によれば荏柄天神縁起(元応元年十二月右近将監行長筆)に見えるといふが、私は之を見てないので、紹介は出来ない」と言われ、さらに『三十二番職人尽歌合』の本文と絵を引かれ考証される。ただしその挿絵は模本に依り、また本文は『群書類従』の本文を引かれているものと考えられ、『三十二番職人尽歌合』の原画には後に紹介するように、絵の上に詞書があるのである。高野博士は『三十二番職人尽』に依り、

つまる処、平曲の琵琶法師以外に、盲人ならぬ俗人が絵を見せては説明するのであつて、琵琶をひく所から判じては、平曲から生れて衆俗化したものといひたい。惜しいことにはどんな絵であつたか分らないが、それが絵巻物でないことは挿絵によつて判ぜられる。要するに文字を読むのでなく、絵に就いて語りきかせるのであつて、時に絵以外のこと迄添加して説くこともあるので、「離婁が明」といつたのであらう。（中略）鳥の尾羽は雉子のであつたことも判の詞で知られた。之を用ひたのは殊に柔軟な雉子の尾羽で絵を指しても、絵具の剥落しないやうにとしたもので、絵には彩色が施してあることは普通の絵巻と同じであつたことが知られる。女にも此絵解をしたものがあつた。

と熊野比丘尼の例を近世の『艶道通鑑』や『東海道名所記』の中の記述、近松門左衛門の作『主馬判官盛久』の中の比丘尼地獄の絵解の条などを引いておられるのであり、

かの歌祭文の五輪くだきなどは堕落以前の絵解の語り言だと思ふ。京伝は早く之を考へて骨董集に今説教祭文と云ふものに不産女《うまずめ》ぢごく血の池ぢごくなどとてあるのも絵解のなごりなるべしと述べてゐる。血盆経和讃もやはり此比丘尼の絵解と親類筋のものだと思ふ。

と言われて、更に『大乗院政所雑事記』永享十二年（一四四〇）三月の条に

二十七日　エトキマイル二百文給了

卯月一日　エトキマイル二百文給了

と見えることを引かれて

当時大乗院へは平曲の検校や能の大夫も参り、他に手傀儡や獅子舞や鳴振等も門附に来たのであつて、検校には百文、手傀儡や獅子舞も百文で、絵解は二百文、鳴振りは百文のこともあり三百文又は五百文、能の大夫には一

貫文または一貫五百文を賜つた。二百文ならごく低級のものでも無かつたのである。今我等が絵巻物やお伽草子にのみ綴り且つ描かれてゐると見てゐる説話が、此当時絵解に用ひられたものが尠からずあることが想像される。御湯殿上日記の文明十一年八月十四日の条、十二年の八月二日三日の条、十三年の八月廿八日の条以下、秋の彼岸に絵解の参つて説くことが記してある。引続き行はれてゐたことを知るべく、是が熊野比丘尼であつたらうと思ふ。

とも説かれている。『大乗院政所雑事記』の記事に絵解の名が見える如きはすでに小沢愛圀氏が新潮社『日本文学講座』の「操芝居の発生と演劇史上の地位」に引かれているが、とにかく絵解のことについて比較的詳しく説かれている。そしてその後、私の知る範囲では昭和二十一年刊の家永三郎氏の『上代倭絵全史』には『台記』および『民経記』の記事により、四天王寺絵殿聖徳太子絵伝を絵解と関係させて説明しておられる。すなわち

法隆寺と相並ぶ太子御開基の古寺四天王寺の絵堂にも太子絵伝障子があつた。太子伝玉林抄に『四天王寺障子伝一巻彼等三綱衆僧敬明等造レ之。宝亀二年辛亥六月十四日造レ之云々』、四天王寺本『古今目録抄』に『七代記有二障子図一』『七代記、宝亀二年教明作』と見え、七代記によつて書いたことが知られるが、障子の製作された時期、法隆寺のとの先後は明でない。『台記』によると、当時貴紳参詣毎に絵堂に於て「令レ説レ絵」しめてゐる(久安二年九月十四日、同三年九月十四日条等)。民経記寛喜元年十月廿五日条には「宿二天王寺三位阿闍梨房一。……対二面房主一。去比絵解法師舎利□仰固心奉レ違二背別当二品宮一、盗二舎利一奉レ宿二納法花寺一云々」と見え、四天王寺には絵の説明を専業とする法師が既に鎌倉時代に存在したのであつた。この「説絵」と云ふことは物語絵に限つて見られる特殊な現象であつて、

と書かれ、森末義彰氏の挙げられた「東寺百合文書」所収の書状、『三十二番職人尽歌合』の文の一部を引かれ、

中世には琵琶に合せて絵を説き聞かせる絵解と云ふ賤しい芸人があつた。東海道名所記には「熊野の絵と名づけ

て、地ごく極楽すべて六道のあり様を絵にかきて絵ときをいた」す熊野比丘尼のことが載つて居り、江戸時代の初になると絵解と云へば仏理の通俗的説教をする出家と定められたらしいけれど、三十二番歌合の絵解は「俗形」とあるから、必ずしも仏教的説法に限らずいろいろな物語を聞かせたのではないかと想像されるが、（看聞御記永享五年九月三日条にも後崇光院が絵解を召されたことが見え、『後法興院記』にも明応六年八月六日条にも近衛政家が「見二絵説一」たとある）その源流は一方口承文芸たる語り物の系統を引くと共に他方物語絵の本質にも基くのであり、この四天王寺絵堂のそれは其最も古い実例として絵解の濫觴が既に平安朝に存することを示す点、歴史的意義が大きいのである。前に引いた『源氏物語』東屋に中君が「ゑなどとり出させて右近に詞よませてみ給」と見え、吾妻鏡にも「奥州十二年合戦絵……御覧。仲業依レ仰読二申其詞一」「後鳥羽院御時朝勤行幸絵……将軍家今日有二御覧一。陰陽権助晴賢朝臣依レ仰読二彼詞一」「平将門合戦状被レ令レ画二図之一。……今日……大殿覧レ之、教隆読二申其詞一」とある様に、物語絵の鑑賞に当つては詞を他人に読せて聞く習慣があつた。これは眼を画図に集中させながら詞を耳から入れて注意の分裂なしに詞と絵とを同時に鑑賞出来る合理的な方法であつたが、詞の代りに口承説話を以てする時、絵説なる形態が成立したと考へられるのである。

と書かれる。実は『民経記』の絵解法師の例などは「東寺百合文書」の散所の絵解とは異質のものではなかったかと思うが、この「東寺百合文書」のことは家永氏も註される如く、昭和十六年刊の森末義彰氏著の『中世の社寺と芸術』の中の散所を論じられた論稿の「散所と遊芸」の条に引かれているので、この文書は鎌倉末期のものであることが分ると言われる。しこうして家永氏の前、昭和二十年二月印刷の『日本教育史学会紀要』第一巻の豊田武氏の「中世に於ける文化伝播の一方法について」なる論稿にもこの文書を挙げておられ、その文書に依って「絵解の業は盲目法師の独占らしく、東寺に属する散所の藤次入道のみ例外として許されたやうに思はれる」と書かれているが、盲目が絵解をしたことはやや問題であると思う。そして、昭和二十四年刊の村山修一氏著の『鎌倉時代の庶民生活』にも大体同じような史料が挙げられている。ただし諸家は皆『嬉遊笑覧』によって「荏柄天神縁起」にその姿が見えるとされるが、私の調べたところでは、現存の「荏柄天神縁起絵巻」には絵解の姿は見えぬ。さて、『民経記』のは太子絵伝を説明した案内の小僧的存在のように私には解される。それに対して、「東寺百合文書」および『三十二番職人尽歌合』の絵解は散所の、いわば下奴的な存在の口承文芸的絵解で、いろいろの物語をも語り解いたのでないかと思うが、その点については後で述べる。また壁画に高僧絵伝や変相画の類が描かれたり、また画として掲げられたりしたが、その場合にしばしば絵解があったので、平安朝の迎え講の如きは現実に来迎図などの描かれたり、掲げられたりした所で行われ、その際の漢讃や和讃は絵解の意味を持っていたと思う。実際善導の「六時礼讃」にならった慶胤の「十六想観画讃」の如き、また「大唐大慈恩寺大師画讃」の如き、皆絵解的な意味を持っていたのであると思う。また「天台大師画讃」は『三宝絵』によれば比叡霜月会の条に

比叡の霜月会はもろこしの天台大師の忌日也。……伝教大師ふかく大師の恩を思て延暦七年の十一月にはじめて七大寺名僧十人を請じてひゑの山のせばき室にしてはしめて十講を行へり。十日講をはりてそのあくる朝廿四日大師供をおこなふ。霊応図を堂の中にかけて供養す。供物を庭のまへよりおくるに茶を煎じ菓子をそなふ。天台の昔に奉供するにをなじ。花をささげ香をつたふ。震旦の煙を思やる。時ゝ鐃鈸をうちかたぐ画讃をとなふ。すべて天竺震旦我国の諸道の祖師たちをも供をそなへて同くたてまつる。画賛は顔魯公が天台大師をほめたてまつれる文なり。智証大師もろこしより伝へたるなり。

とあるように、御影供養の際画讃を唱えたのであった。また後世の「曼陀羅和讃」の如き明らかに「当麻曼陀羅」の絵解であって、実は庶民の間にその影響の大きかった和讃の背景にはしばしば諸種の形式の変相画があったと私は思

> うのである。冨山房刊の『国史大辞典』の「絵解」の条には『三十二番職人尽歌合』を挙げ、判の詞より考へるに、平家物語などを絵巻にしたのを拡げ琵琶に合はせて語る職人で、いつ頃よりと定かにはわからないが、鎌倉時代以後室町時代頃にあつたことは確かである。また、これを真似たものか、熊野比丘尼地獄極楽六道の有様を絵解してゐることが東海道名所記に記され、日次記事の二月の条には「倭俗彼岸中、専作二仏事一、民間請二熊野比丘尼一、使レ説二極楽地獄図一、是謂レ揚レ画」とあり、骨董集所収の古図(寛永頃のものといふ)には頭を白き布で巻いた比丘尼二人が巻いたままの絵巻を手に持ち相向つてゐる。その態は暗記して絵解の詞に節をつけ拍子をとつて歌つてゐるやうに見える。この比丘尼も既に室町時代からあり、六道物語以外に懺悔の物語などしたらしいが、後には専ら売色の徒に堕した。絵解の流としては地獄図を杖の先にかけ鈴を鳴らして地蔵和讃を唱へるものが江戸時代末期まであり、明治に入つて活人形に造り、寺の法会などにその境内に出たが、明治末期に至り全くその影を没した。

と北野博美氏が書かれている。教化に図を使う如きは例えば法然上人が「摂取不捨曼陀羅」を作り人々に示したことが法然の反対者の方から法然を非難して出された「興福寺奏状」と、『沙石集』に見えるので、これは恐らく事実であったろう。一般に教化と絵解は関係が深く、殊に『観無量寿経』から出た浄土変相図においてはそれが見られたと思うのであり、浄土宗西山派すなわち誓願寺派などは証空のような人が出、「曼陀羅講伝」のような伝授があり殊に変相図と関係の深い宗旨であったと私は考えている。そして、それは後述の如く、変相図と絵説の関係は唐土以来の古い伝統だったのである。しかし、とにかく諸家は絵解について『民経記』『三十二番職人尽歌合』の例を引いておられるのである。例えば最近出た林屋辰三郎氏の『中世文化の基調』において

ところでこうして成立った文化を、一般に普及せしめ地方に伝播せしめる場合には、どのようなことが考えられ

るであろうか。この絵巻物などについても、詞書を読みこなすことの出来るのは、相当の知識階級に属する人々であったと考えられ、祖師の絵伝や社寺の縁起から教化をうけるのは、もっぱら図絵のおもしろさにたよらねばならぬ人々であったと考えられる。従ってそうした人々には絵図の解説者が必要となってくる。中世に絵解法師といわれるものは、必ずしも絵巻に限るわけではないが、平家物語の文学をもちはこんだのが琵琶法師であったように、絵を興味深く説きながら、縁起伝説をつたえたのである。絵巻物もこうした解説者を媒介として一般にも親しまれるようになったと考えられる。絵巻物の様式のなかに、かならずしも詞書と絵図とを交互に接続せしめるのではなく、画中に詞書を挿入し、対話風に話の筋をはこんでいく形式が存在するが、この形式などは絵解の課程に発見されたのであるまいか。

と言われ、同じような史料から絵解が千秋万歳法師に対応する散所民であったことなどを述べられて、

この散所のなかにはかの千秋万歳法師など声聞師といわれる低級ながらも民衆自体の芸能をもちあるいたものもあり、そのほか猿楽に造園にその示した功績はきわめて大きい。絵解も亦かかる隷属民であったことは疑いない。このようにして絵巻物は絵解の力をかりることによってその内容も民衆のものとなり得たと考えられるのであるが、こうした絵解の業が、やがて婦女童幼のためのお伽に通じて行くことも想像に難くないのである。

と書かれる。多くの方が直接依拠される資料の中で最も注意すべきは『三十二番職人尽歌合』であり、それも『群書類従』の本文に依ってである。私は最近ようやくにしてその本文として信用するに足る一本を見得た。

そして、なお一休禅師の『自戒集』を見ると兄弟子の養叟の悪口をしきりと言っているが、それには従来挙げられていない絵解の資料が見えることを今指摘しておこう。それには、

題華叟和尚自賛御影

懐銭辟如振尾狗　指影画説鳥帚手　座頭田楽無是非　印可証状犬亦取

という偈詩の後に

此御影ノ賛ヲミヨト云テフケラカス。エトキカ琵琶ヲヒキサシテ鳥帚ニテアレハ畠山ノ六郎コレハ曾我ノ十郎五郎ナント云ニ似タリ。此ノ子細トモヲシラサル人ハ華叟和尚ノ御ヒカコト、申ス。又ヨクシリタル人ハ養叟メヲ大ヌス人ノイタカメト云。

と書いている。これは絵解について貴重な記録で、琵琶を引き止め、鳥帚であれは畠山の六郎、これは曾我の十郎五郎なんどと言うとあるので、文学的な物語を語っていたことが推定される。『三十二番職人尽歌合』には

左歌千秋万歳能作毎年正月の佳曲なれは諸職諸道の初に出て歌合の一番にすゝめり。まことに花木の春にあひてさしさかへなむ根元をいはへり。興ありときこゆ。右歌、絵よりもまさるはなの紐といひ、とかうとかしは我まゝと侍り。思ふさまにいひかなへたるすかた詞、雉の尾のさしてをしへすとも絵解の歌とはいかてか聞さらむ云々。

とあり、その鳥帚が雉子の尾羽であったことが判り、また歌に「絵を語り、比巴ひきてふる」とあるように琵琶を弾いたのであり、正しく『三十二番職人尽歌合』の絵解と一休『自戒集』の絵解は同じものであることが判る。記録を見るとまず『看聞日記』永享五年(一四三三)九月三日の条に「絵解参、未聞之間召令解、更無感気、甚比興事也、小禄扇等賜退出」とあり、次いで『大乗院政所雑事記』永享十二年三月二十七日の条、卯月一日の条、次には『御湯殿上日記』文明十一年(一四七九)八月十四日の条、次に『十輪院内府記』および『実隆公記』、『御湯殿上日記』文明十二年八月二日の条、次に『御湯殿上日記』文明十三年八月二十八日条、『十輪院内府記』文明十四年八月三日、八月二日(『御湯殿上日記』にも)の条および『後法興院記』明応六年(一四九七)八月六日の条等に絵解の名が見えるが、簡単

な記事で例えば『御湯殿上日記』文明十二年(一四八〇)八月二日の条に「ゐときにしむきの御庭にてかたらせらるる」とあるように語り物をした以上のことは判らぬ。しかし、一休のちょうど生存していた時代と同じ頃であり、これらの記録は恐らく男の散所の絵解であったと思う。そして、一休の『自戒集』を見ると一休会裏の五種の行として「一ニハ傾城乱　一ニハ若俗狂　一ニハ酒宴　一ニハ田楽節猿楽節并尺八　一ニハ口宣舞」と皮肉なことを言い、演史と題した条には「カラニハ瞽者琵琶ヲヒイテ門口ニ史ヲヨム　日本ニハ口宣舞如此内裏ヱハ五躰不具ノ者イラサルカユエニ後深草院ノ御代ニ時人唱文士ニ命シテ史ヲヨマシム　宣旨ナリクタレハ人コレヲ口宣舞ト云」と見え、曲舞を唱文士がしたことを述べている。その他「大徳寺大衆送比丘尼」という条には

　金皷師坊桜町畔　竹篦弟子柳原中　化尼勧進真面目　養叟生着鼻本供

とかあり、養叟一流の悪口を言うのに柳原桜町の唱門士をたとえたり、また「サスカニ紫野仏法ハ正法ナルニ如是イタカメラ祖師ヲケカシ」とか「ヲウ船ニハ橋船アリ　イタカノシタニハヲトラヌイタカアリ」とか「猿楽田楽クセマイナントノヤウナルモノコソ大名ニヲンメヲカケラレテセニヲマウケタルヲハ高名ニスレ、ソレホトニ物ヲハシラス」云々とか、「野狐ノ精トハイタカヲシテ人ヲ魔魅スル本性也」とか、「養叟カ輩ヲハ唱門士ノ部ニ入ル者也」とか、「唱門士坂者強党異類異形人畜ノ間ヨリ」とか随分ひどいことをたとえてあり、しばしば唱門士と共に「イタカ」のことが見える。イタカは『是害坊絵巻』の中に天狗が「イタカ」の真似をしている所には鹿の角の杖を持っている。『看聞日記』には「スチナキ事云イタカ」(応永二十三年七月十日条)とか「比興イタカ」(応永三十二年二月二十八日条)という詞が見えて、衆庶を惑わした巫祝であったが、また『是害坊絵巻』に鹿の角を持っているのは鉢扣(『七十一番職人尽』などに見られる)などと同じようなもので、平安時代において、鹿の角の杖を持って、金鼓をたたいて衆庶を勧化して歩いたという阿弥陀の聖の流れを受けていたのであろう。また坂の者は清水坂などにいた祇園感神院の犬神人

であった。なお『七十一番職人尽歌合』には鹿角の杖を持った鉢扣に対して放下が見えるが、これは柄杓を持っている。この柄杓は恐らく布施を受けるものであったろうが、『三十二番職人尽歌合』は一名『勧進聖歌合』とも言っていたらしく、判者が勧進聖であったが、その序文「勧進のひじり弁説上人の庵室にいたりて。判のことばをもとむ。もしこれひさごのえのながくつたはり。ふみならすたゝらのこゑの遠くきこえば」(『群書類従』による）とあるように、またその絵に見えるように、ひさごすなわち柄杓を持っていた。室町時代の俳諧を見ると、

　勧進ひしり時もえくはず
こしにさすひしやくの汁はまだにへで
　桜がもとにねたる十こく
春の夜の夢の浮橋すゝめして
　勧進ひじり参宮ぞする
ひしやくのすゑ長野が館をよそに見て　（『犬筑波集』）
　四てうにかくるさのゝふなはし
くわんちんや月日もとをくなりぬらん
　十こくとたゝのりといま行あひて
くはんちんちやうをよみ人しらす　（『守武千句』）

と見えるように、勧進聖は柄杓を持っており、十穀聖と言われる聖でもあり、伊勢参宮をしたのは伊勢の信仰を勧めた人なのかも知れないが、幕末まで内宮に近い風の宮の川の傍には十穀小屋というものがあったと言い、風の宮の側の橋には明応年間の橋勧進した阿弥の名が刻されている。東大寺とか長谷寺とかの大寺にはこういう者がおったことはほかにも証拠があり、「勧杓」（『大乗院寺社雑事記』）ということが勧進を意味していたので、後世にも西鶴の『好色一代女』には歌比丘尼が一升柄杓を持ち、勧進と言い廻ったと見える。とにかく勧進聖の持ったひしゃく（柄杓）はひさごとも言い、瓢と意味が同じであり、真宗などでは棒の先に瓠形の笊をつけて説経の際お賽銭を集めるのはこの柄杓であった。瓠は神楽にも霊の宿る採物の一であり、柄杓は単なる乞食行の道具ではなかった。恐らく『今昔物語』に見える「鹿ノ角ヲ付タル杖ヲ尻ニハ金ヲ札ニシタルヲ突テ、金鼓ヲ扣テ万ノ所ニ阿弥陀ヲ勧」めた「阿弥陀ノ聖ト云フ事ヲシテアルク法師」の伝統はかかる者が維持していたのであり、散所の絵解をもこめて殊に芸能と関係が深かった。そして、この絵解なるものが日本に見られる以上に、東洋に古くから存した一種の語部であることを注意しなければならぬ。

二

中国文学研究家の示すところによると、唐代の古えに正しく日本の絵解比丘尼に相当する変文語りの女が居たのである。そして、その女は街頭を漂泊流浪して「画巻」を携えていたのであり、語り物をしたらしい。すなわち吉師老の詩に「看蜀女転昭君変」と題して

妖姫未㆑著石榴羣　自道家連㆓錦水濆㆒

檀口解知千載事　清詞堪歎九秋文
翠眉嚬処楚辺月　画巻開時塞外雲
説尽綺羅当日恨　昭君伝レ意向二文君一

とあることを沢田瑞穂氏は指摘しておられる（「支那仏教唱導文学の生成（続）」『智山学報』一四）。これによると王昭君のことを語った蜀四川省錦水の傍より来って長安の都で画巻をひろげ語った若い女があったのであり、しかも題材は王昭君の哀話であり、文体は「変」とあるから後世白話小説の起源をなす、仏教の唱導より出たと思われる変文であったから、語ることを経文を転巻するように転と詩に表現したのであろう。そして「昭君伝意向文君」とあるのは沢田氏も推測される如く、王昭君の話をしてから司馬相如と卓文君の情話をし始めたのであろう。そして、その他すでに王建には「観蛮妓」として

欲説昭君斂二翠蛾一　清声委曲怨二于歌一
誰家年少春風裏　抛二与金銭一唱好多

とあるのが知られているが、これも沢田氏も推測されるように、前の詩を相補うものと考えられ、異域から来た蛮妓（恐らく蜀も蛮の内に入ったのであろうが）が昭君の物語を世界的な都市であった長安の春の都にしたのである。王昭君はちょうどわが国における小野小町のような伝説中の代表的美人である。ちょうど『玉造小町壮衰書』などは古いものだが、案外巫女的な女性によって語られたものであったのかも知れない。少くとも伝説の方から見れば小町の伝説は誰か女性の説話運搬業者が運んだように考えられるが、唐代には王昭君の話を語って歩く女性がいたのである。そして、変文の多くは敦煌から出て仏国や英国にペリオ、スタインが持ち出し、存するのだが、フランスのペリオとわが国の羽田博士が出された敦煌遺書には「明妃伝」と題する残巻があるが、正しく王昭君の変文のそれで、鄭振鐸の

『中国俗文学史』上巻には

王昭君変文(敦煌遺書作小説明妃伝残巻)蔵於巴黎国家図書館(P. 2553)。亦為民間極流行的故事之一。這故事、在魏晋六朝間、似即亦流伝甚広。西京雑記裏記載此事。明妃曲的作者、在六朝時也不止一人。在元雑劇有馬致遠的孤作漢宮秋、明人伝奇有青塚記及王昭君和戒記、又有雑劇昭君出塞(陳与郊作)。清人小説有双鳳奇縁。但従西京雑記和明妃曲変到漢宮秋、這其間的連鎖、卻要在這一部王昭君変文(題擬)裏得之。這変文当為二巻。故本文裏有

「上巻立舗畢、此入下巻」

的話。

とあるが、「上巻立舗畢、此入下巻」とある文句は那波利貞博士が推定されて

此際、此の「明妃伝」の絵画が日常固定的の壁画などならば「上巻立舗畢、此入下巻」など謂ふべき筈なく、之より見ても変文の主体たるその変相絵画は演出の座に臨時的に掛け得る移動性あるものでなければならぬ。此の「明妃伝」の下巻を譚説歌唱する際には上巻の部の絵画は取り外して下巻の部のもののみ掛け置いて宜しかりし訳のものである。

と言われている。恐らくそうであろう。ヘデンの“Trans-Himalaya”を見ると彼は偶然チベットで絵解の比丘尼に会って、「二人の尼が経典のこみ入つた一連の物語を表はした大きなタンカ(Tanka)を持つて私の居る庭を訪れた。一人が解説をうたひ上げると、一人はその箇所を棒の先で示す。彼女は非常によい声で感情をこめてうたふのでそれを聞く事は愉快であった」(三八三頁)と説明している。近世のものに見える日本の絵解比丘尼と同じように二人の女によって解かれているのである。恐らく唐代でもこんなにして説明した掛幅である場合が多かったのだろう。だから変

文にはしばしば舗という文字が使ってあるのだろう。しかし、吉師老の詩の場合は画巻であったのかも知れぬ。『貞観公私画史』を見ても巻子の変相画もあり、また敦煌から出たものには「十王経図巻」のようなわが国の画巻形式もあるから。一体唐代には説話が行われたことは『高力士伝』にも「或講経論義。転変説話。雖不近文律、終冀悦聖情」と見え、また『酉陽雑俎』続集巻四「貶誤篇」に「予太和末、因弟生日、観雑伎。有市人小説」とか見え、また『李娃伝』の如きも元稹の「酬翰林白学士代書一百韻」の自註によれば語られたということであり、宋代の説話人のようなものがすでに居たことが充分考えられる。そして敦煌から出た多くの変文や押座文の類は唐代において寺院に行われた俗講と関係があるように中国文学研究の方は説明しておられる。変文について鄭振鐸は『中国俗文学史』に

像「変相」一様　所謂「変文」之「変」当是指「変更」了仏経本文而成為「俗講」之意(変相是変「仏経」為図相之意)後来「変文」成了一個「専称」便不限定是敷演仏経之故事了(或簡称為「変」)

「変相」と同様にいわゆる「変文」の「変」は仏経の本文を「変更」して「俗講」としたという意味である(変相は「仏経」を変更して絵図にしたの意味)。後になって「変文」は一つの「専称」となり仏経の故事を敷演するものに限らなくなった(あるいは簡単に「変」ともいう)。

と書き、仏経の本文を変更し、俗講としたと言っている。この「変」ということについてはなお数説があり、日本の方では例えば那波利貞博士は

「変」または「変文」の起源は宏遠なる仏教経典の内容を所謂変相画として絵画にて図示し、之を敷衍説明せしむる為に譚説歌唱すべく散文韻文を交錯せる文語体や口語体の文章を作りたるに初まると思ふ。即ち其の絵画を聴聞大衆に示し、その敷衍説明たる「変文」を譚説歌唱したものであらう。変とは変相の略称で、同時に変文の略称としても慣用せられる風を生じたのである。本来、変と相とは別箇の意あり、相は人相の相の字の使用法の

> 如く一定せる有様を意味するもので、変はそれが変化する状態である。変相は本来仏家の語で仏菩薩を指して言ふ。仏菩薩の本相は惟だ一で即ち法身であるが、其の現はす所の相は種々同じからず。故に之を変相といふ。然るに変相には他の解釈もありて、変化する境界を指して謂ふ場合がある。変現する極楽世界の諸相を浄土変相、変現する地獄刀山剣樹の諸相を地獄変相と謂ふが如くである。それ故阿弥陀浄土変または西方変の場合の変相図は、一定せる阿弥陀浄土の相を中央に描き、その外縁に観経を述ぶる阿闍世、韋提の故事を描き、薬師浄土変の場合の変相図は、中央に薬師琉璃光浄土の荘厳相を描き、薬師本願経に謂ふ薬師如来の十二上願と九横死の図相を、その左右両側に外縁として画くが如きものである。これが変相図の本質であるが、広い意味より謂ふと、種々に変化する境界の状態を一画面に編輯配置したる仏教画と謂はむが如き意となつて来る訳であると思ふ。故に変相画と謂へば、かかる境界の状態を画に描写したるもの、変相文・変文と謂へばかかる境界の状態を口語を以て述べ之を記録したものである。

と書かれ、『貞観公私画史』や『歴代名画記』等を引かれ、唐代の巨寺大刹に変相図の壁画があることを述べられて、

> 斯かる諸変相図の壁画の有る巨刹にては、此処に参詣する善男善女の為に、雛僧をして其の案内説明を為さしめて以て仏教弘通の一方法とも為したであらうし、善男善女もこれを渇仰礼讃し、喜んで其の説明謳歌の辞に耳を傾けたことであらう。此の場合其の口語を以てする案内説明礼讃の辞を常に一定して雛僧の便に備ふべき必要も起つて来る。案内の雛僧としては其の辞の一定してゐる方が暗記にも都合が宜しい。此の辞を文字もて記して雛僧の暗記の便に資したることもあつたであらう。

と述べられ、更に、敦煌発見の変文には仏教関係以外のものも存することを言われ、寺院壁上の変相画に対する謳歌礼讃の辞は変文の発生の素地であったがそれ以上のものでなく、更に中晩唐以来俗講の席において因縁譚の譚説を行

うのにこれに対応した絵画を製して席の側に立てることが創められ、変相図を製して席の背部とか側に懸けることが始まり、移動式の図が出来たと言われ、かかることを示唆するものに「金光明最勝王一舗」と題する変文があり、「その一舗と謂ふのは掛図一枚の意であり、初四行は全く絵画の説明形容である」などと言われ、また漢の高祖と楚の項羽との角逐を題材とせる「漢八年楚滅漢興王陵変一舗」と題するものは題に一舗とあり、「一舗便足処初」とあることや前述の『明妃伝』には「上巻立舗畢、此入下巻」とあることなど色々と絵画を伴った証拠であると言われる(那波利貞「俗講と変文(下)」『仏教史学』四、参照)。また沢田瑞穂氏も

変文の性質を考へる上からどうしても忘れてならないのは仏画に於ける変相図のことである。両者の変の義は全く同一で、変文に対すれば変画といふべく、変相図に対すれば変相文または経変文とよぶべきだと思ふ。つまりその表現の工具に画図と文辞との相違があるに過ぎないのだ。変相の意義については仏教家はいろいろ勿体らしい理屈をつけてゐるやうだが、一口にいへば仏菩薩の威徳が具現表象された様相である。いはゆる神変の迹である。これが一転すれば物語の変転迂曲する様相といふ意味になる。……

と書かれ、『酉陽雑俎』の「寺塔記」や張彦遠の『歴代名画記』巻三に唐代両京の寺壁に画かれた夥しい経変画があるが、変相図の題材と変文の題目に、目蓮変相――目蓮変文、降魔変相――降魔変文、地獄変相――地獄変文、維摩詰本行経変相――維摩詰経変文というふうに題目に共通のものが多いことを指摘されており、

この両者はただにその本質上の相似ばかりでなく、実際に於いても俗講僧によって密接に関係づけられてゐたのではないかと思ふ。寺壁の変文画によって民衆の視覚に印象を与へた上、更に演講によって聴覚に訴へる。俗講僧は画を念頭に浮べながらそれを解説する気持で変文を語ったのではあるまいか。

と書かれる。この点については鄭振鐸は単に

在唐代有所謂「変相」的即将仏経的故事絵在仏舎壁上的東西。張彦遠歴代名画記記之甚詳。呉道子便是一位最善絵「地獄変」(「変相」也簡称為「変」)的大画家。
像没有一個寺院的壁上没有「変相」一様、大約、在唐代許多寺院裏也都在講唱着「変文」吧。

唐代にはいわゆる変相、つまり仏経の故事を仏舎の壁に画いたものがあって張彦遠の歴代名画記には詳細に記している。呉道子といえば「地獄変」(「変相」は簡単に「変」ということもある)を最もうまく画いた大画家である。

壁上に「変相」の画いてない寺院はなかったようで、恐らく唐代の多くの寺院では、すべて「変文」を講唱していたものであろう。

と暗示的にしか述べていない。しかしながら、前掲の吉師老の詩の如きも明らかに街を漂泊している女が「昭君変」を語っており、画巻を持っている。かかる者が唱導、俗講から発した語りの徒であることは日本の唱導文芸においても十分に考えられるのである。例えばすでに知られている『大安寺法華修法百座譚』の如きは必ず説経に譬喩因縁譚を引いている。また建保四年(一二一六)正月二十四日の奥書ある「草案集」、安居院流のものかと考えられるものの中にも説話が『法華経』巻八の説経をしたものと思われるものに引用されており、かかる説話を語る説経僧がやがて『太平記』や『明徳記』などを読んだり、語った物語僧の類になることは十分に考えられる。殊に蜀は民間仏教が唐代に盛んであったらしい。『十王経』の如きもやはり四川で出来たということになっている。また『大正大蔵経』八五巻古逸部に「大目乾蓮冥間救母変文并図一巻并□」とある文は大英博物館に在るスタイン将来本であるが、「并図一巻」とあるのは恐らく図が変文に付いていたであろうことは諸家が指摘される通りであろう。この点について従来日本の絵巻物の起源とされる『過去現在因果経絵巻』の如きも、絵が経に付いたという以上に、経文の一部を省略して付けてある敦煌出土別本がスタイン将来本にあるとすると、やはり一種の絵解的な意味を持っていたのでなかろうか。また善財童子の『華厳五十五処求法図絵』の如きも言われるように、楊傑の「大方広仏華厳経入法界品讃」なるものより来ているとすると、巻子本のほかに現在額装本の別本の残幀があり、皆同じ変相経を基として出来、共に讃入りの絵で、巻子本は絵巻物形式であるが、普通の絵巻のように別に詞書がないのは、やはり絵解的に読まれることを要求されたためであろうか。長尾美術館に蔵する敦煌本『十王経図巻』の如きは偽経である成都府大聖慈寺沙門蔵川述という『預修十王生七経』に依っている絵巻で類似のものがペリオ本としてフランスにあり、そのほかスタイン本が英国に在るという。これは普通の絵巻のように詞があって次にそれに関した絵を見せるというのでなく、逆に画があり、次にそれに関した『預修十王生七経』の本文を入れている。これについてはいわゆる装飾経の見返しの本文に関係ある絵を描くものがあることと関係しているようにも説明されている。しかし、『十王経』自身が民間仏教の盛んであったらしい蜀の地に出来たものであり、題詞には『仏説預修十王生七経』とある次に「謹啓諷閻羅王預修生七往生浄土経誓勧有縁以五会啓経入讃念阿弥陀仏」とあり、「成都府大聖慈寺沙門蔵川述」とあるのから考えると沙門蔵川が五会啓法事讃にならって七言四句の偈を三十二句をつけたものと考えられる。いったいこの経には常に絵が伴っているのである。長尾本は唐末か五代の頃のものであろうが、なお後世のもので観経などに絵が入り、また讃がついているのが見られるが、それと同形式のもので、また韻散交錯の変文とも関係のある形式でなかろうか。そして類本が他にもあり、いわば一種の下手物で、大量生産したものと思われ、長尾本のようにこの経を供養した人の名と年号が入れられている点などは種々面白い問題があると思う。長尾本の絵の内容を見るとかえって日本出来と言われる『地蔵菩薩発心因縁十王経』の本文により説明できる箇所があり、長尾本自身の経文からは説明できない。恐らくはこの絵の背景には物語があったので、ペリオ本の図柄を見るといっそうそのようなことが考えられる。長尾本

『十王経図巻』の中にも地獄より生き返って来たという『仏祖統紀』その他に伝える道明和尚の像が見えるのも、何らか絵解的な物語がそこにつきまとっていたのではあるまいか。いったい一度死して地獄に行き、また生き返って来たという形は説話となっては殊に多い形式で、『冥報記』『日本霊異記』等より始まっていろいろと数が多い。しかし、その場合、まま絵が証拠のように衆に示されるという形式になっていたのである。例えば『三宝絵詞』の伝本の中に観智院本にのみ妙達和尚の蘇生譚が加えられている如きは元来その話に絵が付いていたためでなかろうか。また太秦の広隆寺にある『能恵法師絵詞』といわれる絵巻物の如き、梅津次郎氏が指摘されるように、最も形式的には注意すべきものであるが、その内容の話は『東大寺雑集録』その他に見えて、疑いも無き実在人物の蘇生譚が絵巻物となったものであり、また『平家物語』に見える慈心坊尊恵の蘇生譚の如き、『臥雲日軒録』によると有馬温泉寺で寺僧が読んだ縁起三巻の中に一巻は「就中一巻、専録尊恵自記」とあるように、尊恵の自記であったのであり、「記三巻、係以絵事」とあり、絵がついていたのであり、『蔭涼軒日録』文正元年(一四六六)閏二月の条にも寺僧が縁起を読誦したと見えるのは同じく絵がついていた絵解であったと思う。そのほか『元亨釈書』を見ると、地獄から蘇生して来た話は多く、古人は一面かかる幻覚をしばしば見たのであり、日本では越中の立山の奥とか、南部の恐山とか、高野山の奥に死者の霊の還る所を考えた民俗信仰にも連なる問題であろうと思う。「平野よみがへりの草紙」(『室町時代物語集』二所収)の如き、平野長宝寺のけいしんなる僧(恐らく尼)が永享十一年(一四三九)六月六日に現実に体験をしたこととして書かれている。「富士人穴草子」の如きは仁田四郎の地獄廻りをし、十王讃歎の様子を見る話であるが、最後に仁田四郎が地獄の様子を草子に書いてもらったことになっており、

なんちにおかませたる、ちこく、こくらくを、みつから、さうしにかきて、とらするなり、ひたりのわきに、をさめて、三十一のとし、いつの山にて、につほんへ、ひろうすへし、ちこく、こくらくといへとも、めにみるこ

となしといふものに、このさうしをみすへし

とあるのは、仁田四郎の地獄廻りの話を草子にして左の脇に挿んで絵解した者が持ち歩いたものと思われ、『醒睡笑』にも「富士の人穴の勧進」と言って門を歩く者がいたと見えるし、三浦為春の『犬俤』にも

地獄の事も目のまへにあり

うつしゑを熊野比丘尼はひろけ置て

と熊野比丘尼の絵解が見える。変文の中にも例えば唐の太宗が冥府に行ったというような筋もあるらしく、変文の中の代表のように考えられる、例えば「目蓮救母変文」は伝本が極めて多く、後世の戯曲小説の源となって盆の由来譚として七月十五日に殊に演ぜられたものと思われるが、内容は目蓮が冥府の母を救う話で『盂蘭盆経』の話である。これについてはかつて永井義憲氏が考察されたが（「仏教説話の日本的変容」『宗教文化』七）、『日本高僧伝要文抄』に引かれた尊意僧正伝（『続群書類従』にも収められている）の記述に依る、

貞観十八年七月十五日。生年十一。参㆓鴨河東吉田寺㆒見㆑仏。後壁有㆓地獄絵㆒。其中図㆓絵造㆑罪之人受㆑苦之相㆒。
忽捨㆓遊楽之心㆒。即発㆓入山之志㆒。

とある如きは日本でも案外古く七月十五日にかかる説話が絵解きされたのかも知れぬ。『平家物語』の最後の「六道の沙汰」の如き筋が語り物にとり入れられたのは、『六道講式』とももちろん密接に関係しているが、なお当時六道絵というものを南都の常明法印なる絵師が書いたと『塵袋』に見え、その六道絵と同一のものかどうか疑問があるが、「地獄草紙」の如き系統の絵巻は絵解的な文章になっており、また『北野縁起』にも日蔵上人の六道廻りがある如きは、単に視覚的に眺められたという以上に、絵解という立場の「語り」の場から考えて見なければならぬ問題であると私は思う。

第三節　御伽草子絵について
——十二類合戦絵巻・福富草紙・道成寺縁起絵巻を通じて——

「十二類合戦絵巻」三巻、「福富草紙」二巻、「道成寺縁起絵巻」二巻の絵巻物はいずれもその内容が極めて文学的な、言わば物語的な絵巻である。それは例えば「男衾三郎絵巻」や「長谷雄双紙」や、「絵師草紙」等の絵巻とも区別されて、文学史的には御伽草子と呼ばれるような範疇に属する作品群なのである。また、私が御伽草子と文学史的に規定する一群の作品は、絵巻、絵草紙という形態がその本質として欠くことの出来ない要素であると私は考えるのであり、そういうことを説明するのに、この「十二類合戦絵巻」と「福富草紙」や、「道成寺縁起絵巻」は極めて好都合な資料であり、言わば御伽草子の発生と変遷をこの三つを通じて説明することが出来るであろうと信じるのであり、私はこの三つを通じて一般的な、その文学史的な特質に触れるであろう。それは庶民文学としての近世文学に至る過程の段階として中世文学史、殊に中世後期にあって、室町文学とか、近古文学とか言われる文学史上の作品として評価されるべき作品群なのである。私はまずそれぞれの作品の概説をして、一般的な問題に及ぶであろう。

一　十二類合戦絵巻

「十二類合戦絵巻」はいわゆる十二類、十二支獣が狸と合戦するという筋であるが、最初にその梗概を述べてみたい。ただし、ここに取り上げる堂本家本「十二類合戦絵巻」は最初の詞章及び最後の詞章に少しく欠脱が存するが、それは異本ともいうべき「獣太平記」の版本や、後述するように、後崇光院筆の「十二類合戦絵巻」の詞章の一部が「粉河寺縁起」紙背にあるので、それらによって堂本家本絵巻の筋と詞章はほぼ全貌が推定出来るのである。その内容は最初

何れの世であったか、十五夜の良夜に薬師如来の眷属の十二神将の使者であり、昼夜を領じている十二類の獣達が集って、この国の風俗であるからと、歌を詠もうと十二類を昼夜の順に左右に分け歌合のために月を題にして詠じあっていた。そこに、鹿が一頭《かしら》、狸風情《ふぜい》の者を供としてつれて来、御歌合の会ということですが、聴聞のために推参しました。また、判者がなくては無念である。自分は鹿仙《かせん》の一分であるから判者をしようと申込んだが、十二類の連中はどうしたものかと思案している所に、夜一番の犬が走り出てとがめて言うには、我々は薬師の眷属として、十二時をかたどっている。お前達は異類であるからこの席に臨むべきでない、とっとと帰れとすでにかからんとしたので、鹿も危く見えたが、昼一番の竜がなだめて、判者をゆるし、妻恋《つまこい》の慰にし給えと言ったので、鹿は悦んで座についた(ここまで絵巻は詞章が欠脱)。和歌の会が果てると、各々は判者をもてなそうと珍しい肴を一種ずつ求めて酒盛をし、乱舞延年《らつぶえんねん》に及び、鹿は挨拶をして名残を惜しみながら、山路を帰って行った。その後両三日ばかり経て、以前の名残が忘れがたく各々は又会合して、紅葉の山のふもとを会所にし、重ねて判者を請待したが、鹿はこんな席へ二度臨むことは古人がいましめていると遠慮して、折節風邪《かぜ》の気味ですと使者を帰してことわった。ところが前に鹿の供をした狸は鹿が歓待されたのをうらやましく思って、自分もどうして判者になれないだろうかと、その歌会にのこのこと推参したところ、鹿遅しと待っていた所に、こんな下郎がやって来て、やがて横座(正座)に居直って、色々と過言を言ったので、十二類は大きに怒って、散々の恥辱に及んだので、狸は何とかして命だけは

助かってやっと逃げ帰った。「鹿待つ所の狸」とはこれから言うとかのことである。

とある。本絵巻では最初、十二類の歌会に鹿が狸をつれて推参した所が絵の第一場面として出現する。そして、十二類の獣は「さる(猿)不思議の推参や候べき」と猿が言ったり、鶏が「関を据ゑて斯様の者をば通すまじかりけるものを」と言ったり、蛇が「長々しの問答や」とか、竜が「座を立つ(竜)ことなくして判者となり給へ」と言ったり、それぞれが洒落を絵の中に書き込んだ会話体の詞句で言う。そして上巻の第二の場面では判者の鹿をもてなす宴会となる。鹿はもてなされて盃を受けている。狸はこれを見て、「あなめでたの鹿の果報や、狸にも冥加あらばなどかあれが様にならざらむ」とうらやましく思う。犬は片野の雉子《きじ》、猪は山の芋《いも》という風に酒の肴を求めてくる。猿は、

万の物の中に猿こそ優れたれやな、春は花の散らざる(猿)、秋は月のくもらざる(猿)、思ふ人には離れざる(猿)、つらきめ人にはあはざる(猿)、巴猿《はえん》三叫《みたびさけび》暁《あかつき》行人の裳をうるをす、わりなくぞおぼゆる、わびしらに猿《ましら》な鳴きそと躬恒《みつね》が詠じけるもやさしくぞ聞ゆる、山王の侍者とも我をぞ定め給へる、年ごとの卯月《うつき》には我日ぞ御幸《みゆき》なりける、大行事と申は則我かたちよ、神護寺《じんごじ》の法花会、猿の教養とかやな、五百の猿のはてこそ辟子仏《びゃくしぶつ》となりしか、目出たく覚ゆるやれ〳〵。

と歌謡を謡うのである。この猿が謡うのは歌謡であることは改めてことに注意してよいことと思うのであるが、その理由は後で述べることとしよう。

上巻の第三の場面では、のこのこと来た狸を十二類がとがめ、馬や牛、鶏、兎にひどい目に遇う光景となり、牛は「たゞ突き殺せ」、馬は「をれ踏み殺して失はん」、兎は「卯杖《うづえ》にてうち伏せん」と侮辱する場面である。この卯杖でうち伏せる場面は流布の後世の異本にも必ず見られる場面である。そして次は

狸はやっと命だけは助かって塚に逃げ帰る。しかし、この悔やしさを思ってどうしても恥をそそがないではと、万

の獣を語らい集め、一筋に軍がまえを営んだ。まず一門の猫《まみ》の守、稲荷山の老狐、熊野山の若熊や蓮台野の狼、愛《あ》宕護《たご》の山の古鵄《ふるとび》、ゆるぎの森の白鷺、二日市場の群烏《むらがらす》、梟悪このむ梟《ふくろう》等が同心し、侍大将には猫、貂《てん》、鼬《いたち》、ばん鳥(むささびのことらしい)、木菟《みみずく》などがなり、作戦の会議をするが、血気にはやる狼が、「斯様の事は勝《かち》に乗るにしかず」と九月一日は赤舌日《しゃくにち》(陰陽道で凶とする日)だから、二日の戌《いぬ》の刻の終りに押寄せ、夜討をかけようということになった。

その合戦の評定の場面が第四の絵図として出現する。大将の狸は野陣の内に兜《かぶと》を側《かたわら》に置いて烏帽子姿で「寄付なばせめ鼓《つづみ》を討たんずるぞ」と言う。側には長刀を持った狼や弓を持った熊、鉞《まさかり》を持った鷹《たか》、白鷺等がはべっている。熊は「熊手にかけて生捕りにせんずるものを」とか、狐は「夜討には道や暗からんずらむ、火とぼし候べきか」など、各々が洒落めいた詞を絵の中で言っている。さて中巻の第一の場面は十二類と狸一党の合戦の場面である。

狸一党の夜討評定のことは国内通解《こくないつうけ》(国中にすぐうわさが走り飛ぶの意)のことであるから、たちまち十二類に噂は伝わった。十二類は時を移さず応戦の準備をして傍輩を集めて八月晦日の暁方に五百余騎の勢を催し、彼等の居る堺の城へ逆襲をかける。狸は意外の思いをしてあわてるが、語らった兵達はさすがに恥を知る者、逆木《さかもぎ》を引き、矢束《やたば》ねを解き、鶏の一番の時をつくるのに応じ矢合をし、勝負はいずれが勝つとも見えなかったが、寄手の方からは鼠が射向《いむけ》の袖、冠《かぶり》の板をくわえ、錣《しころ》を傾《かた》ぶけて走り出ると城の中より猫が出て来たのを犬が追い払う。其時狼は血気にはやる「はやりをの武者」であるから、犬と組まんと馳せ出たのを寄手の虎が落合って狼を討ち取った。城中では宗《むね》と頼む狼が討たれたから心細く思い、その上、約束の狐は化け化けしき性質で来《こ》う来う(狐の鳴声の洒落)と約束しながら現われず、一方の味方と頼んだ鵄《とび》も天狗天狗しき者で返り忠して飛び失せ、「一陣破れぬれば残党全き事なく」、皆散り散りに失せて狸方の敗戦となった。

という次第。この場面で十二類の面々が狸のこもる堺の城へ押し寄せるところから絵巻は展開する。或いは長い野太刀や槍や長刀、熊手、金さい棒等を持ち、又大立挙《おおたてあげ》の臑当《すねあて》をしている姿は鎌倉期の騎馬戦の合戦ではなく、まさしく南北朝以後の徒歩軍《かちいくさ》の出で立ちである。そして、この絵で虎は狼の首を太刀の先に刺し、「分捕《ぶむどり》はしつ、我れと思はん者落ち合へや」と言っているのは、分捕《ぶんどり》(首を取る意)とか落ち合ふ(助太刀する意)とかいうような、戦記文学的な、軍記物的な表現であることなどもまたこの絵巻が御伽草子的であることを示している。

さて十二類の輩は戦いに打ち勝ったが張本の狸を残念にも逃がしてしまった。それで、今夜は野宿をとり、明朝近辺の穴や木のうつろをさがし求めようということになった。一方狸はほうほうの体で、戦場を逃がれて、詰めの城と憑む木のうつろに隠れていたが、戦場を飛び去っていた愛宕山の太郎房の後見の古鵄は、城近き森の梢から遠目をつかっており、狸が森の下の木のうつろに入ったのを見て、早速飛んで行って今一軍《ひといくさ》をしては如何、十二類の輩は今夜は野宿をしているが、きっと勝ちほこって大酒を飲んで酔臥しているだろう、今夜その野宿を夜討にして、その後に愛宕の嶺に引きあがり、「くづれ坂掘り切りてたて籠りなば」十二類の輩もどうして落とすことが出来ようと口説いて、今一合戦をとすすめ、散り散りになった味方を催し集めようと飛び去った。

となってくるので、中巻の第二の場面は十二類の野宿の酒宴である。羊は「渺渺《べうべう》たる野陣殊に興を催しておぼえ候」とか、辰は「いくさにはうち勝ちぬ酒は飲みぬ心が空《そら》になるぞや、面々も打ち解けて遊び給へ」と言い、鶏は「鶏人暁唱ふる声明王の眠を驚かす」と謡い躍り狂い、また馳走の料理の庖丁《ほうちょう》に一所懸命になる輩もあり、すっかり気を許した乱痴気騒ぎとなる。これをひそかに鋭く遠目をつかって偵察している古鵄の姿が左の森の木の上にあらわれてくる。古鵄はやがて狸のひそむ木のうつろに姿をあらわし、口説き落として、散り散りになった味方を集めに飛び去ってゆく姿で画面は終る。続いて古鵄は宇治田原の奥に帰ろうとする猯《まみ》の権守を木幡《こわた》山から、また稲荷山の老狐を帰坂《かえりざか》から、熊野山の若熊を今熊野から呼びもどし、また狼の嫡子野狗《のいぬ》の太郎が父を葬らんとしているのや、鷲太郎、鷹五郎等の勇士等かれこれ三十余騎を語らって、狸の隠れている木のうつろに行くと、狸は悦んで夜半ばかりに、十二類の野宿に押し寄せ、四方より手を分ち攻めると十二類の輩は終日の戦いにくたびれて、物具《もののぐ》を解き休み、上戸は酔臥していたから、よき者数多疵を受け、四方に退散するという負け軍《いくさ》となり、狸は夜討ちに勝って雪恥の思いをなし遂げて、古鵄と共に愛宕山の太郎房天狗に要害を乞うと、根本の由緒は知らないが、汝を扶持しているからと承知した。

と詞書は説明する。それを受けて中巻の第三の画面はまず熊野山の若熊や猯《まみ》の権守、鷹五郎、鷲太郎等が古鵄の催促で、或いは槍、長刀、熊手、楯等を持ち、も一度の戦いをと馳せ参ずる場面を展開する。続いて狸一党の夜討ちの画面、狸は「不覚やし給ふと人をまぼらんずるぞよ。心得てわろびれたる振舞いし給ふな」と軍扇を使いつつ命令する。狸一党の熊は「ここにて組まで(熊手の意をかける)は何時をか期《ご》すべき、ゑいや」と熊手を敵兵の兜にかけたり徒歩《かち》軍《いくさ》の乱闘に十二類を打ちのめす。十二類はあわてて応戦するが、牛や猪は前の酒盛に酔い伏して、踏みつけたり、蹴とばし起こすが目をさまさず、散々の負け軍《いくさ》、兎は負傷して「耳に高く物も聞えず」云々と言うし、犬は「犬死や如何に」といずれも洒落めいた会話で絵物語は進行する。そして狸一党は夜討に勝って、金さい棒をかつぐ鷹五郎を先頭にして、大将の狸ははらはらと日の丸の軍扇を使いつつ凱旋をして、愛宕山にかまえた山城《やましろ》の要害に勝軍を終えて引きあげるというところで中巻は終る。

下巻は十二類の方の逆襲で物語がまず展開する。

十二類は然るべき輩が数多疵を蒙ったのを安からず思い、重ねて軍勢を集めて愛宕の城へ寄せる評定をする。十二類の上首の辰大夫はたとえ太郎房が与力しても何程の事があるべき、某《それがし》は搦手《からめて》になり、丹波路に廻り、城郭を蹴破らんと言い、残りの輩は大手より攻めかかる。早朝から夕方まで戦うが、狸方はくずれ坂を掘りふさぎ、搔楯《かいだて》かいて待ちかけ、牢固たる備えに容易に落ちず、牛角《ごかく》の軍《いくさ》であったが、夕方酉の刻に及ぶ頃、搦手が廻ったと見え、稲光がして雷公が鳴り廻り、太郎房の党類もここの樹の下、かしこの岩のはざまに逃がれ隠れ、皆落ち失せたので、張本の狸は止むなく法体になり、月輪寺《つきのわでら》の御堂の仏壇の下に隠れた。

というところで下巻の第一の詞章は終って、それを説明する絵の場面となる。十二類は狸一党の愛宕山にこもるのを攻めかけている。「つぶて」というか、石弓というか、この時代の山城《やましろ》の合戦には『太平記』の楠木正成の千早城の合戦のように、大きな石が上から投げられたと思うが、それを楯で防ぎつつ、十二類は攻めあぐんでいるのは、学生のデモ隊が石を投げ、警官が金属の楯で防ぐのと似ているが、合戦としては決して呑気なものでなく、当時としては死物狂いの戦いなのであろう。さて山城の塀には窓があき、その後に搔楯《かいだて》が連ねられているのは室町初期の築城法であろうが、狸の大将は「寄手は誰《たれ》そ名乗れや」と「詞戦《ことばたたかい》」をする。然るに突然と搦手の上空より辰大夫が雲に乗って攻めて来た。大手も力をあわせて攻めこみ、梟《ふくろう》や古鵄の連中は馬や牛にひどい目に会い、遂に狸はすたこらと愛宕山の中腹の月輪寺《つきのわでら》の御堂に逃げ込み、法体の姿に化けて、「ありて猶ふすべらるべき身なりせば野べの煙と思ひ消えばや」という歌の書込みで絵は終る。下巻の第二段の詞書は

狸は軍《いくさ》に負けて悔やしい思いをし、二度の恥をどうかしてすすごうと案じあぐんで、鬼に化けて彼等をたぶらかし食おうとし、黒塚にこもって鬼形となり、十二類の集会の所におもむいた。しかし、途中犬に吠えられて既に危く見え、まして、辰《たつ》、寅《とら》などはさぞすさまじいだろうとこの企ても思い止まった。

という筋で、狸が化けて鬼になり、水鏡をのぞくところを、犬に吠えられて逃げる場面の絵となる。

さて狸は面目を失って深く穴の底に隠れていたが、とかく世の中を案じると夢幻の世の中につまらない我執にとら

われていることは如何、心をとどめる穴の栖《すみか》とても本来火宅の中であると悟りすまし、年来住みなれた塚穴、所領と頼んだ園林を妻子眷属に譲り、名残を惜しみながら泣く泣く別れた。

というのが第三段の詞書であり、狸が塚穴の中にいる妻子と泣く泣く別れる絵の場面が展開し、第四段の詞書は、思い定めて法然上人の門人を尋ねて出家して名をば花乗房《けじようぼう》と言い、猯阿弥陀仏《まみあみだぶつ》道場に止住して夜な夜な心を澄まして腹鼓を拍子にして躍り念仏を申したとある六行の詞書は「獣太平記」の本文と比較して考えると脱文があり、恐らく切り取られているのである。さて「汝是畜生　発菩提心」と『梵網経』の戒が書き込まれている下に、狸が出家している姿を描き、次に猯阿弥陀仏道場に夜な夜な躍り念仏をしている姿を描き、第五段の詞書で遂に西の方、西山のほとりに草庵を結んだとあり、草庵に峯の花を折り、谷の水を汲む姿に下巻の終を結ぶ。以上が堂本家蔵の「十二類合戦絵」三巻のおおよその筋であるが、この三巻には

十二類絵巻物三巻
上巻後崇光院
中下巻青蓮院尊道親王
外題大覚寺空性親王号随庵
右銘之芳翰無疑者也
応需証之早
古筆了珉(印)
元禄十二己卯年三月　日

とある極め書の副状や、また

証(印)

十二類之画三巻
右画所預右近将監
行広真筆無疑濫
者也仍如件
　画所預土佐前左京少進
　　宝暦十三未七月九日　光芳(印)

とある副状もあり、この三巻は土佐行広筆とされ、上巻は後崇光院、中巻、下巻は青蓮院尊道親王とされる。この三巻については、その上巻が後崇光院の詞書であることは、『看聞日記』等の筆跡と比べても疑いがないのであり、また尊道親王筆という極めも他の尊道親王筆のものと比べて、信じてよいと思うのである。後崇光院筆の「十二類合戦絵」の詞章の断簡が同じ後崇光院筆の「粉河寺縁起」の裏にあるのである。このことについては、既に『宮内庁書陵部紀要』第十七号に「後崇光院宸筆物語説話断簡について」なる論稿に石塚一雄氏が紹介されているのであるが、伏見宮家旧蔵の図書が宮内庁書陵部に移譲され、昭和三十三年九条家の蔵書とともに展観され、一般に知られるようになった。その中に「融通念仏縁起絵詞」や「長谷寺縁起」の一部とともに「粉河寺縁起」が一巻あり、「粉河寺縁起」は詞章が絵と注記された部分と交互に書かれており、「已上七巻」とあり、更に「粉河寺続験記云」として「等持院殿重弥坂井本渡三ケ郷御寄附事」と題する文書が書かれており、それによると足利尊氏の母果証院殿(上杉清子)が嘉元三年(一三〇五)の秋、粉河観音を信仰して祈った結果、等持院殿すなわち尊氏が誕生したということが書かれており、その結果正和五年(一三一六)三月に上杉清子が粉河寺の御宝前に御戸帳を懸け奉ったという願文と更に等持院殿

(足利尊氏)が九州から上洛して後、再び京都を占領し、後醍醐天皇が比叡山の行在所から京都に還幸し、花山院亭におられた時、建武三年(一三三六)十月に粉河寺の観音に尊氏が御戸帳をかけた表白の願文と、また応永三十三年(一四二六)七月二十五日勝定院殿すなわち足利義持が粉河寺の宝前に御戸帳をかけた願文があり、更に永享三年(一四三一)十月二十八日に普広院殿すなわち足利義教が御戸帳を粉河寺に懸けた願文があり、応永三十三年は足利義持の一子、義量が応永三十二年二月二十七日に十九歳で薨じた後であり、また『看聞日記』の永享三年十月三十日の条に

　前宰相一両日出京、帰参語世事、自公方被懸粉河観音御帳、男子出生之御願云々、尊氏将軍之時被懸御帳聽将軍出生、其佳例云々、彼御帳被召出為本様、精好絹五幅、其上書御願書以伝奏広橋中納言被仰出、行豊朝臣書之、三百卅三字ニ書之、願文草為清朝臣也、御帳廿八日可被懸云々、而廿七日清書畢進之、遅々由被仰以広橋藤宰相入道両度有御不審、廿五日奉仰、廿七日書出精好之間、料紙なとの様ニ早速不可書出之由陳謝申云々、

とあり、足利義教が当時まだ子供が生まれておらず、前に義教が将軍職についた前、義持が子種を粉河観音に祈ったように、(殊に関東の足利公方の持氏と対立していた時であるから)義教も祈り、義教は男子出生の願いが切なるものがあったと思われるのである。『看聞日記』には永享六年五月二十五日条、二十六日条に「粉河寺縁起」七巻三十三段のものが「内裏御絵」として見え、また嘉吉元年(一四四一)五月二十六日条に、「内裏粉河縁起絵一合七局沈金筥被下、殊勝也、公方被進彼御絵歟」とあるのであり、「粉河寺縁起」の最後に

　宝徳四年三月日馳筆書写訖

　僻字僻書如本也

とあるのは、恐らく後崇光院が公方の義教から内裏に進じたと『看聞日記』の条に見えるその絵巻の本文を写したのであろうか。そして、その後崇光院筆の「粉河寺縁起」の裏文書として、「十二類合戦絵」の断片や「福富草紙」の

内容の一部と思われるものその他が存するのであるが、「十二類合戦絵」の詞章の、「粉河寺縁起」の紙背にあるものは、その冒頭を

夫諸仏菩薩の本誓平等なりと　いへとも像法転時の利益ことに　すくれましますは薬師の悲願なるへし

で始まり、

夜一番の犬すゝみ出てとかめけるは我等は薬師の眷属として十二時をつかさとる御辺は異類の体さらにこの砌に望へきにあらす……さらは着座して判し給へとそ申ける

とある次に

一番

左　竜

あまつそらうき辰雲も心して　月をはさらぬよそのむら雨

右　犬

さとの戌の月みる秋の夜半たにも　星まもるとや人の思はむ

判云

左の歌月のためうき雨を心に　まかせ侍らんあらまほしくや

右の歌星まもるかとあやまたれん　いと無念にきこゆされは左を勝と　申へし

二番

左　蛇

月みれは

月巳れはうさもわするゝ秋の夜を　なかしとおもふ人やなからむ
右　猪
しなかとりふす亥の床の山かせに　雲もさはらぬ月をみるかな
判云
左の歌月をみてうきをわすれ　秋の夜をなかしと思はてあかし　侍らんいとやさし右の歌床の山　風に雲もさはらぬ月をみん心も　わりなしされはいつれもわき　かたくきこゆ持とや申へき
三番
左　馬
あふさかや関のこなたにまち出て　よるそこえぬる望月のこ午
右　鼠
夜もすから秋のみ空をなかむれは　月の子すみと身はなりぬへし
判云
もち月のこま月のねすみともに　ゆへありて勝劣わきかたしこれも　持とや申へき
四番
左　羊
めくりきて月みる秋に又なりぬ　これや未のあゆみなるらむ
右　牛
むら雲の空さたまらぬ月をみて　夜半のしくれを丑とこそ思へ

判云

左の歌月みる秋をむかへてはまつ　これをもてなすへきに羊のあゆみ　よにいとはしくきこゆる心ちして　おほゆ右の歌月をみて夜半の　時雨をかなしむ心まことにやさし　我もぬれてひとりなきてこそ侍しか　右を勝とや申へからん

五番

左　　　猿

月をのみみやまおろしはしくるとも　空くもら申秋の夜もかな

右　　　虎

みるまゝになみた露ちる月にしも　寅ふす野への秋かせのこゑ

判云

左の歌山かせはしくるとも月な　くもりそとかなしみたまふおもひやられてきこゆ右歌とらふす野へと　侍れは月をみてもふしけん心　いかゝとおほゆされは左を勝とや　申へき

六番

左　　　鳥

つれなしとゆふつけ酉のなくなへに　かけほのめかすあり明の月

右　　　兎

あけかたの月のひかりのしろうさき

とある最初の文詞と更に別に下巻の鬼に化ける所の条の

> 叶かたくおほえて鬼形に媚て　彼等をたふらかし心まよひ　せん時十二類をとりていてむと　思ひて黒塚にこもり居ておもひ　のまゝに鬼になりぬしおほせたる　心地して十二類集会の所へ　趣ける程に路にて犬に吠られてすてにあふなく覚けれは　からくして逃にけり心うさ　申はかりなし犬にたにも見　しられぬまして辰寅なとは　さこそすさまし　からんすらめと　おもひやられてこの企も空しく　とゝまりぬ

とある文詞が裏文書にあるのであるが、最初の所は「獣太平記」の本文と比較して見ると、「獣太平記」は

それしよ仏ぼさつの本ぜいまち〳〵なりといへどもざうほうてんじのりやくことにすぐれましますは。やくしによらいのひぐはん成べし。しゆびやうしつじよ。身心《しんぐ》あんらくとちかひ給ふによりそくせうむじやう正とうぼだいのせつに至《いた》るまで。十二大ぐはんしかしながら。げんぜたう生をかねて衆生をさいどし。十二神《しん》しやう。ちうやじこくをりやうじて。我らをおうごし給ふ事。かたじけなしと申もおろか也。こゝに何れの世にかありけん。ころは三五のりやうしんに。十二神しやうのししや共あつまりてあそひたはふれつゝ。此国のふうそくなれば。いざや歌よみ侍らんとて。ちうやを左右《さゆう》にわかちて。歌《うた》合のため月をだいにてゑいじ侍ける所へ。しか一かしら。たぬきなどをともに召ぐして来りつゝ。御歌合の御くはいと聞ゆ。ちやうもんのためにすいさんせり。かつははんじやなくてはむねん也。かたのごとく。鹿仙《かせん》の一分にて侍れば。はんじやし申べしと申ければ。をの〳〵みなことの外なる心ちして。とやせましかくやせんなどあひぎする所に。夜一ばんの。いぬはしり出て。とがめけるは。われらはやくしのけんぞくとして。十二時をかたどれり。御へんたちいるひのともがら。此せきにのぞむべきにあらす。たしかに帰給へとあらゝかにのゝしりて。すでにかゝらんとしけるに。しかもあぶなくみえけるを。昼《ひる》の第一番《はん》の。たつ。なだめてはんじやをゆるしつゝ。つまこひの御なぐさみにし給へと申ければ。しかよろこびて。座につきとゝのひぬ

とあり、少しく文詞が変化してきているが、この後に「職人尽歌合」のように歌合の歌が出てくるので、「粉河寺縁起」紙背の「十二類合戦絵」の詞書はその最初の部分が載っているのであり、しかも堂本家本「十二類合戦絵」と比較しても、その詞章の字配り等がきわめて類似しているのであり、二番の歌合の条に「月みれは」と書いて、また「月巳れは」と書き直したりしており、三番の歌合の条で、「望月のこ午」と書いている詞句の如きも見られ、どうやら「十二類合戦絵」の下書でないかとすら思われるのである。「粉河寺縁起」には「宝徳四年三月日馳筆書写訖僻字僻書如本也」とあり、また宝徳三年（一四五一）の具注暦が紙背に書かれており、堂本家本の「十二類合戦絵」を後崇光院が書かれた年代に或る推測を与えるのであるが、それより前『看聞日記』、永享十年（一四三八）六月八日の条に

　地蔵御絵返献、又十二神絵《畜類歌合》被下、電覧則返進、又九郎判官義経奥州泰衡等被討伐絵十巻給、室町殿被進絵也、殊更殊勝握翫無極、詞参議拾遺行忠卿、絵所従四位藤原朝臣行光筆也、男共祗候覧之、行豊朝臣読詞、

とあり、前日の六月七日条に「地蔵験記絵」を内裏より賜わったのを後崇光院は披見され、それは「室町殿御絵」であったと見え、又前引の六月八日の条に「室町殿被進絵也」とあるのは「九郎判官義経奥州泰衡等被討伐絵十巻」だけでなく、「十二神絵」も室町将軍家から進ぜられたものであったのでなかろうか。六月十日の条には「筆者長官前大蔵権少輔従五位下藤原光益、嘉慶二年六月日」とある「目蓮尊者絵」三巻や「和田左衛門尉平義盛絵」七巻の「浅井三郎義秀幕府住所門破事」、すなわち朝夷奈三郎義秀の門破りのテーマの絵巻など、「是等自室町殿被進云々」とあり、更に嘉吉元年（一四四一）四月四日条に

　自内裏十二神絵給、室町殿被進云々、

とあるのも同じものであったろうが、それが果してこの堂本家本と同じものであったかどうか断定は出来ないが、関係の深いものであったことは確かで、将軍家の外戚日野氏の一族の、武家伝奏でもあった広橋綱光の日記、『接綱御

記』には宝徳元年九月六日条に

晴、為番祗候内裏入夜自室町殿御絵三色被進為被御覧云々一色咸陽宮四幅月山筆十二類絵三巻義経絵十巻也。先十二類絵被御覧菅宰相読詞可謂希代御絵也。後咸陽宮御覧、彼是重宝近比見事殊更咸陽御絵一段御物也。驚目斗也。太平記明徳記等被御覧。御不予猶〻次第御減由医師申入間珍重外無他候。……後聞自室町殿被進御絵共自禁裏為御慰被申云々内〻伝奏使者持参、菅宰相申次目六相副也

とあり、「十二類絵」三巻が「室町殿」にあった事が判るのであり、これが『看聞日記』に見える「十二神絵」と恐らく同一であり、堂本家本の「十二類合戦絵」の如きは「室町殿」、将軍家に存したにふさわしい、堂々たる絵巻なのである。さてこの「十二類合戦絵」三巻は『考古画譜』に、「十二支戯画」と題する条に

本朝画史云、益継不レ知二世姓一、工レ画有下十二支獣作二人間之事業一図上、画後書云、宝徳三年八月日、当時土佐家者流乎

とあり、宝徳三年八月日の後書があったというのはいかなる本であったか、或いは堂本家本の奥書に元あったとも考えられるが。とにかく、永享から嘉吉の交にかけて、これが既に成立して流布していたのであり、或いは異本を流布の間に生じていたのであろうか。『義演准后日記』慶長三年(一五九八)六月十四日条に

門跡累代十二類会(絵)不慮上巻紛失、猿所ニ有之。仍買得了。祝着〳〵中下両巻ハ前年買得了。

とあるのは三宝院門跡に累代伝わった「十二類絵」があって、その上巻が紛失したが然る所に持っている人があり、買得た、また「中下両巻ハ前年買得了」とあるのは、別に中下両巻を買ったというのであろうか、とすれば、これも三巻本の「十二類絵」であったわけである。「東山御文庫蔵書目録」を見ると、「十二類絵」一巻の名が「酒天童子」とか、「天稚彦絵」や「藤ふくろ」等の御伽草子と思われるものの名とともに見られるのであり、『考古画譜』には

十二類画　二巻

倭錦云　土佐光信　十二類巻物

とあるのは、住江文庫旧蔵の模本の如き二巻本(「獣太平記」と題がついている)ではなかったか。今両者、堂本家本と二巻本の模本とを比較して見ると、三巻本の絵様をやや大柄におおよそにその通りに襲っているのであるが、三巻を二巻に縮めており、また堂本家本の下巻に当る部分で、十二類が愛宕山の城塞へ逆襲をかける条において、二巻本は画中の詞書に省略が認められるのであるが、かなり忠実に三巻本の様式を模しているのであり、それが寛文版の「獣太平記」(住江文庫本の二巻本絵巻も題名が「獣太平記」であるから、版本に新につけた名でなかったかも知れない)になると、その挿絵は省略されながらも、やはり共通の絵様を襲っている点が見られるのであり、その絵の中には、例えば、堂本家本の十二類に狸が歌合の判者を申し出て打たれる条の兎が「卯杖にてうちふせん」と打っている絵様は、寛文版でも踏襲されて、「うつへにてうちふせてくれん」と絵の中の詞書を残しているのであり、また、下巻の十二類が狸方の愛宕山の城塞に攻撃をかける条において、寛文版では堂本家本と同じく、石が狸方の城から落とされている点など、また、「十二時いつれもうたをよむ」「しかはんじやする」とか「いくさひやうせうノ所」「大将たぬきはう〳〵の所」とか、「あたこ山にてのかせん」「たぬきおにゝばける所」「いぬおとすところ」とか、「さいしなけく」「たぬきいとまこひ」、「たぬきはらつゝみうつ」「上人たぬきがかみそり給ふ」「たぬきたニの水くみてかへる」とかいうふうに絵の中に絵解式な詞書を残している点など、寛文版の「獣太平記」はいわば絵巻が絵草紙に流布の間に変化してゆくという御伽草子の形態をそこに残し示しているといえよう。

この「獣太平記」二冊は、稀書複製会から米山堂を発行所として、上巻は大正十一年十二月、第三期第六回の配本として、下巻は大正十二年二月、第三期第八回の配本として、模刻複製されている。そして、大正十三年十月、稀書

解説第三の中に解題があり、次の如く解題されている。すなわち

新校獣太平記　大本　二冊

本書は上下二巻、十二章より成る大形の絵入刊本にして、題簽表紙等も完全なる稀覯書なり。開版年月も筆者の署名もなけれど、後人の書入れに「寛文九己酉」の年号ある刊本もある由を記しあり。又其版元と取扱へる題材こそは獣類と鳥類との相違あれ、其書き方、書体、古雅なる挿画、表紙の体裁及び紙質等に至る迄も殆ど同一なるものに寛文九己酉年開版の「勧学院物語」あり。而して本書下巻の末尾に「喜右衛門開板」とありて其上の数文字を刪去したる痕跡あり。かた〴〵其年号が或は「寛文九己酉」とそこに記しありしにあらずやといふ疑問起らぬにしもあらざれども、今は別本を求めて対照するの便なきを遺憾とす。而も本書を「勧学院物語」に対比すれば前記書入の根拠なきにあらざるべきを推断し得。水谷不倒氏が其「仮名草子」のうちに、右両書を同じ人の作なるべしと云ひて、姉妹篇として取扱はれ居らるゝも宜なることなり。いづれにしても本書刊行の年代は「勧学院物語」と多く懸け離れたるものにあらざること明瞭なれば、斯かる類書中の最も古きものと見做して可なり。

（以下省略）

と。すなわち、本書を寛文九年（一六六九）の版とするのであるが、原東洋文庫の上下二冊の原本を見ると、本文第一張の「獣太平記上」と題せる下の辺に洒竹文庫、斎藤文庫、福田文庫等の蔵書印があり、表紙裏に

一　此本年号は無之候へ共
寛文九年之年号有之候品ト同様ニ候
凡明次七甲戌年より弐百六年ニ相成候

と書込があるのであり、また最後は「喜右衛門開板」の奥書もあるのであるが、これは或いは元禄元年（一六八八）以

後の鶴字禁制の法度により削られたとも考えられないことはないが、それはともかくとして、寛文年間にかかるいわゆる行成表紙の版本が他にも出ているのであり、この「獣太平記」は寛文年間に初版が出ていたと考えるべきであろう。この鶴屋は「書賈集覧」によると、京都二条通御幸町西入南側に元来あった本屋で、浄瑠璃本屋の元祖なりとあるが、『雍州府志』七、土産門の条に

○絵草子　在二烏丸二条北一倭俗以二国字仮名一作レ之書謂二草子一言草《心ハ》稿之謂也。其間加レ絵称二絵草子一或謂二絵入一倭俗以レ紙作二小偶人夫婦之形一是謂二雛壱対一其外大人小児之形各造レ之女子並二置座上一供二酒食一為二人間一而玩レ之是謂二雛遊一又称二雛事一女子平生雖レ玩レ雛三月三日専為二此戯一凡雛諸鳥之子也誤称レ之者乎此外色紙短冊等之物多於二此家一造レ之

○浄瑠璃本　二条鶴屋并九兵衛店浄瑠璃本類無レ不レ有レ之倭俗書冊専称レ本

とあり、また『京雀』巻二に御幸町通の条に

二条通さがる　鶴や町

があり、『京雀跡追』に

さうしや上るり本　二条寺丁にしへ入丁九兵へキ衛門といふ白山通六かく下ル丁八もんしや八左衛門と云

とあり、また二条通の条に

○丁子や丁　○木地屋有

○浄瑠璃本屋　山本九兵へ　つるや喜右衛門といふ

○つるや町　此丁ニむかしけいせいや町のありけるよし

ともあり、鶴屋は二条御幸町通、今の通称鶴亀町（公には山本町）の辺にあった絵草紙屋であり、かかる絵草紙屋は近

世烏丸二条の北にもあったらしく、

ゑさうしかき本　からす丸下立うり辺

とも『京雀跡追』に見えるのであるが、西鶴の『俳諧大矢数』にも

思ひと苦とをつくる絵双紙

通ひ路は二条寺町夕詠

とあり、二条通には近世絵草紙屋が多かった。この「獣太平記」は絵巻物の系統を引く絵草紙であるから、鶴屋から出版されたのは当然であって、堂本家本の如き三巻本の画巻が二巻本の画巻になったりする過程において、或いは一巻本になったりする場合もあったろうし、またその物語を簡略にしたものもあったのであろう。国会図書館蔵の「幽香叢書」に収めるところの「十二類合戦絵」は異本と称すべきものを写し収めたと考えられるが、

天明三年九月廿七日ともし火のもとにしるしをはぬ　加茂季鷹

と終りに署名があるのであり、その内容は十二支と狸の合戦の条が一度の戦で負けて発心するというふうに狸方が逆襲する条は簡略にされているが、恐らく町絵師的なものの手によって簡略化されていったのであろう。静嘉堂松井文庫蔵する所の「十二支物語」も文章だけで、絵はない写本であるが、絵の中の詞書も載せており、元来「幽香叢書」所収本と同じような、絵巻、或いは絵草紙であったと考えられるのであり、文詞は「幽香叢書」所収本とほとんど同じものである。「幽香叢書」本では竜が主水正竜能《もんどうのかみたつよし》とか、犬が犬太郎守家《いぬたろうもりいえ》とか、蛇が巳内侍《みのないし》、猪が猪冠者鼻堅《いのかんじゃはなかた》というふうに滑稽文学的になっているのであり、一面にこういうような筋が簡略化されてゆく本も御伽草子の一形態として生じていたのであり、絵巻の模本のようなものが伝えられて行き、それによって例えば流布の絵巻が絵草紙屋とか、絵屋とかいわれるような店から作り売り出されるということもあったのかも知れないのであり、そこに色々の異本形

態の発生の可能性があったわけである。そして、こういう模本がまた絵草紙屋に伝わって、それを種として創作の戯文、俳文などを作る場合もあったのである。例えば雛屋立圃には「十二支の句合」なるものがあり、既に大阪市立美術館蔵のものが紹介、知られているが、『日本絵巻物全集』第十八巻（角川書店、昭和四十三年）に挙げた一本の如きはその異本であり、明らかに「十二類合戦絵巻」の粉本を元にして俳文として絵をつけたものと考えられ、しかもその作者が雛屋立圃であることは極めて興味深い。立圃は俳諧史上の人として文学史上では扱われ、俳諧師であったが、元来その家業は雛屋であったのであり、立圃筆と箱入のいわゆる奈良絵本の御伽草子（例えば「文正草子」など）で、箱に書かれたものが幾つかあり、また雛屋では絵草紙とともに色紙、短冊を紙雛と共に元来売ったと考えられるのであり、そのことは本論稿に前に引いた『雍州府志』七の絵草紙の記述からも考えられる所であるが、また一方、水引や畳紙や雛、天児《あまかつ》、張子等をも扇屋が作ったらしく、扇の絵を書くもの、扇屋は絵草紙屋と密接な関係があったと思うが、この点はなお後に触れるであろう。

「十二類合戦絵」は内容から見れば、御伽草子の中、いわゆる異類物と言われる範疇に属する作品である。これについて、『考古画譜』には

柳庵庚子紀行曰、三井高就通俗新八齋二来十二類合戦画三巻一、画土佐行広、其文後崇光院諱貞成宸翰也、其文雖レ似二游戯一以レ余考レ之、蓋以二十二属一為二北朝皇胤一以レ狸為二南朝王孫一、以比二高野玉川宮一焉、圧二南山一而勝二北朝一献二乎後花園院一後崇光院王子諱彦仁、称光院崩無レ嗣後小松院養為レ子立レ之　蓋、南北二親和親統一也、北皇以二南皇一為二太上皇一、以二南皇子一為二皇子一也、称光登遐無レ後、南太子必須レ為二皇太子一、然以二後花園院一養為レ子、南皇子作レ乱而死矣、然則、此巻成二於応永正長之間一乎、想後花園院践祚之初也矣、按ずるに此説或はしからん

とあり、『柳庵庚子紀行』（栗原柳庵の著か）なるものを引用して書く。その説の当否はしばらく措くとしても、この絵

巻が後崇光院の在世、永享・嘉吉の交に既に存していたことは『看聞日記』の中にその名の見えることから推測されることは既に述べた通りであり、いわゆる異類物の最も古いものの一つとなるのであり、市古貞次博士の『中世小説の研究』によると、異類小説の軍記物に属するものであり、「精進魚類物語」や、「鴉鷺合戦物語」の先駆をなすものである。絵巻物に特別に興味を持っておられた後崇光院は種々の「物語絵」の名を挙げられ、その中に「足引絵」（永享八年六月二十五日条其他）とか「秋夜長物語絵二巻」（永享十年十一月十一日条）とか、「是害房絵」（嘉吉三年四月二十三日条）のような御伽草子の系列に入るものの名が見られるのであり、なお『看聞日記』紙背文書、「諸物語目録」の中には、酒天童子物語一帖、堀江物語一帖上下、九郎判官物語一巻などの名が見られ、堀江物語が「近古小説解題」などに解題されているそれと同じ筋のものとしたら、これも御伽草子の系列に入り、その他、髭切物語一巻、玉藻物語、磯松丸物語一帖等の御伽草子の系列に入るらしいものの名も見え、また幻中草打画一帖のような一休骸骨の絵巻などと同じような法語的なものの現存するものの名がそれに見えているのは注意されることである。『看聞日記』や『建内記』（嘉吉元年四月二十八日条）に見える『是害坊絵』の如きも、現存の曼殊院蔵のそれから住友家蔵本のそれにと変化していった過程に明らかに素人風の絵から専門の職業的な絵師の手に移っていったことが考えられるのであり、異本の絵巻が種々に変化して行くのが御伽草子風な絵巻の特徴でもあった。「十二類合戦絵巻」もそういう特質を持った御伽草子ふうな絵巻と言えようが、堂本家本のそれは表現の筆つきといい、かかるものとしては堂々としており、御伽草子ふうな性格を持った道成寺蔵の「道成寺縁起絵巻」のそれと比べるならば、より優秀な絵巻であるといえよう。

二　福富草紙

「十二類合戦絵巻」三巻の如きは、御伽草子ふうな絵巻としては、最も古いものの一つと考えられることは、前項で述べた通りである。そして、妙心寺春浦院蔵の「福富草紙」二巻に至っては、古来から最も有名な、しかも御伽草子絵としては代表的に取り扱われている絵巻である。これについては、黒川春村の『古物語類字鈔』に

> こは、高向秀武といふ者（かうしきし秀武とも見ゆ。何師といふにか、可レ考）年老、貧しかりしに、妻のすゝめに、随ひて、道祖神を、祈りたりしに、小柑子《セウカウジ》許なる、鉄鈴を賜はると、霊夢の告を蒙りぬ。さて其妻の合せて云、身のうちより、声の出きて、夫によりて、幸ひを得むといへり。然るに、をかしく屁ひる事を、習ひて、何某の中将殿に召れ、綾錦黄金等を賜はり、いみじき福人となり、栄えぬ。（是までは上巻なり）さて此隣に、七条の坊長、福富といふあり。これはた、貧しかりければ、其妻、となりをいたく羨み、男にすゝめて、秀武が弟子とし、習はせて、いだしやりしに、此福富は、屎まりしちらし、打擲されて帰りこしかば、其妻いたく、恨み怒りて、秀武を、責さいなむよしをかけり。（是までを下巻としたり）
>
> 文体は、いとしどけなく、みゆれど、四五百年前の、筆づかひとぞ、おぼゆる。但、此粉本をみるに、下巻の絵やうは、凡ならず、上巻は頗劣れり。されば、原本は、下巻のみにて、上巻は、後人の蛇足なめりと、かたぶきいふ人あなりと、きけども全文まさしく、一見したれば、もとより、上下二巻なりしを、はやくより、上巻は逸して、次々に写し僻めたりしにも有べし。もし、さやうにもやと、推量らるゝ由は、江戸本所の里正、関岡長兵衛、新吉原町玉屋山三郎等の所蔵に、もし、原本にやと、おぼしき程の、絵巻あれど、何れも下巻のみにて、上

巻なし。是等によりて、上巻は後人の書添けむと、いふ説も、起れるにやあらむ。おぼつかなし。又伝へ聞く、此絵巻は、土佐弾正広周筆といふ説あり。広周は、寛正頃の人なれど、文体の古雅なる事、今百余年も、古げにおもはる。こは、もし古巻の、下の巻のみを、広周が写せるにはあらぬか。又平安妙心寺の蔵に、上下二巻ありて、光信筆といへり。光信は、文明後の人なれば、これはた、古巻を写けむ事、疑ひなし。とにもかくにも原本二巻は、南北朝の時代などに、出来けむものなるべし。

又按ふに、尾州家蔵の、秡とんとん、といふ絵巻は、もし、此福富の、上巻にはあらじか。名目のさま、すこし由ありげにきこゆ。されど其絵を、目撃せしにあらねば、うけばりて、いふにはあらず。

と書くのであり、その成立年代等には、未だ確たる説が無いのである。しかるに、「十二類合戦絵」の最初の詞章を載せている後崇光院筆の「粉河寺縁起」の裏文書には同じく「福富草紙」の断簡の詞句をも載せているのである。すなわち、

五条わたりにたかむこの秀武と」いふ物ありけり妻男させる事も」なかりけれはとし月をふるまて」いとわひしくてなん過ける九月の」中の十日の程に夜寒にていも」ねられすうす綿の衣を中引に」ひきてあかしくらすほとに秀武に」妻の云様この七条にある物はいかに」まれにもたゝある物はなし太刀作」銅細工蒔絵師なりわぬしは年を」ふれともいといたつらにてことはあめ」れいまはたれも老てちかき所の」ありきたにもえせねは仏神にも」つかうまつらさめりなにしにかかへ」

とある詞章の断簡があるのであり、これは「粉河寺縁起」紙背の他の説話断簡とともに必ずしも絵巻物の詞書とは言い得ないと思うが、少なくとも後崇光院の存生(一三七二—一四五六)の時代に「福富草紙」の物語内容が存していたこ

とを示すのであり、また春浦院本の文章の詞句は『古物語類字鈔』の表現を以てすれば、「古雅」とも言える、御伽草子の系列としては極めて古いものと言えると思うのであるが、その内容はまさしく庶民的な世界の物語と言わなければならないのである。

御伽草子の世界、それは庶民の世界である。その舞台はまず「福富草紙」の主人公「たかむこの秀武」が住んでいる五条から七条町の辺、私の表現を以てすれば、「福富草紙」の内容が示すような、下京的な世界であったのであった。下京は例えば「猿源氏草紙」の鰯《いわし》売りの猿源氏が室町時代初期、「好色《いろごのみ》」と言われていた高級コールガールの町、「五条東洞院」——そこには例えば義満の夫人となって世阿弥に「万事の色知りにて」と言われた高橋殿のような女性も出現した——の遊女に恋をしたり、また物臭太郎が下京の清水観音に参って参詣の女性を妻問いしたりするような場所であったわけであり、そして、既にそういう舞台は、平安時代の末期から記録には現われてくるのである。例えば藤原忠実の談話を記録した『中外抄』には「七条の細工」という詞句も見えており、『今昔物語』にも「七条辺ニ有ケル薄打ツ者」(巻二十の第六)とあり、『宇治拾遺物語』の中にも「七条町に江冠者が家のおほ東にある鋳物師《いもじ》が妻」(巻一の五)とか、「今は昔、七条に薄打あり」(巻二の四)とあり、『新猿楽記』には覡女《みこ》の四の御許の女に関して、「其夫ヲ尋レバ、則右馬寮ノ史生七条已南ノ保長也。姓ハ金集《かなつみ》、名は百成。鍛冶鋳物師并銀金ノ細工也」云々とあり、『吾妻鏡』の文治二年(一一八六)八月二十六日条に見えるような七条銅細工の字七条紀太のような、こすい、濫妨をする工人、職人、後崇光院筆の粉河寺縁起裏文書「福富草紙」の詞句を以てすれば、「太刀作、銅細工、蒔絵師」達の住んでいる世界に展開する庶民の致富譚であったわけである。その中に「たかむこの秀武」なる人物が登場するのである。下京的世界、それは平安時代の記録、日記や物語に「下辺」「下わたり」「下つ方」というような詞句で表現されている低湿地でもあった。平安時代の貴族は元来、二条や一条辺の高地に住んでいたが、室町時代に至っても花の室町御所をはじめとして多くの大名の邸宅は「洛中屏風図」に見られるように、みな北方の上京にあったのに対して、下京は平安時代から庶民の住む世界であった。「病草紙」の一断簡に見られるような、女の借上《かしあげ》(高利貸)で、庶民の血をしぼり栄養過剰で肥満に苦しむ者も七条辺にはいたが、七条辺は市女や薄打ちのような細工人が住んでいたごみごみとした庶民の世界であったのである。今現存する春浦院本の「福富草紙」は錯簡が上巻には多くあり、それの復原は極めて困難な仕事であるが、その最初はまず「うす綿の衣を中引に」引いて寝ている老夫婦でもって始まるのであろう。すなわち、現存春浦院本の錯乱せる形をこうもあろうかと思う順序を示せば、その最初に老夫婦二人の寝ている図が来るべきであると考えるのであるが、他の画面に見られるような絵の中に書き入れられた詞書はこの部分には全然ないのである。これは果して最初に詞書がこの絵巻に別についていたか、どうかということについて、色々の解釈がなし得ると思うのであるが、少なくともこの「福富草紙」の内容が——春浦院は最初の原本の絵巻ではなかったと思うが——絵巻に作られた時に創作された物語ではなかったのであろう。もちろん、そういう「物語」の詞句のみの文章が別にあり、そういう「物語」を前提として、絵のみで物語を進めて行くということも可能であったろうが。

それはともかくとして、下京五条に住むこの老夫婦が綿を中引にし世帯道具もなく、夜の寒さに貧窮と老を嘆じながら寝ている図柄は、後の方の長者となって富み栄えている現存の下巻の始めの図柄、すなわち別々に色の異なる絹の衣をかぶって寝ている福々しい姿とは好対照をなすのであり、老夫婦のわびしい寝姿をまず上巻の最初と解するのであるが、その見解はいかがであろうか、批判を乞いたいのである。

さて貧に苦しむ者は現代なら宝くじを買ってと夢想するわけであるが、この時代では仏神の加護をとくるのが、こういう物語のきまった手法であるが、この主人公秀武は信心深い妻のすすめで妻が用意していたみてぐらを作り、朝風のいみじく面にしむ中を老の幸いを願って道祖神《さえのかみ》に通い祈る。この道祖神はもちろん『新猿楽記』や『宇治拾遺物語』などにも見えている、市民の信仰を得ていた五条の道祖神であろう。そして、毎朝早く参って思わず社前でまどろんだ或る日のこと、霊夢の告げをこうむったという筋となるのである。その夢の内容は、その夢を解いてもらいに行く僧の前に書き込まれた詞句で判明する。「とし月のすぐるまゝに、貧窮にせめられてせんはう侍らねば、もしやとてある御社に朝ごとに七日まいりて祈申しるしにや侍らん。この暁の夢にくろがねの鈴の小柑子ばかりなるを給はるとみ侍りつる、いかなる事にか侍らん」。その僧は夢を解く。「いでこの御夢はいとかしこきゆめなり。暁のゆめなればとくかなひ給なん、身のうちよりおもひの外なるこゑいできて、それによりよき人の御志かうぶり給て、老の幸やひらけ給はん」。身の内より思いの外の声が出て、それにより幸福を得るだろうというのである。すると、「夢は合せ柄」とか、「夢と鷹は合せ柄」とかいうような諺の通り、「たかむこの秀武」の身体の中から意外の声が出てくる。秀武は言う、「ゆめはあはせがらなり、まさしくあはせたまひたる事なりかし。ひりてきかせたてまつらん」と。その屁《ひ》りて聞かせた音が実に愉快、奇想天外である。

あやつゝにしきつゝ

こかねさらく

と。実にこの屁の音がこういう御伽草子の性格を示すものとして重要なのである。それはこの「福富草紙」が民間伝承を背景としていることを如実に示しているのであり、そういう性格を一般に御伽草子といわれるものが持っているように私には思えるのである。それはこの「福富草紙」が屁《へ》っぴり爺とか、竹伐り爺とかいわれるような昔咄を元にした文芸化であったからである。春浦院本上巻にはこの秀武翁の屁《ひ》る屁《へ》の音は、更にこの施芸を後に中将殿の御庭で御覧に入れる所でも

あやつゝ　にしきつゝ

と書き込まれており、更に下巻の方で、「あやつゝのへひりの秀武㋔きな」とも書かれているのであるが、そのあやつゝの昔咄は例えば岩手県の紫波郡で伝承された昔話を集めた『紫波郡昔話集』(小笠原謙吉編著、三省堂刊、昭和十七年)には

昔あつたぢもな。山々の屁ぴりおんぢは長者殿《どう》の林さ行つて、だんぎり〳〵だんぎり〳〵と木を伐たら、旦那様は出で来て、誰だ俺方の林さ来て木を伐るやつはと咎めるど、はい山々の屁ぴりおんぢでごあんす。そだらこさ来て屁をたれて見ろ。はいと言て長者殿の坪前《つぼまへ》(庭前)さ行て尻をたぐて

ニシギサラサラ五葉の松
チリンポンガラヤ

とたれだら、これはよい屁だ、もう一つと言ふので

ニシギサラサラ五葉の松
チリンポンガラヤ

とたれるど旦那様は、さて目出度い屁である。これや〳〵酒と肴を持てこであと言附で、座敷の縁側でお酒をいたゞぎ、帰りしなには金を貰つてそれを頭巾こさ入れて喜んで帰り、婆ナと二人で酒盛をして居るど、隣の慾たがり婆ナは来てこちでは何をしてるどう言うがら、俺方の爺ナは長者殿の林さ行て木を伐るど、旦那様に咎められたので、屁をたれで金をこたに貰て来たがら、酒盛をして居だ処だといふど、それでは俺方の爺ナにも長者殿の林さ行て木を伐らせべとて帰つた。

次の日隣の爺ナは長者殿の林さ行て、だんぎり〳〵だんぎり〳〵と木を伐つたら、旦那様は出で来て、誰だ俺方

の林さ来て木を伐るやつはと咎めると、はい山々の屁ぴりおんぢでごあんす。そだらこさ来て屁をたれろ。はいと言て坪前さ行ぎ、馬になつて尻をたぐり、いきばつ(息ひ)ても〳〵屁は出ないがら、うんと赤くなつていきばると糞はがり〳〵と出だ。すると長者殿の旦那様は、これは穢い爺だ、若夫達外さ引ずり出せと言附たら、若夫達は此爺ナを門の外まで引ずり出して、茨でからんで顔だの手足だのを疵だらけにすた。
隣の慾たがり婆ナは家の前さ出で、爺ナは戻る頃だと思ひ待て居だら、疵だらけになつておい〳〵泣ながら帰て来るのを見で、俺方の爺ナは長者殿がら金をうんと貰て、赤い著物を著て喜んで唄を歌て来たがら、ぼろ着物は皆焼でしまへと言て、火をつけて焼でしまつたら、爺ナは茨にからまれで血だらけになつて泣で来たのであつた。人の真似すると大水を食ふとはこの事だとさ。どつとはらい。(山々の屁ぴりおんぢ)

とある。「福富草紙」はまさしくこういう類の昔話の文芸化以外の何物でもなかったのである。そして、この爺の屁の音は例えば

アヤチユウチユウ
ニシキノオンタカラデ
アラ助カツタ　助カツタビクビク(『老媼夜譚』所収「岩手県の昔話」)

とか、

コガネサラサラ　ニシキサラサラ
スツポコポンノポン(民俗二年二号報告例備後の昔話)

とか、色々に地方により変化しているが、柳田国男先生の著書『昔話と文学』に収められた「竹伐爺」で考察されているように、竹取翁の口承文芸、竹を伐る翁に関する口承の物語、しかも元来は綾錦をも得るというような長者譚が

そこにあったのであり、先生の表現を以てすれば、

綾と錦と黄金との三くさは、古来凡人の最も貴しとした財宝であつた。それがつう〳〵と引きほどかれ、又はさら〳〵とこぼれ出るといふのは、つまりは昔話の取れども尽きぬ宝を、鮮明に耳に訴へようとした言葉であつた。斯程めでたい物の響きを、短い句で表はす音は他には有得ない。いつの世からとも無く我々が之を暗んじて、楽しい笑ひと共に引継いで居たのは当然であつたが、しかも小児や貧しい人々に取つては、あんまり縁の遠い物の名であるが為か、知らぬ間に少しづゝ言ひちがへをして居たのである。

というわけであり、恐らく竹を伐る翁に関する聖なる物語が零落していったなれの果てがこういう笑い話であったらしいのである。私は一般に昔話や語り物の口誦伝承を地盤にしてその上に萌え、歴史の上にあらわれてきたのが、御伽草子の一つの特質であったと思うのであるが、その個々の例は今省略する。そして、「福富草紙」の元来の説話としてのモチーフ、「あやつゝにしきさらさら」というような伝承は絵の中の詞句に書き残されているのであり、そういう意味でこういう絵の中の詞句は無視してはならぬし、また絵の図柄なども ちょうど説話が伝承されるように伝えられ、また絵と詞書は密接な関係を持ち、或る場合には絵と詞書が入乱れているような絵巻物や絵草紙の形式を生じているのである。例えば「瓜子姫物語」という絵巻が幾つか残っているが、その物語は瓜子姫の昔咄、アマンジャクが出てくるあの有名な昔話であるが、元来川から流れて来た瓜から生れた姫であった筈であり、川上から流れて来たということこそが本来説話としての重要なモチーフであったのであるが、そういうことは文章には見えず、かえって「瓜子姫物語」の一断簡では、川をはさんでいる爺と婆の絵があり、川から流れて来た瓜よりうまれた子であるというモチーフが絵の中の川に残っているのであり、その川より流れて来たというモチーフは絵により説明されるが、文章としては、畑の瓜をとったら、そこに姫が出現したというようになっているのであり、これ以外の管見に入った瓜

子姫の絵巻、例えば藤沢氏蔵の絵巻の如きも寛文頃の新しいもののように思えるが、それにもかかわらず、川の流れを瓜畑の側に必ず描く絵様が見えるのであり、絵とまたその中に書き入れられた詞書は種々の興味ある問題を示すのであり、かかる絵の中に書き入れられた詞書は形式としては古く平安時代の物語絵の中に既に示されているのでないかと思うが、それはともかくとして、こういう絵の中の書き入れられた詞句は自由に変化されてゆく場合があり、またその詞句はしばしば口語的な表現や歌謡、室町小歌なども見られたりするのである。

例えば「十二類合戦絵巻」の堂本家本には最初に十二支が歌会をした後、判者の鹿をもてなすところで、猿が前述したように

万の物の中に猿こそすぐれたれや

云々と歌謡を謡い舞うのであるが、それは決して誰かが創作したものでなかったので、「藤袋絵巻」(麻布氏蔵本、古典文庫本『室町時代物語』三所収)の中で、

けだ物のその中にさるこそすぐれたりけれ、けこそ身にをいたれど、人のすかたにかはらず、つばさをば、もたねど、木ずゑをもかけりぬ。野山をもはしりつ。水のそこの月をもわれらこそとりぬれ。あら〱めでたや。

と絵の中で、猿が人間の姫君と結婚して婿になった時、酒盛の宴に一疋の猿が舞っている詞句が見えるのは、恐らく流布していた歌謡であったからであろう。たとえば「鼠草紙」という絵巻では、鼠の権頭が五条あたり油小路の長者、柳家の娘をかいま見て、遂に人間の娘との結婚式となるのであるが、その結婚式の際に、鼠が台所で、人間のように会話をしている情景が普通見られるのであるが、その中には例えば

恋しゆかしとやる文を　瀬田の唐橋で
おとした　あら何ともなの文の使や

という室町小歌を謡って臼をまわしている二疋の鼠が絵の中に居るのであるが、それは例せば、『閑吟集』に見えるような

久我《こが》のどことやらで　落いたとなう　あら何ともなの文の使や

とか、狂言「文荷《ふみになない》」の

志賀の浦を通るとて文を落いた　浜松の風の便りに　風の便りに

というような小歌の類歌を謡っているのであり、言わば絵の中で物語の人物、動物等が遊んでいるのである。それが言わば御伽草子の世界なのであり、またそこにこそ私の詞を以てすれば「室町ごころ」があらわれていたのである。

だから「福富草紙」の上巻では、言わば花咲爺の原話の文芸化であるこの物語絵では、昔話の筋書通りに話が進行するので、僧の前でその占いのまさしく的中した事に感嘆した爺は家に帰る道中でも施芸を皆に披露するわけであるが、この絵巻を観賞する者はその中の観衆と共に「たりやら　ちりやら」と拍手をし、「めもあやなるざえするやつかな」と感嘆するのであろう。そして、某の中将殿が車に乗って通りかかったのに会い、この世にも不思議な施芸を目にとめられたというわけである。秀武は遮二《しゃに》無二《むに》連行されて行ったが、「ゴホン」と咳《せき》をすると一声鳴った。さて止むを得ず、中将殿の館に参上、その主殿の庭前でおならの施芸を披露する。中将殿の館では主人公を始め、一族侍女郎党下人までもがこの世にも不思議な施芸を傍からのぞいて感嘆する。ここが絵巻の中の一つの見せ場である。秀武爺は一所懸命に「くるふほとにおいほねおれぬこしほねはおれぬつ〱」「あやつゝにしきつゝ」と施芸をしている、その面白い顔。そして、「えもいはぬさえするやつかな　かの紅のきぬかづけよ」と中将殿の命令で、御褒美の禄に紅の衣を賜わり、中将殿の邸で見た人達は我も我もと秀武の施芸を所望して、その結果秀武は隣の童をやとって、方々で貰った重い禄をかつがせて下京の我家へと家路につくのである。

さて秀武はしみじみと妻に述懐する、今その部分の口語訳をざっとしてみよう。

中将殿より始め、殿原達が召されたので、こんなに沢山賜わったのだよ。この狩衣は小家《こいえ》に呼び入れてくれたのだよ。我も我もと呼ばれるが、老は悲しきもの、とてもこれはかなわんと逃げて来たのだよ。でも毎日毎日こうして賜わったなら、どれ程賜わろうか、これもお前さんのお蔭。こんな芸には競争相手もあるまいよ。

しみじみとした老夫婦の会話で絵巻は進行する。

たとえ、私が教え申しても神様の御承知があればこそ、こんな不思議な才能がいただけたのよ。不幸な際にひどい仕打ちをした人の顔が今見たいわ。

早くもこの事は向こう三軒両隣と伝わって、横からのぞき、「この冬はどうしてお過ごしになるかと見ていましたのに、世間というものはわかりませんね」とお世辞を言うのは、後に出てくる隣の爺のにくたらしい妻であろう。

さて富貴になった秀武夫婦は、道祖神の御前に餅《もち》を一ぱい、供の童女に持たせ、また童子に初穂をかつがせてお礼参りをする。そして「月毎の一日にこんなにお供えのものをしましょう」と社僧に頼み、社僧も社の御利生のあらたかなのに感嘆するというところで上巻は終るのである。

下巻は前述の如く、上巻の始めと好対照をなしている。まず富貴満ち足りた秀武の館の情景がそこに展開する。夫婦二人の寝室には、衣裳が一ぱいある。また、かぶっている現代の蒲団《ふとん》に相当する衣は二人の別々の衣に色が染め分けられているのは、上巻で一枚の衣にくるまっていた当時と比べて、何としたことであろう。秀武は

うすぎぬひとつを中引に引きしを、かくめでたき御ぞどもきかさね、とみくさりたるを、これも御おしへによりてかくなりたれば、たゞ女どもの御とくとぞ思ふ。いかゞおぼえ給

という。そして、老妻は、

とみくさりたるへをひり給ふぞかし

と笑う。その台所では杵《きね》で臼をついたり、たはのこ(鱈の子)を中将殿の使の者が持参する様子が描かれており、長者の邸の富貴さを描く。さて、これを羨ましく思うのが、隣の爺―福富なのである。

実にこれがこの「福富草紙」の一つの疑問なのであるが、この物語で長者になる主人公は秀武なのであり、むしろ「秀武物語」とか、「秀武草紙」とか呼んだ方が題としてふさわしいのであるが、古来から「福富草紙」と呼ばれて来ているのである。私はそれは一巻本のいわゆる「福富長者物語」と呼ばれる『新編お伽草子』に収められた類のものの影響で、そう呼ばれるようになったのでないかと考えるのである。そして、この点について注意しなければならないのは、春浦院本の「福富草紙」の下巻に相当する部分のみが根津美術館本や益田家本、また秋元子爵旧蔵本として残っており、また大阪美術館本や松尾聡氏蔵本のように、この下巻に一巻本の「福富長者物語」の内容を書き込んであるものが見られることである。そして、クリーヴランド美術館本のように、絵の中に書き込まれた詞句は春浦院本の欠を補う点があるので、相互に異本関係に立っているのでないかと思う(従ってこれは上巻があったのかもしれない)が、私は原本を見ていないから断定はしない。しかし、或いは下巻のみで異本を流布させようとした場合があったのでないか。それは、「十二類合戦絵」においても見られることであるが、かかる種類の絵巻が流布して行く過程において、まま短く、省略してゆく傾向が見られることで、これは絵巻から絵草紙などになる場合も、折々見られることなのである。

しかし、一巻本の「福富長者物語」は決して「福富草紙」の下巻のみから生成したものであるとは私は思わないのである。「福富長者物語」にあっては思わざるに放屁の施芸をした長者になる方が福富なのである。ただし、その福富が長者になる過程は極めて簡略に述べられており、ちょうど春浦院本の下巻に相当する類本に一巻本の詞句を書き込むのに都合がよいのである。どうしてであるか、それは私はむしろ、これが元来、口承文芸として既に「笑話」として、隣の慾ばり爺の失敗を強調する傾向――仕方話的なものであったかも知れぬ――にあり、そういう方向にこの物語が成長、或いはむしろ変化してゆく過程において、しばしば絵巻や絵草紙に取りあげられ、書かれたのでないかと想像するのである。

例えば、古典文学大系本に所収の「福富長者物語」において、「絵ノ中ノ詞」とある部分は、「下手のおならこきめや」とか「あらくさや〳〵」とか「あれを見てはこたれさせな、ねんね」というような「おなら」とか「はこ」とか、室町時代的な口語的表現が多いのであり、恐らくこの物語はそういう部分が絵の中の詞としてあった絵巻か、絵草紙なのでなかったろうか。一般にこういう種類の絵巻には絵の中の詞には詞書と区別して、口語的表現や「あらあら」というような感動詞的表現が多いなど、御伽草子と言われる絵巻絵草紙には見られる一つの傾向であり、それは絵の中の詞にのみ、その中の人物が室町小歌を謡っているような傾向と共通するものがあると思うのである。なおまた、「福富長者物語」ではその中に最後に福富にかみつく乏少の藤太の妻の姿とともに、側を琵琶法師が通ることを記述しており、「昔はまつかう」と終を結んでいるのは、口承文芸としての昔話の結び詞であることは古典文学大系『御伽草子』の四八八頁の補注四一に市古貞次博士が書かれた通りであるが、それはこの話が笑話的な昔咄であった一つの証拠であろうと思うのである。

春浦院本では隣の慾ばり爺は福富である。そして、彼にも妻があり、この妻は秀武の突然の幸福をのぞきに来てお世辞を言ったのであるが、家に帰れば亭主の尻を散々にたたく恐妻である。「どうしてお前さんは隣の秀武みたいに能が無いのでしょう、お隣のよしみ、秀武さんに弟子文《でしぶみ》を出して、あの芸をお習いなさい」と言うのであり、それは室町時代の女性、例えば狂言の「鈍太郎《どんだろう》」の妻のように、殊に下京辺の下町の女は皆、物売り、市女《いちめ》などをして亭主を養って来ているから、亭主を強くそそのかす次第となるのであり、福富はしぶしぶと秀武の家に行って腰を低くして秘伝を教えてもらう。この辺、春浦院本はクリーヴランド本に比べると、絵巻の継目欠脱があり、クリーヴランド本によってその筋を述べると、秀武は弟子文を奉らないでもどうして教えないことがあろう、まして弟子文を奉ったから大変かたじけない。この教えることを人に聞かせなさるな、賑《にぎ》わしい殿原の御門に参りて「かう〳〵ていはうひち〳〵」と三度言い、秀武まろが仕《つか》うまつる才を殿原達がめでたしと仰せなさるのは痴《おこ》のことである。福富が片端を教えたのであると申すなら、人が聞いてお上《かみ》に申し通すであろう。殿が聞し召して仕れと仰せなさったなら(この辺クリーヴランド本は少し意が解しにくいので、省略して読解する)、朝顔の実を十ばかり、さりげないふりをして口に含んで、尻をこそめて息ばみ給え、するとえも言えぬ声は秀武がする以上に花やかに屁《ひ》りいだすであろうと教える。福富は手を摺って喜んで去った(以上は春浦院本は欠脱している詞句の部である)。そこで、福富は七条の坊の刀弥《とね》であるが、この秀武の師匠の福富で御座いと中将殿の邸に参上して、自己を売込む。秀武の師匠が来たというので、家来は中将殿に申しあげ、待たせている間に乾《いぬい》(北西)の方角に向って、秀武の教えた通り、「かう〳〵ていはうひち〳〵」と三度言って念じ立っていた。さて庭に召されて施芸を始めたのはよかったが、どうであろう、庭に来た瞬間から秀武が伝授した秘伝の薬のききめか、お腹の様子がおかしい。ぴちぴちと遂にきたないものを中将殿の庭にまきちらし、中将殿をはじめ一同は鼻をつまむ有様(この辺クリーヴランド本の方は詞句が少しく異なる)。「物みよ翁のくそひりてかう(勘)ぜらるゝ」とか「とういきてみよ　いまぞつえにすかりてよろぼひゆくめる」(この詞句クリーヴランド本のみ)と町の童達は笑う。福富はさんざんに打擲《ちょうちゃく》されて、赤い血を流しながら泣き泣き帰って行き、それを大路の店《たな》から人々が眺めているのは、四条通りの光景であろうか。福富は上京から下京へと泣き面で帰って行く。それを望見するのは期待に胸をふくらませ待っている妻。血だらけの姿を赤い衣《きぬ》を禄にもらったと早合点して、早く焼け、こんなきたないのは焼けと家にある衣《きぬ》を焼きすてるというのは口承伝承の昔話「屁っぴり爺」と少しも変らない。さて帰って来たのはきたない、くさい夫であるが、長年連れ添った仲であるから裸にして鼻をつまみつまみ衣服を洗うが、妻は小言《こごと》を言い言い男をせめる（この辺にもクリーヴランド本と比べると春浦院本は継目に脱文がある）。男はこれもお前さんがわしをそそのかしたからである。人に語るなと言って朝顔の実を十粒も飲ませたのは企みがあったからであるなど愚痴《ぐち》を言う。夫の打撲傷に、腰を踏んだり介抱するが、いまいましく遂に妻は幣帛を切りこしらえて立て、のろい祈る。その前に熊野の御前神《みさきがみ》（使い）である烏が飛んで来ている。続いて福富がたれ流しているみにくい姿に妻が薬を勧める図柄が見えるが、これはその後の医者から薬をもらった後の図柄とも考えられるが、このままで筋を構成してもかまわないと私は思う。さて医者（「福富長者物語」では典薬頭清麿）の所に行き、腰を低くして薬を所望する。しかし考えて見るといまいましい、ちょうどその時、秀武の姿が街頭にちらりと見られた。逆上した妻は秀武に嚙み付く、そして、それを見る街頭の人々の姿、そして、その中に二人の琵琶法師（「福富長者物語」では為都《いち》歌都《いち》）と小弓を持った若公達（「福富長者物語」では侍従殿）の姿で突如として、この絵巻は下巻を終る。

　しかし、決してこの絵巻はこの後が脱落したり、切れているのではない。それはこの室町時代の狂言の最後が「やるまいぞ〳〵」と太郎冠者を追う大名物《もの》の構想と同じだということなのである。それは笑話の終りの一手法であったのである。私は何度も強調したように、この「福富草紙」は口承文芸を、広く言えば御伽草子が民間伝承を地盤としているということの証拠だと思うのである。そして、その最後に琵琶法師の姿が見えるのは、口承文芸の笑話には座頭がまま自己の姿を写しているところから考えて、単なる町の風景の写実というより、或いはこういう笑話が座頭の管理した昔話を絵巻化した為でなかったろうかとも思うのである。

三　道成寺縁起絵巻

「福富草紙絵巻」は、むしろ口承文芸がその背後にあることを私は重視したのである。「十二類合戦絵巻」とても、かかる動物譚が文学的表現をとった地盤に、実は擬人物《ぎじんもの》、室町中期以後に行なわれた語り物の早物語のようなものがあったのかも知れぬ。ともあれ、それが絵巻の形式をとってくると、流布して幾多の異本が生じてくる。現在ある「福富草紙」や「十二類合戦絵巻」は決して原本的な存在とは言えないのであり、むしろ偶然に残ったものとも考えられないこともない。そういう絵巻になった物語、もっともそれは必ずしも口承的な語り物などを踏まえているわけではないが、絵巻に表現された縁起譚が更に御伽草子的な絵草紙に変化して行くのであり、そういう過程を極めて形式的に、図式的に示しているのが「道成寺縁起絵巻」なのである。これは従来考証されているように、『本朝法華験記』巻下に見える紀伊国牟婁《むろ》郡の寡婦の家に宿った若僧が女と通じ、熊野参詣の帰りに約束に反して寡婦の所に寄らずに逃げ去ろうとしたので、大いに怒り、五尋《ひろ》の大毒蛇となり、これを追い、僧は道成寺に逃げ、道成寺の鐘の中にかくれたところ、追って来た大蛇が大鐘を巻き、その毒気で鐘が燃えあがり、僧が焼かれて骸骨となり、灰塵だけがわずかにあったが、数日経って、一老僧の夢に大蛇が来り、「我は鐘の中の僧で、悪女に領ぜられ、その夫となったが、その弊《つたな》き悪身に感じ、その苦を抜かんとするも力及ばず、存生の時妙法(法華経)を持したが、薫修《くんじゅう》なお年が浅く、未だ勝れた利益《りやく》にあずからないで、決定業《けつじょうごう》の牽《ひ》く所、この悪縁に遇った。しかし、今、貴聖人の御恩を蒙り、此の苦を離れようと思うから、慈悲心を発して、法華経の如来寿量品を書写して、我等二蛇の苦を抜いてください、妙法の力にあずからなかったら、どうして苦を抜くことが出来よう」と言った。老僧は夢よりさめて後、道心を発し、生死の苦を観じて、手ずから如来寿量品を書写して、法会を修したところ、その夜聖人の夢に一僧一女が面に喜を含んで、道成寺に来り、老僧を拝み、我等は遠く邪道を離れ、善趣に向い、女は忉利天《とうりてん》に生じ、僧は兜率天《とそってん》に昇ったと漢文で書かれており、これが『今昔物語』巻十四の第三、紀伊国道成寺僧写法花救蛇語という条に記述されており、更に『元亨釈書』巻十九、霊怪篇には、鞍馬にいる釈安珍と牟婁郡の寡婦の話となっているのである。道成寺縁起では、醍醐天皇の御宇、延長六年(九二八)八月の比、奥州よりみめのよい僧が熊野参詣の途中、紀伊国室の郡真砂にある宿の亭主清次庄司の娵(よめ?)と若僧の物語の二巻の絵巻になっているが、詞書に宛字が多く、まま誤字も多く、この絵巻の或る性格を示すものがあるように思えるのである。なおまた、内貴氏旧蔵の「道成寺縁起絵巻」は、道成寺本と詞書の詞句、絵の中の書き入れ詞句、絵の図柄等、共通のものが多く、その模本と言ってもよい位の感じであったと私は記憶するが(戦前に一見した)、「道成寺縁起」よりは、品の乏しい絵巻となっているのであるが、必ずしも道成寺本の「道成寺縁起」より派生したのではなく、道成寺本の方が詞句を省略しているかと思われるような点も絵の中の詞句に見られ、幾つかの同類の「道成寺縁起」が流布していたことを思わせるような点もあるのである。道成寺本は例えば熊野詣の餅を食べつつ道を行く道者のいう詞句、或いは川に飛び込み蛇になる女主人公を傍観する船頭の「あゝ世末になれはとて親《まのあたり》かかる不思議の事もありけり目も心も不及」とあるような点など、極めて絵解的であり、御伽草子的な遊び興ずる態度が見られるのであるが、奥書に

右此御判者　御公方様

天正元年十二月日望興国寺

被移御座節此縁起為御所望

之間即懸御目御感不斜

可為日本無双之縁起時代迥
此歓見不思儀也被出仰末代之
御禄被印御判　時別当永叶
御盃相添御太刀一腰御馬一疋
下給候而已

とあり、古くから紀州日高郡道成寺に縁起絵巻としてあったらしい。それが道成寺の縁起としての点が強調されず、僧が日高川を渡り、古寺に逃げるというふうになり、道成寺の名が見えず、主人公の僧の名は賢学となっているのが、根津美術館本や酒井家旧蔵本の異本の道成寺縁起(?)絵巻であり、より御伽草子ふうの物語的な筋となっているのであり、「賢学草紙」、または「日高川草紙」と呼ぶべき方がふさわしい。『考古画譜』には

日高川双紙　一巻
画　広周　詞筆者未レ詳
〔補〕倭錦云、土佐広周、紀州道成寺縁起巻後云、右道成寺之絵一巻者、土佐弾正広周、真筆無レ疑候、仍加二愚毫一証焉而已、延宝五年仲夏上旬、土佐将監光起
…………(中略)
〔補〕同一巻
〔補〕図画一覧下巻云、日高川画詞一巻、画者不レ詳、精密の画なり、詞書、尊純親王、江戸浅草地内西村藐庵所蔵、天地七寸五分許の巻物なり、清水寺の賢学と云僧に、十六なる姫君見初め、終に蛇体となりて、賢学をとり殺す図なり、道成寺同物歟

……………（中略）

〔補〕同二巻

〔補〕交詢社蔵、書画筆者並に詳ならず

〔補〕上巻巻尾云、応永七年庚辰二月日、於二土生庄藤井村一書写

〔補〕下巻巻尾云、応永七年庚辰二月日、於二紀州名草郡日方村一書写畢

〔補〕（下略）

とあり、「日高川双紙」という項目を設けており、それ等の中にはこの酒井家旧蔵本、すなわち姫路酒井家蔵という一本以外に、応永七年（一四〇〇）の奥書ありと称するもの、西村藐庵所蔵本等を挙げているが、酒井家旧蔵本以外は現存しているかどうか不明である。しかし、管見に入った二種類の、この種の、女主人公が大蛇となり、日高川を渡るという絵巻の断簡の男主人公は皆賢学（絵巻では仮名書であるが、宛字をする）となっており、この種のものが多く流布していたことを推測させるのである。また、前述の根津美術館本の二巻本といわゆる奈良絵本といわれる横本の絵草紙の「ひたか川」と仮に題する藤井乙男博士旧蔵の天理図書館蔵の一冊本は、酒井家旧蔵本等が始めの方の筋を欠いている欠巻本であるに比して、より前半の詞章を残しており（もっとも根津本・天理本両者は始めの方の詞章は少し欠けている）、「賢学草紙」が「道成寺縁起」に比してより物語的な筋となっていたことがわかるのである。今最初の筋を主として根津美術館本によって述べてみると、

賢学は三井寺の僧であったが、或年の卯月の始め、京都の出雲路の結ぶの明神に通夜していたところ、夢うつつともない心地に衣冠正しい上臈達が十輌程の車を社に入れ、左右の座についたと見たところ、また上段より一人の上臈が出て、人の妻を定め、三井寺の賢学は、遠江の国の橋本の長者の娘と四百四歳契りて因果脱れがたく候はいか

にと仰せあると、残りの人達はいずれも因果にまかせて契をむすばせなさいと仰せられたと思うと、夢がさめた。賢学は驚いて、不思議の夢を見たものだ、今まで随分行《おこな》い澄ましたと思ったが、前世の因果逃がれがたく、身を徒らになすことは無念だ、しかし、そんな人はいるかと試みに、古い笈を肩にかけ、諸国一見の聖《ひじり》の真似をして、遠江の国橋本に下った。さて橋本に着いて宿をとって、長者の姫のことを聞くと、宿の亭主は長者殿は何事もとぼしきこともなかったが、ただ子の無いことを明け暮れかなしんでいたが、五六年先に花の様な姫君を設け、花姫御料《ごりょう》人《にん》といい、五歳であるという。賢学はあきれて、長者の邸に行きて、かの姫のことを窺うと、折しも乳母《めのと》の女房達が娘を愛する音がしたので、賢学はあの幼い者ゆえに仏の戒を破らんとすることの悲しさよ、この姫を一刀に刺し殺そうと秘し持っていた九寸五分の剣を抜き、人の言伝《ことづて》を申上げようと偽り近づき、乳母《めのと》の腕に抱かれていた幼い人を引き下し、胸の辺を二刀刺して逃げた。しかし、そのころ橋本にいた典薬頭《てんやくのかみ》という医師が姫を療じ、また天台山より僧達を請じ祈禱したので、傷も癒《い》え、姫は成長し美しい容貌の娘となった。母の長者はこれほど美しい娘を片田舎に置くのは山蔭の紅葉のようなものと十六の春の頃、都へ上せた。

酒井家旧蔵本はこの辺の、姫が美しく成長し、都に上る所から絵巻の絵が始まっているので、始めの方に何段かの、かなりの脱落があると見るべきであろう。ただし、以後を比べてみると、もちろん詞章と筋に根津美術館本と酒井家旧蔵本は小異がある。酒井家旧蔵本の絵巻は最初に長者の家に娘の姫君が美しく成長した様を描いており、その座敷に「しゅっあみ」という遁世者が邏斎《らさい》に参り、姫の美しさと将来を祝福し、「あら〳〵うつくしの姫君や」と讃美している。やがて父を恋しく思った(父は母の長者と契った後に都に上ったという筋でもあるべきであろうが、根津本にはそれが見えない)姫君は多くの従者の男女をつれて都に上る。その絵に見える従者の童の言う書き込み詞句には「あら〳〵うれしや京がちかくなりげな」など口語ふうな表現が多いのが注意される。前述の条以下の筋を述べると姫は十六になった時父の行方が恋しく都に上った。京に着いて、よるべを求め、住みついたが、三月の十日過ぎの頃、清水観音に参り、通夜していたところ、通夜の人に如何なる人か畳紙に

音なしの滝だにあるに音羽山流れ出でぬる袖とだも見よ

とあったが、捨て置きがたく、

かことにも何か頼まむ山水の浅くや音に立てんと思ひし

と返歌をしたが、この返歌を見て、男(実は賢学)は姫に夢中になった。

とあり、第三段目では清水寺の舞台を描き、舞台に琵琶法師や覆面をした芸能者らしいものの姿を描いているのが注意される。観音堂の中には、姫と賢学の仲のむつまじい様子を描く。なお二人の贈答歌は根津美術館本では

滝つせもにごる心のあるならばいまや頼まじ人の偽り

と書き贈った歌に

音羽山さも清かりし滝つせの今宵やにごる水となるらん

と詠じたとあり、文詞は異なっているのである(根津美術館本は以上が上巻となっている)。

さて夜があけると、童をつけて姫の行方を尋ねさせ、姫の侍女の松風という女房を仲立ちとして更に深い契をかわすこととなったが、その際に姫は十歳より内のことに、修行者が自分を害して逃げたと語るので、賢学も逃れがたい契と夢のことを語り、宿世の不思議さに驚いた。しかし、賢学はこの度、煩悩の絆を断たなくては何時の世にか出離の縁となろうと強いて悲しむ姫に別れをつげ、ひたすら思い切って熊野修行にと出発した。しかし、思い捨てた人の面影が袂にとり付いて離れないので、那智の滝本に至って滝に打たれるが、姫の面影が身から離れない。なお、根津美術館本では、二人が契をかわし、姫の傷を見出し、五歳の時のことを語るところで、結ぶの明神の本

地も千手観音、娘を見そめた清水観音も千手観音と因縁の不思議に驚くとあり、また煩悩《ぼんのう》に悩んで、清水の滝に打たれるが、女も滝のもとに来り悲しむという筋であり、その後、紀伊国に修行するという筋となっている。

さて一七日滝に打たれて宿願を果した賢学は紀の国日高川まで来たが、水かさが増しているので、舟に乗ったところ、後から女の声が聞こえて来、女は遂に蛇身となって川を渡り後を追う。やっと岸に辿りついた賢学はなおも「南無三宝〳〵かなしや〳〵」と叫び、古寺の鐘の中に隠れたが、蛇となった姫は鐘を巻いて、微塵に砕いて日高川の底に入ったので、このことが隠れなく世間に知られ、賢学の五人の弟子達が来って経を読み、供養し、念仏をした。

以上が「賢学草紙」の筋である。根津美術館本は、絵の中に書き入れた詞句がなく、絵と詞書が別々になっている形式の詞九段、絵九段から成る絵巻であり、また、酒井家旧蔵本は絵十二段から成り詞書と絵の中に書き入れられた詞句と区別しにくい点もあり、絵解式な表現になっているが、いずれも御伽草子ふうな筋となっており、道成寺本のような筋のものを京都での事件に趣向したのが「賢学草紙」の系統であったと言えよう。京都での恋愛事件というと室町時代には、必ずそこでおこるのがふさわしい妻観音といわれた清水寺の舞台をこの物語に持って来て、より筋を複雑にしたのであり、この種のものが絵巻として管見に入ったものは少なくとも他に二本の断簡があり、この「賢学草紙」系のものとしても、最後がやや大団円としては、面白くないので、賢学が回向《えこう》された後、七福神を出してめでたしめでたしで終らせている絵巻すらあるのである。天理図書館本の「ひたか川」は酒井家旧蔵本の絵巻を横本にしたような感じで、『西洞院時慶卿記』慶長十年(一六〇五)三月四日条に見える「紀伊国鐘巻ノ物語」とあるのも、恐らくこの賢学を主人公にしたような横本形式の絵草紙であったのではなかろうかと思うのである。

根津美術館本の絵巻で見ると、その詞章に賢学が遠江国の橋本の宿に下るところなどは、道行文の表現をとっており、リズミカルであり、また酒井家旧蔵本の如きは、賢学が清水で会った姫の後をつけ、松風という侍女に会う条の絵の中に書き流した詞句の如きは

なふ〳〵物申候はん

云々とあり、能の対話のような感じを受けるであろう。この絵巻の鑑賞者はこういう絵の中の口語的表現をむしろ声を出して読んでいただきたいと思うのである。それがお伽の物語絵巻の鑑賞法であり、「室町ごころ」がそういう中にこそ存しているのである。

結論として

以上、三つの絵物語を通じて、絵巻が絵草紙に変化して行く過程、流布する過程をざっと考察して見たのである。恐らくこういうふうに幾つかの異本が出てくる過程には「絵師」が、殊に町絵師的なものの存在が考えられるのである。御伽草子というと、渋川版の二十三篇の草紙を最も狭義的に言うのであるが、それが版本としても明らかに横本の絵草紙、いわゆる奈良絵本の形式を模していることを私は重視するのである。そして、こういう絵草紙は本屋で版本として売られた以前に、また版本が出た時代にも手書きの写本の絵巻や絵草紙として売られたらしい。そして、それは雛屋で売られたり、また扇屋でも絵草紙が売られたらしく、「酒呑童子絵巻」の五巻本には「城殿和泉椽藤原尊重　草子屋」という印が最後に押されているものがある（角川版『日本文学の歴史』第六巻三七一頁参照）。「城殿《きどの》和泉椽」は『京雀跡追』に「たたうかみや　長者丁たかつかさ丁きとのと云」と「た」の部に見えている畳紙屋であり、鷹司通の条に「〇下長者町〇たかつかさ町」とある次に

表具師有宗有といふき殿と云扇や有けれ共今はみえず　此東ニ○たとうかみ屋有　品々也　き殿と云

とあり、『京羽二重』にも畳紙師として、「下長者町新町西へ入、城殿和泉　右同町　藤原但馬　烏丸下立売上町　城殿出雲」とあるのであり、近世は畳紙師となっていたが、中世には城殿は最も有名な扇屋であったことは『庭訓往来』にも古くその名が見えているのである。『雍州府志』七、土産門には、城殿については、例えば「表挿嚢《ウハザシ》」の条に

……元出レ自二城殿所レ製之天児《アマカツ》一者也。城殿其家之称号而駒井氏也。相伝元三韓之投化人而始住二近江東坂本辺駒井一自レ兹終為レ氏斯人来二住京師一始製レ扇爾後製二雛并張子等之物一献二禁裏一代々有二受領之号一……

とあり、雛や張子をも作ったらしい。また水引についても「元城殿之所レ製為レ始」云々とあり、紙製品を売ったらしく、例えば『蜷川親元日記』文明十七年(一四八五)八月二十八日条には「薄様城殿調進」とあり、また『七十一番職人尽歌合』の畳紙師の条に「忘めやき殿に染むるたゝうかみしなやか成し人の手さはり」とも詠じている。さて扇屋にはまた、例えば小川《こかわ》の扇屋が有名であって、『沢巽阿弥覚書』によると、「上京小川扇屋」なる詞句も見えているのである。扇屋は洛中屏風の中で、古い町田本や上杉本にも見えているが、その中で、上杉本の上京の「水落地蔵」の近く、小川《こかわ》の上にかかった店の中に扇と雛が置いてあるのが見られる。小川《こかわ》は一条戻橋の附近で堀川に合していた小さい川で、二三年前までは埋め立てられずにあった川で、中世には上京を流れていた川であり、大名、管領《かんれい》や将軍の邸なども近くに多かった。実にこの川は御三軒町(そこには管領三家の一の細川氏の邸があった)の辺で上杉本屏風図などの通り、曲って流れ、中世のイメージをどこかに思わせて、つい先日まで流れていた。その町並みの近くには狩野のような絵師も住んでいた。扇屋の店先きには色々の紙製品、或いは絵巻や絵草紙も売られることはなかったであろうか。私は土管に埋め立てられたこの川筋に、中世の絵草紙の流布した問題、扇絵などにも関連した文学史的、美術史

的な問題にそぞろ歩きをしながら白日夢を描くことがある。今はこの方面の問題について暗示的に述べるだけで他日を期したい。しかし、十二類の絵は最後に雛屋立圃に描かれるようになったこと、そこに貫いている御伽草子絵の或る歴史があるのであるということだけは、結論として申しておきたい。

第四節　説話・物語上の西行について
――一つの解釈――

歌人としての西行はその生前の『千載集』成立の時代から建久元年（一一九〇）七十三歳で河内の弘川寺で没して十五年程後の『新古今集』の成立する元久年間までに、しっかりとその位置を文学史の上に確立してしまったと言えよう。すなわち後鳥羽院自らが撰ばれた『新古今集』には集中九十四首という歌人中の最高の歌数が収められ、また『後鳥羽院御口伝』には「西行はおもしろくして、しかも心もことに深くてあはれなる、ありがたくいできがたきかたも共にあひかねてみゆ。生得の歌人と覚ゆ」とまで高く評価されて来た。西行はかくしてその存在を大きく、はっきりとさせ、鎌倉時代末期に至るまで、現実の西行の姿とは遠い、物語上の西行譚を成長させて来たと思うのである。「西行物語絵巻」の西行もそういう、むしろ、物語・説話の上の西行が出て来ているように思うのである。私はそういう西行が出来た原因に何があったかを簡単に考えて見たい。

何よりも説話・物語上の西行で問題になるのはその発心由来譚である。例えば「西行物語絵巻」の西行は「これこそは煩悩のきつなをきるとおもひて、縁よりしもへけをとしたりけれは、なきかなしみけれとも、みゝにもきゝいれすして中に入ぬ」という有様で縁から娘を蹴落したというのである。そして「西行物語」で出家後都の知る人の所に行くと昔の物語をして「さてもさばかりいとほしがり給ひしことのあはれさよ。御出家ののち、其日のうちに御上も様をかへて、一二年は姫君と京におはしまし候しが、九条の民部卿の娘、冷泉殿と申す人、わが子にし参らせて侍りしかば、母高野に天野と申す所に行ひて、この十七年は人をだに通はさで侍りしが」云々とあり、西行の妻は高野山の麓天野に行ったとあり、また娘は西行に会って、高野の「山の麓に天野の別所といふ所に母のましませは、一つ所にて後世とり給ふべし」という父の教えに従い、「遂に母の許に尋ね行きて、一つ心に行ひける」ともある。この話は現在の「西行物語」が一部の断簡であるため見えないが恐らく絵巻には元来あったのであろう。同じような話は広本『撰集抄』にも巻九の十の「西行、妻の尼に逢ふ事」にも見えて、それによると長谷寺に一人の尼の念珠するのに逢ったが、年来偕老同穴の契浅からぬ女が姿を変えて尼になった姿で、「一人の娘をは母方の伯母なる人の許に預け置きて、高野の天野の別所に住み侍るなり」と語ったとあるのである。こういう話は『発心集』巻六の「西行女子出家事」にも見えて「此ムスメ尼ニ成テ。高野ノフモトニ天野ト云所ニサイダチテ。母カ尼ニナリテ居タル所ニ行テ。同ジ心ニ行ヒテナムアリケル」とあり、常に天野別所に行く話となっているのである。そしてこういう話の型は西行譚だけではないのである。例えば『源平盛衰記』の俊寛僧都の話に同じようなことが見えるのである。『源平盛衰記』より先に出来たと考えられる『平家物語』の巻三の部分に見える俊寛の話では有王が鬼界島で死んだ俊寛の骨を拾い、頸にかけて持って帰り、俊寛僧都の娘の所に行き、有りし様子を細々と語った。僧都の娘は伏転び声も惜しまず泣きぬれ、十二歳の年尼になり、奈良の法華寺に行い澄まして父母の後を弔ったが、有王は蓮華谷で法師になり、諸国七道を修行したとある。この俊寛―有王譚ともいうべき説話については柳田国男先生が考察され、『物語と語り物』の「有王と俊寛僧都」の中で、蓮華谷が高野聖の居た場所であることから、高野聖がこの譚の成立に参加しているらしいことを考察されているのである。それが延慶本『平家物語』や『源平盛衰記』によると娘は天野に行ったことになっていて、『盛衰記』巻十一「有王俊寛問答」の条には「姫君涙に咽て物も仰せられず、出家の志有りと仰せければ、有王丸兎角して高野の麓天野の別所と云ふ山寺へ具し奉り、其にて出家し給にけり」とあるように天野の別所に隠れるのである。同じようなことは『平家物語』巻十に見える横笛滝口の説話でもそうである。平重盛の嫡子維盛は八島の館を紛れ出で、与三兵衛重景、石童丸という童、武里という舎人をつれて、紀伊路におもむき、紀伊の湊から高野の御山に行き、斎藤滝口時頼というもと小松殿の侍の所に行く。この滝口が建礼門院の雑仕横笛という女を最愛しておったが、出家して嵯峨の往生院で行い澄まし、尋ねて来た横笛にも会わず、後には高野にこもり、清浄心院に居たというのであるが、横笛も『平家物語』の俊寛僧都の娘と同じく奈良の法華寺に行ったとあるのである。これが『源平盛衰記』巻四十の話では異説として「横笛尼天野に行きて入道が袈裟衣すゝぐともいへり」とも見えるのであり、横笛は剃髪して京都東山の双林寺より天野に行ったとあるのである。横笛滝口の話にしても、権中納言経房の日記、『吉記』の養和元年(一一八一)十一月二十日の条に「滝口藤原時頼、法輪寺に於て出家す。(年十八、帥典侍の乳母子なり)道心に依ると云云。当時滝口の遁世定めて其例なし」とあるだけなのである。それがこのように潤色されたのは恐らく何者か、語り部的な者がこの説話に参加したのであろうが、天野の名が次第にこの説話に現われてくることに意味を見たいのである。天野は高野山のふもとの地である。今はさびしく緑のこんもりとした森の中に朱塗の丹生都比売神社が地主神として人に忘られんばかりに存在している。すぐ近くには高野山の政所があって、女人高野として長い、長い歴史を持って来た所。そして、山上に男の高野聖の住所として幾つかの別所があったのに対し、この聖所は女の為に置かれた別所であったらしいのである。すなわち無住法師の『雑談集』巻下の「錫杖事」の条に「高野ノ天野ハ遁世門ノ比丘尼ナドスム所ナルガ故ニ」の記述があるのである。

既に筑土鈴寛氏が指摘されたように苅萱型の説話は、一度出家して高野山に入った聖を昔愛した人が尋ねて来るとつれない態度をするという型の話の類型であった。『発心集』巻七の「斎所権介成清の子高野に住む事」の話、巻一の「高野の南に筑紫上人出家登山の事」の話など皆それである。そして『宝物集』の巻四には「中比高野ニ侍リケル聖人ハ。母ノ麓ニ詣テ来テ見ント申シケレバ。女人ヲ見ジト云願ノアレバトテ。逢ザリナドコソ申置テ侍ルメレ」とあり、また前述の『発心集』の筑紫上人の話には「彼ムスメ恐テト、マリタリケレド。猶跡ヲ尋テ尼ニナリテ。彼山ノフモトニ住テ死ヌルマデ物打洗《スヽギ》タチヌヘノワサヲシテゾ孝養シケル」と山の麓に尼になったものを常に説くのである。これは恐らく苅萱聖のあの説話に比丘尼が参加したということになりはしないか。

西行の物語が鎌倉時代に流布したことは確かである、例えば無住法師の『沙石集』巻五には、

同国ニ、平五命婦ト云カムナギアリケリ。心ノスメルヲ師トシ、ミヅカラ和歌ヲ詠ジケリ。必シモ卅一字格ニカ、ワラズシテ、ミルコト、聞クコトニフレテ、思ヲノブ。西行ガ絵ヲミテ所ニ彼意ヲヨミケリ。心シテ出家ノ志切ナリケレバ、暇申サムトテ、鳥羽院ヘ参ル所ヲ見テ、

サモコソハアワレヲトコヤトミヘシニ夜ノマニカワル心ノイトウシヤ

老木ノ桜ヲナガメテ歌ヨミナムドシタル所ヲミテ、

桜花老木ハ花ハサカヌカトコソ思シニ老木モ花ハサキニケリ

寺ツ、キ花ノ心ヲシラムトテ花ヲ一フサツ、キダシタレ

絵ニ、寺ツ、キヲカキテ侍リケルニヤ。

西行庵室ニ京上ノタメノ粮断ヲヲケルヲ、夜ル鹿ノクヒタル所ヲミテ、

ウタテヤナ神ナラヌ身ハ京上ノ粮断ヲ鹿クヒケルヲシラヌ事弓ヲシハリ矢ウチハゲヒヤウト射バヤト思ヘド

モサラバ世ヲソムカデコソアラメ人目ハヅカシ思カヘシツ

実ニ志アワレナリ。万葉ノ歌ノ心地シ侍ルゾヤ。

とある。これによると無住法師の生きていた十三世紀から十四世紀初頭にかけて西行に関する物語絵があって、庶民

でもそのような絵巻を見る機会があったことは確かであろう。(「仁和寺絵目録」には「西行絵三巻上中下」とか「西行娘絵一巻」とか見えている。)『沙石集』の中には西行が松山の讃岐の院の廟所に詣でた話や慈鎮和尚に面会し和歌の大事を語った話、江口の遊女と問答した歌などを引いているが、

西行法師初発心の時の最愛のいとけなきむすめのとりつきたりしを縁よりけおとして、遁世して後、心づよくすてたりける由をよみしも、この心にこそ (流布本巻三)

とも書いている。西行のこの発心譚などは案外無住は絵巻などで得たのかも知れない。

又鎌倉時代の一種の女房日記として特色ある『とはずがたり』の巻一には、

九のとしにや、西行か修行のきといふゐをみしに、かた〳〵に、ふかき山をかきて、まへには河のなかれをかきて、花のちりかゝるに、ゐてなかむるとて

風吹は花のしら浪岩こえてわたりわつらふ山川の水

とよみたるを、かきたるをみしより、

云々とあり、作者が九歳の時、すなわち文永三年(一二六六)の年に「西行が修行の記」という絵巻を見たのであった。これも同じように十三世紀頃に西行の発心遁世修行の絵巻が流布されていた一つの証拠にはなる。

そして、この物語絵は或いは比丘尼、『世鏡抄』にいう草紙比丘尼のようなものの手を経て成立するということもあったのではないか。それが西行の説話・物語の中に天野の別所が出て来る所以なのではあるまいか。

これはむしろ中世説話流布の大きな文学史的立場から考察すべき問題であると私は思っているのであるが、説話・物語や高僧・寺院の縁起絵に、しばしば聖—勧進聖とか、高野聖とかいう者が関与していたらしいことと関係する問題であり、例えば永井義憲教授は大和の長谷寺に関した説話が多く、『長谷寺霊験記』のようなものの鎌倉時代に存

することは長谷寺が勧進聖に維持されて来たためと考えておられる（永井義憲氏著『日本仏教文学史研究』「勧進聖と説話集」）。長谷寺の如きは寺社領も少く、近世まで勧進聖がこの寺を維持して来たらしいことはかすかにも長谷寺関係の一部の人々に記憶されている。高野山の如きは小田原別所、東別所蓮華谷、新別所というように幾つかの別所を有し、そこに浮世をのがれた人々が多かった。そして下界に下ってかえって浮世、諸国を経めぐった結果、「高野聖に宿かすな、娘とられて恥をかく」というような諺が出来るほど悪党も居たものと見え、純粋の僧というより、半僧半俗、「半出家」（「三人法師」）の人々が多かった。こういう人々がしばしば浮世をすごす手段には色々な方法があったが、高野山には呉服物をたずさえた衣《きぬ》聖もあったことなどは中々興味のあることで、これとても仏に関係したもの、袈裟とか、仏像の前の垂れ布などをお守りとしてくばり、それが珍重されたこと、あたかも「信貴山縁起」に見える信濃聖の話で信濃聖の着した服の一部をふくたいと言って世の人が珍重したという如き状態であったろう。そして、弘法大師の絵詞の如きは「融通念仏絵」や「一遍上人縁起絵」と同じく異本が多く、また不思議なことには江戸時代以前に版本が出来て、辺鄙な津々浦々にかえってそれがしばしば発見される如きは、誰かこの絵をばらまいた人々があった筈である。絵を宣布の手段として使用するには色々な場合があって地獄極楽の絵を衆人に説き廻った比丘尼などは熊野山の例は有名である。また曼陀羅をこの戦争まで諸国に持って廻った例には地獄があることで有名な立山の衆徒の寺があった。別所と言われる所は常に浄土教と関係の深い所であった。そして、高野山だけでなく、四天王寺とか、比叡山、またその麓の大原とか、多くが存したが、比叡山の別所の如きは、横川、東塔、西塔の三塔が十六渓二別所と言われて、黒谷とか安楽谷が有名であった。しかし、『驍驢《けんろ》嘶余《せいよ》』という書には同（叡山）別所として「一神蔵寺（律衣）帝釈寺（律衣）黒谷（黒衣）法然上人開山也。霊山（恵心隠遁地也）安楽院（恵心僧都隠遁地也。両寺黒衣ハリ衣也）右五箇所　衆徒隠遁地也」とあるのは注意すべき記述である。法然上人と関係の深い黒谷別所の如きは「西塔の北谷黒谷といふ所に二十五三昧行ふ所」(『保元物語』巻中、為義降参の事)とあるように二十五有を観じ二十五三昧を行う所であった。そしてまた一例を挙げれば、来迎寺蔵の「十界図」十五幀の如きは「六道絵」と呼ぶことが正しいというのが最近の学説であるが、その古い軸木に能阿弥筆の「六道之絵像拾五幅叡山横川霊山院霊宝也」云々の墨書銘があることが判明してきている。恵心僧都の『往生要集』に基いたというこの「六道絵」は別所である横川霊山院にあったとしたら、この絵の絵解をした者は聖の問題と結びついてくるのかも知れぬ。或いは高野山にある有名な「二十五菩薩聖衆来迎図」の如きもやはり元来叡山の安楽谷にあったことは別所の問題と関係させてよいのかも知れぬ。『平家物語』は最後に華やかな灌頂巻に終るが、そこで建礼門院は一生涯を回顧して六道にたとえて居られるが、その辺の文詞は「六道講式」の影響を受けている如きは、『閑居友』の建礼門院の大原閑居の描写の条に院が地獄絵を持っておられたとあることと関係づけて考えるべきことかも知れぬ。

私はやや横道に走った物言いをしたが、西行の物語に見える天野の別所のことに注意を喚起したいのである。西行が遁世した原因は不明であるが、幾つかの「西行物語」は西行の遁世を劇的な話にしている。これはもちろん説話にちがいないのであって、歌人としてあまりにも人間的であり、また天性の詩人である西行のあのような誇張した話を産んだのは誰かと言われたようにむしろ、贔屓の引き倒しなのである。しかし、そうまでも西行の遁世譚がもてはやされたのは後世の遁世門の人々にとってティピカルなタイプとされたからであろう。中世には別所と言われる特別の地帯があって、そこに飛び込むと現世の人間と区別された半僧半俗の特別の生き方があったのである。芭蕉は西行上人僧讃として「すてはてゝ身はなきものとおもへども雪のふる日はさぶくこそあれ花のふる日はうかれこそすれ」と書いている。これは「世を捨つる人はまことに捨つるかは捨てぬ人こそ捨つるなりけれ」というような西行の初期の、しかも彼の遁世観を知るに重要な歌に見えるような境地に共感したためでもあろう。しかしまた『実隆公記』に「由良開山弟子五人住高野山……其内一人詠歌云捨ハテ、身ハナキ物トオモヘトモ雪ノフルヒハサムクコソアレ　詠此歌時由良開山許可云々　誠有興」(長享二年五月十四日)とあり、類歌が見えるのである。由良法燈国師の流れが時宗の聖として高野山にいたことから考え、またこの歌が捨聖一遍上人の歌とも伝えられていることから考えると、この歌が時宗系統の聖に伝えられていた歌であったろうが、芭蕉の頃は西行の作として伝えられて来たのであろう。一遍上人の時宗(時衆)は山水の間を漂浪、遊行することを生命とした遁世ひじりの宗旨であった。しかもまた芸能と関係が深く、殊に詩歌と結びつきが多かった。『山家集』を写したり、西行の住んだ双林寺の跡に庵を結んだという遁阿上人は疑いもなく時宗の出身であり、この頃、鎌倉末期から室町初期に輩出した連歌師には時宗出身の者が多かった。これは別に書いたこともあり、今多くは触れないが、終りに『醒睡笑』に次のような笑話があることを紹介し、聖、別所、時宗の問題の一つの鍵にしておこう。

天台、禅宗、時衆僧三人座を同じうし、いざ大なる歌ようであそばん。尤なり。然あらば、時衆は歌道に心がけの家なり。まづ詠み給へといはれ

　唐土より日本にひよつと躍りでて須弥の辺を遊行する人

又天台沙門

　須弥山に腰うちかけて大空を笠にきたれど耳も隠れず

禅宗

　押廻し虚空をぐつとのみこめど須弥の中骨喉にさはらず

天台の云ふ、汝が在所何処なれば虚空をばのむぞ。時に禅、たそ〳〵腹の中にて物いふは。

すなわち時衆は「歌道に心がけの家なり」と言われたのである。時衆は本来念仏聖と言われるものの代表的な宗旨

であったが、高野浄土教の起る前後高野山の東別所などに居たらしい、また大原の別所に居たらしい歌僧西行は後世の捨聖にとって種々の意味で模範であったのだろう。西行の物語絵巻なども単に歌や絵を鑑賞する手段のみの絵巻であったろうか、これは絵巻に対する根本的な見解の相違だが、今まで絵巻をあまりにも個人鑑賞的な、貴族趣味的な立場から見ているように思える。「西行物語」の絵巻とても無数の同種の絵巻が存したという立場から考えるべきではなかろうか。そういう意味において「信貴山縁起」などもう少しちがった立場から眺めないといけないのではなかろうか。

第五節　天狗説話展望

―「天狗草紙」の周辺―

一

天狗について、日本で古く名が見えるのは『日本書紀』舒明天皇九年(六三七)の条である。それには、

九年春二月丙辰朔戊寅、大星従レ東流レ西。便有レ音似レ雷、時人曰、流星之音、亦曰、地雷。於是、僧旻僧曰、非二流星一。是天狗也。其吠声似レ雷耳。

(九年の春二月丙辰《ひのえたつ》の朔戊寅《つちのえとら》に、大きなる星東より西に流る。便ち音有りて雷《いかづち》に似たり。時の人曰く、「流星《ながれぼし》の音なり」といふ。亦曰く、「地雷《つちのいかづち》なり」といふ。是に、僧旻僧《みんほふし》が曰く、「流星に非ず。是天狗《あまきつね》なり。其の吠《ほ》ゆる声雷《こゑいかづち》に似たるのみ」といふ)

とある。この天狗については、『日本書紀』を注する時に「地雷《つちのいかづち》なり」とあるのに『史記』二十七、天官書第五に、

天鼓有レ音、如レ雷非レ雷。音在レ地而下及レ地。其所レ往者兵発二其下一。

(天鼓音有り、雷の如くにして雷に非ず、音地に在りて下りて地に及ぶ。其の往く所の者兵其下に発す)

とあるのが引かれ、また『史記』には続いて、

天狗。状如二大奔星一。有レ声。其下止レ地類レ狗。所レ堕及二炎火一。望レ之如二火光一。炎炎衝レ天。其下圜如二数頃田処一。

上兌者則有㆓黄色㆒。千里破㆑軍殺㆑将。

(天狗は状大奔星の如し、声有り、其下りて地に止りて狗に類す、堕《お》つる所炎火に及ぶ、之を望めば、火光の如く、炎炎として天を衝く。其下圜きこと、数頃の田処の如し。上兌《するど》きは則ち黄色有り、千里に軍を破り将を殺す)

とあり、また『漢書』巻二十六、天文志第六にも同様な記述があるのが引かれている。『漢書評林』には「天狗状如㆓大流星㆒」とある注に「孟康曰、星有尾、旁有彗、下有如狗形者亦太白之精」と注されている。元来、音を出して流れる一種の彗星を意味したらしい。『後漢書』巻九、孝献帝紀第九の四年六月には、「六月辛丑、天狗西北行」とあり、注して「前漢書音義曰有声為天狗、無声為枉矢」ともある。一方、『山海経』の西海経には「陰山有㆑獣焉、其状如㆑狸而白首、名曰㆓天狗㆒其音如㆓榴榴㆒可㆓以禦㆒凶」とあり、天狗は一種の獣とされているのであるが、わが国上代文学には天狗は一向活躍せず、『日本霊異記』の如き古い説話文学にも天狗は見えない。

天狗の名は平安時代になって『宇津保物語』俊蔭の巻にその名が見えるのが始めてであろう。それには、

かく遥かなる山に　誰か物の言調べて遊びゐたらむ　天狗のわざにこそあらめ　なおはせそ

とある。北野行幸をした帝に供奉した藤原兼雅が北山の大杉のうつぼの中に住む仲忠の弾く琴の調べを聞き、兄の右大臣忠雅に語った時、忠雅が言った詞であり、天狗の業であろう、行くなというのである。続いて『源氏物語』の「夢の浮橋」の巻に、

ことの心おしはかり思う給ふるに　天狗こだまなどやうのものゝ　あざむき率て奉りたりけるにやとなむ承りし

とあるのが見られる。これは薫君が叡山に参詣の帰り途、横川の僧都を訪れた時浮舟を救ったことを語る僧都の言葉である。

『宇津保物語』と『源氏物語』の用例二つからは日本の天狗の実態はなお判然としない。天狗がややその形をはっきりさせてくるのは『今昔物語』なのである。

『今昔物語』の天狗譚は巻二十に集中している。すなわち、

一　天竺天狗聞海水音渡此朝語第一
二　震旦天狗智羅永寿渡此朝語第二
三　天狗現仏坐木末語第三
四　祭天狗僧参内裏現被追語第四
五　仁和寺成典僧正値尼天狗語第五
六　仏眼寺仁照阿闍梨房託天狗女来語第六
七　染殿后為天宮被嬈乱語第七
八　祭天狗法師擬男習此術語第九
九　竜王為天狗被取語第十一
一〇　伊吹山三修禅師得天宮迎語第十二

であり、種々の説話が見えるのが注意される。

第一の話は、天竺の天狗が天竺から震旦(中国)に渡る時に海の水に「諸行無常　是生滅法」の無常偈の音がしたので日本に来り、淀川から叡山に至り、「劣ナル」天童に会い、その原因が横川から出る厠の末流の水にあるのを知り、山の尊いことを思い知って、誓って山の僧となろうとして、兵部卿有明親王(九一二―九六一)の子と生まれ、浄土寺

の僧都明救となったという愉快な話である。

第二話の話も同じく、震旦の天狗智羅永寿が日本の修験の僧と力競べをしようと日本の天狗に申し、比叡山の大嶽《おおだけ》の石卒都婆、すなわち頂上まで道中に建てられていた石の千本卒都婆のもとで老いた法師に化けて待っている話である。待っていると余慶律師が手輿《たごし》に乗り、京都に下り、内の御修法に下りる時であったが、手輿の上に火焔が燃えているので、寄っては火に焼かれると思われ、こればかりは見過そうと隠れていたので、日本の天狗は嘲笑して、「此ノ度ダニ渡ラム人必ズ引キ留テ捩《レウ》ゼヨ」と言う。更に待っていると飯室の深禅（尋禅）権僧正が下ってきたが、手輿の先一町ばかりに童が杖をひっさげ、人を掃《はら》って行き、天狗の化けた老法師を追い立て打って行くので、輿の傍に寄るべくもない。捕えられて頭《かしら》破られぬ前《さき》にと思って逃げた。日本の天狗は、「尚此ノ度ダニ念ジテ渡ラム人ニ取リ懸リ給ヘ」と辱かしめる。暫くあって赤袈裟を着けた僧が前に人払いをして渡り、次に若き僧が三衣筥《さんえ》を持たせて渡る。次に輿に乗って渡り給う人を見ると、山の座主横川の慈恵大僧正であった。この法師に取りかかろうと思うと、「髪結ヒタル小《ちいさき》童部」が二、三十人ばかり座主の左右に立ちて護り渡っていたが、この小童らは楚《ずわえ》を捧げて「由無き者が窺う事があるのに、所々に散らして行こう」と言い、老法師に化けて隠れている天狗を怪しい者と見て、「確かに搦めよ」と言って走りかかった。日本の天狗は怖しいから頭を藪に隠していた。窺うと十人程の童子が老法師を石卒都婆の北に引出して、「打チ踏ミ捩ズル事无レ限《カギリ》シ」。童が問うと、天狗智羅永寿は震旦から渡った天狗であるが、初めの余慶律師は火界の呪を誦して通られ、輿の上に大きに燃ゆる火があり、焼けてしまうから逃げ、二度目の飯室《いいむろ》僧正尋禅は不動の真言を誦し、鉄杖を持った制多迦《せいたか》童子が添い渡ったので隠れた。今度の座主の御房は止観という文を心に案じて登られたから猛く恐しきこと限り無く、深くも隠れず、傍らに寄っていたのにかく搦められて悲しい目を見るのだと答えたので、童は重き罪がある者でないからと追い逃がしたが、童が皆一足ずつ腰を踏んだので、腰をひどく痛めた。座主が過ぎた後に日本の天狗が出てみると、唐の天狗は泣き言を言うので、「大国(中国)ノ天狗ニ在シケレバ小国ノ人ヲバ心ニ任《マカセ》テ捘ジ給ヒテムト思テ教ヘ申シツル也」と言い、北山の鵜《う》の原《はら》という所に中国の天狗を連れてゆき、腰をゆでさせ、癒やして震旦に帰した。その腰をゆでさせた時に、京に住んでいた或る下衆男が北山に木《き》伐《こり》に行って帰り、鵜の原の湯屋に煙がたっているので湯浴みをしようと寄って見ると、老いた法師二人が湯屋にいる。湯屋が大変臭くて気《け》怖しく思い、木伐の男は頭が痛くて湯を浴びずに帰った。後に天狗が人に扽《つ》いてこのことを語ったので、その日の事を思い出して語った、とある。

この話は天狗関係の絵巻である『是害坊絵』の原拠の説話である。この説話はまた『真言伝』巻五の目録に、「僧正慈忍付天狗渡日本事」とある条、すなわち慈忍(尋禅)に関する条にも同説話がある。天狗の名は明示しないが、『今昔物語』に依っているかと思われる。「唐ヨリ五百ノ天狗此ノ国ニ渡リ」、此の国の天狗に会い、余慶、尋禅、天台座主横川の大僧正を次々に凌じようとするが、かえってひどい目に会い、此の国の天狗は「房ニカキ井テ湯浴シテナン返シケレ」と、筋を簡略にして述べている。

第三の話は、延喜帝の代に五条の道祖神の傍の成らぬ柿の木に現じた仏を光大臣(?—九一三)なる人物がまじろがず見守り、仏が「忽ニ大キナル屎鵄ノ翼折レタルニ」成って木の上に落ちた話である。『宇治拾遺物語』にも同説話が見えるが、ここでも天狗の形がもう屎鵄《くそとび》の形に考えられていたことが判る。屎鵄はのすり、長元坊などと言われる鷹の一種であるという。

第四の話は、円融天皇の病気に東大寺の南の高山《かぐやま》にいて修行していた聖人が加持し、たちまち天皇の不例をなおしたが、五壇の法の御修法に前から来ていた寛朝、余慶僧正が清涼殿の内に狗《いぬ》の屎の香がするので心を励まし、加持すると、高山の聖人は帳の外に投げ伏せられ、年来高山に住んでいた天狗を祭っていたと白状した話である。

第五の話は、仁和寺にある成典僧正(?—一〇四四)が仁和寺の円堂という寺で行法を修していた時に、覗いた尼が三衣の筥を取り、高い槻の木に上ったのを追い、加持して木から落とし、取り返した話である。尼を尼天狗というとあり、尼天狗の名が見えるのが注意される。

第六の話は、七条辺の薄打ちの妻である女についた天狗に東山の仏眼寺の仁照阿闍梨が捩じられたが、不動尊を念じ念珠を砕かんばかりもむと女は正体を現わす。東山の大白河に罷り通う天狗で、女に抙《つ》いて謀ったのであるが、聖人の霊験で搦められ、翼を折ったのである。助け給えと言い、許されて去ったという話である。

第七の話は、染殿の后藤原明子の不例を祈った大和葛木の山の頂上の金剛山から来た聖人が加持し、染殿の后についた狐を除き病を止めたが、なお留まって、几帳の陰から后の単《ひとえきぬ》姿を見、愛欲の心をおこし捩じた。それを侍医の当麻《たいま》の鴨継《かもつぎ》が見て天皇に申し、聖人を獄屋にいましめたが、聖人は死して鬼となろうと誓った。許されて元の山に帰り、鬼になると、后の几帳に立ち后を犯し、侍医を呪い殺した。后は天皇の行幸の当日も「鬼ト臥サセ給テ、艶《エモイハ》ズ見苦キ事ヲゾ憚ル所モ无ク為サセ給テ」とある説話であり、『扶桑略記』元慶二年(八七八)九月条に引かれる「善家秘記」と関係がある。また『古事談』巻第三・僧行には、染殿后に天狗がついていたのをあえて降す者がなく、相応和尚が召しに応じ加持するが験がないので、房に帰って不動明王に祈ると、不動尊は昔不動の本誓の呪を持していた紀僧正真済が邪執を持ち、天狗道に落ちて皇后を悩ましているのだが、自分を信仰した信者は守るという不動の本誓のためかの天狗を護り、我が呪では護りがたい、大威徳の呪でもって加持すると縛ることが出来る、と告げたという説話がある。これは『拾遺往生伝』巻下にも見え、この話や『今昔物語』巻十「聖人犯后蒙国王咎成天狗語第三十四」の、震旦の国で深山に修行していた聖が后を犯し、事があらわれて流され、天狗になったという話などと関係する説話であろう。

第八番目の話は、外術をする下衆法師から習おうと、七日間精進した後、山寺に赴いた若い男が禁じられていた刀を懐に隠し持っていたのを山寺で法師に咎められたので、その老僧をさし殺そうとして失敗する。外術をした法師はその後二、三日して死んだが、天狗を祭っていたのであろうかとある説話であり、巻二十の十の説話も「天狗ヲ祭テ三宝ヲ欺クニコソ有メレ」とある説話であるが、前の話と共に純粋の天狗説話ではない。

第九番目は、讃岐国万能の池に住んでいた竜が池から出て小さい蛇になったのを鵄の形になった比良山の天狗につかまる。比良山の狭い洞穴につれられたが、叡山の或る房の僧が縁に出て小便をし、手を洗う為に水瓶を持っていたのを、竜の捕らえられている洞穴に連れてゆき、その水瓶の水により竜は洞穴を脱する。僧を負い、空に昇り、僧を元の坊につれてゆき、後に天狗を探し求め、京都で荒法師の形になっていたのを蹴殺す。「翼折レタル屎鵄ニテナム大路ニ被レ踏ケル」とあり、天狗は屎鵄になっていたとある。

第十の話は、伊吹山で弥陀の念仏をひたすら唱えていた三修禅師に空から声があり、来迎があるだろうと言う。翌日紫雲が立ち、西の空に蓮花に乗って去ったが、七、八日経てから奥山の谷の高杉の木末に結い付けられていたのを発見され助けられたが、二、三日してから聖人は死んだ。貴い上人でも智恵がないとかく天宮(天狗)にたばかられるのであると書く。

以上が巻二十に集中して見える天狗関係の説話である。この『今昔物語』が成立したのはいつか、それには諸説があるが、少くとも十二世紀の始めには天狗説話が形をなしてきたことは確かである。すなわち同様の説話は一例を挙げると、大江匡房(一〇四一―一一一一)の『続本朝往生伝』にも見えており、そこでは僧正遍昭に関する説話が天狗と結び付いている。すなわち貞観の頃、此の山すなわち叡山に住む天狗が小僧に化け、樹下で樵夫に会い大報があるから革袋を持ち明日夕方我を当時の執政の家につれてゆけと命じる。その如くすると飛鳶になり、革袋に入り右大臣の家に至り、寝殿で右大臣の胸を踏んだので右大臣はにわかに病んだ。それで、華山僧正遍昭が祈禱に乞われ承知の書をもたらしたが、総角《あげまき》の護法童子が一人使いについて来る。夜僧正が来ると護法の数は十余人に及ぶ。七日間の修法の二日目に修法の炉壇で焼かれ、炉灰と共に天狗は捨てられるが、蘇生する。六年が経ったが、天狗は僧正を嬈乱しようと花山に至り、三年間居たが遍昭の臨終の時まで遍昭を犯すことは出来なかったという説話である。ここにも鳶が出て来、天狗は常に仏法者を乱そうとする。

『今昔物語』と前後して成立したらしい『大鏡』巻一に三条院が目を病まれた物語に関し、「桓算供奉の御物のけにあらはれて申けるは、御くびにのりゐて、左右のはねをうちおほいまうしたるに、うちはぶき動かす折に、少し御覧ずるなりとこそ言ひ侍けれ」とあるのは、桓算供奉の霊が天狗として帝三条院についた意らしく左右の羽を打ち覆い申したとあり、鳶のような形を意味するらしい。三条院は御位を去ってから叡山の根本中堂に参られても験がなく、「山の天狗のし奉るとこそ様々にきこえ侍れ」とあり、叡山の天狗の仕業とあるのである。

なお『十訓抄』の巻一第一「可ㇾ定㆓心操振舞事㆒」に見えるのは、後冷泉院の時に天狗が荒れて世の中が騒がしかった頃に比叡山の西塔の僧が京都の東北院の切の大路で古鵄を竜が捕らえ殺そうとしたのを助けたが、鳶すなわち天狗は老法師に化けて僧に恩を報じ、釈迦霊山の説法の場を現じたとある説話である。これは後の謡曲「大会《だいえ》」の題材でもある。これは『今昔物語』巻十九の闕文で題のみある、「比叡山天狗報助僧恩語第三十四」であろうと指摘されている。『十訓抄』には後冷泉院の時とあるが、『栄花物語』巻三十六「根合せ」には上東門院が永承二年(一〇四七)白河殿に居られた記述があり、「白河殿には尽きせず昔を恋させ給つゝ行はせ給ておはします。天狗などむつかしき辺《わたり》にて、いみじう煩はせ給ふ」とある。また巻三十九・布引にも「白河殿とて宇治殿の年頃領ぜさせ給し所に、故女院もおはしましゝが、天狗ありなどいひし所を御堂建てさせ給ふ」と白河院が法勝寺を承暦元年(一〇七八)建てられたことが見える。「天狗、え造らせ給はじとねたがりいふと聞きしかど、かくて供養も過ぎぬめり」ともあり、『著聞集』巻十七「変化第二十七」でも久安四年(一一四八)の頃、法勝寺の塔の上に夜詠じた歌をあげ、「天狗などの詠侍けるにや」とある。法勝寺は天狗に縁のある所と古くされたらしい。

また、『とりかへばや物語』巻三に「昔の世々に然るべきたがひめありし報ひに天狗の、男は女となし、女を男のやうになし御心になげかせつるなり。其てんぐも劫尽きて、仏道のこゝらの年をへて、多くの御祈りどものしるしに、皆事直りて、男は男に、女は女に皆なりて、思ひの如、栄え給けんとするに、斯く思し惑ふも、いさゝか報いなりと見給ひて」とあるのは、平安末期の物語の記述なのである。

二

さて平安期の天狗を承けて、鎌倉期は天狗の大活躍の時期である。そして愛宕山が天狗の名所となってくる。金刀比羅本『保元物語』などでは巻下に「愛宕、高雄の大天狗などが人をたぶらかさむとするにこそ」との詞句が見える。愛宕山が天狗の居所とされたらしいことは藤原頼長の日記『台記』から判明する。『台記』には近衛帝が十七で久寿二年(一一五五)七月に崩御した後、巫の口に近衛帝が語って、先年人が朕を詛うために釘を愛宕山の天公像に打ったので朕の目が明らかでなく崩じたと告げ、法皇が人をしてくだんの像を見た所、釘が打ってあり、美福門院と関白忠通は忠実入道と左大臣頼長の企みと疑ったとの説を書き、予(頼長)は愛宕護山天公の飛行を知って、愛宕護山に天公の像のあるのを知らない、まして祈請したとはとんでもないという意のことを書いている(『台記』久寿二年八月二十七日条)。この「愛宕護山天公飛行」は愛宕山に天狗が飛行している意であろう。そして、慶政上人(一一八九―一二六八）が延応元年（一二三九）に記した『比良山古人霊託』は九条道家の祈禱に、比良山古人の霊が刑部権大輔家盛の妻に憑き、託宣があったことを述べた書であるが、「比良山大天狗託於廿一歳女人」と家盛の妻に比良大天狗がつき託宣した。また、「問、吉水前大僧正御房生何所乎」、「答、入此道御也、威勢多人也、人皆ヲヂアヘリ、此人〳〵皆住愛太護山御也」とあり、愛太護山に吉水前大僧正慈円等がおわしますと見え、愛太護山がすでに天狗の住む場所とされていたからこんな霊託があったのである。また「問、天狗形皃聖教不見、欲承之、如何」とあるのに対し、「答、細事軽不可露顕也、其長如十歳許人〈今謂聖教ニ鬼類多、其長三尺以今説実也〉頭并身如人其足似鳥有翅、尾短、鵄ハ我等乗物也、又只鵄許飛行ク力（事）モアリ」などと天狗についての問答がある。天狗にも妻子があるとか、鉄丸を日に三ケ度食うの実否についても質している。天狗道に如何なる意の人が来るか、という問いには、「憍慢心、執着心深者、来此道也……」と答えている。天狗は頭と身は人で足が鳥に似、翅があると、鎌倉期の天狗の形がもう出来上っている。

天狗に関しては鎌倉時代の文学になお記述は多い。その一つに応永本『平家物語』第二本二「法皇御灌頂事」に、三十番神の一なる住吉大明神が後白河法皇に夢現の中に仰せられたこととし、法皇が三井寺で灌頂を受けようとしたことを、比叡山の大衆が怒り止められたのは、日本の天魔が山の大衆に入れ代り、打ち留め参らせたからであるとし、天魔についての説明がある。「其形類ハ狗、身ハ人ニテ左右ノ手ニ羽生タリ。前後百歳ノ事ヲ悟《さとる》通力アリ。虚空ヲ飛事隼ノコトシ云々」とも、「アマサヘ念仏申者ヲ妨ケテ嘲リナムトスル者必ス死レハ天狗道ニ堕ト云ヘリ」とも、「八宗ノ智者ニテ天魔トナルカ故ニ是ヲハ天狗ト申ナリ」ともあり、尼天狗と法師天狗とがあることを述べている。また「サレバ法皇ノ御憍慢ノ御心忽ニ魔王ノ来ルヘキ縁トナラセ給テ六十余州ノ天狗共山門ノ大衆ニ入カワリテサシモ目出キ前加行ヲモ打サマシマヒラセテ候也」とも、また「其時法皇日本国中ニ天狗ニナリタル智者幾人許カ侍ヤ、大明神ノ宣ク、ヨキ法師ハ皆天狗ニナリ候アヒタ其数ヲ不申及、大智ノ僧ハ大天狗、小智ノ僧ハ小天狗、一向無智ノ僧ノ中ニモ随分ノ慢心アリ、ソレラハ皆畜生道ニ堕テ打ハラレ候、モロモロノ馬牛共是也。中比我朝ニ柿本木僧正ト申シ、高名ノ智者有験ノ聖侍キ、大憍慢ノ心ノ故ニ忽ニ日本第一ノ大天狗トナリテ候キ。此ヲアタコノ山ノ太郎房トハ申候也」とも書き、柿本紀僧正真済が天狗になったとも大憍慢の故に日本第一の大天狗となったとも書く。『源平盛衰記』巻八にも同様の記述があるが、応永本『平家』の系統の説話に依っているのであろう。「日本第一大天狗」という詞句は『吾妻鏡』文治元年(一一八五)十一月十五日条に見える。すなわち義経に頼朝の追討宣旨を宣下したことに関し後白河法皇が弁解の使者を鎌倉に下した際、後白河法皇こそが「日本第一大天狗」であると頼朝が言ったのは有名である。

鎌倉時代の文学では軍記物の『平治物語』や『平家物語』にも見えて、例えば流布本『平家』巻五、物怪之沙汰に、福原の御所で夜大木の倒るる音がして、二、三十人の声でどと笑ったりしたが、「是は如何様にも天狗の所為と云沙汰にて」とあり、天狗笑いとか天狗倒しと後世言われるような記述ももう見えてくる。また、鳥羽僧正の弟子真浄房が天狗道に陥った(『発心集』二)といろいろと説話も多い。

そういう天狗の所行は記録の上に慶政上人の頃かなりに多い。その一例が藤原定家の『明月記』の安貞元年(一二二七)七月十一日の記事で、

雑人等云　近日天狗狂乱殊甚、滅水鐘楼之下、以白布縛付法師一人、聞叫喚音求出、不言語飲食、両三日加持之後蘇生、本在伊勢国、去春入洛、経廻歴旬月、依無余糧、六月十二日下向本国、於途中勢州、本見知僧山伏体相逢、洛可伴来之由之間、相共更帰京、先出大内、又他僧来会、又相引入法成寺〈貴賤数輩列座〉依貴人之下知、以此僧衣帷令取酒、盃酌乱舞、又相引入法成寺、又相議入清水礼堂之由雖存之、狂心不知其実、座礼堂叫喚之由語之、

不覚悟縛、楼上事云々、参詣人等憐愍、令着衣裳下向伊勢云々〈其間事等崇徳院当時御于鎌倉竹中、僧都参隠岐島等云々〉座列乱舞之輩、或其額有角云々

とある。これによると元来伊勢の国の法師が去る春入洛し、食糧も無かったので、六月十二日に本国に下向する途中、本国の伊勢で見知った僧で山伏の姿をしたのに会い、洛中につれてゆくというので共に帰京し、大内裏辺に出たところ、また他の僧が来り、法成寺に共に入ったが、貴賤が多く列座した。その中の貴人の下知で僧に衣類や酒を取らせ、盃を酌み乱舞し、更に清水の礼堂に行こうといった。それまでは知っているが、本当のことははっきりせず、礼堂で縛られ、鐘楼の下に白布で縛り付けられたとある話で、定家は「近日天狗狂乱殊甚」と書いているが、この話は『太平記』巻二十七の雲景未来記の話、出羽の羽黒山の山伏雲景が都で一人の山伏に会い、愛宕山に行き、崇徳院以下の面々や愛宕山の太郎坊に会い、そして夢から覚めた心地がすると、大内の旧迹大庭の椋の木の本に朦々《もうもう》として立っていて、疑いもなく天狗道に行ったのであるという筋に似ている。そういう話の原型でもあるが、それよりも『古今著聞集』巻十七、変化第二十七の伊勢国書生庄の法師上洛の帰途天狗に逢う事の説話の原話であろう。『古今著聞集』では、伊勢国書生の庄の百姓であった法師が都に上り、役が終った後、同じ庄で知った山寺法師に会い同道し、国へ帰ろうとした所、法勝寺や法成寺などに来、七条高倉で腰にさした刀を代として酒を買わされ、また今比叡の辺で見知らぬ三人連れの山伏に会い、最後に清水寺で鐘楼にしばられた事となっており、『明月記』の記事と結び付く説話であろう。

さて一方、『明月記』の例に見られるように、天狗は山伏と関係があるようにも考えられてくる。例えば、『古今著聞集』巻十七「変化第二十七」には「東大寺の春舜房上醍醐にして天狗に浚はるる事」の条に、東大寺の聖人春舜房とあるのは俊乗房重源上人である。「もと上醍醐の人なり」とあるが、「柿衣袴きたる法師」が空をかけり、山の中に

連れて行った。「これ天狗の所為なり」とある。また「大原の唯蓮房法験に依りて天狗の難を遁るる事」の条にも、「いとおそろしげなる山伏なり。天狗にこそと思ふより恐しきこと限りなし」と天狗が山伏の姿で来た事を述べる。

天狗と山伏との関係については、既に前引の『明月記』建久七年(一一九六)六月二十三日の条に、

今日刑部語、昨暁侍雑仕開妻戸出之間、著柿法師走懸欲取付仍ノ逃入妻戸内ト思之間絶入了、所司見付今昇出、昨今猶度々絶入、是天狗所為歟。

とある。柿法師が走りかかり取り付かんとした怪異であり、「天狗所為歟」とするのは柿衣の法師すなわち山伏姿のものが現われた意であろう。

柿衣と天狗が結び付く説話として、『源平盛衰記』巻十二、教盛夢《ゆめみる》ニ忠正為義一の事の条にも、平中納言教盛が夢に、平馬助忠正や六条判官入道為義を大将軍とし、数百騎の勢で、或いは柿衣に不動袈裟を係《か》けたり、或いは鵄冑《とびかぶと》に鎧を付け、或いは首丁頭巾に腹巻を着、讃岐院すなわち崇徳院を輿にのせ、木幡山の峠に舁きすえ、都に入るべき評定をしているのを見たが、崇徳院の御貌は「足手の御爪長々と生ひ、御髪は空様に生ひて銀の針を立てたるが如し、御眼は鵄《とび》の目に似させ給へり、是も柿の衣をぞ召したりける云々」とある。崇徳院は怨霊として説話にもしばしば登場して来、殊に天狗道に堕ち天狗の首領とされたらしく、此処にも為義等が或いは柿衣や首丁頭巾をつけた山伏姿であることを示している。また鵄冑とか鵄の目という表現は天狗が鳶の形であることを示している。

そして『太平記』巻十には、新田義貞の挙兵に応じて越後の同族が応援に馳せついたことにつき、「去五日御使とて天狗山伏一人越後の国中を一日の間に触れ廻て候し間」と見え、天狗山伏が使者として来たと「天狗山伏」なる詞句も出てくる。

天狗説話は『著聞集』のほか『沙石集』にも「天狗ノ人ニ真言教ヘタル事」(巻七)の説話の如きが見えるが、「天狗

ト云事ハ、日本ニ申伝付タリ。聖教ニ慥ナル文証ナシ。先徳ノ釈ニ、魔鬼ト云ヘルゾ是ニヤト覚ヘ侍ル」とも、「大ニ分テハ、善天狗、悪天狗ト云テ二類アリ」とも見える。同じ無住の『聖財集』巻中にも「日本に天狗と云ふ事経論の中に見及ばず云々」とある。しかし、天狗は十分絵様として人々のイメージに形をなしてきた。鎌倉期に成立した『五常内義抄』には『宇治拾遺物語』の瘤取り説話が見えるが、これなどは天狗が夜出て来て田楽をしていたのを、瘤が顔に付いた法師が山中に古堂に留まる話となっており、『宇治拾遺』の鬼が天狗になっている。

「春日権現験記絵」第四巻には、

知足院殿東三条におはしましける頃、御夢のうちに或たうとき僧をめして密教をうけさせたまひけるに、そのかたはらにしらぬ法師二三人すゝみまいりてゐたり。なに物ぞと御覧ずるに、その僧のくちに鳥のはしつきたり。天狗にこそありけれと思食て、いかにこの東三条の中なとにかやうの物はまいるぞ。角振の明神はおはせぬかと仰られたりけれは、その御声につきて春日神主時盛まいりて候けり。これをみて天狗法師どもみなにげうせにける。つのふりはやぶさの明神は春日の御眷属にておはします也。

とある(この忠通が天狗を見たことは『愚葉記』(中内記)康治元年十月二十三日条に見え、隼明神のことも見えている)。東三条は藤原摂関家の公邸として有名であるが、忠通が居たこの邸には「東三条ノ戌亥《いぬい》ノ角ニ御《おわ》スル神」(『今昔』十九・三十三)とある角振、隼の二神が現われて天狗法師を追い払ったと「春日権現験記絵」にはあるのである。絵を見ると、広縁に鳥の嘴《くちばし》のある法師が三人見える如きは天狗の姿の最も古い絵様であろう。さてこの「春日権現験記絵」と前後して「天狗草紙」が成立してくる。

この「天狗草紙」は延応二年(一三〇九)成立の「春日権現験記絵」と同じ頃成立し、「永仁四年之天初冬十月之日なり」と永仁四年(一二九六)の詞句が詞書に見えることが注意されている。また、『看聞日記』永享三年(一四三一)四月十七日条の「自内裏七天狗絵七巻被下云々」とか『壒嚢鈔』巻十三の「天狗名目事」にも、「其モ八坂ノ寂仙上人遍融七天狗絵ト云事書タレバ定テ由緒侍覧」とあるのが考証の際資料として引かれる。

『壒嚢鈔』は室町期に成立したであろうから、寂仙上人と「天狗草紙」を結びつけられるかどうか。しかし、『渓嵐拾葉集』には最初の「渓嵐拾葉集縁起」の条に、「因師物語云徳治ノ比霊山院ノ寂仙上人関東ニ下向事有云々」とあるが、霊山院は東山の霊山にあった寺で、「八坂ノ寂仙上人」と『壒嚢鈔』にある八坂と同一の地であろう。徳治(一三〇六—〇八)の頃の人としたら「天狗草紙」と結び付け考えることが出来よう。

内容として見ると比叡山延暦寺と園城寺の鎌倉時代における深刻な対立がこの絵巻を成立せしめた一つの軸となっているのではなかろうか。殊に正元二年(一二六〇)正月に園城寺に三摩耶戒壇宣下があったことは山門をいたく憤慨させたのであるが、「天狗草紙」園城寺巻の絵中書き入れ詞句に「今相当賢王聖王之御代忝厳重之綸旨而依山門非拠之濫妨可被召返官符之由」とあるのは、山徒の抗議により正元二年正月十九日に、官宣旨を召し返した事件を意味し、それ以後の深刻な対立は遂に元応元年(一三一九)四月二十五日に三井寺が山徒により焼き打ちされる事件とまでなっている。

南北朝時代に出来た『秋夜長物語』もこの対立をからませて古い時代の児物語風に構想したものであろう。この正元二年の年には『正元二年落書』にも「園城寺ニ戒壇アリ　山訴訟ニ道理アリ　寺法師ニ方人アリ」とあるのは正元二年の戒壇問題を諷したものであろうが、「天狗草紙」もこういう時代の深刻な対立を頭に置いて考えてみると興味が深い。中村家蔵の「天狗草紙」伝三井寺巻には一遍上人や自然居士の記述があり、また根津美術館本伝三井寺巻の絵中の書き入れ詞句の蓮華王院塔に火焔が焼け付いたという記述は、『五代帝王物語』に「建長元年三月廿三日大焼亡有て京中半に過て焼たり。北は押小路、南は八条、西は洞院、東は河原に至り、結句は河原を吹こして火焔飛来て蓮華王院の塔に付て、やがて御堂に移る云々」と見える建長元年（一二四九）の大火災を指しているかと思われるなど、鎌倉末十三世紀の事件が見られるのが注目される。

三

さて十四世紀になり、この「天狗草紙」の後に成立した『太平記』はそういう天狗文学の集大成というべきもので、非常に天狗が活躍する。

『太平記』ではまず第一に巻五「相模入道弄㆓田楽㆒并闘犬事」がある。高時が田楽に夢中になっていたが、或る夜の宴会に酔いの余り舞っていると、新座と本座の田楽が忽然として来り舞い歌った。或る官女が障子の隙より見たところ一人も人でなく、「或は嘴勾《かゞまつ》て鵄の如くなるもあり。或は身に翅在て其形山伏の如くなるもあり。異類異形の媚物《ばけもの》共が姿を人に変じたるにてぞ有ける」というありさまである。高時の舅の城入道安達時顕が遊宴の座席を見たところ、「誠に天狗の集まりけるよと覚て踏汚したる畳の上に禽獣の足跡多し」とある。高時が田楽や犬をもてはやしたのは史的事実らしいが、この天狗が現われたというのは『太平記』の作者の虚構であろうと思われる。

更に巻二十五では、「宮方怨霊会㆓六本杉㆒事付医師評定事」の条がある。仁和寺の六本杉の木蔭で往来の禅僧が夕立の晴れるのを待っていたが、その間に日が暮れ、本堂の縁に居たところ、愛宕山や比叡山から四方輿に乗った者が来り、六本杉の梢に並んで居た。香の衣に袈裟をかけ、眼が月日の如く光り、嘴《くちばし》長く鳶の如くなる者は峯の僧正春雅（俊雅）であり、南都の智教上人や忠円僧正が左右に座っていた。『太平記』では最初に北条氏打倒を後醍醐天皇が企てた時関係した僧に智教や仲円の名が見られるが、ここではその人々が嘴が長く左右の脇に長翅が生えていたとする。僧は見守っていると、また兵部卿親王護良親王が五緒の車に乗って来り、先に座して待っていた天狗と共に酒盛りをしていたが、暫くして悶絶躃地すること半時ばかりで焼燋れ死んだ。二時ばかりして生き返ると、峯僧正春雅や忠円僧正がどうして世間に騒動をおこすべきかと相談し、大塔宮を直義の内室の腹に男子と生まれさせ、峯僧正を妙吉侍者の心に入れ替えさせ、智教上人は上杉伊豆守重能や畠山大蔵少輔の心に入れ、忠円は武蔵守高師直越後守師泰兄弟の心に入れ替え、上杉・畠山と高兄弟とを争わせ、直義兄弟の仲が悪しくなるようにし、天下に大乱が起るように計らうべしと計っていたが、その通りに直義の北の方が男子を出産したと、『太平記』の筋立におこる事件の未来記的な予言を天狗にさせている。

「仁和寺の六本杉古跡は妙心寺北の門前少ひかしの方是也」と『京羽二重』巻二にあるが、『満済准后日記』永享二年(一四三〇)九月十六日条に、去る八月十八日の大風には、「仁和寺本寺金堂上過半吹破」云々とあり、「六本杉等名木ヲ除テ其外ハ用木ニナサレ」とある。確かに仁和寺の近くの名木であったらしいが、『太平記』はその梢に天狗が集まったこととしている。

更に巻二十七「田楽事付長講見物事」にも比叡山西塔釈迦堂の長講が山を下った途中で山伏に会い、貞和五年(一三四九)六月十一日の四条河原の橋勧進の田楽にさそわれ、四条河原の桟敷で将軍などと共に見物した所、その山伏が桟敷の柱を推し倒し、桟敷がつぶれ天狗倒しにあったと、田楽桟敷の崩れた事件を山伏に変じた天狗の仕業だとしている。更に流布本では「雲景未来記事」にも、出羽国羽黒山から出て来た雲景なる山伏が、天竜寺に行く途中、大内裏跡の官の庁で一人の老山伏に会い、愛宕山にさそわれて山上に至ると、本堂の後の座主の坊と思われる所に金の鵄が翅を刷って着座していたが、それが崇徳院であったとある。その傍には、源為朝や淡路の廃帝(淳仁天皇)や後鳥羽院、後醍醐院、玄昉、真済、寛朝、慈徳、頼豪、仁海、尊雲(大塔宮)が座し、天下を乱すべき評定をし、時世につき評論をし、下剋上の世になったことなどを雲景に述べたが、俄かに猛火が燃え来り、座中の客が七顚八倒すると思われたが、門外に走り出ると思うと、大内の旧迹大庭の椋《むく》の木の本に朦々《もうもう》とした気持でいたので、天狗道に堕したとわかった。末代の物語に雲景は朝廷に委細を書き述べ進奏したとある。

『太平記』では以下にいわゆる観応の擾乱の記述をするが、高師直兄弟が殺された後将軍兄弟が和睦したことを巻三十で記述し、「将軍御兄弟和睦事付天狗勢汰事」では、尊氏兄弟が和睦した京都に入ったことを述べる。尊氏、師直方に味方していた大名と直義方に付いていた大名達は互いに疑心を挟み、石堂、上杉、桃井等の直義方の大名は尊氏方の大名を倒そうと計り、仁木、細川、土岐、佐々木等は直義方で権力を振っている者を亡ぼそうと企む。夜に入るといかなる天狗の仕業であろうか、鹿谷《ししのたに》、北白川、阿弥陀峯等で兵が勢揃えをすることがたびたびで、ついに仁木頼章は病と称して有馬の湯に下り、また細川頼春、佐々木道誉、赤松貞範、土岐頼康等は皆自分の国へ下ってしまったと述べ、直義の滅亡に至る伏線としている。

『太平記』では天狗が常に筋の進展と関係あるように構想されており、天狗の全盛時代が南北朝であることを語っている。そのことを象徴している事柄として次のような興味ある記述が『園太暦』に見られることを今指摘しておこう。

今日青侍康成男語曰、此間下渡天狗横行、宿所冷泉室町辺辺小童被取之、又以飛礫打所々武家権勢道誉法師宅打之、以外事云々、（延文四年八月十七日条）

今日聞梅津辺天狗打所々之上、僧庵一所殊有此災、不能堪忍懐、渡彼庵於他所、不可思儀歟、（同八月十八日条）

去比河東天狗横行、以飛礫打所々、就中十楽院辺殊有此事、尊宣入道宅在彼坊上辺、称彼所為山門鬱憤、可破却尊宣屋之旨結構、尊宣法師又致用意以外云々、天魔得境之条、尤可謂其時歟、（同八月廿二日条）

……其次去月三日月不出事、此間天狗充満事尋之、泰尚法師就問申云、去月三日月不見事実也、但強不変云々、又天狗充満世間事、或又愛護山大木為天竜寺料材、被切取之、因玆寺家番匠病臥、剰天狗横行之由風聞云々、

(同九月二日条)

ここには当時武家権勢の佐々木道誉法師の宅に天狗が飛礫《つぶて》を打ったとか、下渡、すなわち下京辺に天狗が横行するとか、また天狗がしきりに十楽院辺など所々で飛礫を打ったとか、愛宕山の大木を天竜寺の用材としたため、寺の番匠が病臥し、天狗が横行したとか、が述べられている。いわゆる飛礫を打つ者は「向飛礫《むかいつぶて》之凶徒」(『明月記』嘉禄元年六月十五日)と古く言われている。印地者などと室町期には言われる、民間にいた一種のあぶれ者が市中にいたのであろうが、それらの徒党は六月十四日の祇園会には南北朝に白川鉾として祭礼に加わった。『秋夜長物語』でも「我等が面白きと思ふ事には、焼亡、辻風、小喧嘩、論の相撲に事出し、白川鉾の空印地」と、空印地、すなわちわけもなく飛礫を飛ばし祭礼に喧嘩をおこさせるのを天狗が為す面白い仕業の一つにあげている。その印地をバサラ大名の佐々木道誉の家にすら天狗は飛ばしているのである。実際は民間の民衆の抵抗がそこにあったのであろうが、それが天狗の仕業とされたのが南北朝時代であった。

天狗は、例えば「秋夜長物語」にも見える。「秋夜長物語」は花園左大臣の息梅若が叡山東塔の僧桂海を慕って行く途中、山伏に化けた天狗に誘拐され吉野大峯の釈迦谷の石牢に閉じこめられ、児の失踪に園城寺の騒動となり、延暦寺と園城寺とが衝突し、園城寺が全焼するという筋であり、永和三年(一三七七)奥書の写本が存している。『太平記』と詞句の上などに共通するものがあり注意すべき作品であるが、その中に竜が天狗にさらわれた記述があるのは『今昔物語』巻二十の第十一と関係があろう。

「秋夜長物語」以外に天狗が関係する文学としては、「児今参り《ちごいままい》」がある。この筋は内大臣で左大将をかねられた人の姫君があり、東宮から乞われるほどの美しさであったが病になったので山の座主に加持を請う。姫君は心地が直ったが、座主の供をしてきた児《ちご》が庭の桜を眺める姫君をかいま見て恋い、山へ帰らず乳母の家に滞在する。児の心の堪え難い様を見て乳母はその原因を知り、児を女装させて自分の養い君と偽り、女房として姫君に仕えさせる。遂に姫が東宮に奉仕するのが近づいた頃、添い伏しの女装の児は契を結び姫は懐妊する。一方比叡山からは、片時も児を離さない座主が児の帰るのを促したので、心ならず山に帰ったが悶々として過した。或る朝紅葉の色の美しいのを手折ろうとしていると突然、天狗の化身である恐ろしい山伏が現われ、「秋夜長物語」の筋と同じく、児を脇に摑み立ち去り行方不明となったので、山は大騒ぎとなり、天狗の仕業と世間の評判になるのもあさましく、祈禱をするが効果もない。京都へも評判が伝わり、姫は児の行方不明を悲しみ、人々が寝ている時に家を出、山路をたどり歩き、遂に日暮に或る柴の庵にたどり着き泊めてもらう。丈《たけ》は軒と等しく、嘴がある尼が出て来る。尼天狗の庵である。尼天狗は姫をもてなすが、庵の炭櫃《すびつ》すなわち囲炉裏には何か肉団《ししむら》をならべて焼いており鬼の家に来たかと思う。尼は神通力を得ており、「おぼす人只今これへおはすべし」と言う。尼の子が来るが恐ろしく物の哀れを知らぬ者であるからと、姫を大きな厨子の中に隠すが、夜になると山伏姿の天狗が多く来る。小脇に人をかかえているのがおり、それを取り出したが、それがかの児であり、多くの恐ろしいものが並んで酒を飲んでいた。尼天狗は児を預り、もし児を失うならば母の尼を失う由を言い、各々の天狗は帰る。尼天狗は二人を再会させ自分は死を覚悟し自分の子供が我が命を奪うだろうから後をよく弔ってくれと言い、空を翔って児と姫君を宇治の乳母の家の縁端に送り届ける。一方、姫君の父殿は姫の行方不明を嘆いて祈禱などするが、姫君は若君を安産する。児は山の僧正に帰って来たことを告げ、僧正は大臣殿の姫君と察し、大臣殿に申し送り、児は藤原氏の出身で二人は結婚しめでたく繁栄する。

『西洞院時慶卿記』には慶長十年(一六〇五)三月四日条に、「児今参ノ双紙」の名が見えるが、色彩の絵巻二巻其他が現存する。室町期の御伽草子であり、尼天狗をはじめ天狗の絵の中の姿など特異であり、注意すべき作品であることを今指摘しておこう。

天狗は室町時代文学作品の中になお多く見え、例えば謡曲の天狗物に「大会《だいえ》」とか「車僧」「善界」「鞍馬天狗」のような作品があり、また「松山天狗」のような崇徳院と天狗が関係した謡曲もある。「花月」では、筑紫の彦山の麓に住む僧が行方不明の一子を諸国に尋ね、京都清水寺で児の花月に再会するが、花月は「われ七つの年彦山に登り候ひしが、天狗にとられてかやうに諸国を廻り候」といっており、児を天狗がさらうという詞句が見られる。伊勢の国の山寺の児を山伏が筑紫の安楽寺にさらった天狗説話が略本系『沙石集』巻八に見え、「秋夜長物語」や「児今参り」でも天狗が児をさらう事があるのは注意してよい。

しかし文学作品ではなく日記記録を見ると、室町時代には天狗は鎌倉期ほど活躍していないといえよう。今、『看聞日記』に見えるいくつかの中から次のような記事をあげておこう。

又聞九日大塔上ニ喝食二三人女房等徘徊、入夜蠟燭二卅廷ハカリトホシテ見ヘケリ、不経幾程炎上云々、天狗所行歟云々、(応永二十三年正月九日条)

天狗洛中荒云々、先日中京辺在家四五間菖蒲を逆ニ葺云々、天狗所為歟、(応永二十七年六月二十七日条)

前のは北山の七重大塔が雷火のために炎上した記事であり、炎上の前に大塔の上に不思議な現象が見えたのを「天狗所行歟」と書いた。また天狗が中京の民家に菖蒲を逆に葺いたなどとあるが、応永・永享の頃には民衆の心に天狗はなお生きていたのだろう。

室町期になると天狗を扱った御伽草子系の作品には、幸若舞曲の「未来記」がある。『平治物語』の流布本系に鞍馬にあずけられた牛若が夜毎に脱け出して「僧正が谷にて天狗と夜々兵法をまなぶと云々」とある記述から発展して、牛若丸が毎夜父母孝養のため兵法を習う熱心さに感じ、愛宕山の太郎坊や比良の山の次郎坊等主なる天狗が七、八人山伏姿になり、牛若を山の奥の建物、いわゆる天狗道の世界に案内してもてなし、源平の合戦の未来を語り「この牛若殿元服して九郎義経と名乗るべし」と知らせ、天狗の法と鉄《くろがね》の玉を許し姿を消す。気がつくと牛若は僧正が崖の杉の枝にあったという筋で、『太平記』の雲景未来記などと同じ趣向であり、『義経記』などには見えない鞍馬で天狗から兵法を許されるという筋になる。謡曲の「鞍馬天狗」もこれ等を受けて、鞍馬山の大天狗に兵法を授かるという筋であり、その供に彦山の豊前坊とか大山の伯耆坊、大峯の前鬼が一党など修験道との結び付きを示唆する名も見える。

こういう鞍馬天狗説話の発展したものに御伽草子の「天狗の内裏」がある。判官殿は七歳の年から鞍馬寺で学問をして、十三歳の或る日雨中の徒然に庭の花を見、感じる所があり、十五歳で門出して父の敵を討たんと決心するが、この山に天狗の内裏を見て置こうと思い、毘沙門に祈ると、示現により天狗の内裏へ至る。大天狗は牛若殿と悟り、款待するという説話である。大天狗は地獄や浄土を見せ、大日如来は大天狗の懇願により父義朝を現じさせ、父は平家を亡ぼすことや牛若の未来を語るのであり、言わば義経伝説の集成で、室町期の或いはかなり時代を下るものかも知れぬが、天狗に関しては愛宕山の太郎房、比良の山の次郎坊、高野山の三郎坊、那智のお山の四郎坊、神倉の豊前坊等の名が大天狗の輩下として見えるのが注意される。

さて、天狗説話の絵巻としては「是害坊絵」がある。これについては梅津次郎博士のすぐれた考証があるのでそれに譲らなければならないが、住友家本一巻の如きは曼殊院本の様式をおそい、絵の中の天狗は鳶天狗であるが、それがホノルル美術館やパリ図書館の「是害坊」の如きになると明らかに鼻高の天狗となってきており、恐らく伎楽面の迦楼羅からの影響もあろうが、筋は簡略され、一巻本となっている。言わば是害房説話のダイジェスト版で、御伽草子的な絵巻が屡々こういう筋の簡略化を試みているのであって、卑俗な御伽草子の世界と化してしまっている。

『看聞日記』の嘉吉三年(一四四三)四月二十三日条に、「室町殿絵一合入見参天狗鬼類絵。是害房絵。蝦蟇絵上下。狂言絵等五巻。」とある「是害房絵」はどんな形態の絵であったか。『建内記』嘉吉元年四月二十八日の条には、

中山宰相中将送使云、何にても絵可進覧、雖狂絵可進之由被仰所〻之由也、仍是害房絵、不顧比興左道之物付使送之、如料紙不可説也、進上事可相計哉之示了

とある。これによると主上、すなわち後花園天皇が絵を見ることを望まれ、たとえ「狂絵」でも進ずべき由を使に仰せられたので、「是害坊絵」を使に付け送ったとあるのであるが、『建内記』では万里小路時房は「比興左道」と書くのは面白く、滑稽であり、普通の絵巻とはいささか変っているという意なのであろう。嘉吉三年に『看聞日記』に見えるのはその前に室町殿御絵を返進した記事もあり、室町殿へ御目にかけたというのは恐らく同じものであったろうか。謡曲「善界」の如きもその大唐の天狗は善界であり、また日本の天狗が日羅坊となっているテキストもあり(車屋本)、恐らく御伽草子的な絵巻の流布の間に謡曲が出来たものであろう。そして、文禄四年(一五九五)七月十二日豊臣氏の奉行石田三郎増田長盛が諸大名等と共に秀吉や秀頼に忠誠を誓った起請文には、父天狗、母天狗、太郎房や善害房、次郎房や智羅天狗までが大小神祇の神々と共に、その名が見られたりする。

しかし、『吾妻鑑』等の日記を見ても天狗下食(寛喜二年十二月九日)など天狗が天下って食を求める記事など天狗が荒れるのは鎌倉時代であったと言えよう。近世期『風俗文選』所収の「天狗ノ弁」は「世の人我慢長ずれば、鼻にあらはれ、天狗となりて杉の木すゑに居を卜《しめ》、愛宕高雄の山住を好み、都の秋のなつかしとや、うき世の嵯峨のあたり近き、嵐の山の夜あらしに、木の葉天狗ぞさそはるゝ。又大峯かつらぎや、高間の山の花ざかり、富士の高根にねふりては、月雪のふる里をわすれたる、浮世のさまぞあはれなる。されど名歌などよむべき顔にもあらず、かの里も出

がはりやありけむ、虚気《うつけ》たる男をたぶらかし、嫁取もせぬ宿に、礫《つぶて》を打かけ、火事《ひごと》をすかれたるこそうるさけれ。かゝる境界にも何の奢かありて、無尽の沙汰には及び、天狗頼母子と人にはいはれ、弦《つる》めその一座につらなり、六波羅の酒盛には、酔狂ひの挙句もいぶかし。うるさき顔にても、花の都人を恋そめ、牛若殿に浮名を流し、心中のしるしにや、爪をはなし、果は竹生島に送られて、たから物の数には入ぬ云々」と天狗礫や天狗火の事が見え、或いは「花の都人を恋そめ云々」とあり、染殿の后を犯し、児の牛若丸に兵法を教えるというような天狗殿の姿は、そこに固定化された説話の型が出来てきていたといえよう。そして、そういう固定化は室町時代に始まっている。室町時代の庶民の生活を写している狂言には、山伏があれほど活躍しているのに天狗はほとんど姿を見せない。わずかに「天狗の嫁取り」が鷺流にあり、また「婿入天狗」が大蔵流番外にあるにはあるが、これも鞍馬の木葉天狗が活躍するだけで、鎌倉期の人々を畏怖させた性格は見られず、いずれも「花嫁御前の御好みには喧嘩に口論頭の張合、組んず転んずする時は心も清く面白けれと夫婦の者は舞い遊び〳〵」(「婿入天狗」)とあるような、吹けば飛ぶような、やっと溝が飛べる「みぞこへ天狗」であり、まことに愉快な室町ごころの天狗となり了せているといえよう。

第四章　連歌と連歌師

第一節　遁世者

——時宗と連歌師——

古き浮世絵を見れば野郎あたまの武士が盆踊の群に交り居候　空也の徒には鬢白く皺だみたる老人の奔跳する者も有之候　過ぎての後は夢の様に候はんも　其折に際しては渇仰の情極めて強烈にして他意左右を顧みるの暇なかりしなるべく

（「石神問答」）

室町時代に遁世者といわれる一群の人々が目立って来ている。「遁世者」という詞は鎌倉末期から見えて来るようである。例えば真宗覚如の『改邪鈔』に「当世都鄙に流布して遁世者と号するは多分一遍坊他阿弥陀仏の門人をいふ歟」との記述があるのが注目される。一遍坊・他阿上人の始めた時宗は鎌倉末期から勃興して市井で貴賤と共に盛んに踊躍念仏をしたのであり、いずれの系統の「一遍絵巻」にも皆、『改邪鈔』にいう「裳無衣」「黒袈裟」の特長ある姿の坊様が智真聖を中心に必ず輪を描いて歓喜踊躍している姿が描かれる。事実、孤山隠士の『愚闇記』にも、南北朝時代躍念仏の影響を受けた地方の一真宗道場には盛んに踊念仏の行われたことを記述して、中には「綾羅錦繍之類《ヲ》身粧面《ニ》粉塗眉青歯《ヲ》黒頭《ニ》長髪懸衣焼物薫偏傾城姿也」と書かれたような女も立ち交って躍っていたとある。時宗の教団はいったいに極めて俗世間的な傾向があったらしいことは仏教史家も述べている。『元亨釈書』に窺われる如く、浄土宗系の説経者流は巫娼の間にも立ち交るような状態であり、時宗などもそういう傾向が一部あったと言えば言われるのかも知れぬ。時宗すなわち遁世者とは始めから断定出来ないにしても、ともかく遁世者は鎌倉末期に都鄙に横行して、覚如からは時宗の人々を指すものかと悪口された。今私は特に遁世者という詞に注意して、それが室町時代の文化史の立場から特別の意義を持っていたことを多少考えて見たく、そのために室町時代の連歌師の出自について自らと触れざるを得ない。遁世と言えば、峻厳なる無住はこの頃の遁世は貪世と言った方がよかろうと『沙石集』に言っていることなどは、この老師が単なる仏教界の世間化して行く堕落をいきどおった言葉なのであり、かつ無住のいう遁世聖や遁世者もあの頃に多かったらしい念仏宗の後世者を指したので、それほど特別の意味もないと考えられるが、この書は後々まで説経書として重んじられたので、発心者流の教団的な文学に影響することが大きく、『一言芳談』などと共にむしろそういう後世者に対して真面目な、外延的な規範を説く意図も伺われないことはない。ともかく、室町時代遁世者と熟されて使う時には、『看聞日記』などを見ると、遁世物と書かれているのが有ること（永享三年二月七日条、永享十年正月八日条、その他）から判じて「トンゼモノ」とも訓じられたので、決して「トンセイシャ」と辞典に見えるような、しかつめらしい、殊勝なお坊様ばかりを指したのでない。それは単に世を遁れたり、すべての宗派の出家を意味せずして、もっと風狂な別の概念を持っていることを述べなければならぬ。

『太平記』を読むと、まま「推参ノ遁世者」とか「トモニツレタル遁世者」という風な形容で、田楽童や猿楽傾城白拍子山伏禅僧の徒と共に挙げられており、それがこの時代初期特有の乱雑な茶会や酒宴の席の伽をしたかと思われる。ほかにまた、室町時代の用語例を記録から拾って見ると、例せば推参して公卿連中と碁を打ってみたり、将軍の前で連歌をしたり早歌を謡うたりするような芸能をする徒輩のみが遁世者と書かれている。なお後に述べなければならぬが、時宗の人々は正しく遁世者と呼ばれるにふさわしい人と私は推測している。しかし今逆に、『太平記』や記録に見える遁世者がすべて時宗の人々だとはただちに言い切れないと思う。私はそのような機械的な考証の範疇に押し込めてこれを定義することなく、そのような徒輩が遁世者と呼ばれるのは、前述の如くすべての宗派の出家を意味したのでなく、また『七十一番職人尽歌合』を見ると、連歌師と早歌うたいが対になっていることなども、単に身分の卑しいというだけでなく、職業の似たというだけでない別の概念から来たと思うのであるが、この場合初期の連歌師に時宗出身が多いという点からその概念に通路をつけて、いわばその余韻を捕えて見たいと思う。

しばしば説かれているように、水無瀬の上皇の頃を契機として連歌の歴史は一歩を進み始めた。しかしながらそれが地下の間に広まるには花の下《もと》の連歌というような一章を設けて説かねばならない時が存した。すなわち『沙石集』や『筑波集』には弘安の頃ことに道の達者であったらしい東の入道素暹が名誉の付句をした時に、側から嘆声を放った「花の下の十念坊」という者の名も見え、また三、四の連歌師らしい者が京の所々の花の下で催した連歌の座に加わったことが説かれている。しかもこれらの人々は皆法師体をしていたので、山田孝雄博士の説かれる通り、いずれも僧形であったことは注意すべき現象であった。だが道生も寂忍も京月も無生も法師という以上のことは判るべくもない。はたまた、花の咲いた下に人を集めて連歌の座を催すことは、衆人がここに楽しみ集まり易いが故に、ここで行われ始めたとも断じて思えないが、その理由も今は問わない。連歌学書によると、連歌師の系統のたどれる最初の人は善阿法師である。この善阿は伊地知鉄男氏は七条道場の人とされている。そして善阿において始めて門人の名が挙げられるのである。門人というが、それがどの程度まで今日の門人の概念にあてはまるものか、それをも疑問とするならし得るだろう。しかし今問題とするのは、その門流の連歌師の出自なのである。善阿の門人は『学書』以外の頼るもの少く、その伝記も河内の良阿が四条の道場に居たという以上のことは判らない。そして善阿の門人とかいう救済の門には、周阿成阿琳阿素阿利阿等の阿弥の名のついた人々を挙げ得て、これらの人々は皆時宗関係の人であったかと考えられる。時代が下れば下るほどいわゆる花の下は凋落し、幕府関係の人々などに室町初期、連歌界の中心は移った。そのやや前方、連歌師で出自が判れば阿弥は皆時宗で、真宗や浄土宗ではなく、まして天台や真言ではなかった。なるほど、阿弥と名のついた人々は世阿弥や音阿弥もあり、古くから存していずれの宗とは限らなかったであろうが、連歌師で判る阿弥は河内の良阿も、素眼阿弥陀仏も成阿も応永頃の相阿も時宗出身である。成阿は岩橋小弥太氏が推測される如く、恐らく縁起の開板弘布に力のあった今熊野の上人と同一人と考えられるから、一宗の大先達とでも申すべき人であった。素眼阿弥陀仏とても心敬の『さゝめごと』には「彼(救済)門弟周阿素眼などゝてやんごとなき者侍り」と書かれており、また彼の住んでいた四条道場金蓮寺について記述する近世の地誌類は必ず書道の方に一流を開いたことを述べている。金蓮寺には現に彼の筆になったものを持ち、平泉澄博士が指摘される如く、「金蓮寺縁起」――これは現存している――も金蓮寺文書によれば彼の筆であり、彼の書と伝える古筆も今坊間にまま存するようで、かつ『新札往来』の著者でもあった。北野連歌会所の奉行もつとめたらしい成阿は『空華日用工夫略集』にも上流に交って連歌をよんでいることが見えるのは、単に上流僧侶の嗜みの一つで余技に過ぎないと想像したらそれまでだが、そもそも四条道場の如き時宗躍道場には連歌のみでなく、色々の芸能ある阿弥連中が集っていたのでないかと思われる節もある。

この道場の所在地、四条京極はこういう性質の寺のまわりがしばしば同じ運命をたどらなければならなかったように、今は京都の盛り場となり、道場の地名も近く消え果てた。私は最近金蓮寺で蔵する道場の古地図を見た。それによると四条道場は意想外に広く、その境内に十七八軒ばかりの庵と軒を数えることが出来た。こんな庵には四条道場の浄阿上人以外の沢山の阿弥、すなわち遁世者――そこにはうき世の無常に感じて発心したような人もあったであろう――が住んでいたことは藤沢も六条も七条も同じであったと思う。『落書露顕』に見えるような連歌をなりわいとしていた道場の遁世者はこんな所にいた人であろう。そして、連歌師ばかりか、室町中期以後、昔素眼が居たこの道場には文阿弥などいう立花の名人も関係していた。四条道場の綉谷庵文阿弥が「城外結小屋為宴息之地」(『翰林胡芦集』)と賛をされたのも、四条道場の近くに庵を結んだという意らしく、またこの綉谷庵文阿弥が『細川殿御飾記』の信ずべき伝本を同朋衆の相阿弥から貰い、恐らく四条道場と関係があったと思われる細川家の一人に贈っているのが岡本文書の中に存し、また『全堺詳志』を見ると、「挿《ム》レ花者姓未《タ》レ考有邦凡王侯之褻臣羌以給事者謂二之堂朋一此人即将軍家同朋《ノ》而《ニシテ》　致仕住《スル》二于堺《ニ》一者阿弥者僧号也」という註で「立花倭様挿花《シンクワ》唐、文阿弥編集蓋井《シアハセ》二録　両態借《セリ》一受二人矯《キヤウ》揉《シヤウ》一未《タ》レ如尋レ芳就《キ》処矚」と賛めたことを書いている。『和泉名所図会』にも「文阿弥ハ堺の人也　性質瓶花を嗜む　将軍義輝公妙手六人に命ぜられ花論二十箇条を編輯せしむ　此人其人也　江源武鑑」と見える。同朋だったとの伝えがどこまで真実か吟味する必要があるが、将軍の命を受け、花論を編輯したと言われる文阿弥は同朋の相阿から『細川殿御飾記』を伝えており、またその手に成った花道の伝書が現にあることからも、すこぶる同朋的な生活を示していると思えるし、単に花の名人という以上に、『細川殿御飾記』を手写しているのは、芸能人の型を示している。この場合、私は室町将軍や大名の所に仕えていた同朋衆の生活が、はなはだ時衆の聖連中の生活と似ているように思われるのである。同朋の制度の如きは未だまとまってこれを研究した史家を見ず、明瞭にされていないのである。同朋衆の名が多く見えるのは蔭涼軒の日録である。それを読んで行くと、室町将軍家で使者の役目をして殿中の雑用に給仕したことや、また親子代々その職を相継ぎ、阿弥と名乗って行ったことがほぼ判る。しかも「公方遁衆」(寛正五年三月十三日条)とか「京兆之遁」(延徳二年五月九日条)とかいうような書き方から考えると、やはり公方や細川家の同朋は遁世者の中なので、これに対して『満済准后日記』に見える地下の遁世者万阿とか玄阿の如き人があったわけであろう。同朋衆の中でも室町将軍家に仕えた三阿弥の如きは例えば『君台観左右帳記』の編著者であって、東山時代のいわば文化荷担者であったろう。しかし多くの大名や小名を頼うだ者には汝は譜代の者ぢやに依つて。いつも心安う供を言附くる。随分奉公を大事に掛けい。髪を生やして歴々の侍に取立てうぞ。（狂言「若菜」）

と言われた身分の低い「童坊」も存し、それらは生得髪を生やし得ず、歴代仕えざるを得なかったのである。譜代としたらその出自を忘れてしまったのかも知れぬ。また何によられたか知らないが、福井久蔵博士が六条道場の奉行であったと言われる公方の同朋衆能阿は絵には殊に達者で、孫の相阿弥は絵や茶ばかりか、庭造りすら名人のように評判された。これが時衆であったとの確証もなく、何阿弥陀仏と名のった同朋がすべて時衆だったとは今急に断定はしない。しかし歴代仕える三阿弥（これは血統的なつながりかどうか疑えるが）の型が示すように、それは時衆の僧侶が寺院の中にあって、普段物をひさぎなどしながら尼僧と夫婦生活をしたらしい半僧半俗的な生活を想わせる点がある。頼之が将軍戒飭のために同朋の制度を設けたというような説は否定してよいかも知れぬが、ともかくこれは室町将軍家に制度として始めて姿を現わすのである。これらの人々が黒衣円頂に身を隠したのは浮世を茶にしてくらすのに都合がよかったというような偶然事からこの制度が生れて来たのだろうか。芸能人であったことはむしろこれらの人々が出て来る地盤を考えるべきでなかろうか。私は知らない。蔭涼軒の窓を通じて見ると、しばしば同朋衆が斎《とき》に来ている。これは後々の記録に見える日待の伽というものと何か共通したものがあるように考えられる。かつ、これは『大館常興書札抄』を見ると、「先日者御来臨祝着候。御隙之時者細々御入候て御雑談候者。可為喜悦候」とあるのから窺われるような生活でもあるが、何だか時衆の僧侶の生活を想わせる点がある。時衆の僧侶は生涯の遊行がその生活であり、そういう生活には地方の大檀那を頼り〳〵田舎わたらいをするということもあったと思われ、大浜の称名寺の若い念仏聖、遠く上州の徳川とやらから来た男が三河の松平の豪家の一老人の所に連歌をしに行き、遂に入婿となったという徳川家の祖先の伝えなどは、むしろそういう生活の型を示すように思われる。そして、室町将軍は言わずもがな、都に仮屋を構えた大名小名は皆地方の豪族で元来あった。想像をすれば、地方地方の豪族を頼って行くような生活がいわば硬化して、大檀那の大名の家へ入り込んでしまったのが同朋衆の制度でなかったろうか。それはともあれ、同朋衆は要するに後の茶坊主の如き存在で、義満や義政の周囲に集った阿弥は皆一芸一能に達していたことは判る。花道・茶道といわれるが、活花の歴史を言うものがよく引合いに出す『仙伝抄』の奥書を見ると、富阿弥の名の見られることなどは疑ってよい代物かも知れぬ。けれども阿弥と名のつけられる人々が立花の道に関係していたことは確かである。南北朝時代以後、応永・永享の交にかけて、突然新たなる年中行事が多く目についてくる。そして、七夕の行事なる花合せも正しくこの一つである。その起源は問わない。活花は元来仏前の供花が独立し発達したと普通いう。この時代の七夕の慣習なる立花は応永頃の記録を見て行くとやはり緇素が献じている。そして室町中期の『碧山日録』などを見て行くと、もう池坊が活躍している。茶でも花でも室町時代は多く芸道が成立した時といわれる。しかしこういう芸道が侘とかさびとかいう理念にまで昇華したのは多く室町中期以後と考えられる。応永・永享の交は東山時代とかなりちがった色合い、京都にあって私達が金閣寺と銀閣寺の二つから感じられるような差のあったことはしばしば言われる。応永・永享の交は心敬も自分の時代から考えると、延喜の聖代に相当するかと言ったが、室町の延喜はいわば大衆的享楽的庶民文化的傾向の色が濃くあったことは史家も論じている。花というものに対しては折口信夫博士があまりにもいみじく指摘されたように、単にその美しさに心が浮き立つという以上の深い民族心理、願望や不安嘆願があり、やがて鎮花祭の起源がそこにこそ存したのであろう。立花の道に僧侶が参与したのは或いはこれ宗教的起源があったのかも知れない。それは一応問題外として、応永頃の享楽的な花合せを立花の道として止揚するには、実に我が遁世者が関係しているのである。池坊はもちろんのこと、義政将軍の同朋にも立阿弥——三阿弥の場合と同じく、その名はあたかも理念《イデー》を表わしているかの如く——なる花の名人がいたことはこれもまた蔭涼軒の窓を通じて判る。そして、また時宗の僧侶であった連歌師一華堂周桂の如きは福井博士が指摘されるように、『山科言継卿記』を見ると弟子と共に花を立てに伺候している。これは前述の四条道場の文阿の例などと共に興味深く私は考えている。この場合僧侶に花道の達者が多く存したので阿弥と名のつく連中のみが多く記録の中で花に関係していることは偶然的な符合と考えるべきであろうか。時衆の半僧半俗の生活としては、近世京都円山の也阿弥・左阿弥その他の多くの安養寺に属した阿弥の坊が存する。その後身が今日の料理屋である。『塩尻』にもその生活が足利将軍の同朋衆に似ていると書いている。室町時代の時衆もそういつも躍念仏ばかりに頭を振ったり、竹を削ったりしておらず、花道とか茶道とかいう都相応の洒落た商売を開業していたのであろう。すなわち道場に居た時衆は同朋と変らない生活であったと考えられる。

この時代には後々までも僧形をしていると、天下の素町人でも貴顕の席に出得た。それには何か古い約束、伝統慣習が存した筈である。だから連歌師、例えば応永の頃将軍の連歌の一座に侍った万阿・素阿などの好士が地下の遁世者と書かれているのは、僧形だったのであろうが、やはりその習慣に従ったまでであろうか。例せば『看聞日記』応永二十七年（一四二〇）七月八日の条に後小松院の花合せの際に四条聖の発句を挙げてあるのや、永享二年（一四三〇）六月十一日四条道場に足利将軍が御成の時、相阿弥という者が読んだ発句がわざわざ『満済准后日記』に挙げてあるのは、『連歌学書』にもその名が見える名人であったからであろうとは単純にすまし得ず、また近世六条道場の月毎の十日は北野会所の二十五日の月次《つきなみ》の連歌が行われたと『京童』に挙げてあることなどは、『落書露顕』を読むと、四条道場の遁世者連中がなりわいとして連歌を読むことを非難していると解すべき条や、室町時代の連歌作品を見て行くと、しばしば四条、六条、七条の阿弥陀道場で会が行われた事実などと関連させ、これを単に衆人が集まり易いからと気軽く看過し得ず、また近くに錦小路の天神様があった故にとも常識的に解し得ず、『連歌学書』の奥書にしばしば道場の名や遊行上人の名が見えることも普通の奥書としてすまし得ない感じが私に働くのである。

『古事類苑』を見ると、『徒然草諸抄大成』の

時宗ノ名ニ、何アミカ阿弥ト云有、ムカシモ周阿ナド連歌ノ宗匠アリシ、今ニ時宗ニ連歌師ヲホシ。

という文が挙げられている。これは『徒然草』の何阿弥陀仏とかいう連歌をよむ法師が連歌の帰さ夜更に飼犬を猫またと誤まった話の註なのである。そしてまた、『朝倉始末記』の

寛正六年乙酉正月中旬、黒丸ヨリ多勢ヲ率テ出給フ出陣ノ刻、脇本ノ近辺臼清水ノ辺リニテ、出家一人来リケルガ、敏景ヲ奉見脇へ立寄礼ヲ作シテゾ居タリケル、敏景見給ヒ、何坊主ゾ、所ハイヅクト尋ラレケレバ、当国萱谷村ニ積善寺ト申時宗ノ僧ナリト答フ、然ラバ連歌ノ達者タルベシ、出陣ノコトブキ一句在之間敷ヤト宣ヘバ、御言葉ノ内ヨリトリアヘズ、朝風ニモマレテ落ルカイデ哉、ト仕リケレバ、敏景一段御感ニテ頓テ目出度帰陣アルベシトテ馬ヲ早メテ打レケリ。

という文が引かれている。寺の名と時宗の僧だと聞き、然らば連歌の達者たるべしと言った理由は単にその寺に連歌の達者がおって評判になっていたためであろうか。

山田博士は

徳川氏は恒例の年中行事として正月十一日(はじめは廿日)に連歌始の式として百韻を興行したが、それが幕府創始以前からの慣例であつて、幕府崩壊の時まで続いて行はれた。その起源については種々の説があるけれども未だ従ふべきものを見ぬ。私考もあるがこゝに委しくは述べがたい。徳川氏と時宗と連歌との三者が相関係して三河の徳川家発祥の因縁をなしたものであるといふことを告げておく。

と書かれる。徳川幕府の連歌興行についてどんな御考えがあるか私は知らない。はたまた、三河松平の連歌好きな老人の娘に徳阿弥という時宗の外処者が入婿したという伝えや、幕府の御連歌に時宗浅草日輪寺の住職其阿が必ず参加したという慣例はどう解釈してよいものか私には判らない。

これは取るにも足らない室町時代の御話なのかも知れないが、『義経記』やその前身の『判官物語』にも、しやうもん坊とかしやうしん坊とかいう御曹司を使嗾した男が見えて、鎌田正清の子で四条室町に居たともあり、また筑前の方に修行し、後に四条の御堂に行い澄ましていたとも見え、後の方で四条の上人と書かれている。四条の上人と言えば、この時代の書き方から考えると、まず四条道場の上人のことを頭に置いていたのでないかとも思われる。『一遍上人縁起絵巻』を見ると、たくましい顔の智真上人の一生は諸国を遊行賦算して衆と共に跳ね廻った以外の何物でもない。時衆というように、それは何よりも衆の団体であって、その中には少進坊のような不敵な旅の御坊、悪くいえば天下往来の浮浪人戦敗の者なども多く含んでいたらしい。鎌倉時代にしばしば出された諸国念仏停廃の命令は、恐らく無頼漢が多かったらしいこの宗が対象であったろうという意味の談話を、私は赤松俊秀氏から伺ったことがある。四条道場金蓮寺の縁起では、その開祖浄阿上人は御曹司が伊勢三郎と会ったという上州の松井田——そこの道場は時宗でかなり重い位置にあった——で他阿上人に会い教えに服したというが、四条道場は応永頃まで容易に藤沢道場の末寺と見られるのを肯んじなかったらしく、この道場の聖連中は道場を焼いて逐電し、ために上人は高野に隠棲するという事件もあった(応永三十一年八月十日)。一向宗は元来時宗の名称であったと最近一部の仏教史家は説いている。この「一向宗」は不思議な御宗旨で、天下の道場の数ほど流布した縁起絵巻にはいずれも男女の凸凹頭が身振りおかしく沢山に金鼓を持ちはね廻っている。この念仏踊は果して仏教の幽遠な教理から発明したのであろうか。むしろ夏月衆庶共に踊り狂った盆踊のようなものを通じて、その日本的起源にこそ説明がつけられるようである。実に衆庶共に踊り狂う行為、「渇仰の極めて強烈にして、他意左右」を顧みぬ気持は実感を要するが、その行為の中に精霊を駆逐する神送りの意味があり、この点民俗芸術的な観念をうべなわずにおられぬ。次の啓示——

念仏宗も鎮花祭の踊りから発達して来て居るのだ。鎮花祭の踊りをする中に、其興奮から、一種の宗教的自覚をおこして、念仏宗が出で、其径路に当つて、念仏踊りが現れたのであつた。——村の聖霊が帰って来る時期に、ちやうど念仏踊りを行うた。念仏聖が先に立つて踊る時もあり、念仏聖を傭つてする時もあり、村人自身がする時もあり、或は村全体が念仏聖の村である事もある。此念仏聖が鉦を敲いて、新仏の家に立つて踊り、聖霊の身振りや、称へ言を唱へて歩いた道行き芸が本筋をなして居る。

（折口信夫「盆踊りの話」）

私達はよく引かれる信州野辺座の念仏踊の如きを引かずとも、時宗が芸能と深く関連していたことを全体的に感覚し得る。時宗の念仏踊は必ず男女が相交り、踊っていることは、絵巻を見ると尼僧の頭を白く塗って区別しているので判る。そのような尼僧は恐らく男の聖と夫婦生活をしたと考えられ、それが狂言の「若市《にゃくいち》」に見える門前の尼であり、旅にあっては十二光の箱などいう珍妙な道具を以て、その存在を弁護しなければならなかった。この宗は浄土宗の中とはいえ、仏教の教理からはみ出した陰の存在であったようだ。例えば柳田国男先生が『女性と民間伝承』に説かれる如く、誓願寺の和泉式部の話は少くとも旅の女性がこの寺と関係の深かったことや、一遍上人ともこの寺が無縁でなかったことを暗示している。旅の女性といえば、普通あの地獄極楽の絵解きをした熊野から出た比丘尼が思い出される。それはしばしば徳川初期に草子箱を脇にたずさえた姿が肉筆浮世絵に描かれた。だが室町時代には古く『大乗院日記目録』や『看聞日記』『御湯殿上日記』に絵解の名が見えるだけで、『三十二番職人尽歌合』の絵からわずかに女であり、また琵琶法師と対になっていることから、古くは物語でも絵解きしたかと想像されるに過ぎない。私は

「富士人穴草子」に「なんちにおがませたるぢごくごくらくをみづからさうしにかきてとらするなり　ひだりのわきにおさめて三十一のとしいづの山にてにつぽんへひろうすべし　地ごくごくらくといへどもめに見ることなしといふ者に此さうしをみすべし　あひかまへてみづからばしかたるなよ」というような記述の見えることから、それが元々かかる徒の絵解した草子でないかと想像し、また「熊野本地草子」の如きにも同じことを考えている。そして、断定は出来ないが、こういう絵解比丘尼はやはり誓願寺の伝説からも、また時宗が旅の宗教であり、尼僧と夫婦生活をしたことからも、時宗との関係が私の脳裏に働く。特に一遍の縁起絵巻を見ると、中に尼僧が地獄極楽の図なのであろうか前に絵図と仏像を置いて鳥の羽で絵解をしているのが一本に見える。この場合、私には単なる路傍の一風景として他の絵巻に見える場合のように看過し得ない。しかも一遍の絵巻はかかる宗派だったから流布の数は多く、それに精粗の差はあってもおおよその絵様は定まり、絵中の群衆は乞食人すら皆時宗と無縁の衆生ではないように思われる。この宗派は宗祖以来の慣例により、昭和の今日でも熊野の本宮に管長就任の際は参詣している。男の遁世者と言われた人々に比べて、その存在は暗いが、確かに尼僧も熊野を中心とした旅の巫女とつながりを持ち得て、筑土鈴寛氏の想像されるようにその前身巫女だったらしく、芸能と縁があるようである。

『筑波集』を見ても時宗関係の人の名がはなはだ目につく。私は迂遠なように思われるかも知れないが、連歌師に時宗出身が多いことをこの宗が芸能の宗旨だったらしいことから解釈するのである。また別に考えざるを得ないが、説話やいわゆる伝説の方からも同じようなことが考えられるのであり、また芸能においても和讃とかその他歌謡的なものの民間への弘布において、これら念仏聖の力は隠れていたものの一層大きかったと想像される節がある。一般に民俗的な語物謡物と時宗の徒との因縁が浅からぬという点から考え、発生的に見て連歌も口承文芸的な要素を持つとしたら、時宗と連歌師、いな連歌との関係も注意すべき事柄でないかと思うのである。これはむしろ連歌の歴史が表面に現われ、歌道と同じ位置まで昇華しようと力めた以前に大きな既知的な事実であったろう。そしてそれは今のところ、個々の考証からでなく、それに先立つ全体的な感覚により、いわば点を幾ら集めても出来ない線を理解する以外、説明し難いが。時宗に連歌師の多いということ、時宗は芸能の宗旨だったらしいこと、それだけの一行の叙述で判る人には説明の要らぬ事柄かも知れぬ。しかし気づいた一例として前述の『愚闇記』から引くと、また「一、踊躍於道場連歌之事」と挙げて非難しているのは、躍念仏の影響を受けた一真宗道場に室町時代以前にえせ連歌が速くも時勢粧として流行しているという以上の、偶然でない理由があるように思う。遠い昔にも歌は色好みの家に隠れたと書かれたことがある。連歌も起きる前に隠れていた所があったのでなかろうか。こういう意味で花の本とも称する時代があって、連歌を民間に渡すに力のあったという法師連中は単に上のものを受け取って手渡すだけの、例えば素羅の達者に横から嘆声を放つだけの役目であったかどうか――そうだとしたら単なる時代順の書誌的な事実の羅列に敬意を表しよう――、連歌つぶてと称されたり、また背中合せに寒さをしのいで行った二句連歌は文芸以前のものだったが、口誦伝承が始めから持っていたと思われるものの要素だったと私は思う。そして、上流階級で流行したものを単に受け取るにしても、受け取るに足るだけの素地があり、それを持って昇華するに力のあった人々、それが法師姿の人々であるとも見られないだろうか。こういう人々は折口信夫博士の言葉を以てすれば、隠者と呼ばれる人であった。後々天下の儀礼として、法楽として一世を被った連歌の歴史は種子として一源泉が隠者の中に求められるのでなかろうか。かかる観方において、隠者と呼ばれる人々は俗人が無常に感じたり、また自由に気儘な世界としてうき世離れた生活を送るために身を投じ、月に浮かれ花に狂った人があったにしても――そんな生き方は確かに存した――その人々よりは生得隠者の身として生れざるを得なかったような人々、それこそ本来そう呼ばれてよいのでなかろうか。かつそれは古く芸能を散布して歩いたような人々とかかわりのあることは、あたかもフランス中世の吟遊詩人と古代のドリュウドが一脈つながり得るような具合であり、そういう意味で、すぐに兼好や長明は生得の隠者と言えるかどうか。花の下の連歌師が何故に法師姿であったかは考証以外のことであろう。私はむしろ『金葉和歌集』の頃から目立ってきた僧侶の歌詠みと連歌師の如き存在を言わば忘れ水として底流につなぐような観方に同意を表するのである。そして、隠者という概念よりはやや狭いかも知れぬが、それだけ具象的に、また当時の用語例として正しく存在する同じ意味の言葉は遁世者なのであって、それは色々の芸能の徒を含んでいるのである。特に遁世者という名で、恐らく古い伝統を背負って室町時代に現われてくるところに、猿楽や田楽の徒と区別された特殊性を持つのである。故に初期の連歌師の出自が判ると時宗であることは、それが偶然の理由であり、天台でも真言であってもどうでもよいことだとは思われないのである。

これは単なる草子の上のお話に過ぎないのであるが、滑稽な「猿源氏草子」(「鰯売」という名になっている本も見うける。『言経卿記』に見える「鰯売」はこれであろう)の海老名の南阿弥陀仏——義満将軍にはそんな名の同朋が居たらしい——は都に隠れなき遁世者で、大名高家にも近づいていたとも書かれており、また遊女の亭主の所に行けば、「何とてこの程は久しく御尋ねなされ候はぬぞや、只今はいづくの御通り候や。定めて御道違ひならん」と戯られたとあり、また婿の猿源氏の恋も歌連歌の知識を振り廻して恋の首尾をとげさせた話になっている。恐らく優孟侏儒とでも呼ばれてよいような存在の者がかえってその生活の故に、都に隠れなく顕われていたということもあったのであるまいか。よく引かれる『大塔物語』の頓阿弥という遁世者は「狂忽而舞ハ者催ニシ当座之興一ヲ歌ヘ者解ニク座中之頷《ヲトカヒ》一ヲ」と書かれ、物語は師匠の古山之珠阿をもどき、早歌は陬波顕阿会田弾正の両流を窺い、連歌は侍従周阿弥の古様を学んだとあるのは物語上の類型に過ぎないかも知れないが、『太平記』を読んだ例の場合としてのみよく挙げられる『蔭涼軒日録』

の江見河原入道などは同日録をよく読むと、実在の頓阿弥、南阿弥陀仏だったことが判り、「江見河原癖。好学二人之風度又言語一。夫世所謂云狂言者乎」と書かれている。これなどは同日録の筆者が湯の山に行った時伴をしたまでで、物見遊山の相手になる専業の徒であったかどうか判らず、単なる浮き蔵主であったかもしれない。同日録の文正元年（一四六六）閏二月の条を読むと、筆者は浦上美作守、画師の自牧小栗宗湛、謡の今春与四郎、慶阿弥、遁名を山椒という巣河又次郎、二条町千千代という人々と共に湯治生活を有馬で送っているが、日ごとに小歌小舞をしたり、七条時宗を「吟詠之試筆」として連歌をしたりしており、その他連日狂態を尽している。ことに慶阿は「浴中慶阿高声燭叫レ美。為可レ笑也」とか「慶阿陽為二金蔵坊談義一説レ之。尤妙也」とか「慶阿談余。戯学下前日温泉寺住持老律衲被蒙レ頭而読二温泉縁記一之様子上。陽為二之体一。尤為レ妙也」「自牧慶阿又為二水戯一。高声叫レ美也」「午浴尤快。慶阿称レ美。高声叫如レ恒也」とか書かれて、その逸興ぶりが窺われる。しかもこの慶阿は同日録を読むとどうも同朋衆らしい。今残っている墨絵などから窺われる能阿弥という人は黒衣に身を隠した一風流人とも思われよう。しかし、『蔭涼軒日録』その他から窺われる能阿はむしろ絵の鑑定や連歌にも長じた芸能人であって、末は長谷寺で客死している。応永の頃の『山科教言卿記』によると、金阿弥という絵画の鑑定をやった人も見え、絵の鑑定をやった阿弥連中は単なる芸術人として博物館の山水画から窺われるのとは、もう少し別の姿であった。『大乗院寺社雑事記』を見ても、茶会を取りもつ者はやはり遁世者である。蔭涼軒の真蕊は湯山で聞いた談話を多く記している中に「京極道誉得時之時。入夜其家中。毎二其間一一々置明燭云。以二其滴蠟一。為二遁世者給恩一。是尤厚恩云々」とある。この場合の遁世者は佐々木京極の同朋であろう。こんな逸話の中から窺われる遁世者の姿は牧渓や夏珪を始め『君台観左右帳記』の多くの中国の文物文人を理解した人と実は無縁でなかったのである。

足利末期から桃山、徳川期にかけて、茶とか花とか諸々の芸道の家を生じたのは顕著な事実であった。それらの中に池坊の如きは六角堂の執行であり、また専順のような連歌師を出しているのは周桂などとよく似た生活の型であったと思う。これはまた『遠碧軒記』によれば、池坊は元は庭造りをもやっていたが、河原者と同一視されるのを嫌ってその方は止めてしまったとも書かれている。それがどの程度まで真実であるか判らぬが、私の興味をひく桃山時代にかけて芸道の家々が目立ってきた原因には歴史社会的なものが推進力として作用していたのだろう。また、「藁屋に名馬つなぎたるは好し」というような考えを生ぜしめた基底には、確かにあの道を思う心や中世の宗教思潮がからまっていた。しかしそれがどの程度まで今日の現代人の意識するような思潮だったものか。師承というよりは金口相伝とも申すべき微光の基底にいわば静かな流れとして、地盤的なものが案外に潜んでいたのでなかろうか。中世においては色々の芸道の徒、例えば絵師のようなものまで皆寺院に付属していたのである。最近釜田喜三郎氏もその点を指摘しておられる。小栗宗湛にしても偉大なる周文にしても皆旅の客僧で寺院に付属していたらしいことは遠い西の国と同じで、これはイタリア中世の遊牧画工が山野を放浪しつつ寺院から寺院へと描き、やがてあのルネッサンスの大浪を生んだのにも比べられる。桃山時代以前において、新興の禅宗などは、釜田氏も注意されるように、多くの芸能の徒、「禅僧落坊」や行者《あんじや》を輩下に持っていたことであろう。ただ遁世者は私には『太平記』に「山伏禅遁世者」と並べてある記述から察すると、それが山伏禅僧と区別された一群の人々であり、また戦敗の者が遁世者の風を装って逃げたとあるのは、僧形になったのか、服装に特徴のあったのか、それをすると常人扱いをされなかったように思われる。また塩冶判官の条を読むと、師直が道々の能者を集めて芸能をつくし、覚一に平家物語を語らせた後に居残った若党遁世者がかれこれと平家の語った話を評判したと見えるのは、室町初期の読者ならその遁世者が推参者として脳裏に意識されたのかも知れぬ。またそうでなくとも、『太平記』にはこのような集会の席に他にもその名が見えるのは、伽の者であったらしいことを示していると思う。遁世者の名をば兼好にも長明にも拡めて使うのは自由であるが――それは必ずしも誤りでない――用語例に即する限り、もう少し狭い概念、すなわちスタンダールの有名な比喩を用いるならば、岩塩結晶の中心になる枝や葉のようなものがあり、猿楽者や禅僧すべてを含めて、それが大まかに頭の丸い者すべてを指したとは思えないのである。時宗の如きは特にかかる芸能の徒を翼下に持っていたというよりは、本来そんな遁世者の集まりといっても過言でないほど、芸能はこの宗旨と本質的な関係があったと思われる。ここにこの語を抽出してきたのは、室町初期の一語の考証により、語学的系譜をたどるためではない。併せて史的な口承文芸史を全的に感覚するものには、遠く寺奴的な伝統が夢想されているのである。中世文芸、わけても連歌は旅の文芸とも言えば言われ得る面を持つ。しかも時宗は生涯の遊行が元その宗旨だった。二つの関係は単なる偶然だろうか。室町初期の覚阿にしても末期の一華堂にしても都では宗匠とでも申すべき人であったろう。しかしまた、地方の一道場、小浜の称名寺とか富士のふもとに静かに生を送るような面を持ったと思われる。敵味方の間をも往来したという乱世の連歌師、それに荒くれ男の風雅を称えるのもよい。しかしながら幕府の安西衆のように、御伽の衆は仇敵なる主君の側に親しく侍ったりするような破産的な性格――それが異様だと感じられない感覚、約束習慣、否こんな生活の正しく存在したという事。

第二節　心敬覚書
――青と景曲と見ぬ俤――

眼前満目の堕落荒廃の時代に於てもこの文化力を再発掘することは依然として極めて必要である。但し、かう云ふのは室町時代の隠遁的老人的な、冬らしい情調を再び繰返してこれに復帰すると云ふやうな表面的な意味ではない。我々の祖先が厳しい冬の中にもなほその創造力を持ち続けて、凋落の中にも茶の花の白を輝かせ、松の緑を保つて来たその根深い活力を想起して、我々自身の厳寒を凌ぎ行く力にしようと云ふのである。

（阿部次郎氏）

連歌師心敬の連歌論についてはすでに多く論じられており、私はつけ加えるべきことを持たない。しかし、なおその作品に見える二三の傾向に関して、自註と結びつけ少しく結論的に指摘して見たい。

まず次の発句と『芝草』の自註

散らしかね柳に青し春の風

この発句については

いまた初秋のかせなれは柳をもはらひかねつよからすと也　秋の風の青きといへること葉をうらやみ侍る斗也

本歌柳に青き庭の春風なとえんに面白侍れは也

と心敬は『芝草』に自ら註している。「柳にあをし」という表現は自註によれば、「秋の風の青きといへること葉をうらやみ侍る斗也」とあるように、その視覚的効果、例えば芭蕉の「石山の石より白し秋の風」という句とよく似た傾向の句であった。しかもこれは「艶に面白侍れは也」とある如く、艶な表現においてより中世的な世界の表現であったように思う。連歌の文学史的地位は後に出た『去来抄』の言葉を以てすれば「俳諧自由」と「和歌優美」の二つの極限の大きな橋わたしをしたのであったが、その「和歌優美」の伝統において、一つの極限に達したのは『玉葉』『風雅』の二勅撰集であった。この句においては特にその本歌が『風雅和歌集』の花園院の御製であるのが注意される。京都に在っては花園妙心寺は院と深きゆかりのある土地であって、その『宸記』を通じ拝される御風雅の生活はゆかしき極みである。そして、この御製は

燕なく軒端の夕日かげ消えて柳に青き庭の春風

とあり、誠に『風雅和歌集』を代表する歌の一つであって、しかもその題詞は

薬王品是真精進是名真法供養如来といへる心をよませ給ひける

とあり、『法華経』薬王品に依っていた。この題詞の歌がさりげなく心敬のこの艶なる句にかかって来ている意味に引かれる。すなわち題詞によれば森羅万象来って如来を供養し奉るというような意味を象徴的に表現している。表面ははなはだ客観的印象的でありながら、その意味は象徴的な歌であった。森羅万象がことごとく如来の輝きと見えるような考え方はむしろ実相的な仏教思想であろうが、すべて唯心的な仏教の世界観は天台も真言も華厳も禅も皆共通して文芸の地盤となっていたようである。『玉葉』『風雅』の客観的な写生的な自然描写の背後に確かに仏教があった。それは単に文芸の表現、技巧以前の地盤をなしていたように思われる。そして、その中心になる思潮には正しく禅宗があったようである。すなわちその空観的な考え方は深く室町時代に影をさしていたようであり、心敬僧都こそは中世に生れた禅宗の空観の芸術思潮を大和ことばの伝統において表現し得た作家の一人であったろう。伏見院・花園院

の宮廷を中心とした『玉葉』『風雅』の世界においても為兼の歌などには仏教的な地盤が存して、心敬の句と院の御製は単に本歌取りの技巧以上に、無意識であるかも知れないが、一本の銀線としてその流れがつながっているようだから。古く天台の事理不二と言おうか、あの「観」方はやわらかく美しくひそやかに後鳥羽院の歌壇に流れこんでいたようである。そして禅宗の空の精神は鋭くもまたかそけく花園院の宮廷へ光をさして、王者の風雅をもはらんでいた。心敬こそは正しく冷泉派の流れをうけ、後にその思潮を独り清くあらわしていた孤光であった。むしろ空観の文学とでも言うべき心敬僧都の連歌に在ってその背後にある禅的な世界観から説かねばならぬのだろうが、今その連歌論にふれる余裕がない。ただ私は青の色こそが心敬にふさわしい色であることを想うてまず青の色彩感覚の句を『芝草』その他から挙げて見よう。

　　水青し消ていくかの春の雪

ふりつみしたかねのみ雪とけにけり　ちくま河春行水はすみにけり　なとの面かけをうらやみ侍り

　　橋かすむ河へにあをき柳かな

景曲の躰とてたゝちにみるすかたのえんなるをいへるなり　みるほかに句のこゝろをたつね給ふへからす

　　雨あをし五月の雲のむらかしは

なか雨のやゝ晴のほるころの風情也　雲のむらかれるといへるはかり也　これも景曲の躰とて今みることくの風躰にゆつり侍るはかり也

　　ゆふたちは杉むら青き山へかな

かやうの句をかふりはかりに夕立をいひ出して所詮なしと見給へる好士あり　此等の句ははしめよりはてまて夕立のことをいへるなり

夕立は過て跡青しと云　山辺は雨のめくる所ををけり　はてまて雨のことをいへる歟　定家卿歌あさ明に行かふ
舟のけしきまて春をうかふる浪のうへかな
はしめよりはてまて春の心のあまれる歌なるへし
　見ぬ山の松そめいたすしくれ哉
此みぬ山はむかひていかにもみたる山なり　春夏なとは見さりし松を時雨のこと木を染ぬるゆへに青くあらはし
いてたる心也

また発句集である『芝草内岩橋』その他からも挙げて見よう。

雪あをし木すゑや春に成ぬらん
水青ししける木のまのふもと河
青海をしけりかくさぬ山へかな
露あをしさらに手染のあひつ山
風おろす山まつ青し雪の庭
花に見ぬ夕くれふかき青葉かな
花うつむ青葉に秋の風もかな
花を吐あらしをふくむ青葉哉
青葉をもおるなさくらか下すゝみ
くれて行春雨あをき柳かな
青柳は霞のうみのうきもかな

冬山は青葉はかりになりにけり

最初に挙げた句と同じく次の句も『風雅和歌集』の順徳院の御歌「ちくま川春行水は澄みにけり消えていくかの峯の白雪」と西行の歌、『新古今集』にある「ふりつみし高嶺のみ雪解けにけり」に依っているが、いずれも写生的な歌である。そして、心敬においてはしばしば「青し」が使用されているのであるが、そこに表現されている世界はこの時代の連歌に共通の傾向である仮構的な、意識で作ってゆくような世界とは少し違って、より視覚的な世界において、単純化されて写生的、客観的な傾向を取っているようである。この句などもそうであるが、

橋かすむ河へにあをき柳かな

という句においても

景曲の躰とてたゝちにみるすかたのえんなるをいへるなり　みるほかに句のこゝろをたつね給ふへからす

と説明し、また

雨あをし五月の雲のむらかしは

の句に「これも景曲の躰とて今みることとくの風躰にゆつり侍るはかり也」と註し、また次の句において「はしめよりはてまて夕立のことをいへるなり」と註している。すなわち彼は直ちに見る姿の艶なるものを「景曲の躰」という詞において表わしている。これは当時の用語において、例えば『竹林抄』の古い註などにまま用いられている詞によれば、景気の付なのであろう。心敬は『芝草』の付句においても

太山《みやま》の庵にころもうつ音

杉の葉にかゝれる月はかすかにて

の句において

此句さらにふしも侍らす　たゝあかつき月はかすかに杉の葉分にのこりてそことなき砧のこゑのみねぬいほりを
あらはし侍る　景曲はかり也　かやうの句もやすらかに侍ともけつこうの句よりは庶幾なる歟

と言い、また

杉の木のまに雪そみえたる
明そむるよ川のをちのひらの山

の句に

此句はかのあたり見侍らさらんかたはひとへに心をえかたかるへし　されともよ川の北にあたれる比良のみねには富士なとのことく雪のきえぬ山なれは也　拙者年ひさしく見侍しまゝの体を申　かやうの事も一の躰也

と説明する。後の付句において「拙者年久しく見侍しまゝの体を申」というように、それは明らかに写生的な傾向をねらっているので、かかる傾向は心敬の句にまま見られるところで、室町時代の初期の連歌と少しく異なった感じがする。そしてそれは「結構の句」とは異なった「節」のない「やすらか」な「景曲ばかり」の句であって、同じ頃宗祇法師などにもまま見られ、やがて「風光の人を感動せしむる事、真なる哉」(『去来抄』)というあの蕉風へと自ら連なってゆくものである。宗祇は

あさきりの松やうき嶋秋のうみ
月にみつ夕しほさむし秋の海

の二句について

ふたつの秋の海前は作たてたる物にて夕塩さむしにはおとるへし　相構て曲節をこのむましき事なり　されとも心なき物に心をつけ物いはぬ物にものをいはするは歌道の本意なり　只ふかく修行の心大切なるへくや

と言っている。「月に満つ」の句は筑紫の紀行の際の宗祇晩年の佳句なのであるが、こういう句ばかりを詠まず、宗祇とても「作たてたる物」があまりにも多いのであって、それは連歌としての本質的傾向であったが、ともあれ、心敬の景曲の句が「青し」という視覚的傾向を取ったのはなかなかに興味のあることである。しかし

冬山は青葉ばかりになりにけり

くれて行春雨あをき柳かな

露あをし草葉の先や染ぬらん

のような句は心敬の詞を以てすれば、私達のいう写生というには余りにも「作たてたる」世界で「艶」という表現こそふさわしいようにも思える。

文学史的に検討する時には、しばしば『新古今和歌集』の色彩的視覚的なことが、また情趣的物語的なことが指摘される。が、その中にはさりげなく写生的な句がしばしば混入しているので、そういう歌にこそかえって好感が感じられる。歌つくりと言われた定家ですら『新古今和歌集』を離れて検討すると、素直な、よい歌が見られる。『玉葉』『風雅』の世界に行きつくことが想われるので、『新古今集』の西行や頼政の歌にそれがある。このことはすでに折口信夫博士が端的に見破っておられる。加うるにまた、鎌倉時代の初期、平安時代の「つくり絵」に対して写実的な「似絵」をうんでいた。数年前、私は水無瀬神宮で信実筆と伝える後鳥羽院の御すがたを拝し得た。それは色彩の背後に強い線の跡が見られる、正しく写実的な、しかも優雅なすぐれた「似絵」の代表をなすものと思われた。私はこの御すがたを拝して何度も唐招提寺の鑑真和尚像を想うたことである。それは天平の彫刻と応ずるような、日本の傑作の一つに違いない。この作品は神宮の御神体にましますから結果、容易に公開されはしない。しかし私はこの「作品」の側になつかしい友なら連れて行って直接に作品と共に鎌倉時代の精神を語り合いたい思いが湧くことがある。——

(傑作は常に時代に先行し、時代を象徴する。そして、その影響はしばしば深い作家の秘密として働く結果、必ずしもあらわに文献的に語りはしないのである。例えば晩年の伊藤左千夫に逆に傾向態度としては離れつつあったろう斎藤茂吉の『赤光』、いわば西洋が「ほろびの光」に見られるように逆に対応しているのではないか。そして茂吉自身は左千夫をしばしば師として仰ぎ論ぜられるにもかかわらず、そのことについてなかなかふれられはしないような場合、文献学訓詁学はなかなか一定の所以上に踏み込み得ないのでないか)——鎌倉時代に「似絵」が存在したということは短歌史にとってかなりに重大な事実でないか。そして、伏見院・花園院を中心とした当代の宮廷には『花園院宸記』や遺品により了解されるが、似絵と白描画の世界もあったのである。そこには多くの可憐な似絵が描かれ、物語絵巻は作り絵を脱して淡白・瀟灑な(それだけでいわば優美という点では極限に達していたのだが)、骨法的な白描画の世界がまた存した。そして絵巻物はこの極点を限界として、口語的な表現を絵の中に取り入れる如き絵詞式なもの、例えば曼殊院蔵の「是害坊絵巻」から川崎家旧蔵の同絵巻とか、「十二類絵巻」「道成寺縁起」のようなものを通じていわゆる奈良絵本形式になって類型的な庶民的な御伽草子に一度は成り下ってしまった。似絵と白描画の世界——それはまた、当代において入って来た水墨画とも共通する傾向であったが、『玉葉』『風雅』の微細な写景の世界でもあった。これは『新古今』のような濃い艶ではないが、なお一つのつつましい詞の匂う、写生的な艶であった。恐らく優雅という点では行きつくした最後の頂点であり、現代短歌にも——『アララギ』の歌にすら——入っており、今において新たなるものの創造のためにむしろ苦しみ、否定せねばならぬ日本短歌の本質的な方向として完成されていた。心敬のいう景曲は決して『アララギ』のいうような写生ではなかったと考えるが、それは当時の連歌師の詞を以てすれば「景気」という言い方で表わされたと思われる。「景気の句」という術語は蕉門の徒にも用いられているが、心敬は「景曲」という表現を用いたのである。そして、心敬に先んじて出た今川了俊は『落書露見』に「只今さしむかひてみたる心地する歌」として「ふりつみし」の前掲の歌をあげ、更に順徳院の前掲の御歌を「此の歌にのりて、心の今一重出で来るかと覚え侍る御歌」と言って、また

凡詠歌は十体侍れども、誠に上品の歌と覚え侍るは、心の深くまはりたる歌と有心体の歌様と見様の体の歌と、此三体にて侍るべきかと存ずるなり。

鶉なくまのゝ入江の浜風に尾花波よる秋の夕ぐれ

風ふけば蓮の浮葉に玉こえて涼しくなりぬ茅蜩の声

此等眼前の体なり。

と書き、また『了俊一子抄』(『弁要抄』)には

詠歌のすがた、かゝり、心むけをば、俊頼の歌ざまを本とまなぶなり。いかさまにも和歌は眼前に今さしむかひて見様の体を、はたらかさず読あらはすべきなり。

風吹ば蓮のうき葉に玉こえてすゞしく成ぬ日ぐらしの声

此歌は風ふけば蓮のうき葉に玉こえてと云出づるに、はや涼き体は眼前也。ひぐらしの声はかならずしも涼しかるべき所詮なけれども、其時の気色を少もはたらかさずよみ出たれば、歌のよ情に成たる也。よせいと云は是なり。

とか

只今眼前に、おぼえたる御歌

おきてみる朝けの軒は霜しろし音せぬ風は身に寒くして

是は貞和百首に萩原法皇の御製なり。まことに今朝風の面にしみたる心地し侍り。

と言い、また

好忠、西行上人、俊頼、頼政卿などの歌こそ更に難及事なれ共、浦山敷存也。たゞ見るまゝ心にうかぶまゝをいひあらはして、しかも言のふしくれず、ちゞけず、可聞由いかに雖不叶このましく存体也。

と言い、

さらしなや姥捨山の高根よりあらしをわけて出づる月影

秀能が歌にて侍るやらむ、まさしくその時にむかひたるやうに、おもしろく侍るなり。

とも、また「ありのまゝのことをかざらず言ひ出すを本とす」(『言塵抄』)とも書く。心敬の前掲の「ふりつみし」の歌を本歌とした自註の句には案外『落書露見』に依っているのかも知れないが、それは暫く措く。眼前の体とか見様というような詞が心敬の「景曲」に近かったと思う。こういうような表現、「眼前只今さしむかひて」「はたらかさず」読みあらわすべき見様の体は文学史上では京極為兼を中心とした『玉葉』『風雅』の二歌集に著しく見られることが普通指摘され、了俊や正徹、心敬はそういう京極・冷泉の立場に在って、共に反二条派として立っていたと説明される。「見様」という詞は定家は『毎月抄』にも使っているし、また「景気」という詞は俊成以来歌学書の術語であった。しかもそれが単なる景色というような意味に近くなって来たのは『玉葉』『風雅』の前後であったと思う。それに触れるためにはなお『玉葉』『風雅』の歌風に触れざるを得ない。しかしこの歌風については折口博士の説明もあって、以後論じられることが多い。私は少しく長く二三の美しい文学史的記述を引用させていただこう。

去る十一月の帝室博物館の陳列に、牧渓の洞庭秋月が出てゐたが、私はその前にたゝずんで、そゞろに霧中の山中湖を思ひだしてゐた。あの牧渓の山水は、あきらかに霧の中で眺められた自然である。ところで牧渓は支那では決して第一流の画人ではなかつた。むしろ人気は二三流位の所であつた。所が日本へ来ると、それが断然群を抜いて、一にも牧渓二にも牧渓といふ風になつた。これはおそらく牧渓の、景色の濃淡で万事画面を処理する所が、むやみと時人の好尚に合つた為でないかと思ふ。つまりあの頃の日本人は、霧中に見た自然に非常に心そそられてゐたのである。あの含みのあるしめやかな、冷やかなものあはれな自然がむやみに好きだつたのだ。そして、それが表現したかつたのである。そのくせまだ自発的にはその表現技法を発明しきつてゐないうちに牧渓の輸入である。寧ろ日本人の見る自然が、牧渓の芸術によつて、俄かに重点を与へられたのであるとも言へよう。霧の中で見る自然と言つた様な性質の自然は、室町文人画によつてはじめて日本人に所有された。平安時代から鎌倉時代への大和絵には、さうした自然がまだ成立してゐないのである。

ところでこれは絵についての話であるが、絵がこの様な変化を見せる以上は、他の芸術にも並行的に同じ性質の変化がおこつて来てよい筈である。そして、すぐに思ひ浮ぶのは歌の事である。古今と新古今との四季の歌を比べ考へて、私は過去現在因果経上欄の絵と、扇面古写経の下絵との間のちがひを考へた事があつたが、牧渓の絵を思ひながら、心に浮ぶのは風雅集の四季部である。一体玉葉風雅といへば、京極派系の相似た歌集と見られてゐるが、吉野時代に撰ばれた風雅集には、鎌倉末期に撰ばれた玉葉集にまだあらはになつてゐない特色が、はつきりとあらはれてゐるのである。それは外でもない。雲の間から光がもれたり、霧のながれる中に物象が隠顕したりといふやうな自然のとらへ方が、歌の上では風雅集に於て完成するといふ事である。その以前にはその事はない。

何となく庭の梢は霞ふけているかたはるゝ山のはの月
花の上にしばしうつろふ夕づく日いるともなしに影さえにけり
花白き梢のうへはのどかにて霞のうちに月ぞふけぬる

ま萩ちる庭の秋風身にしみて夕日の影ぞ壁に消えゆく
秋さむき夕日は峯にかげろひて岡のお花に風すさぶなり
村雨のなかば晴れゆく雲霧に秋の日きよき松原の山
秋風に浮き雲たかく空すみて夕日になびく岸の青柳
雛うすき秋の日かげの山のはにほのぼの見ゆる雁のひとつら
夕霧のむらむらはるゝ山ぎはに日影をわたる雁のひとつら
立そむる霧かと見れば秋の雨のこまかにそゝぐ夕暮の空
奥見えぬは山の霧のあけぼのにちかき松のみ残るひとむら
あさ霧のはれゆく遠の山もとにもみぢまじれる竹のひとむら

ともかく四季の歌がすべて天象をよむことによつてつくられてゐる。霧がながれる　霞がかゝる　春雨がふる　夕日がさす　空が澄む　村雨が降る　雲が流れる　風が吹くといふ様に、かうした角度でものを見るやうになつてゐることは、風雅集を通読すれば、いや応なく承認させられる所である。そして、中でも霞や霧に立木がひとむら見えてゐたり、夕日が溶けて消えていつたりするところが、一ばん印象にのこるのである。牧渓の絵に共鳴しえた自然の見方は、歌の方では風雅あたりから出てきてゐるといふ事は、言つてもあぶなくないと思ふ。私はこれを花鳥風月趣味の頂点だと思ふのである。果然牧渓は茶人に愛されたのである。

（風巻景次郎氏）

以上は八代集時代のさびしさが、美としての意味を持つて来たことを実例によつて示したのであるが、これは中世に入り勅撰集を通じて益々発展してゆくもので、玉葉集・風雅集の如きは、特に自然のさびしさを主題とする名歌が多い。中でも自然のさびしさが身に喰ひ入るやうになつて、殆ど崇高感を催すごときものがある。例へば「夕づく日さびしき影は入りはてゝ風のみ残る庭の萩はら」(玉葉・秋上・入道前太政大臣)「外面なる楢の葉がしは枯れ落ちて時雨をうくる音のさびしさ」(玉葉・冬・前関白太政大臣)「旅人のともし捨てたる松の火の烟さびしき野路のあけぼの」(玉葉・旅・中務卿宗尊親王)「山ふかみ夕べの鐘の声つきて残る嵐の音ぞさびしき」(玉葉・雑三・前大僧正慈順)「鐘の音に夢は覚めぬる後にしも更にさびしきあかつきの床」(風雅・雑中・太上天皇)「風すさぶ竹のさ枝の夕づく日うつり定めぬ影ぞさびしき」(風雅・雑中・前大納言実明女)「山松は見る〳〵雲に消え果ててさびしさのみの夕ぐれの雨」(風雅・雑中・儀子内親王)などは寂しさに徹したやうな境である。これは「さびし」の語のない歌でもかやうな情調のあふれてゐるものが多いのであつて「降り積る色より月のかげになりて夕暮見えぬ庭の白雪」(風雅・冬・伏見院)などは幽寂の美の極まれるものであり、「むら〳〵に小松まじれる冬枯の野べ凄まじき夕ぐれのあめ」(風雅・冬・永福門院)などは凄寂ともいふべき所まで行つてゐる。かやうな作は新古今までの華やかさを含むさびしさと異なり、ひえ・さび・からびたものに近いのである。「枯野のすすき有明の月」が理想とされた時代の色とも言ふべきもので、絵画の方で墨一色の山水画が盛になつたのと、その軌を一にしてゐると思はれるのである。

玉葉風雅は為兼風の写実的手法によるものであるから、これらの作も自然観照の基礎があるであらうが、単に自然を観たといふだけでなく、時代の美的志向が、この幽寂を目ざしてゐたので、自然の中からかやうな情調をつかみ出し、よく名品をなし得たのである。其処には寓意的なものをも認めなければならないであらう。

(岡崎義恵氏)

『玉葉』『風雅』の時代こそは短歌の伝統の完成した時代であった。そして、そこに描かれた写実的な主題は水墨画や似絵に応ずる当代の美の精神が働いていたように思う。為兼は歌論として次のように言っている。すなわち

花にても月にても夜のあけ日のくるゝけしきにても事にそむきてはその事になりかへりそのまことをあらはしそのありさまをおもひとめそれにむきてわがこゝろのはたらくやうをも心にふかくあづけて心にことばをまするに有興おもしろき事色をのみそふるはこゝろをやるばかりなるは人のいろひあながちにくむべきにもあらぬ事也こと葉にて心をよまむとすると心のまゝに詞のにほひゆくとはかはれる所あるにこそ

と言い、また『花園院宸記』「弘法大師文筆眼心、専為兼之歌義、所依憑也」(正中二年十二月二十八日条)とあるように、文筆眼心の説すなわち

思所説景物、必須好似四時者春夏秋冬気色随時生意、取用之、意用之時必須安神浄慮、目観其物即入於心、心通其物物通即言、言其状須似其景、語須天海之内皆入納於方寸。

という説をそのままに取って、

景物につきて心ざしをあらはさむも心をとめふかく思ひいるべきにこそかならずよく四時に似たるをもちひよ春夏秋冬の気色時にしたがひて心をなしてこれをもちひよとも侍れば春は花のけしき秋は秋のけしき心をよくかなへて心にへだてずなして言にあらはればおりふしのまこともあらはれ天地の心にもかなふべきにこそ

と『為兼卿和歌抄』にいう。「その事になりかへり」というように、写実的な対象一如の態度から心を詞に表現するのであるが、その表現された世界はあくまで八代集以来の花鳥風月を詠ずる伝統に根ざしていたようである。しかし今為兼の歌を検討してゆくと

思ひそめき四つの時には花の春はるのうちにも明ぼのの空

というような反対派から批難される歌をもよんでいる。これは信実などにも見られるが、為兼には伝統を無視しようとした態度があったことは僅かに知られている伝記的な事実からも想像される。むしろありのままに無雑作によむような、例えば彼の庶幾していた明恵上人の歌に見られたような態度があらわれている。そして、そのようにありのままによむことがそのまま「大道透長安」なのである。為兼は「般若心経の畢竟空の心を」と題して

空しきをきはめをはりてその上によを常なりとまたみつるかな

とよんでいるが、そこには世間的なものを離れ、否定することによってかえって再び現実に還り、肯定するというような考え方が生じてくる。それは天台の諸法実相、一色一香無非中道というような立場にも自ずから通ずるだろう。草木までが皆仏性を有しているというような真言的な立場からであろうか、西行は

我が歌を詠むは遥に尋常に異なり、華・郭公・月・雪都て万物の興に向ひても、凡そ所有相皆是れ虚妄なること、眼に遮り耳に満てり。又読み出す所の言句は、皆是れ真言にあらずや。華を詠むとも実に華と思ふことなく、月を詠ずれども実に月とも思はず。只此の如くして、縁に随ひ興に随ひ詠み置く処なり。紅虹たなびけば虚空いろどれるに似たり。白日かゞやけば虚空明かなるに似たり。然れども虚空は本明かなるものにあらず、又色どれるにもあらず。我此の虚空の如くなる心の上において、種々の風情をいろどると雖も、更に蹤跡なし。此の歌即ち是れ如来の真の形体なり。されば一首詠み出でては、一体の仏像を造る思ひをなし、一句を思ひ続けては、秘密の真言を唱ふるに同じ。我れ此歌によりて法を得ることあり。若しこゝに至らずして、妄りに此の道を学ばば、邪路に入るべしと云々。

と喜海に語ったというが（『真言伝』）、すべて仏教的な世界観が当代の歌道を導いていて、こういう説にも自ずから通じて来る。またそれはむしろ「無一物処無尽蔵、有花有月有楼台」とか「僧問趙州如何是祖師西来意、州曰庭前柏樹

子」というような考え方にも応じて来る。或いはまた道元の『正法眼蔵』渓声山色に始めてひかれた「渓声便是広長舌　山色無非清浄身　夜来八万四千偈　他日如何挙似人」というあの有名な偈や、普寧が時頼に対して説いた「青々翠竹尽是真如　鬱々黄花無非般若」というような偈にも現われてくる詩禅一致的な世界観にも相応じて来るだろう。

燕なく軒端の夕日かげ消えて柳に青き庭の春風
秋風に浮き雲たかく空すみて夕日になびく岸の青柳

後花園院の御歌と為兼の歌二つを比べて見る時、前者も後者も同じく写生的な表現として充分鑑賞される。しかも後花園院の次のような、禅機を得るためと拝される

小夜ふくる窓の燈つく〴〵と影もしづけし我もしづけし
燈に我もむかはず燈も我にむかはずおのがまに〳〵
心とてよもに映るよ何ぞこれたゞこのむかふ燈の影
むかひなす心や物にあはれなるあはれにあらじ燈の影
更くる夜の燈の影をおのづから物のあはれにむかひなしぬる
過ぎにし世今行くさきと思ひうつる心よいづら燈の下
わが心澄めるばかりにふけはてゝ月を忘れてむかふ夜の月

円覚経生死涅槃猶如作夢の心を
誰も皆あたら色香をながむらし昨日も同じ花とりのはる

居一切時不起妄念(円覚経清浄慧菩薩章)
雁の飛ぶ高嶺の雲のひと靡き月入りかかる山の端のまつ

三諦一諦非三一の心を

窓の外にしたゝる雨を聞くなべにかべに背ける夜はの燈

大梅山の別伝院に御幸侍りける時、僧問雲門、樹凋葉落時如何、雲門云、体露金風と云ふ因縁を頌させ給ひけるついでに

立田川もみぢ葉流るみよし野の吉野の山にさくら花咲く

眉間宝剣と云ふことを

冴ゆる夜の空たかく澄む月よりも置きそふ霜の色はすさまし

というような御歌や、大燈国師の存在を想う時、その背後に見成公案とでも申すべき象徴的な世界観が考えられる。いわば理念がそのまま感覚と共に在るような詩の世界がそこにあるのである。『玉葉』『風雅』の世界は新古今的なものの延長で結局はあったであろうが、その客観的な表現にはなお当代の水墨画や庭園盆石の営みが単にそれ自身の目的を超えて、禅機を得るためのものであったと同じような精神がひそやかに働いてはいないか。

なおまたこの『玉葉』『風雅』の撰述された時代に相前後して二条良基を中心とした連歌道の成立がある。主として良基の力に成ったと考えられる『僻連抄』を見ると

景気　これ眺望などおもしろき体をつくべし

とあり、また「見る様にこもれる所もなく、月とあらば山の秋風とも、花とあらば峯の霞とも、加様の物をちともはたらかさて、景気眺望を見る様に有興て付るも子細なし」とか「其故は只鹿をもなかせ、風をも吹かせなどしたるばかりにてうるはしく秋の夕ぐれのさびしく幽なる景気もあるべからず。只かたのごとく時節の景物を案じ得たるばかりにて、へたはよく付たりとおもふべし。真実の上手の此句を了知したらむは、風情をこらし心をくだきて、殊にお

もひ入て付けんとたくむべき程に、第一の難句にてあるべし。此句によく付たる句にてあらば、秋の景気のすごくあはれなるおもかげそひて、やさしくもげにもとおぼゆる感情のあるべき也」とも見える。連歌の付合の技法として「景気」の付は充分に自覚されていた。連歌は『新古今集』の成立した前後から応安の連歌道成立の頃までほぼ有心連歌としてその本質的なものに共通したものがあったようである。そして連歌が逆に和歌に影響し、『新古今集』の中でも最も新古今的な歌などの背後に連歌があったのでないかと私は考えている。今そのことに触れる余裕はないが、『玉葉』『風雅』の時代に連歌道がまさに成立して来たことは注意しなければならぬ。

「景気」という詞はすでに俊成の頃から用いられていたが、それが客観的な表現を表わすようになったのは主として鎌倉末期からのことと思う。それまでは「見様」という詞で表わしていたものが「景気」という詞でも言い表わすようになったと思う。例えば『三五記』鷺本に見様の条に「この体は、つたなからむ口がらにて、つや〳〵よまるまじき姿なるべし。是も堪器のところには、又いとやすらかなるべき様なり。達者も此の体をば、朦気のさして、心底明かならぬ時は、景気歌とてそゞめきかけて読むなり」とあり、また『桐火桶』には

鶉なくまのゝ入江の浜風に尾花なみよる秋の夕ぐれ

の歌に対し、「景気ぞかし」と言い、また赤人の

和歌浦に潮みちくればかたをなみ芦べをさしてたづ鳴き渡る

という歌に対し、「眼前の体なるべし」という。『三五記』の前掲の詞句は『毎月抄』の「但、すべて此体のよまれぬ時の侍るなり。朦気さして心底みだりがはしき折は、いかによまむと案ずれども、有心体出来ず、それをよまむ〳〵としのぎ侍れば、いよ〳〵性骨よわりて無正体事侍なり。さらむ時は、まづ景気の歌とて、姿詞のそゝめきたるが、なにとなく心はなけれども歌ざまのよろしくきこゆるやうをよむべきにて候……」というのによっている。定家が

『毎月抄』に言う「景気」は俊成のいう「景気」と同じくそれは面影という意味にほとんど同じく、縹渺たる情趣が漂蕩する自然をいうので、俊頼や赤人の歌とはちがった方向の歌を「景気」といったようである。それが『桐火桶』や『三五記』には了俊が使ったと同じような意味――(それは近世、例えば蕉門の『あかさうし』に

春風や麦の中行水の音といふ句あり。景気の句なり。景気は大事の物也、連歌に、景曲といひ、いにしへの宗匠ふかくつゝしみ、一代一両句に不過。初心まねよき故にいましめたり。俳には連歌ほどにはいまず。惣而景気の句はふるびやすしとて、つよくいましめ有也。此春風、景曲第一也とて、かげろふいさむ花の糸口　といふ脇して送られ侍ると也。景曲は、見様体に属すと、定家卿もの給ふと也。寂蓮の急雨、定頼卿の宇治の網代木、是見様体の歌とある俳書にあり。

という場合の「景曲」なのであるが)――に使われているのは、かえって背後に『玉葉』『風雅』の二歌集の存在をこの書の成立に関係づけて考えるべきかも知れない。そして蕉門でいう「景曲」が「景曲」としての手法を自覚するのには、和歌との間に確かに連歌があったのではないか。しかも「景気」と「景曲」を同じ意味に使っているのは心敬が古いようであるが、一方『所々返答』には

おなしき比救済法師大原に籠居をとふらい給て

いつれみむ嵐のもみち松の雪

此御発句当座景曲あまり侍しと也

という風に、「景気」と同じ意味に使っていない時もある。この場合は「景曲」はむしろ余情的な意味に使っているようであって、また『所々返答』に宗砌の句をあげて、

我はかり身をは捨ると思しに

木のもとさひしおち栗のこゑ

救済なと申侍らは

木のもとすみのおちくりのこゑ

と申てさひしさをは句の面影にふくませ侍るへくや

といっている点から考えると、或いは「景曲」という語を「景気」という意味に使うことによって、より余情、面影が表現されると考えたためかも知れぬ。中世の歌、歌論、連歌の特長はいわば余情を追究したところにあるのであったが、ついに心敬はここまで到達したと見られないこともない。すなわち柳は緑、花は紅な所に「景曲」は生ずるのだ。ともかく赤人の歌などはもちろんあまりにも明瞭な客観的描写であるが、本来自然とあまりにも親しい日本人が歌論としてその表現手法を自覚するにはかなりの年月を要した。それは絵画の方で室町から桃山にかけて現われて来た花鳥画の題材についても同じことが言えると思う。また発句に季節のものを必ず詠むというような約束が早くから連歌において自覚されたのは、単に日本人の生活が自然と親しかったという以上、知性的な鎌倉時代の精神もまたそこに働いているのだろうが、同じことは「景気」の句にも言えると思う。それは自然を対象的に眺め、上代人のように己れの生と一如にならず、知性的に捕える精神がそこに存したからであろう。ともあれ、連歌では例えば宗牧の『胸中抄』には「景気連歌心得之事」として

かすかにつゝく野への古道

一むらの竹の葉かしけ梅咲て

野むらの体也。竹の葉かくれに。垣根の梅の咲わひたる有さま見るやう也。

宿かり衣嵐ふくなり

いつくともしらぬ野原に駒留て
旅行の体也。日も夕くれの岑の嵐なとに。そことなき野原に駒打寄。宿かりたる有様有へし。
嵐に雪もしふく笠の端
むら竹に棚なし小舟さし留て
舟人の雪嵐をかなしみて。笠打かたふけて。むら竹の陰にさしよせ休ふ有様也。誠に唐絵なとのことし。凡慮是に及へからす。
心ほそくもぬる夜かなしも
雨なから花落尽す草の庵
落花の時分。雨中深夜。まことに心細かなるへし。盧山雨夜草庵中といふ詩の心也。
芦辺にしろき鷺の一むれ
雨落る入江の浪に山暮て
暮山の入江は麓なとに鷺のおり居たる体也。夕になりて鷺の一しほしろき仕立粉骨也。此五句景気斗の句也。
上手のわさなり。初心として数寄及ふへからす。
と見え、また宗長の『雨夜記』に
一　景気に景気を付たる句
深山の庵に衣うつ音
松の葉にかゝれる月はかすかにて　（心敬の句）
というような例を八句挙げているので、そこには明らかに「景気」を「景気」として見る手法が自覚されていた。この手法はすでに室町初期、応安の頃の連歌にももちろん見られるのであり、それが歌の方に影響したとしても、それは『玉葉』『風雅』の和歌のように澄んだ境地には達していない。そして心敬の句には、

かるゝ色なる荻のやけ原
風たにもそよかて照す夏の日に

とか

雨にやならん吹風の音
末なひく田中の竹に鳩なきて

というような句を見ると、寄合に興味を持っていた応安頃の連歌よりはずっと観照の度が深まっていることを感じる。そこには確かに現実を強く、しっかりと把握する心の眼がある。あたかも写生的な立場から、心敬の冷えに応じるように冴えを説き、白銀の鋺のような歌を庶幾した長塚節のように。私はむしろこういう傾向の句を高く評価するものであるが、心敬の句を見て行くとかかる句は少く、例えば「景曲」の句に青をよんだものが多いのに判る如く、ありのままの現実を詠ずるというよりはより情趣的な、彼の詞を以てすれば「艶」という詞で統一されるような句が多いと思われる。心敬の中に見られる中世、それはいろいろに指摘されるだろう。そして、その中にいわば『新古今集』に発する、情趣的な、視覚的なあの伝統の流れに棹さした表現があった。それは「幽玄」という詞でしばしば言い表わされたが、能の如きものから小歌にすら、また絵画にも強く表わされて、しばしば当代の突き破って現われんとする庶民精神に被いをかけていた一つの芸術思潮であった。連歌が室町初期に文学史的な地位を占めて以来、それは常に和歌と同じような地歩、高さを持とうとしたが、常に忍び笑いの如く非文学的な、文学以前の要素がつきまとっていた。しかも心敬を中心とした『竹林抄』の七人の「連士」はついにこういう境地をつくり出したのである。それは

純美といわれるような、美しい古典的な世界であった。
心敬の艶と思われる句を少しく挙げて見よう。

夢うつゝともわかぬあけほの
月に散花はこの世のものならて

あかつきしろきむらさきの秋
きのふよりつほめる菊は色そひて

舟さす水の冷ましき色
月なかれ川音白き夜は更けて

聞そつたふる神のそのかみ
郭公ほのかたらひし山に寝て

夕波しろし月や出らん
木の本に峯の尾花の仄めきて

あけすはいそく影を見ましや
すたれまく霞のまとの夕月夜

しつかにすめる春の浦なみ
芦の葉に小夜風霞む月深て
冬枯の野辺に淋しき色見えて
夕日のしたの水の一すち

私はかかる傾向の句をなお多く挙げ得るように思う。そしてそれはこの時代の代表的な連歌に共通して見られるところであって、例えば当代の

薫き物の木枯の　洩り出づる小簾《こす》の扉《とぼそ》は　月さへ匂ふ夕暮　（『閑吟集』）

というような小歌、はたまた謡曲の源氏物、「夕顔」や「野宮」の如きにあらわれた共通的なファンタジックな傾向であったと思う。しかもそのむしろ艶とでも称すべき傾向が心敬に在ってはいわば冷えという方向にむしろ冷え極まっているのである。冷えとか、寒しという言葉を心敬を論ずるものが常に引くところであり、『さゝめごと』その他の連歌学書から多くの関連した詞が見出される。私は今更それを挙げはすまい。心敬はいかにかかる境地を庶幾したことか、

ことの葉にさむき色そふ風もかな
　木からしはさしもさえこほり侍れはわか歌道のあたゝかなる方をさそひうしなひ侍れかし
山ふかし心におつる秋の水
　山閑の秋の水の冷々としたるに心をすまし侍れはむねのうちと水とひとしく清々たりといへり

と註し、また

ふりませてゆふ立さむし玉あられ
底すゝし人のことはの玉の淵
柳ちりかりかねさむき川辺かな
下葉ゆくさゝ水さむき岩ねかな
ふけぬるか河音さむきゆふ月夜
影むすふ清水にさむし富士の雪

というような句により彼の庶幾した境地はともかく判ると思う。これは禅竹が出、また日氷――室町初期の人ではあるまい――の瘦男《やせおとこ》がきざまれ、三体詩が愛読され、枯山水が流行した当代である。そういう時代の芸術精神からも心敬の冷えという美意識は了解されるであろう。心敬論はこれまで数多く出ているが、彼が心の艶を説いた、それが詞の艶を否定したところに冷えとか枯れとかいう美意識が生れたというようなことは、すでに連歌学書を引いて論じてある。これについてはなおつけ加えたいこともあるが、今は措く。ただ彼がいかにかかる境地を強く庶幾したかは「百句附」にはっきりと表われていることをこの機会に注意しておこう。「百句附」は心敬の連歌論を論ずるものがもっと活用しなくてはならぬ。今その点に一々触れることが出来ないが、宗祇は『竹林抄』の中に「百句附」の中から二十数句を採っている。しかも他の現存する百韻からは「百句附」のようにたくさんは採らず、「川越千句」の如き代表的なものすら宗祇はたくさんは『竹林抄』に採っていないのである。心敬は執筆の筆の置かぬ間に句が成ったというような逸話もあって、実作上でも当代随一であったろうが、「百句附」に強く主張したような作風が一々の百韻に強く出てはいないように思う。宗祇も「百句附」を高く評価したからこそかくも多く『竹林抄』に採用したのであろう。もちろん当代の美意識として『竹林抄』の作家に共通した冷えた美は作品中に見られるところであるが、それは「氷ばかり艶なるはなし」というような方向においてである。枯れたとか、ありのままの飾らぬ美しさというようなこと、「か様の句めにも立侍らぬとも結構の句より作者残るか」「か様の安らかなる句に作者の心は中々〳〵とまり侍る事有か只安き句に心をふかく思ひ入て尋侍る好士此道の誠の友成へくや」というような評語は見えるには見えるが、そういう傾向が実地の一座の心敬の句に濃くあらわれているようには思えない。むしろ面影を詠ずるという傾向が強く見られる。それは彼の強く主張した連歌論から自ずから出て来るところであったろうが、むしろ「艶」の系譜をも強く受けているところに特色があるように思う。この点やはり心敬は理論家であったのでないか。「百句附」は周阿、救済の付句に対して己の付句を示し、むしろ心敬の自負――彼の自負は『さゝめごと』に己の句を示すようなところにも見えるが――の傾向の著しく窺われ、自註を試みている点などむしろ連歌論書と言ってもよいのであるが、そこに老いを歎じ、冷えた美を表わしていることがよく判る。そしてそういう境地が心の艶といわれるものであったろう。そしてかかる傾向の窮まったところに「景曲」の句と反対の観念的な句も見られるのである。私は少しくその点に触れてみよう。

一声に見ぬ山深しほとゝきす
杉むらに声のあや折れほとゝきす
ほとゝきす聞かぬ初音や朝くもり
朝鳥の霞になきて花もなし
鶯の声の花折るあしたかな

最初の発句――「一声に見ぬ山深しほとゝぎす」の句は『竹林抄』や『新撰筑波集』にも見えて、彼の代表的な発句

と言うべきであるが、この句は『芝草』によれば
閑日に一こゑなと音信侍るはさなから山家なとの心うかひ侍れは也　武蔵野にての発句なれは

と註するように、恐らくどこか武蔵野の広々とした平野の静けさの中にほととぎすの一声を聞いて、あたかも山家に居るような幻想を表わしたので、「見ぬ山深し」という表現にはなはだ心敬らしい、心のこもった特色があらわれていると思う。そういう幻想は次の句、「杉むらに声のあやをれ」とも詠ずるのである。この句は「岩橋」に

ほとゝぎす過にしこゑを残す哉くるゝふもとの杉のむら雲
此歌の心は過てきかぬこゑを景曲の面白さにさなからこゑをきくことくなりと也　さて杉のむら雲といへり
西上人の山田の原の心さしなるへく哉

と註した和歌と同じ対象を表わしたものであるが、「声のあやをれ」と視覚的に表現することによって、その裂帛の響きを読者に思わせる。その次の句には

はつ音をまつ比のなにとなくうちくもり侍もさる空とは今日はさりともと思をかけぬれは先きくことたのもしく侍る也

と『芝草』に註し、聞かぬ初音を聞いているのである。また次の句には

ろう〳〵としたるあしたに花に鳥ののとやかになき侍る也　花はあるといへるこゝろなり

と註し、また

朝ほらけはことにうくひすのこゑも花やかに侍るをきゝえたるを花といへり　こと葉によりておるとよそへ侍り

と註する。五月の朝くもりにほととぎすの初音を想い、朝鳥の声に花を思うては花もなしと詠じ、「花はあるといへるこゝろなり」と註し、霞の中に花を想い、鶯の鳴声に花を見るのである。

鳥花を含める声の匂ひ哉
散る花の音聞く程の深山哉
花に見ぬ夕暮ふかき青葉かな
月に見ぬおほろは花の匂ひかな
雨もまた声なき桐の若葉かな
若葉よりまた花落す露もかな
松か香をとふ人なれや苔の庭
花落る夕は秋の山路かな

かかる同じ傾向の句の幾つかを挙げて見た。心敬は鳥の鳴声にも花を見るのである。「散る花の音聞く程の深山哉」については阿部次郎氏は、

醍醐寂静谷といふ所の花見侍りしと前書がついてゐる。これは「一鳥鳴いて山更に幽なり」といふ以上の静けさである。恐らくは此句には風が吹いてゐない、風なきに散る花の音がきこえるほどの静けさを、耳に実際きくといふよりは、心が先に立つて感じてゐるので、一見理屈らしくきこえる「ほどの」といふ言葉が繰返し味つてゐるあひだに切実になつて来る。而もその音が散る花といふあはれに色あるものから来るところに幽玄な微光のほのめきがある、深山の鳥声の外に新たに一つの境地を拓き得たといふべきである。心敬には他に「とがの尾にての連歌」に

散る花の雪さへ寒き深山かな

といふ発句があるが、これは醍醐の作に比して及ばない。寧ろ

花おちて小笹つゆけき山ぢかな

の句を以て醍醐途上の景を補ふに足るものとすべきであらう。さうして花の後には

花に見ぬ夕暮ふかき青葉かな

の「ふかさ」を彼は味はつてゐるのである。

山や雪しらぬ鳥なく都かな

此句には前句のやうに煎じつめられた幽玄はない。併し都の中に見知らぬ鳥の小さい姿を発見して、山の雪を思ひやる一句の働きは、これはこれとして注意に値する。後世の俳句に余程接近して来た境地である。

きくほとは月を忘るゝ時雨かな　心敬

月を待つところに時雨が降り出した、時雨の寂びた音に耳をすましてゐるうちに、その境地が心をみたして、月のことを忘れてしまふのである。この句は

庭はいて雪を忘るゝ箒かな　芭蕉

といふ画賛に比して、境涯の澄徹に於いて寧ろ優るであらう。

と書かれる。心敬は心で聞いているので、深山でない所を寂静谷の名に因んで深山と形容するのである。

山ふかし槙たつ庭の秋の色

の句も同じ傾向である。山でない所で山の深さを味わうのである。事実「花おつる夕は秋の山路哉」の句には「花の落はてゝ人も影たえたる山の引かへ心すこく侍るはさなから秋ふかき比かとこゝろほそきをいへり」と註する。花の落ちる夕に秋の山路を幻想するのである。青葉の夕暮の深さに花の頃の夕暮を味わい、おぼろ月夜に花の匂いを幻想するのである。同じような態度は、

太山《みやま》のみちをひとりこそゆけ
みしはなき蓬か杣の露分て

という句の自註にも見られる。すなわち

此句のよりさま山類なとに見給はゝ無下也　なきか跡のふりはてゝよもきのみたかき露をなく〳〵ひとりたつねいり侍る心ほそさはたゝ太山に分まよひ侍る心ちしぬると也

と『芝草』に註している。これは「百句附」の中の句であり、静嘉堂文庫『百番連歌合』によると

深山のみちをひとりこそゆけ
くもる日は我かけたにもみにそはて　侍（救済）
花もなきその木末たに夕にて　周（周阿）
みしはなき蓬か杣の露分て　心（心敬）

とある句であるが、「百句附」の自註には

よもきか杣といへるはひとへに山にはあるへからす苔の跡荒屋古宮なとのあさましく荒はてたるさまなり　されはこの蓬か露を分まよひて苔の跡をたつね侍れはをのつからみやまの道をひとりたとることとくにこゝろほそくたよりなしといへる斗なり

とある。（もっとも彰考館本によると下句は「人もなき」とある。）これは「百句附」の中の句が皆そうであるように、冷え果てた境地をよんだ恋の句であるが、やはり太山でない所を行きながら太山を行くと幻想するのである。

一むらまよふ雲のさひしさ

鳥の音をきのふの花の名残にて
　風の音聞くはつ春の空
子日せしたか世の小松ふりぬらん
　我ふる里と鳥そさへつる
誰うゑし木末の野へに霞むらん
　植置し草にこの頃花咲て
人のかたみのさくらちるかけ
　かへらぬ花の陰をこそとへ
霞む野をこぞみし人の名残にて
　浅茅か原の人のおもかけ
露はたゝ夕の落す涙にて
　草のみふかしいにしへの跡
鳴く虫も知らす見ぬ世の誰ならん
　心にむかふあきの面かけ

それなからたもとの露は露ならて
おもふとも別れし人はかへらめや
夕暮ふかし桜ちる山
時しもあれかたみの雲に風吹て
きのふの花そ面影になる
おほつかな秋もやちかくなりぬらん
こゝろほそしな花おつるころ

このような句を見ると何よりも一種の幻影感が漂っているように考えられる。例えば第一句の如く空をさまよう一むらの雲と鳥の音に昨日の花を思うたり、初春の子《ね》の日の松の風の音にその松がまだ小松であった遠い昔を想うような、現在の事物を詠じてその事物に関係する幻影を描く。しかもその主観的な幻影がこれらの付句にあっては理屈に陥らず、そこはかとなき叙情性を湛えていて、極めて成功している句と言えよう。最後の句も『芝草』に見える句であるが、

此句春なから花の落はて侍る比は心ほそくすゝろにあちきなく侍れはさては秋にむかへるかと也

と註している。春にあって秋の頃かと思うのである。この句は別本の『芝草』(故石田元季氏蔵)には

おほつかな秋もやちかき夕ま暮

こゝろほそしな暮そはかなき

とある。この句の方が初稿でなかったか。「心細しな花落る頃」と説明することによって、いっそうその主観的な幻影を確実にしている。改作の方がより情緒的な雰囲気を持っている。そして、心敬は殊に心の耳を澄ますのである。故に「心にむかふ秋の面かけ」の句には

かやうの前句やすく〳〵ととりをき給へる人もある歟　最大事の前句歟　秋のうちにては心にむかふ秋の面かけとはいはるへからす　うちこしに冬春なとにかならす仕侍るへし　さては難儀にや　袖の露さなから露にてされともまことの露には侍らねは秋の露の面影のみ涙ゆへむかへるとなり

と書く。かかるいわば面影ばかりを詠ずる手法をはっきりと自覚していた。すでに古く俊成も

面影に花のすがたをさきだてていくへ越えきぬ峯の白雲

と詠じている。また芭蕉には

丈六にかげろふ高し石の上

という句があり、蕪村には

門を出て故人に会ひぬ秋の暮

という句がある。しかし、心敬にはいわば俤を詠ずるというような句が殊に目立つのである。これは『徒然草』に述べられ、正徹も引き、心敬も引いている「月花を目にて見るものかは」という中世的なあの景観がもちろん影響している。「月にうそふき侍る人の目をとちてむかへるはいさゝかほいなく哉　されともまことに思ひいれ侍らん人はめをとちてむなしき事を思ひ合せ侍るへく哉　古人も月花をは目にてのみみる物かはといへり」ともいう。心敬には観想的態度が著しい。

雨におち風にちらすは花も見し

花はあたにちりしほれ侍ればこそ心なき世の無常をもすゝめ侍れ　もしちらぬ物にて侍らはうたて侍へしと也　かやうにいへるもたゝ花をふかくおもひいれたる也

或いは

きくほとは月をわするゝしくれ哉

深夜なとに時雨のこほれ侍るをきくたゝちには月にうらめしき事をも忘るゝ感情ふかしと也

かかる註に見られる観想的態度は例えば「匂は色より艶深しと也」というような主張から自ら心の耳を澄まそうとするのであろう。これは宗祇や宗長等に比べて明白な心敬の特色である。「景曲」の句とて、単に素朴に自然に対しているのでない。遡って当代の文化精神が(例えば水墨画において見られるように)意志的な禅精神を通過して自然的な、いわば原始に還った観があるように、そこには強い心の耳が潜んでいるのである。禅竹の「物ミナ枯レツキテ、カソカニ幼ク」と「幼ク」の詞がある所以である。いわば素直に感動する前に、意志、心の耳があるのである。そこを通過して後、幼さ、自然に還ろうとする。従ってどうかするとあまりに理屈っぽくなりもし、失敗した句が多い。しかし、これは当時の連歌一般に見られるところである。しかも心敬の句の理屈に陥らない句には自ずとほのかな淋しさが漂うているのである。そういう淋しさもまた心敬に見られる一つの傾向であって、例えば

さひしさつらさ誰とかたらん

花おつる比しも雨をよる聞て

夏なきとしとおもふ木の本
山ふかみ後の弥生の花をみて

道のへになかはくちたる梅咲て
哀しる花に心のありもせて

くれて猶ふく風の寂しさ
人もみぬ青葉の花に露落て

浦さひしくも春かへる空
藻しほやく煙にかすむ雁鳴て

あはれにも真柴折たく夕まくれ
炭売る市の帰るさの山

の如き。最後の句には宗祇は「朝夕くるしみて焼いだしたる炭をば市にのみ売りて我が庵には真柴のみたつることわざの哀れなる様なり　かやうの心はこの作者の殊に思ふところなり」と註している。『芝草』にも「世をわひぬるしつ山かつは日夜こゝろをつくしてやきぬる炭をは世わたるよすかにうりつくして帰り侍りぬるあはれを」とも書く。作者の殊に思う心は「あはれ」にあったと思う。その「あはれ」とか、淋しさ、また無常感がよりいっそう推し進められるところに心敬独自の幻影的なうらさびしい句が見られるのでなかろうか。

連歌論に即する限り、「枯野の薄、有明の月」というような美意識が庶幾された。そういう美意識はさびとか冷えとか、からびたとかいう美と連なって説明される。心敬も

篠かしけ橋に霜ふる山路かな

の句について、

まことに山路のさまを申たて侍り　木のね岩のはさまに小篠はかしけて一すちの朽木の橋にのみ霜こほり侍ると也　此句に水辺なとませ侍らは無下に感情をくれ侍るへく哉

と『芝草』に註し、また『所々返答』には

此もさせるふし侍らね共五文字の末に橋の縁語なくひとへに山ちの木のね岩ねにをろそかにうちかけたる風体を申て水辺の物を入侍らさるを作者の粉骨ともす斗也

とある。恐らくこの句の誤伝であろう、『山上宗二記』には

東山殿此壺始テ御物ニメサレ候時。能阿弥ニ是程ナル壺ニ未名ヲ付ヌ事。捨子ニスルカト上意ニ付テ。今ニ捨子ト云也。土一段好土也。御茶ノ事ハ不及申。六斤七ツ八ツ入壺也。第一何ノ壺ニモ替リ。薬カジケ上ニ霜ノ降タル様ナル面白キ薬ニテ候。或時心敬祗候ノ時。此壺ニ発句スベキ由就上意。則発句被仕候。比ハ御口切ノ時節カト相聞候。篠カジケ橋ニ霜ヲク朝哉

心敬法師連歌語ニ曰、連歌ノ仕様。枯カジケ寒カレト云。此語ヲ紹鷗茶湯之果ハ如此有度物ヲナド常ニ申サル、由、辻玄哉語伝候。

と見える。水辺の物をよみながら、ぬれ〳〵としたものがなく、枯れ切った世界を表わしたものであった。かかる句境はむしろ当時の庭園、枯山水が想起される。それは水のない材料で水辺を表すやり方であって、かかる美意識はむ

しろ枯れた世界であって、当時の芸術の共通の思潮だった。心敬を論ぜられる時は必ず引かれるように連歌論にはもちろんやせ、冷えという美が説かれている。むしろ平淡な、無所住を以て理想とした心敬ではあったが、きびしい冷え、枯れた美が求められているだろうか。この点になると心敬は作品に即する限り、あまりにも一つの傾向のみが求められてはいないだろうか。連歌と和歌とが変らぬことを説いていても、連歌独自の道についてやや説くところが足らぬのでなかろうか。殊に百韻の実作を検討して行くと、やや一座の統一という点において室町時代の連歌は自覚が足りなかったのでなかろうか。「連歌は百韻の移り行くやうによりて面白くもあしくも聞ゆるなり。うすくこく地文をまじへて大事の句をばやすき方へより、やすき句をば大事に付なすべきとぞ」(兼載への伝書)と心敬は言うが、心敬の『さゝめごと』にもそういう点は強く説かれておらぬ。これは日本文学全体の欠陥であろうが、構想力という点において欠ける所が多かったのでないか。心敬の連歌とてその点において古典的な優美と情緒を守っただけでなかったろうか。そしてまた、私達は従来中世文学に対してやや観念的に幽玄とか寂びを説き過ぎる嫌いがあるのでなかろうか。世阿弥の芸術論と謡曲の構想そのものにやや間隙が見られるように、心敬の連歌と連歌論には遊離したものがあるのでなかろうか。連歌も謡曲ももっと別な生々とした室町時代の庶民精神から説明されるべきだろう。そしてかかる観点からは心敬を必ずしも高く評価する気になれぬ。心敬は終生その風体を変えなかったと兼載は言っている。今文献的考証はすべて省いているが、その伝記については彼の歌の自註によれば、彼は紀州の名草郡田井庄の生れであった——このことは従来注意されていない——が、しばしば生れ故郷に帰っているらしいことは『さゝめごと』などの奥書から判る。そうしては四方に流離した心敬は一人孤高という感じがする。孤高であるが故に、狭く清い。その風体はかなり傾向が他の連歌師に比してはっきりしているように思う。

散らしかね柳に青し春の風

一声に見ぬ山ふかしほとゝきす

花に見ぬ夕暮ふかき青葉かな

かかる句は心敬の句風を明瞭にしている。むしろ、心で見る、見ぬ俤が描かれているのである。そして、「景曲」の句であっても強い、強い心の眼で見ているのである。それはまた、わびやさびと言われる情緒としばしば通じては来よう。しかし、それは優美という意味の伝統を確かに受け伝えている。ただそれが一度否定的な面を通じなければならなかったことに室町時代の意味があったが、今となっては私達はあまりそれを有難がってはならぬと思う。それはあまりに小さな小我の世界であったから。ただ私達の詩精神の建設のために多少意味を見出すならば、それがしばしば意識でもって建設して行く世界であったことにあるのでなかろうか。我々の詩精神においては、今後むしろ主情的なものが否定されねばならぬのでないか。花鳥風月が否定されねばならぬのでないか。連歌の世界は『万葉』の世界とは反対に観念的な、むしろ意識で作りあげて行く世界であった。そして、私達は詩精神においてもう強い感動を以て築き詠いあげてしまうにはあまり遠い所に来てはいないだろうか。何となれば私達はあまりにもきびしい冬に来てしまったから。「託宣する巫女」のまにまに歌おうとは思わない。その頃は何とも思っていなかったが、私達の経、成長して来た時代は今想うて見ると、素直に歌って伸び伸びと成長し得た世代が存した。それは或いは凋落の前の秋の盛りであったかも知れぬが、少数の仲間がしばしば一つの醇平たる声にたやすく、大きく成長し得たような。私達は例えば『アララギ』や『白樺』の運動をやや甘い感傷を以て回心し得る。しかし私達の時代は？――私達の時代は違う。このきびしい冬にもなお春の近いことを信じつつ、単なる文化運動の如きを否定して、お互いに固まり、体を温めねばならぬだろう。私達の生き方についてもっと克己と自省と否定と懺悔とを。詩精神においても素直に歌って、それが大きい声となるようなことはゆめゆめ考えず、むしろ感情を殺し、殺して別なものに転換させて行くような、個人の経験を衆人の共通感情に昇華させるような別の詠じ方――沈潜と克己と懺悔と――文化革命はまだ起っていない。だが岩間に閉じた氷もいつかは解けそめて流れるだろう。想えばつい先頃の日、このきびしい時代の始まる前後に、私はたとえば大雅堂や鉄斎や華岳の作品展を京都で見得た。その絵を見ていた際の魂的な幸福感――それを一層こんな時に回想出来、善き絵を見得た時の悦びの意味が強く感じられ、忘れられない。或いはまた、同じつい三四年前のこと、私は京都を離れて東北の一小都市の兵営に在った時、『暗夜行路』後編の美しさ、浄福的なその明るさがやや暗い、さびしい東北の夏の自然に打ち克って突然と響いて来た。紫野や北野の辺の「自然」が今更一つの心の風景として私に生き返って来るのだった。こういうものがかえって一つの力を持っていることをそんな暗い時間にこそ知った。これは私にとって大切な経験であった。私は今のような時代に在ってそんなものの力を伝えることの大切さを想うて見る。「文化」とかいわれるあのはかない綾織物は今、例えば西洋中世期の修道僧がひそかに学芸を寺院で持ち伝えたように、この衆愚の時代にもなおひそやかに伝えられるべきでなかろうか。だが私達の文化とか伝統とか言われるあの綾織物は言われる如くあまりにも特殊な「芸」ではないのか。私はどうかするとそういう説を肯定したくなって来る。――いつか読んだ高村光太郎氏の詞――

私は明治以降、永い間日本画といふものを観て来て、いつも魂の一隅に不満を感じてゐた。それは日本画と称せられるものゝ痩せ方である。日本画は痩せ細つてゐる。いろいろな説明があつて、表現面であるとか、空白の意味であるとか、玄妙な解析が行はれる。けれども、その痩せてゐる事に於いては依然として同じである。いくら東洋画の特色は気と韻とにあり、筆と墨とにあるといふやうに説かれても、私の腹の虫は承知しないのである。何処の国の絵画にも皆それぞれの気と韻とはあるのである。大雅堂の、と随分聞かされてゐるが、その大雅堂の最上級の筆墨を持つてカペラ・シスチナに行つてみるがいい。どちらが消えて無くなるかを体験してみるがいい。

梁楷の水墨もむろんおもしろいが、其を持つてサンタマリア・デレ・グラチェの最後の晩餐の傍に並べてみるがいゝ。……すこし日本を公平に見よう。日本には絵画があつた。画面の寒くない絵画が弘仁から藤原時代にあつた。広大な絵があつた。私はカペラ・シスチナの処へ持つてゆくなら恵心僧都の夢であるあの来迎図を持つてゆかう。其処には絵画の正統がある。腹芸だけでない物理がある。機構がある。画面の絵画的充実がある。色彩がある。広袤がある。深大がある。そこには末梢神経的な線などにはこだはつてゐない。しかしその線でさへも雄渾な、宇宙的秩序がある。ルオーの絵画を人はいいと言ふ。其は宗教的であるとか、精霊的であるとかいろいろに言はれる。さういふところに彼の絵の力があるのであらうか。さういふ事は皆彼の絵の性質に過ぎない。事実は、ルオーの絵の画面全体から来る物理的充実感がルオーの根元なのである。あの一ぱいに孕むやうな大どかな力である。マチス然り、ピカソ然り。……

私達の国土には『戦争と平和』や『人間喜劇』やシェクスピーヤの劇がなかったことを何度も想って見る。わずかに民族文学としての『万葉集』と芭蕉・西鶴があるのみでないかと思うことすらある。能の、世阿弥に発する「能」の美しさにはこの頃ますます魅きつけられて来る。しかし能には世阿弥が出た時代の劇の心に即し特殊な読み方が必要だろう。『源氏物語』には平安時代の物語——小説ではない「物語」の心に即して読まねばならぬ。中世文学と言われるものに共通する幽玄と言われるような味を何か深いものと前提してその意味を解剖することに対して私はやや懐疑的である。だが能が生んだあの「能面」のこころは——その背後に生々たる五山の形而上的な精神を想わざるを得ない。はたまた、「山姥」や「弱法師」の詞が持つ限りなく美しいその象徴的意味は——私はその意味に少しずつ動かされて来るようになって来た。私はしばしば私達の伝統的な芸術精神が小味な、小手先のものに陥り易いことを自戒しつつも、その味わいに魅かれざるを得ないのである。伝統を否定することも遂にまた伝統を肯定することなのでないか。いわば中世の精神を象徴するこの一連歌僧が依然として小宇宙の世界にのみ住していたことに飽き足らぬものを持っていることだけは表白しておこう。しかし「大裏大極殿の高座にて、ひとりなしてもうてぬやうに」「大なる時は虚空もせばく、小なる時は芥子の中にも所あるやうに」――この象徴的な一粒粟中世界を蔵する彼の言葉は私達の今の生き方に大きな暗示を与える。加うるに彼の「冷え」とか「からびたる」というような言葉の背後には空観的な禅宗の精神が潜んでいる。そしてそこには植田博士の美しい詞を以てすれば、その時代の絵画について心敬と似た周文に言われた「心の底に染みとほる静かさ、寂しさ」があったのである。冬の静かさ寂しさがあったのである。或る日私は大徳寺の真珠庵の庭玉軒や孤蓬庵の茶席、その庭の有する心に徐々にうたれてくるようになって来た。元来東国の血を持つ私の如きものにすら、京都の多くの茶席が飾付をさせられる時にいかに恍惚たる一宇宙を顕現するかを知ったことは私のあわい悦びの経験であった。私はこれをどういう風に世界の言葉に翻訳すべきかを知らない。だがきびしい冬の美は在るであろう。冬の季節の「美をつゝんだ美しさ」――「私はいつも最も突き進んだ芸術の究極境が此の冬の美にある事を心ひそかに感じてゐる。満目蕭条たる芸術を生み得るやうになるまで人間が進み得るかどうか、それはわからない。此は所詮人間自身の審美の鍛錬に待つ外はないにきまつてゐる。たゞ物寂びた芸術、ただ厳しい芸術、さういふ程度の階段に位するものなら求めるに難くない。古来、真に冬たり得た芸術が一体何処にあるだらう」――そういうきびしい美が私達の未来の方向に一つあり得るとするならば。或いはまた簡素の美があり得るとすれば――。中世の美の精神は一つの暗示を与え得るであろうか。それは物さびた、いわば、形の背後の形、色のない色、小なるものに大きなるものを見るような精神であった。「なにも〳〵小さきものはみなうつくし」と清少納言も言った。小さなものに微妙に働く美しい心。その「うつくし」という詞はいつくしむという意味に通ずるという。慈愛の倫理が自ずからそこに生れるであろう。そして伝統は遂に復活するであろうか。『アララギ』の精神からはしばしば逸脱するばかり、とろりとした官能を持っていたかに見える中村憲吉の歌ですら晩年はあれほどさびしい、澄んだ歌になったではないか。元禄の西鶴も『置土産』の境地に達したではないか。だから心敬の純美の世界は一つの極限であったこと、中世もまた一つの美を持っていたことを認めて、それにふさわしい星座が与えられねばならぬ。高野山の「二十五菩薩来迎図」が持つような大いなる美しさ、優美、艶もまた一つの力である。「いつくし」が「うつくし」に通ずるように美もまた一つの徳であらねばならぬ。私の貧しい経験回想では例えば尾張甚目寺の不動尊の仏画像が持つような、その紫紺・緑・赤のあえかな美しさ匂い合いに藤原時代の美の精神を想わざるを得ない。その背後の火焔やその台座の辺の色彩の映え合ううるわしさは小品と言え、無類のような気がする。そして、紫は、赤色を含んだ古代紫はしばしば恋の連想もあったらしく、「花も糸も紙もすべて紫なるものはめでたくこそあれ」と『枕草子』にもあって、平安時代の人にもゆかしとされた愛の暖かい倫理色であった。美術史家は碧やさびた銀を中世の色として説く。中世の水墨画は言わずもがな、また色彩的な大和絵の伝統を受けた絵画、例えば私にとって美しいというだけの単純な理由でこのような十年の戦争の間、記憶の底に持ちつづけた、かつて東京で見た絵画——河内金剛寺蔵の「日月山水図屏風」とか、根津家蔵の「蹴鞠図屏風」のような絵画の群青や夜を表す碧——その美しさと心の深さは忘れられない——は桃山時代の金碧画の豪奢以前に、正しく中世の色を表徴するような障屏画に思えた。そして我が心敬は正しく色彩で以てするならば、その碧や銀、また墨絵の色で以て象徴されるような作家であったことが指摘されよう。そして禅精神を通過したところにかえって再び自然的な、素朴なものが露呈しており、やがて次の時代の現実主義的なものを生むべき、この時代の文化精神であったのであることは心敬においてもなお味わわれるべき一面であろう。このことは別に詳しく言おう。

第三節　もの

——出物・物着・花の本連歌——

世阿弥の『花伝書』を見ると物学の条々・神の部に

神をばいかにも神体によろしきやうにいでたちてけだかくことさら出物にならでは、神といふ事はあるまじければ、いしやうをかざりてゑもんをつくろひてすべし。

という詞句がある。この詞句の「出物」について、何と訓むべきか。川瀬一馬博士は『世阿弥自筆伝書集』(昭和十八年)に「だしもの」と訓をつけられ、また『頭注世阿弥二十三部集』(昭和二十年)では「出物は登場人物の意であるが、ここでは扮して現はれ出る姿より外には神といふものを表現する事は出来にくいからの意」(一七頁)と頭註を付けられ、同氏の『校註花伝書』においても「出物は扮して現はれ出る姿の意、出物に於いてでなければ(出物より外には)神といふものを表現する事は出来にくいからの意」(五三頁)と頭註を付けられている。能勢朝次博士は『世阿弥十六部集評釈 上』(昭和十五年版)『花伝書』の同条の語釈に「出物《だしもの》にならでは——出物は後ジテの扮して出るものを出物といふ。能作書の中に、四五ケ所この語が見える。「殊更出物にならでは神といふ事はあるまじければ云々」は、ことに後ジテに於てでなければ、神の出現といふことはない筈なのだから、後ジテに於ては、特に衣裳も立派な衣裳をつけ、衣紋けだかくして演ぜよ、といふ意と思はれる」(六一頁)と書かれ、明瞭には示されていないが、後ジテとほとんど同じような意味に解されていると思われ、『文学』昭和十一年四月号の「世阿弥能楽論研究」でも能勢博士は

「出物といふ語例は「能作書」に数ケ所見えるので、それらから推定すると、「後ジテとなって出るもの」ではないかと思はれます」(一三一頁)とも言われている。『能作書』を見ると、

1　書とは其能の開口より、出物《デモノ》のしなしなによりて、「此人体にては、いかやうなること葉をかきて、よかるべし」と案得すべし。(吉田東伍校注本による)

2　自是、其後、出物の人体、天女、男体いつれにてもあれ、橋かかりにて甲物さし声云なかして、一声上《アゲ》て、後句は、同音なとにて長〳〵たふたふとあけなかして云くたすべし。

3　又出物の舞楽の人体によりて、きりひやうしなとにて入る事もあるべし。

4　軍体の出物定めて名のりこゑあるべし、心得て書すべし。

5　砕動風鬼の能作……後の出物、定めて霊鬼なるべし。

と見える。この場合、1の出物については能勢博士は「出物《でもの》――扮装して舞台にあらはれる者」(六〇二頁)と語釈され、2の出物については「出物の人体――後ジテに於て出現する人物の人体の意」(六一〇頁)と語釈され、「天女、男体――男体は、男の神体の意に見るべきであらう。但し、脇《(能?)》後の後ジテのすべてが、神体といふわけではない。高砂では、住吉明神に扮したものが出て、邯鄲男の面をかけて舞ふ」と書かれ、2の所は口訳に「急の段になって後為手の扮する人体が、天女或は男体の何れにしても」云々と口訳されている。3の所は「又後為手の舞楽の人体によって」云々と口訳されているし、4の軍体の出物については「軍体の出物――後ジテが武者に扮して出づる者をいふ」(六二六頁)と語釈され、「軍体能の後ジテには、何処かに必ず名乗をあげる所があらう」云々と口訳されており、5の後の出物は「後の出物――後ジテとなってあらはれる者」(六四〇頁)と口訳されている。またこの例の出物については、「だしもの」と訓ずべきか、「でもの」と訓ずべきか、問題であるが、『習道書』には

若その能の出し物によりて、ふうふなんとにて、老男老女両人出て事をなさんは、それしかるべし。

とあり、「出し物」となっている。この「出し物」は評釈に「能の出し物——能に於て登場させる人物」(二五〇頁)と語釈される。川瀬博士は『頭注世阿弥二十三部集』に『能作書』の1の例は「出物《だしもの》」とつけられ、登場人物(一一一頁)と註され、2の例は「出物《だしもの》の人体」と訓ぜられ、3の例は「出物《でもの》の舞楽の人体《にんてい》」と訓ぜられ、4の例は「軍体の出物《だしもの》」と訓ぜられ、登場人物(一一七頁)と註しておられ、5の例は「後の出物《だしもの》」と訓ぜられ、「後の登場人物」(一一九頁)と頭註される。能勢博士の評釈では1の例は出物《でもの》、2、3の例は訓ぜられず、4、5は同じく出物《でもの》と訓ぜられ、川瀬氏と異なるのは所依の写本に訓がついていたか、平仮名書になっていたためであろうか。しかし、「出物」という詞の場合はどちらかに訓みがあったのであろう。そして広く登場人物とも一応解されるが、能勢博士が口訳されているように、後ジテの方に限定して考える方が良いのでないかと思う。少くとも『花伝書』の場合、「ことさら出物にならでは、神といふ事はあるまじければ」という語の解としては、能勢博士が『校註花伝書』(新日本図書、昭和二十二年版、三四頁)に、「後ジテでなくては、神の出現といふことはないのだから」と頭註に書かれる方が立派な解釈であると思う。「出物」が「だしもの」であれ、「でもの」であれ、「もの」と下の「物」を訓ずることには変りはない。そしてこの「もの」と言う場合、殊に精霊(それが神であれ、亡霊であれ)を意味しており、「出物」がその出現を意味し、それは能の本質と関係した重要な熟語ではないかと思うのである。私は『花伝書』の中に、例えば問答条々の中に「さやうならむ時のわきののうには、物になりいづるとも、ひごろより色ことふりをもつくろひ、こゑをもつよづよとつかひ……」とある「物になりて」の「物」や、物真似条々の「物頭」という「物」はそういう「もの」と関係のある語ではあるまいかとすら思うのである。

この点について考えるのに現行の能にしばしば使われる用語に「物着」というのがあるのに注意して見たい。例えば「羽衣」に、天女が衣を返してもらい、舞をする所に「あら恥かしやさらばとて、衣を返し与ふれば」と謡った次に、シテがワキから長絹をもらい著け、「乙女は衣を着しつつ」と舞い始めるようなことがしばしば見られ、これを「物着」と言っている。こういう例は多く、例えば「卒都婆小町」では「恨みの数のめぐり来て車の榻に通はん。日は何時ぞ夕暮。月こそ友よ通ひ路の、関守はありとも止まるまじや出で立たん」と地謡の後、シテは女小立烏帽子と白地長絹を著け扇を持ち「浄衣の袴かいとつて」と謡い出す。また「富士太鼓」では富士の妻が夫の形見「誠にしき」鳥甲と「月日も変らぬ」狩衣を着し、狂気して太鼓を打つ。いわゆる「物着」の例を見ると、烏帽子とか長絹とかのような衣を着る例が多い。今その例を挙げて見ると、

杜　若　シテ　長絹
鸚鵡小町　シテ　風折烏帽子　長絹
楊貴妃　シテ　天冠
二人静　ツレ　(菜摘女)静烏帽子　長絹
松　風　シテ　金風折烏帽子　長絹
草子洗小町　後ジテ　女風折烏帽子
加茂物狂　シテ　長絹　前折烏帽子
船弁慶　シテ　静烏帽子
望　月　子方　羯鼓太刀

その他「道成寺」とか「蟬丸」「放下僧」「唐船」「葵上」「自然居士」「東岸居士」「水無月祓」等もかかる物着の例に入るのであろう。烏帽子が何故「物着」の中に入って来るか、この点について柳田国男先生は『女性と民間伝承』の

中で物狂い能の多くが烏帽子を着て舞い狂うことを注意し、中には「隠岐院」や「水無月祓」や「加茂物狂」のように烏帽子を着ると始めて狂い舞う、「此烏帽子を召して面白う歌うて見せ申され候へ」(「隠岐院」)、「此烏帽子を召されて面白う舞うて御見せあれと人々の御所望にて候」(「水無月祓」)とか、「へりぬり直垂取出し、之を著てとう〳〵御舞ひ候へ」(「立田物狂」)とか、「風折烏帽子かりに来て手向の舞を舞ふとかや」(「加茂物狂」)とかあることに注意され、『玉葉』に建久二年(一一九一)二月七日の条に「屏戸西辺侍、散楽等六人候レ之俗三人僧三人於二唱人一者着二蛮絵袍甲等一、主二于楽人一者被レ免二烏帽体一為二狂物一也、是先例云々」とある記事を挙げておられる。烏帽子のほかに衣、殊に形見の衣を着ると狂乱するような例は「富士太鼓」もそうだし、「柏崎」の如きも世阿弥自筆本の残っている物狂ものだが、夫の形見の烏帽子直垂を取ると夫の気持になって乱舞をするし、「木賊」では誘拐された自分の子供の形見を意味する舞装束を身につけて老父が舞うのである。その他太刀や羯鼓にしてもやはり一種の採物の意味を持っていたので、殊に衣はそれが採物として上代以来の長い歴史があったので、私などは能を見ていると現代の能楽の通の説明などとは別に、またそれが必然に舞になって終るのが当然であるかのように、その筋全体から無言の説明を受ける気がするのである。そして「物着」の場合にも、いわゆる複式能より単式能の方が多いことも、「物着」という場合の性格を考えると当然であり、物着をつけることによっていわば後ジテに変るのである。衣に対して我々民族は古くから特別な感覚を有していたのである。小寺融吉氏は著書『日本の舞踊』の中で相撲などの投羽織と禄を与えてもらったものが拝舞する古い慣習と関係づけて説明しておられる。確かにそうで、『源氏物語』などを注意して読むと、平安朝のかずけものの例は、そのかずけものをいただく人が男であろうと、それを与える恩主が女であるときにはやはり女の着物を与えているので、小寺氏も言われるように「一度手を通したものを与へるのが本来で、丁度「恋しき人の手慣れし物を、形見と名づけそめし事」と「花筐」の文句にあるやうに、その持主の手に触れ、肌に触れた物の方が、与へる品物として意義」があったのである。これとりもなおさず、上代の恩頼、「みたまのふゆ」であった。『万葉集』を見ても、その人のお蔭を被ることは「あが主の御魂賜ひて」と歌った所以であり、また「白栲のあが衣手を取り持ちていはへ吾が背子ただに逢ふまでに」(三七七八)とか、また「復も逢はむよしもあらぬか、白栲のわが衣手にいはひとどめむ」(七〇八)とか、また「朕《わ》が裳の裾に鎮《いは》ひて待たむ」(四二六五)と歌われたように、人の魂は衣に鎮め祭られ、宿されたものであった。上代以来袖を神に手向けるというような信仰は種々の形の袖もぎ伝説、袖もぎ橋とか袖もぎ坂の話となっているのも、もちろん衣と同じく袖には霊が宿り易かったので、殊に葬礼と袖は関係が深かった。また京都で有名な壬生狂言の際にその着ける衣裳は、元来死者の衣裳を寺にあげたものであり、その衣の裏に死者の戒名と物故日が書いてある。それを着て念仏狂言をすれば回向になるという考え方があったわけである。死者の衣をかたみとして寺にあげる例は振袖火事から考えられるように、昔から行われた慣習であったが、かたみの代表は衣であったのも衣類と霊魂とは関係が深かったからであり、三河の花祭などにも剣のような採物を持って舞うのが多いが、祭の浄衣を持って舞うものもあった。ともかく祭礼の衣には霊魂《もの》が宿ったので、能の物着などもいわば神が乗り移る手段であった。室町時代の芸能、また文学、それらにはどこかに神仏が側からのぞき込んでいる——それが私の言葉を以てすれば「室町ごころ」であった。あの舞台の松とても、単に春日の若宮祭りの際の影向の松に模したものでもあるまい。高貴の方の御幸の道筋には松を植えるというような慣習も平安朝末の記録には見えるが、この松に関して寺社の庭前にしばしばしだれ桜が多いことに今注意しておこう。

　このことに関しては柳田国男先生がすでに注意され、「信濃桜の話」という論稿を書かれ、『行脚随筆』という紀行文に、上州甘楽郡下滝村の慈眼寺の古いしだれ桜に、昔足利尊氏が来て連歌の一座を興行したと伝えられていることを指摘され、今でも村の人がこの地を冥途の往来の入口と言っており、またかつて亡霊が現われてこの桜の花を見に来た者は地獄の責苦を免れるであろうと言った伝えがあることなどが述べられ、上世には花見が一つの祭の式であったらしいと言っておられる。寺社の庭前にしばしばしだれ桜があったのは京都でも祇園のしだれ桜が元来時宗の寺の庭の桜であったように例が多い。花の本の連歌などと称したあの花の本の桜は恐らくしだれ桜であった。北白川法勝寺の桜がしだれ桜であったことは『古今著聞集』『風雅集』に見えてすでに山田孝雄博士の「桜史」にも指摘されてあったと思うが、ここは鎌倉期の代表的な花の本であった。そして『筑波集』を見ると

　地主の花の下にて

よるぞ見る白きは滝の糸桜　　是性法師

とあるのは地主権現の桜が糸桜であったためであろう。法勝寺の糸桜は「露おもみ梢たれたる糸桜柳が枝に咲くかとぞ見る」という藤原兼経の歌があったことは山田博士も指摘されるところであった。これは『筑波集』にも

　花の頃法勝寺にて

糸桜花のぬひよりほころびぬ　　前大納言為世

　と侍りけるに、花見る人の中に

霞のころも立ちもはてぬに　　詠み人知らず

と見える。また同じく『筑波集』の宝治三年「毘沙門堂花の下にて」とある題の

花も咲きぬや葛城の山

の前句に

うち靡く柳が枝の永き日に　　道生法師

とあるのは前句の「葛城」に「かつら」をかけ、柳を挿すという縁以上に花と柳がしだれ桜の縁でつながっているの

でなかろうか。また『筑波集』には正和元年（一三一二）二月法輪寺千句の題で

花も老木の姿なりけり

とある前句に善阿法師が

朽のこる柳のまゆのうす緑

と付けたのも同じような場合でなかろうか。いわゆる花の下の連歌は言われるように庶民的な性格を帯びていた。しかしそれが桜の下で行われ、初期の念仏宗関係の出身かと考えられる連歌師の指導で行われたのも、決して人々がそこに単なる花見に浮かれ集ったのではあるまい――私は今から十年以前に時宗出身の人が初期の連歌師に多いことを指摘した時にそのことに触れたが――。そこには例えば為世の糸桜の句に花見る人の中から詠み人知らずが付句を出すような、例えば「今ハ地下ノ輩出シ連歌ナド云テ筆モ取アヘヌホドハヤク出シテ、遠近ヲ相論ズル様ニチトモ案ゼズ、タヾ寄合計ニテ出サンニ、ナジカハ連歌ノアガリ侍ベキ」（『九州問答』）と良基が非難したような、地下の「出シ連歌」的な性格。「此比ハイアフ様ニ花ノ句ナド出ス事返々口惜事也」（『九州問答』）とあるように、「さのみ花月の句をすべからず。くたして返されぬれば無念也」（『僻連抄』）、「詞のたらぬゆへに、景物にてかざり立て点をねらはむとおもふ故に、これをこのみ付る事返々見ぐるしく侍り。ある人の云、花の句は最大事の物也」（『僻連抄』）とあるように、一懐紙に一句ずつある花の句が恐らく最大事でありながら、我も我もと景物の句殊に花の句を宗匠の下にさし出したような、物をよみこむ、物名の俳諧歌の伝統を引いた口承文芸的な、問答的な連歌。私はそれが神が影向する桜の木の下で行われたことを思っているのである。さてここで真名本の『曾我物語』を見ると、最後の所に虎が十郎兄弟の冥福を祈って念仏の生活を送るのであるが、

或晩傾立出御堂大門思連昔事共流涙折節庭桜本立科小枝下見成十郎体走寄欲取付只徒木枝ナレ

という記述があり、庭の桜の木の下に十郎の面影を見て走り寄る所があることを注意しておこう。これはまた『曾我物語』の発生にも関係する記述であろうが、私はまたいろいろと連想するところがある。例えば筑土鈴寛氏が指摘されたような、実盛の亡魂を時宗遊行上人が加賀の篠原で供養する、謡曲の構想にしばしば見られるあの念仏回向や、はたまた京都千本の閻魔堂の春の念仏狂言には昔必ず方丈の前の普賢桜の枝を所司代に献上したという、あの古代の鎮花祭にもかすかに通ずる民族の心にも。

第五章　面白の花の都や

面白の花の都や

一

〽面白の花の都や、筆に書くとも及ばじ、東には祇園清水——」中世歌謡に花の都と謡われた洛中洛外の土地は、中世後期には町田本とか上杉本といわれる幾つかの「洛中洛外屛風図」の風景として表現されてくる。京の町々の何処からにせよ、市内から眺めると、東には清水や祇園のあたりがまず目のそそがれる場所であったろうと私には思われる。そして、現存のものは写実的な傾向をとってはいるが、全体の風景は四季の景物として表現されている。春・夏・秋・冬、それは日本の風景の最も特徴的な時の経過であって、古くから絶えず詩歌や絵画の対象となってきたが、屛風絵の洛中の景観は決して単なる「景曲」——写実的な自然描写ではなかったと思う。四季の「景曲」に関していうと、例えば『源氏物語』乙女巻に見られる如く、光源氏が妻妾を住まわせたとする六条院では、辰巳《たつみ》すなわち南東《みなみのひんがし》は紫の上が住む春の御殿《おとど》で、春の趣向がこらされてあって、以下、秋好《あきこのむ》中宮が住む六条院の南西の未申町《ひつじさるのまち》、西の御殿や、花散里《はなちるさと》が住む六条院の北東《きたのひんがし》の丑寅町《うしとらのまち》、東の御殿や、明石上が住む六条院の北西、戌亥《いぬい》の町、北の御殿等はそれぞれ、秋・夏・冬の趣向をあらわした邸宅園地であった。そして本来、これは四季の庭であり、あらまほしき浄土の風景であったことは洛南の水境、宇治市蓮華の地に関白藤原頼通が営んだ寺院、平等院に天喜元年（一〇五三）落慶供養した阿弥陀堂（鳳凰堂）の本尊、定朝作の金色丈六阿弥陀如来坐像の周囲の扉絵、板壁を見ると理解できる。すなわち、そこにはきわめて藤原時代的なうるわしい表現をしているが、画面上部に書かれた『観無量寿経』による文詞を見ると、極楽浄土の九品往生と日想観をテーマとしていることが判る。そして、その中で成立当初のものを残していると考えられるもの、例えば本尊に向って右の北側にある中品上生の東扉では、桜の咲く山の樹林に霞がたなびき、淡雪が残る中に白い芦の葉の入江を一艘の小舟に漕ぎわたる人物が居り、沼沢の、しかも誠に静やかな光景が上方に見られたりするのである。それに対して同じく本尊の右の北側に並ぶ中品上生の西扉では、上空より阿弥陀如来と聖衆菩薩が行者の家に低く来迎せんとしているが、四頭の野馬がいななき躍り、若草を喰まんとしている早春の光景も見られるので、二面で共に東方の春を表わしているとされている。また、同じく南側、本尊の左側の二面の扉は下品上生であり、その東扉には霧が流れ、遠山を背景に来迎の阿弥陀仏や聖衆菩薩が臨終の合掌の行者の家に来迎せんとする光景が見られるのであり、同じく並ぶ下品上生の西扉では霧の棚引く山水図であり、三匹の鹿が丘に遊び、川に網代木が描かれたりしているのは或いは宇治川の風景であるかも知れない。そして、二面で共に西方の秋の景色を表現していると考えられる。平等院の鳳凰堂の扉絵は、解体修理の際、扉の押縁《おしぶち》の下の隠された部分に落書のあることが発見されており、その中に扉番付があり、中品上生の扉には「中品上生　三月」、又正面の上品中生の扉には「上品中生　四月」とあり、正面南側の下品上生の扉には「下品上生　八月」「秋八月」などとあり、本尊後方の扉、『観無量寿経』の日想観図には「日観　冬」とあり（昭和三十年九月刊『仏教芸術』二六号・大森健二「平等院鳳凰堂扉絵の落書」）、鳳凰堂の存在そのものが、まことに藤原時代的な、浄土教芸術として深い内容を持っていると共に、それが大和絵の流れを引く春夏秋冬の四季絵をもからませていることが証明されるのである。そして、仏教関係の美術作品に四季絵の系統がからませてあることは美術史家により指摘されているが（昭和三十一年七月『美術研究』一八七号・柳沢孝「藤田美術館の密教両部大経感得図に就いて」、昭和三十八年十月『田山方南華甲記念論文集』・石田尚豊「洛中洛外屛風左右両隻の異質性」）、それは『源氏物語』の前引例やまた『宇津保物語』吹上の上に見える紀伊国牟婁郡にいた長者の神《かみ》南備《なび》の種松の邸の「東の陣の外《と》には春の山、南の陣の外には夏の蔭、西の陣の外には秋の林、北には松の林」とある庭園とも共通している構想が、その扉絵に影響しているのであった。『今昔物語』巻十九「東三条内神報㆓僧恩㆒語第三十三」もやはりこの四季の庭に関する断片の説話である。それによると、東三条の戌亥の隅に祀ってある神の森が見える所に住んでいた僧が、常にその神に『法華経』や『仁王経』を法楽に誦み手向けていたが、或る夕暮に見知らぬ清げなる男が来り、年来《としごろ》いみじく嬉しく思い奉ることがございますが、日頃の恩を報じるために来ましたと言って、「東三条ノ戌亥ノ角《スミ》ニ御《オハ》スル神ノ高キ木ノ許」につれて行き、木に昇らせ、見せ奉るべきものがあると言い、昇ってみると「微妙《メデタ》キ宮殿」があり、その屋につれて入り据え、持ち来ったものを食べさせ、自分が居ぬ間にのぞくなと言って内へその男が入った。そこで食物を見ると蓮の実で、のぞくなと言われていたが、のぞいてみると、東は正月の頃で梅の花が咲き、鶯が鳴き、辰巳《たつみ》（南東）には船岡（船岡山）に子《ね》の日の遊びをする男女が見られ、南を見ると賀茂の祭の物見車や、神館《かんだち》に郭公の鳴くのや、五月五日の菖蒲を葺いたり、薬玉が見られ、未申《ひつじさる》（南西）には六月《みなづき》祓えをすることが見られたとあり、「西ヲ見レバ、七月七日」とある記述で切れているが、以下西・北に秋・冬の景色が見られたとする説話であったろう。東三条は東三条殿と号した邸で、藤原兼家から道長に伝えられ、平安時代後期には氏《うじの》長者《ちょうじゃ》が伝領した朱器台盤が保管されたり、藤原氏北家出身の后が立后の際にここから出発したりする公邸となっていた。この東三条院には奈良にあった春日社の摂社である隼《はやぶさ》社と角振《つのふり》社が祀られてあったが、その隼社と角振社は東三条院の戌亥《いぬい》に祀られてあって、兼家女の東三条院詮子が病気になった時に「この三条院の隅の神の祟《たたり》」（『栄花物語』鳥辺野）という表現もあって、この二社は畏き神であった。それは、古本系の『保元物語』を見ると保元の乱の際の保元元年（一一五六）七月八日に崇徳院方が東三条邸で秘法を行い、朝家を呪詛する者があるという噂が聞こえてきたので、下野守源義朝をやり、邸に入ってみると、「角振隼社ノ前ヲ過テ千巻ノハタニ壇ヲタテ行僧アリ」(鎌倉本『保元物語』巻上)などとあり、『兵範記』七月八日条にはこの記述と関係する平等院供僧勝尊が東三条殿の殿中の中門の南廊で秘法を修しており、勝尊をからめ取ったとの記述からも察せられるのである。或いはまた『平家物語』巻四、鵼に見える源三位頼政が鵼を退治した説話で、近衛院が在位の時夜夜《よなよな》おびえ、「御悩は丑の刻許で在りけるに、東三条の森の方より黒雲一村立来て、御殿の上に掩へば、必ずおびへさせ給ひけり」とあるのも東三条の隅の神に関する説話であって、『春日霊験記絵巻』四巻には知足院藤原忠実が東三条に居た頃、夢に尊き僧から密教を受けた際、鳥の嘴のついた僧が二、三人居るので天狗だと思い、「角振の神はおはせぬか」と仰せられた声に春日神主時盛が参り、天狗法師が皆逃げ失せた、とあるのなども同じく東三条の戌亥の神に関する説話であった。なお、東三条の戌亥の杜にあったという隼社と角振社は、「東三条院址」の石標が立っている中京区押小路通釜座の辻の辺には現存していないが、東山区長光町にある大将軍社は素盞嗚命を祀り、相殿に藤原兼家を祀り、摂社に東三条社と隼社が存するのは或いは移転残存の姿かもしれない。

戌亥の方角については三谷栄一氏に詳しい指摘があり、また法成寺の道長夫人倫子の住んだ「上の御堂《うへのみだう》」、西北院などは現実のいぬいの町であったかも知れないが、元来日本民族の霊魂の帰り行く方向が西北であったらしいとすると、『源氏物語』の明石上が住んだ「戌亥の町」は偶然でない方角であった。それはともかくとして、東三条の戌亥の隅に四季の庭を見た説話があるのは、四季の庭が他界、仙境の風景であったが故であろうと私は思う。四季の庭については中世小説、御伽草子の類にしばしば見られることは市古貞次氏も指摘されているが、『神道集』巻十・五十の諏訪縁起に甲賀三郎が行った他界・維曼国の四季の門や、渋川版御伽草子「浦島太郎」の竜宮の四季の草木の描写や、「田村草子」や「酒呑童子」の鬼の住処にも見られ、また幸若舞曲の「八島」では、忠信・継信の母尼公の持仏堂、阿弥陀堂のあたりが、「四節の四季を学ぶ」とある描写など例が多いが、それが元来仙境の風景であったらしいことは『源平盛衰記』巻十一に、難波六郎経俊が布引の滝に飛び入ると、そこに四季の景色があり、そこが竜宮城であったという例でも知られる。

平安朝末に城南の水郷鳥羽に造営された広大な鳥羽離宮の内、西にあった秋の山もおそらく四季の庭園の秋の築山なのではなかったか。秋の山は今は公園の中に周囲の住宅にかこまれた小高い土地がその跡と伝えられ、史跡に指定されているが、近年までは傍の賀茂川堤から青田の中にその小丘(南区中島御所ノ内町)が望まれたのであった。西行法師の『山家集』の上巻秋の部の歌の詞書に、京極太政大臣が中納言の際に「菊をおびたゝしき程に仕立てて鳥羽院にまゐらせ給たりけり。鳥羽の南殿の東面の坪に所なき程に植ゑさせ給たりけり」とあるが、その南殿の東面の築山が秋の山でなかったろうか。すなわち鳥羽離宮全体は四季の庭園の構想で構築されたのでなかったか。庭園としては平安時代に鳥羽以前に四季の庭園であったらしいのは『栄花物語』巻二十三・駒競べの行幸の巻に

この世には冷泉院、京極殿などをぞ人おもしろき所と思たるに、この高陽殿の有様、この世のことと見えず。海竜王の家などこそ四季は四方に見ゆれ。この殿はそれに劣らぬ様なり。例の人の家造などにも違ひたり。寝殿の北・南・西・東などには皆池あり。……絵などよりは、これは見所あり、おもしろし。

とある高陽殿であった。これも平等院を創建した宇治関白頼通が伝領して、京都市中京区堀川丸太町の東辺一帯に古くからあった桓武帝皇子賀陽親王の邸宅を治安元年(一〇二一)九月に造営した広壮な邸宅で、当時『小右記』にも「過差禅門(道長)に倍す」と書かれてあり、道長が住んだ法成寺のあった京極殿(土御門殿)や累代の後院で「帝王の御領」として「代々のわたり物」(『大鏡』三条院)の冷泉院とならぶ邸宅であった。高陽院《かやのいん》は『駒競行幸絵巻』にも描かれ、昭和五十七年四月には中京区丸太町油小路西入ル丸太町のマンション建設現場が発掘され、洲浜と考えられる

なぎさ跡が出土したというが、藤原時代を代表するこの園池は、『栄花物語』の記述からすると、或いは四季の庭園であったのではなかろうか。また『平家物語』の巻七、福原落に

故入道相国の造り置き給ひし所々を見給ふに、春は花見の岡の御所、秋は月見の浜の御所、泉殿、松陰殿、馬場殿、二階の桟敷殿、雪見の御所、萱の御所、人々の館ども、五条大納言邦綱卿の承て造進せられし里内裏

とある福原京の里内裏はおそらく四季の庭園であったのであろう。

そして、この四季の庭が中世後期の「洛中洛外屛風図」の四季の景観に影響してきている。すなわちその古いもの、町田家旧蔵東京国立博物館に蔵する、元来三条公爵家に蔵した「洛中洛外屛風図」などでは春、夏が右隻に、秋、冬が左隻に位置しており、次第にそういう約束を破る形式に発展して行くのであり、屛風絵という横に長い形式が必ずしも五行思想による春夏秋冬の位置を守っているわけではなく、例えば北野神社の所には梅花を咲かせたりしていない。しかし、方位に関しては五行思想は屛風・障子の類には古くから守られているのであり、清涼殿の「年中行事障子」なども春は東面に立てた(『禁腋秘抄』)とあるのは、絵画ではないが、同じ清涼殿に立てた四季の御屛風一帖などは「東を以て面となす週巡の儀也」(『雲図抄』)なのであり、庭園などにも「東には花の木をうへ、西にはもみぢの木をうふべし」(『作庭記』)という約束があり、室町期には足利義政の室町殿には舞(舞楽の意か)十二間とか四季十二間とかいわれる間があった(『実隆公記』文明七年九月十一日条他)ことなどは、やはりこの四季屛風図の形式が守られた居間が室町殿の邸宅内にあったと思うのであるが、私は古い「洛中洛外屛風図」ほどこの形式が守られていたと、かねて考えていたのであり、それがすっかり破られてしまうと浄土的世界は、神仏の影のささない近世風俗画の世界になったと思うのである。

『吾妻鏡』には、源頼朝が奥州の泰衡を征伐した時の、中尊寺の経蔵別当心蓮等の注進状が文治五年(一一八九)九

月十七日条にある。それによると、毛越寺と並ぶ観自在王院は阿倍宗任の女藤原基衡の妻が建立した阿弥陀堂であったが、四壁に洛陽の霊地名所を図してあったとあり、また新御堂と号した無量光院を藤原秀衡が建立したが、『観無量寿経』の大意を四壁に図絵し、院内の荘厳はことごとく宇治の平等院を模し、加うるに秀衡が狩猟した体を自ら図絵したとあるのは、なんらかの世俗的絵画構想がそこに加わっていることを思わせ、すこぶる興深い。現在残っている毛越寺跡の遺構は浄土思想の庭園であるが、観自在王院の洛中名所図は、鎌倉後期頃の中尊寺経蔵文書によると、四壁絵であり、一番八幡放生会、二番賀茂祭、三番鞍馬、四番醍醐桜会之様、五番平等院之様、六番嵯峨之様、七番清水之様であり、仏の後方の壁絵は阿弥陀因位の昔、内裏から自在王仏のもとに行き、持戒出家して法蔵比丘となる場面が描かれ、「妻子珍宝及王位……」の偈の色紙が書いてあったというが、四季の風景がからませてあったかどうか。

二

現存の「洛中洛外屛風図」の古いものは室町時代末期に成立した六曲一双のものであった。その内容は桓武天皇の延暦十三年(七九四)十月に「山河襟帯自然に城を作す」山背《やましろ》国のうち、葛野郡の大宮地《どころ》を「新京」として定め作られた平安京一帯を洛中とし、その周辺清水寺、感神院祇園社、南禅寺等のある東山、白河や、又鞍馬寺や大徳寺、賀茂社等の洛北や、天竜寺、大覚寺等の嵯峨の洛西などの周辺部をも含めて屛風図として表現したものであった。そして、平安京は平城京と共に、中国において秦代以来の都城の地であった陝西省西安の地、前漢の時改称されて唐代に及んだ長安京を規範として造営され、大内裏《だいだいり》南門の朱雀《すざか》と平安京南端の羅城の両門に二十八丈の朱雀大路を中心として左右両京が並び存し、両京は大路小路により整然と七十一坊に区画され、長安京よりはずっと小さくはあったが、「南北一千七百五十三丈、東西一千五百八丈」(『延喜式』)と縦長の土地となっていた。しかし「長安城」といわれた右京・西京《にしのきょう》は時代の推移と共に、「荊棘《けいきょく》門を鎖し、狐狸穴に安んず」(『池亭記』)という「賤貧憚るなき者」が住むさびれた土地となって行くと形容された。源高明の西宮《にしのみや》については、『今昔物語集』巻二十六第十三に見える説話に、冠にいつも長い上緒を付けた上緒《あげお》の主《ぬし》というあだ名の兵衛佐が、西八条に住む、昔長者の家だった姥《おうな》の家の倉の跡から銀になる石を得て、米・絹・綾など欲しいものは皆そろい、「西の四条よりは北」の大内裏の皇嘉門よりは西に、人も住まぬ浮《うき》(泥湿地)の「ゆうゆうと為《す》る一町余」の役に立たぬ「不用」の地を少額の価で買いとって、摂津の国の難波の辺に行って葦を刈り、十艘ほどの舟にのせ運び、その浮に敷き土を置いて造った所であったとも見えているが、これに対する東の京という詞句は平安時代にあまり使用されなかったように私は思う。西の京という詞句は『源氏物語』の夕顔の子玉鬘が育ったような、貴族などがあまり住まず、また「西の京になぎいと多く生ひたる所あり」(『宇治拾遺』巻二の一)など、湿地の多い所として生きていた詞句であったと思う。したがって、東側の洛陽城といわれた左京の方が市街として発展してゆくことが指摘されている。そして京都の町は、北は高く南は低く、「一条の大路と東寺の塔の空輪《くりん》の高さはひとしきとかや」(『作庭記』)という表現はいささか誇張であるとしても、たとえば戦前には下《しも》――南からあがってきた荷のない荷車が、帰りに荷を積み下へさがる方が曳く者にとってずっと楽であったというようなことは、多くの京都に住む私達のような市民の経験であって、現在でも老人が東寺の塔と上《かみ》の何処とやらの高さがいっしょやというような談話をしたりするのである。したがって京を流れる諸川はほぼ北から南へ流れ落ち、分流となっては市街の大路小路を貫流させていたから、「上杉本屏風図」にまさしく見られるように、西洞院川は淙々として下京の西部分を流れており、また平安朝の文学作品に見えて空蟬《うつせみ》や光源氏の舞台となっていた中川の如きは、『一遍聖絵』巻第七の京極四条の釈迦堂の傍や、近世の「祇園祭礼図屛風」の幾つかのものに、しばしば誓願寺の門前を流れているのが描かれるのであったが、そういう諸川のうちで京都を代表するのは賀茂川であって、双六の賽《さい》や延暦寺の山法師とともに、法皇ですらわが心に適《かな》わぬものとされ、しばしば荒れ狂い、市民生活に影響することが大きかった。故に市内では、内裏や里内裏・今内裏となっていた貴族の私邸は北部の高燥地帯に多く、平安朝から室町期にかけて、四条・五条などの下辺《しもわたり》、下京といわれた低湿地帯がむしろ田舎通いをするような、商人などの民衆が住む市街として発展してゆくようになってくる。

現存している初期の「洛中洛外屛風図」のなかで、堀口捨己氏の考証により、最も古いものとしてはかつて三条公爵家に蔵され、戦後、町田家から東京国立博物館蔵となった「町田屛風」といわれる六曲一双の屛風図があり、次に古いものとしては同じく東京国立博物館蔵の洛中洛外図の模本めくり十一枚が存し、六曲一双の屛風図を模写したものとされている。そして、その次に成立したのが現在米沢市の上杉家に蔵される「洛中洛外屛風図」六曲一双であり、「上杉屛風」といわれるものである。このうち「町田屛風」は、左隻は左端の第六扇から第四扇にかけて中央よりやや下部に百万遍知恩寺や、一条風呂が隣にあった革堂《こうどう》行願寺や誓願寺などが並ぶ「こ川」(小川)の流れる上京区一帯を描き、更に第四扇から第三扇にかけて、「水落の地蔵」(上京区水落町)の近くで小川《こかわ》が曲り流れ込んでくるのを描き、その上流の小川の東、手前に「細川殿」すなわち幕府の管領であった細川高国(一四八四―一五三一)が居住した細川邸やその隣りの「典厩」すなわち細川右馬頭尹賢《ただたか》邸がならび建っているのを第三扇から第二扇にかけて大きく描き、更に右の第一扇には「公方様《くぼうさま》」すなわち十二代将軍足利義晴(一五一一―五〇)が大永五年(一五二五)十二月十三日に移り住んだ柳御所を描くのであるが、この公方邸は天文八年(一五三九)まで存していたので、町田本の成立年代の根拠とされている。そして、管領邸、典厩邸と共に足利公方邸が特に大きく描かれているのが注意される。右隻の第一扇から第六扇にかけては上賀茂社や「今宮殿」(今宮神社や北山の石不動の明王院か)、嵯峨の釈迦堂清涼寺や竜安寺、並岡《ならいのおか》、虚空蔵《こくうぞう》法輪寺、松尾《まつのお》社等を遠方の背景として、何よりも小川の流れが屏風絵では第一扇から第六扇にかけて貫いて流れているのが、私には強烈に印象づけられるのである。すなわちその周辺には前述の細川殿や「入江殿」、三時知恩寺や或いは近世比丘尼御所といわれた常盤院（上京区安楽小路町の光照院の前身）や宝鏡院（上京区百々町の宝鏡寺）や南御所（大慈院、宝鏡寺に合併、現存せず）が描かれたりするので、左隻の中心は言わば大永頃の上流階級の邸宅が集中していた上京の世界なのであり、それは同じ「町田屏風」の右隻の世界と好対比をなすとも言える。すなわち町田本の右隻の六曲は第一扇の上部には禅宗の五山の一である「東福寺」や三十三間堂を描き、三十三間堂の近くには「観世能」の舞台が見られ、第二扇にかけては「清水寺」の舞台と舞台の下の音羽滝をはっきりと描き、更に第二扇には清水寺の近くの法観寺の「八坂塔」が描かれており、更に建仁寺の屋根がその手前、西に描かれ、また「祇園殿」感神院、すなわち八坂神社が第三扇の上部に本殿と舞殿と南門などを描き、第四扇には南禅寺、第五扇には東山の如意が嶽を描き、更に第六扇には「比叡山《ひえのやま》」を描いている。左隻が上京を中心として東からほぼ西の方を眺めているのに対して、右隻全体は、東山連峰の下の清水寺から祇園の八坂神社や南禅寺や真如堂辺を上部に描くのである。そして、第一扇の清水寺の下には第二扇から第一扇にかけて斜めに中洲の島をはさんで、中世には東西二つの橋として存した五条橋を描き、その西には、五条橋の西を東西に通る五条通り（現在の松原通り）を、旧六月七日の祭礼であった祇園会に進行する鉾、山の行列の先頭を切る慣例の長刀鉾の車が進行するのを描いており、長刀鉾の先頭の人物の列は五条通りを曲って東洞院にかかっているのである。そして、五条通りにある「因幡堂」平等寺と天正十九年（一五九一）以前に祇園殿八坂神社の御旅所の一であった大政所《おおまんどころ》社（下京区大政所町）を描くのである。祇園会の鉾、山の行列は旧六月七日の朝に長刀鉾を先頭にして四条通りを東行して更に京極通りを南行し、五条通りを西行するのが永い年月の間の慣行であったと思うが、「町田屏風」では、四条通りを蟷螂山の前を進む放下鉾かと思われる鉾には鉾の正面に乗る児が西を向いているのは、この場合、鉾の背面が描かれるべきであるのに、屛風絵を眺める人の為に正面を描いたのかも知れない。そして、六月七日の祇園会は三つの神輿が本社を出て、お旅所である大政所と少将井(中京区少将井御旅町)に渡御するのであり、古く「神輿迎」と書かれたりしたが、賀茂川を神輿がわたる際には祇園殿支配下の材木座が年毎に新しく浮橋を造り、そこをわたすのであり、本来、水の神であった祇園殿の行事としては鉾や山の渡御よりは重要な行事であったと思われ、「町田屛風」では、第三扇から第二扇にかけて今しも四条橋のすぐ傍で、上流である場所にかけられた橋をわたった三つの神輿の先頭がちょうど大鳥居の下を過ぎ、「四条道場」金蓮寺の傍にかかる情景を描き、賀茂の河原や金蓮寺の門の中では神輿に手を合わせて拝む人物を描いたりするが、その神輿の形などは、「上杉屛風」の方がより正確に詳しく書かれているのである。

そして、右隻ではこの祇園会の光景と共に、第五扇から第六扇にかけて、土御門東洞院に南北朝時代から内裏として位置が固定してきた、今日の京都御所の前身が描かれており、当時の内裏は方一町位の大きさであったが、第一扇から第二扇にかけて描かれる祇園会の光景と共に目立った存在となっている。そして、「町田屛風」の右隻には第一扇から第六扇までつづいて室町通りがずっと長く描かれており、それが洛中の中でも中心的な町通りの一つであることを示して、猿を曳く猿牽とか、車をひく夫《ぶ》や、馬に乗り従者を従える武士など、いろいろな人々が通行するのを描いたりしている。その室町通りには三条坊門通りから四条にかけて室町川が流れているのも「町田屛風」の右隻に見られるのである。すなわち、かつて二条良基(一二一六―七〇)が住んだ名園の邸が「町田屛風」にも見られる二条殿なのであるが、室町川はその傍の三条坊門通り(御池通り)を西へ流れて室町通りで更に南へ流れており、更に四条通りで西流して西洞院川に合流せんとするのである。そして、京都の町の中には多くの川が流れていたが、その一端が室町川として描かれたりする。「町田屛風」の左隻では上京が描かれるのに対して、右隻では主として下京が描かれているのであり、左隻と共に二つの屏風を通じて、春、夏、秋、冬の「景気」として洛中の町々が描かれるのである。左隻では第一扇から第二扇にかけて、上部は「今宮」社や「鹿苑院」金閣寺など雪景色に描かれており、第四扇「北野天神」社の鳥居の辺は紅葉が盛んであり、第六扇にかけて秋の季節であり、第六扇の上部の「西の京」では稲の取入れが見られ、下部の一条通りでは盂蘭盆の風流踊りが描かれたりする。下京が描かれている右隻では、第一扇と第二扇の祇園会は旧六月七日から十四日にかけて行われた夏の年中行事なのであり、第六扇の「三条西殿」では鶯の鳴声を聞く公卿や、第四扇の下部で武衛邸かと思われる邸では、三月三日の年中行事であった鶏合わせが描かれたり、左隻の上京が秋・冬であるのに対して、右隻の下京は春なのである。しかし、東山の方面は春でなく、賀茂川に水浴びなどをするのは、やはり祇園会を強調する態度が見られる。平安時代の祭りと言えば、一条大路の車争いが『源氏物語』に見える、四月の中の酉の日に行われた賀茂祭であったが、四条通りを中心とする祇園会が大きく描かれているのが「洛中洛外屏風図」の特徴となって、賀茂祭は描かれはしない。言わば下京的世界が以後の「洛中洛外屏風図」の一つの特徴となってくる。そして、左隻と右隻が、左隻は上京から西を眺め、右隻は下京の西の方から東を眺め描いてあるのは、恐らく四季屏風図として一つの部屋の両側にこの「洛中洛外屏風図」が置かれて眺められたのではなかろうかと、私は思うのである。

「町田屏風」についで古いとされる東京国立博物館模写十一枚では、右隻の第五扇を欠いているが、「町田屏風」や「上杉屏風」の中間に立つ作品であることがよく判るのである。すなわち、右隻第六扇に「花の御所」と注記される足利公方邸は「町田屏風」の柳の御所から天文八年(一五三九)に再び室町殿に帰ってきたことを示すと、堀口捨己氏はされている。そして、「町田屏風」と同じく右隻の第一扇から第三扇にかけて祇園会の鉾と山や神輿三基が進むのが描かれているが、神輿三基が四条の橋の傍を渡り、西へ進行しているが、その神輿が六角、四角、八角になって描かれるのは「町田屛風」と異り、「上杉屛風」と共通している。そして、これは現在までその神輿の形が守られており、「町田屛風」の神輿三基が皆四角であるのは、「町田屛風」の方が誤っているのであり、それは、四条通りから京極通り(寺町通り)を下がって五条通り(松原通り)に、祇園会の六月七日に行われる鉾と山の行列は進行しなければならぬのに、四条通りと五条通りを進む鉾・山は西に向って進んでおり、町田本の鉾と同じような誤りが見られたりするのであるが(辻惟雄編『日本美術6洛中洛外図』)、第三扇には等持寺が描かれており、第四扇に「大里様」すなわち土御門閑院内裏が描かれ、三条通りや、また「町田屛風」や「上杉屛風」に見られる「少将井」社は省略されており、第五扇は欠脱しており、第六扇に「花の御所」足利公方邸が描かれているのが「町田屛風」や「上杉屛風」と異っている。また第三扇の浄花院と第四扇の「花山院殿」が隣りあって描かれているのは「町田屛風」や「上杉屛風」にも見られるが、武衛邸は「石橋殿」として描かれており、東洞院通りと室町通りが人通りの多い南北の通りとして描かれているのが注意される。そして右隻が「町田屛風」と同じように西から東山一帯を眺めて下京の五条通りまでを前景として描き、東の「稲荷山」から「比叡山」までを遠景として、東洞院通りや室町通りの多くの群衆を描くのに対し、左隻では上京一帯を前景として、「細川殿」と「右馬頭殿典厩」邸が並ぶのを第一扇、第二扇に大きく描き、細川殿と典厩邸の西を流れている小川が百々御所「宝鏡寺殿」や「南御所」と細川殿の間を流れ落ち、水落の地蔵堂から「誓願寺」、革堂「行願寺一条観音堂」や「百万遍知恩寺」が並ぶあたりを前景として、右端第一扇の「鞍馬寺」から左端第六扇の虚空蔵「法輪寺嵯峨」や「松尾明神嵯峨」を遠景として上京が大きく描かれており、「額田」「薬師寺備後守」や「仁木殿」等の武家邸が見られ、右隻には「広橋殿」や「竹内殿」(曼殊院門跡)や「花山院殿」など公卿関係の邸の存在が目立つ。主として天文十年頃前後の景観が描かれているのが東博模写十一枚であり、上京が「町田屛風」や「上杉屛風」と同じように左隻に描かれるのであるが、町の細かい「景気」が右隻と同じく描かれもする。一例を挙げるなら、第四扇の「小川町」の注記のある所の子供の御神輿が進行している近くに魚を売る光景が見られたりするが、これは「町田屏風」や東博模写屏風、「上杉屏風」にも見られる上京の魚市場今町なのであり、模写ながら全体として中々に面白い光景が描かれている。そして、左隻は右第二扇の遠景の山などは雪の降る光景に描かれ、第三扇「北山鹿苑院殿金閣」寺や「北野天神」社の近くなどは紅葉の季節に描かれ、秋と冬の季節であるのに対して、右隻は第二扇、第三扇の祇園会が夏の季節であり、第三扇の「等持寺尊氏建立」とある近くで印地打をしたりしており、第四扇の大里様には桜や柳が見られて春の季節であり、「町田屏風」と同じく四季の季節が見られる。東京国立博物館模写めくり十一枚は、全体としての「景観年代は一五四〇年代を中心とする時期に該当」(『美術史』三九号・武田恒夫「初期洛中洛外図における景観構成—その成立をめぐって」)するとされており、「上杉屏風」に先行する二つの屏風は常に比較し、考察すべき対象なのである。

この二つの「洛中洛外屏風図」についで、「上杉屏風」が存するのである。すなわち「上杉屏風」は山形県米沢市にある、上杉謙信(一五三〇—七八)の後裔上杉家が蔵している屏風であり、縦一五九・四センチ、横三六三・二センチ、左隻と右隻に二・八センチの朱円壺印「州信《くにのぶ》」と読まれるものがあり、狩野永納《えいのう》(一六三九—九七)が著わした『本朝画印』によって、狩野永徳(一五四三—九〇)のものとして信用される印とされている。そして、『越佐資料』天正二年三月是日条その他の史料よりの、「上杉年譜」に天正二年(一五七四)春三月下旬、織田信長(一五三四—八二)より使節が到来し、「濃彩」の屏風二隻を上杉謙信に贈られ、「一隻は洛陽の名所、一隻は源氏を描く」、また「墨妙精工にして見者目を驚かす」とあり、また天正元年十月に織田信長が柴田右馬助、稲葉弥助の両使を遣わして狩野右京亮州信、後に永徳と号する者が描く「洛中洛外の地図の屏風一双」を、謙信が着る料としての錦衣五襲や源氏物語屏風一隻と共に贈ったとする『北越家書』をも引用するのである。しかし、この頃織田信長と対抗し、争っていた武田信玄(一五二一—七三)は天正元年に死ぬのである。その前、永禄五年(一五六二)信長が美濃に進出する頃から、所謂「遠交近攻」の策をとり、信長は上杉謙信に款を通じており、元亀元年(一五七〇)の頃徳川家康(一五四二—一六一六)を通じ謙信と信長は盟約するようになってきているのであり、元亀三年十一月、謙信は信長と誓書を交すようなこともあった。すでに永禄十一年(一五六八)九月には十三代将軍義晴の子足利義昭(一五三七—九七)を戴き入京、十月義昭を十五代将軍として、三好・松永氏を亡ぼしてしまうのである。

しかし、上杉謙信もそれより前、天文二十二年(一五五三)二十四歳の時と永禄二年(一五五九)三十歳の時に上洛しており、再度の上洛の永禄年間に近い頃に成立したと思われる大英博物館蔵の「猿の草子」と題されるものは、私の表現を以てすれば、最も「室町ごころ」のあらわれている、猿を主人公とした擬人物《ぎじんもの》の御伽草子系の絵巻物断簡なのであるが、それにも「先年長尾上洛の時、直江をもって種々所望候間」と猿の「比叡山山王権現」の神官「しぶさね」に言わせているのであり、「長尾上洛」と書かれ、長尾輝虎(上杉謙信)の上洛入京は、一般の京都の人々にも印象を深くしたと思われる。謙信はそれより後も上洛して足利将軍家を昔に返す志を持っていたが、北条氏や武田氏との争いのために上洛出来ず、遂に天正六年(一五七八)三月九日に四十九歳で越後国直江津の春日山城に没するのである。一方信長は、元亀四年(一五七三)四月には足利義昭を二条邸に包囲して退去させ、足利体制を完全につぶしてしまい、新しい時代の人物としての歴史を始めるわけである。この「上杉屛風」といわれる「洛中洛外屛風図」は、先に京都に入って天下を制してしまった天正二年とすると、四十歳の信長が越後の上杉謙信に、どうだい俺が京都の町に入って天下をとってしまったぞ、ということをあらわに示しているような、金色の雲の下の京都の町を、「濃彩」と書かれるような華やかな色で、しかも京都の町全体を大きく広やかに、しかも豪華に、そして画中に動いている人々は二千五百人に及ぶほどで、しばしば町の小さな部分まで細密に、丹念に描いている。上杉本「洛中洛外屛風図」は「娌《よめ》入《いり》屛風を拵へとらせけるに、洛中尽《づく》しを見たらば見ぬ所を歩行《ありき》たがるべし」(西鶴『日本永代蔵』)とあり、近世の「洛中尽し」といわれるようなものまで、近世初期にかけて多く出るのであるが、それらの内では古い部類に入り、「洛中洛外屛風図」の中で最もすぐれた屛風図となっているのである。

狩野永徳は桃山時代を代表する、特に漢画に多くのすぐれた画家を出した狩野派の画家であり、正信から元信(一四七六—一五五九)へと続く。「始めは字《あざな》源四郎、松栄の長子にして、元信の孫也。狩野家の嫡流にして教へを元信に受く」(『本朝画史』)とあるように、元信の三男直信(松栄、一五一九—九二)の嫡男で、京都に生まれ、兄の宗信(一五一四—六二)が夭死した後、家を継いだが、元信の在世中に生まれており、『言継卿記』天文二十一年(一五五二)正月二十九日条に「絵師狩野法眼同孫」とあり、この法眼は元信で、孫はまだ童子の永徳と推定されており、十三代将軍足利義輝(義藤、一五三六—六五)が三好長慶(一五二三—六四)と和し、近江の堅田からようやく帰って来た時に、挨拶のために伺候した人々の中に祖父元信と共にその名が見られる。「狩野源四郎」(『言継卿記』永禄十年七月二十二日条)永徳は二十五歳で近衛前久(一五三六—一六一二)のような貴顕の家の座敷の絵を源四郎以下三人で描いており、早くから重んじられたらしい。そして京都市北区紫野の大徳寺塔頭の聚光院《じゅこういん》は、永禄九年(一五六六)、三好義継(?—一五七三)が父三好長慶の菩提を弔うために建てた寺であるが、そこの方丈の障壁画に、父松栄筆の水墨山水等と共に淡彩で画いた「琴棋《きんき》書画図」や水墨の「山水花鳥画図」があり、この二つは永徳三十歳以前の作品であるが、新しい時代の力をあらわす最も優れた恐るべき作品なのである。そして、永徳は京都に入って来た織田信長の愛顧をも受けた。信長は天正四年(一五七六)正月から同七年にかけて惟住《これずみ》五郎左衛門(丹羽長秀、一五三五—八五)に滋賀県蒲生郡安土町豊蒲の安土山(一九九メートル)に安土城の普請を命じ完成させた。この城はポルトガル人の宣教師ルイス・フロイスが記述しているような豪華な、画期的な七層の天主の、天下人織田信長の異様な城であって、当時儒僧で岐阜にいた定慧円明国師南化玄興（一五三八―一六〇四）は「玉楼金殿雲上に秀で碧瓦《へきが》朱甍《しゅぼう》日辺に輝く」（『虚白録』）と「安土山の記」に書き、『信長公記』に見えるように、そこに金碧に輝くすばらしい障壁画に永徳一門は思う存分に腕を振ったのであり、更に天正十年（一五八二）には大友宗麟（一五三〇―八七）が少年使節を遣わしローマの法王庁に贈った安土城の障壁画をも永徳は描いたと思われる。信長は天正十年六月十三日、光秀に本能寺で襲われるが、永徳は更に天正十三年には大坂城の障壁画を描き、天正十五年には聚楽第にも描いたと思われ、天正十八年に四十八歳の生涯を終えた。

三

「上杉屛風」は「町田屛風」等と同じく六曲一双の屛風図である。永徳はその他安土城や大坂城にもすばらしい豪華な、金碧の障壁画を描いたらしいが、「上杉屛風」を除いてすべて亡んでしまったのである。「上杉屛風」はその製作年代を、主として屛風中に画かれている武将の邸宅により天文（一五三二―五四）末年、永禄（一五五八―六九）初年、或いはもう少し前、天文十五年から十八年（一五四六―四九）までさかのぼらせる説が最近は出されるようになっている。事実「上杉屛風」では、例えば東寺の塔が右隻の端、第一扇に「東寺」と注記が入る所に描かれ、特に五重塔が大きく描かれている。これは「町田屛風」と「上杉屛風」の中間の成立と考えられる東京国立博物館蔵のめくり十一枚の「洛中洛外屛風図」の右隻第一扇の下に「東寺」と注記が入り、寺の建物だけが描かれているが、「上杉屛風」では五重塔をも描いているのである。「上杉屛風」右隻では第二扇の「本国寺」と共に、例えば第四扇の本能寺が同じ下の位置に描かれ、右隻が油小路通りのすぐ西辺りから東を眺めているのに、右隻に描かれているのである。堀川以西にある東寺や本国寺を大きく描いているのは、この「上杉屏風」が主として水平の方向に平行して整然と風景を表現しており、右隻では東洞院通りや室町通り、新町通りを中心として堀川以西は表現されず、東寺は平安京の左京の寺院ではあるが、正確な地理から考えてみると大変なゆがめ方なのである。或いは東寺の五重塔はちょうど平安時代後期に法勝寺の九重の「大塔《おおとう》」が東国地方から粟田口に入って来た人々に望まれたように、常に西国《さいこく》地方から「神《こう》内《ない》、山崎、狐川、舟に乗らねど久我なはて……」(幸若「信田」)と都に上って来たり、淀に上陸し、共に現在もかろうじて残っている、山崎から伏見区久我の久我橋への一直線についている道、久我畷《こがなわて》から造り道にかかって京へ上って来る中世人には、高く聳える目標として眺められ、言わば京都の象徴であったためなのではなかろうかと、私は思うのである。そしてまた、鎌倉時代永仁三年(一二九五)建立以来の東寺の五重塔が、永禄六年(一五六三)四月二日に雷火に罹って焼けたことは記録にも多く見えており、「今暁寅の刻東寺の塔悉く焼亡、雷火と云々、言語道断不可説の至也」(『言継卿記』永禄六年四月二日条)とあり、愛宕山や東寺の北へも一つ、以上三つ落雷したと言継《ときつぐ》も書いており、ルイス・フロイスもそのことを記述しているのであり、天正十九年(一五九一)になって豊臣秀吉が再建したものである。本国寺もつい最近まで堀川の西の下京区柿本町に広い地を占めていたのであり、或いは永徳が日蓮宗贔屓から描いたのではないかと思ったりもするのである。

「上杉屏風」は、それに先行する同じような二つの「洛中洛外屏風図」をうけて、上京を主とした左隻、下京を主とした右隻の二つの屏風から成り立っている。そして左隻は第一扇の上部「鞍馬」寺や丹波方面へ行く道としてもよく利用された鷹峰から杉坂方面へ通る「長坂」口や、「鞍馬」寺の「鞍馬仁王門」を描き、「町田屏風」より遥か遠くを、しかも遠景を細密に大きく表現、展開しているが、長坂では犬を連れた狩をする人々が鷹を放って雉子を追う姿を描いて冬の季節とし、また鞍馬寺でははっきりと桜を咲かせているのは其所が雲珠《うず》桜と結びついて名所だとされているからであり、ここの桜は早くから室町期の記録に見えて、「鞍馬寺の花最中也」(天文十五年三月十五日条)と言継も書いているが、ここは冬の景物が描かれねばならぬのである。すなわち、「上杉屛風」では、本来浄土の世界と密接につながっていた四季の庭園などの春・夏・秋・冬の「景物」が表現されるべき場所に、その季節に相当しない「景物」を描く場合があるのである。いわば季節を破る表現、浮世をそのまま描写しようとするところが見られるのである。だが、『雍州府志』等に黒川道祐が書き、特に正月の初寅の日、第二の寅の日にやる燧石《ひうちいし》をおろす畚下《ふごおろし》の堂のありさま(『近畿歴覧記』)を永徳は描いており、更に第二扇では雪に屋根が白く見える冬の季節の「金閣」寺を描くが、「千本普賢堂」や「千本閻魔堂」引接《いんじょう》寺(上京区閻魔堂前町)を描いては桜を咲かせているのである。だから、「千本念仏并びに普賢堂に詣づ、桜盛り也」(『宣胤卿記』文亀二年三月九日条)と、この辺一帯では桜が咲くと共に春の到来を告げる鎮魂の念仏が行われ、今も続いている千本閻魔堂の大念仏がありありと描かれているのである。ここは舟岡山の傍で、舟岡山は「町田屛風」でははっきりと描くが、「上杉屛風」では描かれず、千本閻魔堂を描くのである。ここは当時盛んに参詣した所であったためと思われるが、この辺一帯は蓮台野と言われた墓地で、西行も「舟岡の裾野の塚の数添へて」と詠じており、「上杉屛風」の右隻の六波羅蜜寺の近く、五条橋と因幡堂の間に描く閻魔堂は鳥辺野への入口であり、ここも蓮台野の傍にある千本の閻魔堂なのである。最近、千本閻魔堂本堂の閻魔像のまわりに、六面の板壁の地獄絵が室町時代から桃山時代にかけて極彩色で描かれていたことがコンピューター画像処理でわかったことが新聞で報じられたが、ルイス・フロイスはその地獄絵を見たことを記述している。しかし、御用絵師であった永徳は、六波羅の鳥辺野辺りと同じように、荒涼とした墓地などは、金色の雲を描いて隠してしまうのである。左隻では、遠くに「高尾」や「愛宕」山を共に雪の山の姿として描く。第三扇には愛宕山や「衣笠山」を、また「竜安寺」を描くが、竜安寺は細川勝元と関係の深い寺であり、ここに描かれているのは注意されるが、その池は近世には鴛鴦《おしどり》で有名で、むしろ石庭よりこの池辺の景色が元来のものであったことが、「上杉屏風」により察せられるのではなかろうか。そして第三扇から第四扇にかけては、「大覚寺」や嵯峨「釈迦堂」清涼寺を描いているのであり、竜安寺の手前に「北野」天神社を、また北野社の鳥居の前の「北野経堂」を第四扇にかけて特に広々と描いているのは、中世もここが祇園社と共に最も参詣人の多い所であったからであり、北野社の忌明塔などをも永徳らしく細密に描いている。北野社に梅を咲かせているのは、北野天満宮として最もふさわしい表現なのである。そして、第四扇には「大覚寺」や「二尊院」、「嵯峨釈迦堂」清涼寺を描き、清涼寺には多宝塔が描かれ、その手前に「等持院」の屋根と北野社の南にあった「北野経堂」すなわち経王堂(願成就寺)を描く。経王堂は明徳の乱に山名氏清の首を経王堂の艮《うしとら》の柱の基に埋めたといい、足利義満が明徳の乱の戦死者のために『法華経』万部を講読させたのが毎年の年中行事となったのであり、この万部経を聴聞した山科言継は「以外の群集、市屋共数を知らず之《これ》有り、種々の勧進筆舌に尽し難し」(天文十四年十月八日条)と、色々の勧進に芸人まで出ていたらしい賑わいであったことを書きとめており、「上杉屏風」にもその様を描いている。第五扇から第六扇にかけては秋の季節とするので、渡月橋の傍の「天竜寺」や「西芳寺」、「松尾」社、「梅津」「太秦」に紅葉を描き、また「妙心寺」や「舟岡」にも紅葉を配し、その手前に紅葉狩をする人々が見られる。すなわち「洛中洛外屏風図」の定まった形を受けて冬と秋を左隻に描くのであるが、指摘されるように季節を破る場合があるので、必ずしも季節の定形を守ってはいない。

第一扇は中央に上賀茂社や、その前の川に足を冷す馬を描いたりするが、何よりも第四扇の檜《ひ》皮葺《わだぶき》の足利公方《くぼう》邸「公方様」を大きく描いている。この公方邸は北小路室町の「室町殿」——花の御所であり、将軍の館に常にあった八幡社、鎮守の社も描かれる。室町殿の辺りは正月で、正月始めの儀式として大名の椀飯《おうばん》を献ずるのが室町将軍家の年中行事であって、正月元日は管領《かんれい》、二日は土岐、三日は佐々木京極家と佐々木六角家が隔年に行い、七日は赤松、十五日は山名氏と定まるようになってくるのであるが、古代からの恩頼《みたまのふゆ》は椀飯という形に変化して続いていたので、大名が足利将軍の館で式三献を献ずる儀式がなお形式的に続いていたと思われるのである。今しも大名らしい人物が輿に乗って室町殿に入ろうとしているのは、室町殿の東門に張られた幕に四つ目の紋が見られるのから佐々木氏であるのかもしれない。足利将軍邸の周囲の室町通り辺りも正月初めの光景で、門ごとに門松が建てられ、その前を桂女や傀儡《くぐつ》や春駒、千秋万歳などが祝言に廻ったり、「振々《ぶりぶり》」をしたり「胡鬼板《こぎいた》」で羽根をついて遊ぶ童男童女が見られたりする。そして、その西の小川《こかわ》の流れる辺りは門松や裏白を売り廻り、門松を立てようとしている師走の風景であり、餅をついているのや、琵琶法師が「弟子《こぎう》」を連れてお出入りのお邸で、大歳の晩に師匠の琵琶法師は「地神経」や滑稽な興がる「早物語」でも弾いたりしたのであろうか、道を急ぐ姿が描かれる。また足利公方邸の傍、小川が「水落の地蔵」の所で曲って流れているのが描かれるが、つい十年ほど前まではこの屏風図のように廻り流れていたのであり、昔「百万辺」知恩寺や「革堂《こうどう》」行願寺、「誓願寺」と並んでいた前を流れる小川には、川を跨いで家が建てられていたのが描かれている。それは中世からずっと最近まで続いて残っていた風景であったが、現代の市当局はあっという間にここを埋めて暗渠としてしまった。しかし、屏風絵に見える「法鏡寺殿」すなわち尼五山の伝統を伝える宝鏡寺は百々《どど》御所といわれるように、小川の水は激しくその側をどどめいて流れ、「水落の地蔵」の所で曲り落ち豊かに流れていたのであり、京は小川や堀川だけでなく、いくつかの川が上《かみ》から下《しも》へ豊かに市民の水となって流れていたのである。小川の誓願寺の近くには、例えば「上杉屏風」に見られるように靫《ゆき》をさし出している商人の姿が描かれているのは靫屋であり、そこは近世靫屋が住んで上京区靫屋町の名を残しているし、またそのすぐ近くに弓を売っている店も見られるのである。或いはまた、第四扇から第五扇にかけて「畠山の辻女郎」が室町殿のすぐ西にあり、近くの民家と異る、布暖簾の下がった家々の外で遊女達が袖を引っぱっているが、「町田屏風」でも「近衛殿」のすぐ手前の東西の通りの右側に坊様の手を引いている遊女らしき女性などの姿を描く所が見られるのであり、「上杉屏風」で遊女が袖をひっぱっている所は上京区畠山町であり、或いは同じ場所であったのかも知れない。そして、「上杉屏風」では遊女が袖を引っぱっているすぐ上(西)に、外で糸をさばいたり、出来上がったらしい布の反物を運ぶ女性の姿が、ここでは「畠山の辻女郎」の家と異り、縄暖簾の外に見られたりするのである。これは「大舎人《おほとのへ》の孫三郎が織り手を留めたる織衣」(『閑吟集』)と謡われた上京区猪熊出水上ルの蛭子《えびす》町や、葭屋町通り下長者町上ル菊屋町辺りの大舎人「大トノ井ノ綾ヲリ」(延慶本『平家物語』十七)と共に白雲村といわれた上京区元新在家町の人々であって、大舎人と共に今日の西陣の根元をなすことが、経済史の方から指摘されているが、永徳はそれを「上杉屏風」に描くのである。そして、右隻の「武衛陣」の近くでも伸子《しんし》張りをしている所を描くが、それは「室町殿」や内裏に近い上京なのである。「上杉屏風」は、左隻の上京は室町殿を中心に扇形に遠くを遠望するように描いているが、竪町の室町通りや町通り(新町通り)は右隻と同じく中心であるらしいことは、「上杉屏風」を見てもよく判るのである。例えば猿牽のつれている猿が徳大寺殿の近くの室町通りの所に芸をしに来ているが、右隻の五月五日の節句の猿牽の猿が裸であるのに、左隻では冬の袖無しを着せたりして細かいところにまで配慮をしている。その左隻第五扇の本満寺の下(東)に結桶師や組師、また第四扇では廬山寺、北野社や一条大宮に近い所にあって、中世の天台教学史上注意すべき寺院であるが、その廬山寺の左方の松林に、台に乗って説経するらしい僧と、その側で勧進柄杓をさし出す僧など、いろいろの姿の人物が描かれ、職人尽しともいうべき面が見られるのである。

以上見られるように室町殿や細川殿の家臣や公卿の上層階級を対象とした職業の多いのが「洛中洛外屏風図」の中の左隻、上京の世界であった。もちろんそこには普段の生活のための色々の職業も多かった。狩野永徳は、近世に上京の狩野辻子といわれた狩野元信の屋敷のあった上京区元図司町の、ちょうど「上杉屏風」の誓願寺近くに住んでいたかと思われ、この辺は日常絶えず見聞きしていた所であったと思われる。例えば左隻第四扇で、正月の鞠初めの蹴鞠をしている飛鳥井邸から二つ目の東西の通り、誓願寺の横に南側に魚を並べているのは、中世「今町生魚《なまうお》棚」(『言継卿記』天文十四年九月十日条)と言われた魚市場であって、すでに「町田屛風」や東博模写屛風の中にも同じ箇所の向い、東側に魚が並べられて描かれている。ここは供御人と言われる女の商人がいた所であり、その他魚をかついで町を廻る魚売りの男性は左隻にも右隻にも見られる。魚を市中で売っている図は四天王寺の『扇面法華経冊子』や『年中行事絵巻』にも見えているが、室町時代には下京の六角町の魚市が有名であり、従来、光円寺蔵の「扇面屛風」に見られる魚屋などは、常に下京の六角町の魚屋として挙げられるが、永徳などはすぐ近くの今町の魚を食べていたに相違なく、朝早くは立売りの通りなどには立売りの商人も来たりしたのであり、上京にもさまざまな日常生活の品を扱う種々の町屋が多かったに違いない。そして天文五年(一五三六)の法華一揆や、更に信長と足利義昭が衝突した元亀四年(一五七三)四月には、信長は特に上京の誓願寺や百万遍知恩寺や上御霊社などの寺社を徹底的に焼いてしまうのであるが、「上杉屛風」はこれらの寺社をありありと描いているのである。

左隻では、小川に沿って細川殿と細川典厩邸が並んでおり、公方邸と共に中心となる構図として大きく描かれている。細川殿は上京区御三軒町の町名が管領三家の一の細川館があったことを示しているが、「上杉屛風」に先行する「洛中洛外屛風図」でも常に大きくこれらの邸は描かれ、細川殿では小川の流れる西側に裏門があり、泉水の庭に望んで馬がちらりと頭を覗かせていたり、台所に近いと思われる方面には女性二人を描いたりしている。また「典厩」は細川持賢の子孫が典厩(右馬頭)として足利将軍の太刀持ち役の家柄となるのであるが、その邸も「洛中洛外屛風図」では、「町田屛風」は放下の徒であろうか輪鼓《りゅうご》の芸をしている所を描くが、「上杉屛風」では、典厩邸で鶯合わせを行なっている、児《ちご》と同朋衆を従える主君を描いたりする。鶯を飼うことは室町時代に流行し、しばしば記録にも関係記事が見え、世阿弥の父の観阿弥も禁止したことは有名である。そして、細川氏の一族として「和泉守護殿《いずみのしゅごどの》」を誓願寺の東に描くのは、或いは細川家の一族細川頼有の子孫の家であろうが、この時代は細川藤孝(幽斎、一五三四—一六一〇)が幼にして和泉守護元常の養子となっている。また「讃州寺地蔵」とあるのは下屋形細川政之の家が讃州寺となったのであり、元は六地蔵に数えられたというが、足利公方の館を中心として細川氏関係の邸宅が多くあったのが上京であった。細川家臣団の中で、上杉屏風の左隻第三扇の「細川殿」の前には「三好筑前」邸があり、更に少し離れて「細川殿」よりは遠い位置に「松永弾正」邸が第二扇の下の方に描かれている。この松永弾正は松永久秀(一五一〇—七七)であり、始めは三好長慶(一五二三—六四)に仕えていたのである。松永久秀は、天文十一年(一五四二)三月に木沢長政が三好長慶等と河内の太平城で戦い斬られた後、十月に大和に居るその一味筒井を追って、大和に近い山城方面に進出したらしく、「近般三好源三郎当国乱入す可き歟の由、種々造意、則ち山城にて松永弾正已下人数近日罷り越し了んぬ」(『多聞院日記』天文十一年十月二十六日条)と見えており、天文十八年(一五四九)には、「三好筑前守同名伊賀守内者松永弾正忠」(『言継卿記』)と見えており、三好筑前守と共に「内者松永弾正忠」とある。そして、松永弾正久秀は信長に先立ち最も下剋上の時代を象徴する戦国時代の武将であり、永禄三年(一五六〇)十一月には居城の大和信貴山城に天守閣を造り四階櫓を設けたという話があるが、その頃大和国一帯を制し、更に永禄五年五月以前から聖武天皇同皇后陵の近くに美麗な、画期的な多聞山城を造り、更に永禄六年に長慶の子筑前守義興が死んだ時は、久秀が毒殺したという噂が立ったりする。そして、三好長慶が没した永禄七年七月に三好義継を立てるが、永禄八年五月には三好三人衆と共に将軍足利義輝(一五三六—六五)を攻め殺し、三好三人衆とも衝突するのである。松永久秀は大和に移り、永禄十年(一五六七)十月大仏殿を焼いたりしており、永禄十一年織田信長が入京すると、大和で従っているが、老いた久秀は茶の湯や連歌に静かな人生を終えることは出来ず、元亀二年(一五七一)二月、一度は信長に叛いて降伏したが、更に天正五年(一五七七)八月久秀父子はまた信長に叛き、十月には信貴山城を信長方に攻め陥されて、下剋上の時代にふさわしく父子は自殺するのである。

この「上杉屛風」では、松永久秀が仕えている三好筑前守長慶の邸は、細川殿の前にすぐ近く描かれている。三好筑前は三好筑前守元長(一五〇一―三二)の嫡男三好長慶であり、天文十七年頃から、従来の「孫次郎範永」を「筑前守長慶」と改めたという(長江正一『三好長慶』)。長慶は、下剋上の武将ながら、本来ならば松永久秀以上に、その邸の前にいろいろの行事が描かれるにふさわしい、茶や連歌にも通じていた文化人であった。前引の大英博物館蔵の「猿の草子」一巻には、大津市坂本の山王権現の神職しぶさね(渋核)には初の娘婿を所望された毛利や長尾(上杉謙信)のような他国の「下官」よりは、近くの「横川の弥三郎」が彼両人に劣らない「器用の猿《ましら》」であるという仲間の意見に従い娘をやった。九月十六日に渋核は娘婿の弥三郎を呼び、表の主殿《しゆでん》を座敷に飾って馳走をし、翌日は連歌を興行することにしたが、その頃は先達《せんだち》であるから連歌師の「宗養召さばやとおもへども河内の飯盛へ下向のよし聞及、打をきぬ」とある。連歌師の半松斎宗養(一五二六―六三)を渋核は連歌の会の宗匠に招聘しようとするが、河内の飯盛、すなわち四条畷市南野にある飯盛山(三〇〇メートル)の城にいる三好長慶の所に行っていて留守であった、というのである。三好長慶は永禄三年(一五六〇)十月から当時富強だった堺に近い所として、摂津国芥川城から飯盛城に移って死ぬまで居るのであるが、長慶は若い時から歌や連歌を好み、殊に連歌師の宗養は里村紹巴などと共に長慶の愛顧を受け、永禄四年五月二十七日から三日間紹巴や長慶等と共に一座して千句連歌を興行したのである。山科言継も永禄六年二月二十日に淀に居る細川氏綱の所でする連歌の発句の相談のために宗養の所へ行くと、「河州飯盛修理大夫」へ罷っており、留守であると日記に見え、長慶は永禄四年には畠山高政や六角義賢と戦っている最中であるが、そんな時でも連歌をしたらしい。また宗養は父の谷宗牧(?―一五四六)が連歌の付合などを例句で示したりしてある連歌学書『闇夜《あんや》一燈』の奥書に「季秋七日　宗養在判　長慶朝臣」とあり、三好長慶に贈っている。永禄六年十一月十八日、宗養が三十八歳で死んだ時長慶は紹巴と両吟で永禄七年正月二十二日「懐旧百韻」を巻き、長慶はその発句に、

消えしその人の形見や宿の梅

と詠じ宗養をしのんだりしている。また、前引の「猿の草子」には連歌の会で「おくの四でう半に茶の湯を仕」と茶の湯をしたことを述べ、その茶会の記述のうちに「茶は別儀《べつぎ》をつくもに入、花は貨狄の船にいくべし。此つくも貨狄は子細さま〴〵ある道具也。此つぼ越前国たけふごう山本宗左衛門と云者ひさうせしが、法花一乱の時とや角して紛失せしを松永案をめぐらしてたづね出せしをそれがし所望也」とあるのは、茶道の方で大名物といわれた「九十九《つくも》茄子」の茶入や「貨狄」の花入について言及しているのであり、特につくも茄子は『山上宗二記』にも

一、ツクモ茄子……惣見院殿(織田信長)御代ニ本能寺ニテ滅ス、此茄子ハ珠光見出シテ御物ニ成ル、其後、方々へ伝リ、越前朝倉太郎左衛門五百貫買フ、其次ハ越前ノ府中小袖屋千貫買フ、越前国一乱ニ京ノ袋屋預ケ置候処、京ノ法華宗ノ乱ニ失フト云テ不出《いださず》、松永分別シテ取出シ二十年所持、其後、信長公へ上《たてまつ》ル、此茄子滅《ほろぶ》ト云トモ土薬、ナリ、コロ(出来具合)、口ノ作リ、古人天下一ノ名物ト云ハツクモヲ云也

とある。九十九茄子の茶入れは『宗久日記』にも詳しく見えるが、『山上宗二記』にある如く、東山殿義政の手から越前国朝倉太郎左衛門教景《のりかげ》(宗滴、一四七七―一五五五)が所有していたのを越前国府中(武生市)の小袖屋(山本宗左衛門?)が千貫で買い、更に越前国の乱に、京の袋屋に預けておいたのを、袋屋は天文五年の法華一揆の際に紛失したといって出さなかったのを松永久秀が知って手に入れ、二十年間所持し、その後信長に奉ったというのである。そして、『信長公記』巻一によると、永禄十一年十月二日条に「松永弾正は我朝無双のつくもかみ進上申され、今井宗久

是又隠れなき名物松島の壺并紹鷗茄子進献」と見え、信長が足利義昭を奉じて永禄十一年九月に京都に入ると、前年の十月には大仏殿を焼いたりして『多聞院日記』に見えるように散々悪い評判だった久永は、堺の今井宗久(一五二〇―九三)と共に奈良からのこのこと出て来て、茶道の名器を献じて信長の機嫌をとったりするのである。阿波細川家の家臣であった三好長慶とは異なり、松永弾正の方はその出自もあまりはっきりしないのである。しかし弾正は堺と関係が深いこともあり、新しく流行してきた茶道の方では、欲もあったろうが名器をしきりに蒐集したらしく、それが御伽草子の「猿の草子」絵巻には「松永案をめぐらし」と見えたりする。また『老人雑話』上では松永霜台久秀は、後信長に属したが、粗暴でわが身安からじと思ったのであろうか、大和志貴の毘沙門堂に城を構え、謀反したがたぶらかされて城門を開き城介(織田信忠)に押入られ、秘蔵の茄子の茶壺、平蜘蛛という釜を打ち砕いて自殺したと見えているのである。

「上杉屛風」には、三好筑前守長慶は「細川殿」の前にその邸があり、「細川殿」や「典厩」邸と「三好筑前」邸の間には太刀や槍を塀に立てかけて主君の御出を待つ家臣団や、また御出を待ちかねて、いななきあばれ制しかねている鞍置きの白馬を描いたり、また季節は冬の大鷹狩りに、先頭に躍る白犬を引いたり鷹を手に据え持ったり、獲物の小鳥を鳥柴《としば》に刺し持ったりして意気揚々と帰ってくる武士団十三人を描いたりしている。そして、三好筑前守長慶の邸の前には何も描かれず、その前横にある「松永弾正」の邸の横では、折しも小正月の季節で、三本の竹を組んで、先に赤い扇をかけてある三毬杖が運び込まれ、今しも行事を始めんとする時であり、やがて三毬杖が囃《ほこらか》したてられて、勢よく燃えようとしており、また胡鬼板で羽根をつく音が賑わしい。

この「上杉屛風」の出来た時代の室町殿や細川殿は絶えず主が入れ替わる時代で、三好筑前守長慶の主人であった管領細川晴元(一五一四―六三)にしても、大永七年(一五二七)二月、和泉堺から京都に入って管領細川高国を近江の坂本に亡命させ、享禄四年(一五三一)六月高国を尼崎で自殺させているが、晴元も天文十七年(一五四八)には、三好長慶が細川氏綱を擁し叛くと、翌十八年六月に足利義藤(義輝)とその父前将軍義晴と共に近江国坂本に走り、同二十一年二月には、細川高国の養嗣細川氏綱が長慶に擁せられて入洛し管領となるらしいが、実際は三好長慶の全盛時代で氏綱はロボットに過ぎず、永禄六年(一五六三)二月摂津国淀城で卒した。室町殿の主義輝も天文二十一年正月二十八日には三好長慶と和し近江国堅田より入洛し、同年二月長慶を幕府の御供衆とさせる。しかし義輝は晴元に味方し、天文二十二年八月三十日には京都から近江国朽木に移り、永禄元年(一五五八)五月には細川晴元と共に京都に攻め入ろうとするが、結局、同年十一月三好長慶と和するのである。そして義輝が居たであろう室町殿については「永禄元年に入洛したとき二条本覚寺に宿泊しており、永禄三年に近衛御所へ移徙するまで仮住居を余儀なくされていた。このような情勢を考慮に入れると、上杉本に描かれた室町殿は永禄元年~七年の期間まで下らず、更に年代を限定すれば天文二十二年以前まで引き上げることが可能である」(講談社刊『日本屏風絵集成・第十一巻風俗画—洛中洛外』所収、川上貢「上杉家蔵洛中洛外図屏風と京の町家」)とされている。そして、細川殿の前には以上述べた如く「三好筑前」長慶邸があり、三好筑前邸の前、正月の風景が展開する室町通りを隔てて「松永弾正」邸があり、細川殿の後には「薬師寺備後」邸が小川を挟んで存し、三好長慶邸や松永弾正邸とほぼ同じ大きさなのである。これは摂津守護代薬師寺備後守国長であるとすると、管領細川高国(一四八四—一五三一)の弟で、高国の余党をひきいていた細川晴国(晴総、?—一五三六)の兵と山城国高尾で戦い、天文二年(一五三三)六月十八日に戦死するのである。細川氏の家臣としてはなお小川の近く、蹴鞠をしている飛鳥井邸(上京区飛鳥井町)と近衛殿の間に「高畑甚九郎」邸があるが、この高畑甚九郎は『細川両家記』によると、細川晴元に属する部将として出陣し、三好方との合戦で討死したことが、川上貢氏により指摘されている。そして、また『言継卿記』の天文十一年〜十五年の記事中に、高畠神九郎との交際を記し、細川晴元の伴衆の一人に挙げていて、この神九郎は甚九郎と同一人と考えてよい。高畠甚九郎の名をことさらに屏風絵中に描き込んでいることは、当時彼の存在が世の人々の間に強く印象づける著名な人物であったことを思わせる。厳密に考えると、高畠甚九郎が登場している上杉本の制作年代は甚九郎が存生し、その名が世間の注目をあつめていた時期に限定され、彼の戦死した年の天文十八年を下らないことを傍証している。

（講談社刊『日本屏風絵集成・第十一巻風俗画—洛中洛外』所収、川上貢「上杉家蔵洛中洛外図屏風と京の町家」）

という指摘もされており、高畠甚九郎は天文十八年（一五四九）に死んでいるのであるが、「上杉屏風」や「町田屏風」のような初期の「洛中洛外屏風図」は、必ずしも写実だけの目的で描かれたのでないことを念頭に置かねばならないと、私は思うのである。この「上杉屏風」が織田信長から上杉謙信に贈られたことが真実であるとするならば、むしろ派手に、必ずしも現実そのままでなく、室町殿のあるべき姿をも描き、細川殿の家臣達の邸はその家臣が亡くなったからその邸は描かないという態度とは、少し異った態度・描き方がそこにあるのではなかろうか。すなわち「上杉屏風」を贈った際、『北越家書』によると「公ノ著料トシテ錦衣五襲」をも贈ったと見え、現に上杉家には赤地牡丹唐草文の天鵞絨《ビロード》の洋套が重要文化財として存する。極めて南蛮趣味的なモールのついたマントで、信長が上杉謙信に贈ったものであると上杉家には伝えられているが、或いはこの「洛中洛外屏風図」には室町殿や細川殿を実際よりは派手に、豪奢に描き、家臣の邸なども必ずしも生存している人物だけを描くとは限らず、東寺の塔を中に組み入れたと同じような態度が見られるのではなかろうかとも、私は思うのである。だから例えば「相国寺」では天文二十年（一五五一）七月十三日夜から十四日にかけて細川晴元に属する三好政勝、香西元成等が相国寺に陣取り、「上杉屏風」に邸がある三好・松永兄弟と戦って「塔頭伽藍悉く一寺滅亡し了る」（『厳助往生記』七月十四日条）、「七月十四日相国寺の放火乱妨等細川右京大夫(晴元)人数籠り攻む。三好筑前守以下人数乱入す」(『公卿補任』天文二十年)とあり、相国寺の法堂や方丈を「乱妨」し無茶苦茶にしたのであり、花の御所室町殿の近くに永徳二年(一三八二)に建て始め、至徳二年(一三八五)に入眼供養した相国寺は応仁の乱で大塔以外はことごとく焼け亡ぶがまた建てられ、この時天文二十年に大きな損失を受けるのである。この「上杉屛風」では、相国寺は山門・仏殿等を描き、上御霊社(上京区上御霊竪町)と接して大きく広がっており、また花の御所室町殿に近く、足利義満が至徳二年十一月落慶供養させた寺院で、足利氏にとって最も重要な五山第二に位する万年山相国承天寺であるので、「上杉屛風」の相国寺は天文二十年の焼失以前の姿を写しているのかも知れない。それにしても永徳は細密に、そして上京におそらく住んでいたが故に、上京は実にありありと描いているように思えるのである。そして、三好筑前邸は永禄四年(一五六一)、『三好筑前守義長朝臣亭江御成之記』に「御成路立売より光照院殿御前也」とある御成道から考えると、三好義長邸と多分同じ所にあり、『重編応仁記』に「晦日(永禄四年三月)義長立売ノ新館ヱ即公方家御成有リ」とあり、三好筑前守義長(?—一五六三)の新しく造られた館に将軍義輝のお成りがあったとするのは、案外永禄四年に新しく造られたこの義長の館なのかも知れない。この邸は善美を尽した邸であったと思われるが、それよりは松永弾正久秀の方が、元来の主であった三好長慶以上に花々しく、しかも信長の安土城などの先駆とされる派手な多聞城の如き城を造って人々を驚かすようなその性格が、この松永弾正邸の門前の賑わいに出ているのでないかと思いもするのである。

そして室町殿の周囲は、正月の風景が中心であるが故に季節の花を周囲に咲かせている。例えば相国寺の傍の「上御霊」社の杜とか「大心院」(大心院宗貞すなわち細川政元(一四六六—一五〇七)創立)とか、「宝鏡寺殿」(上京区百々町)には椿や白梅・紅梅を咲かせたりしている。元来日本民族の心の花であった椿の花は、百々御所宝鏡寺の椿、「月光」や「熊谷」のような京椿となって、その季節になると、現在も私のような者をうろうろさせるほど、京都の尼御所には美しい京椿が多い。これは「茶の湯」の勃興と共に、桃山期以来多様な侘数奇の花を咲かせてきたためであり、それが早くも「上杉屏風」では上京の冬の景物として描かれるのである。

そして、左隻では冬と秋の景物が主として描かれるが故に、「上杉屏風」では旧七月十八日から行われる上御霊社の祭、しかも右隻に描かれる「上御霊御旅所」と「下御霊御旅所」に神輿が渡御し、八月十八日まで新旅所に鎮座して、今しも一条通りを還幸する光景が描かれるのであり、剣鉾を振り練り歩く男や「王の鼻」という天狗のような面をかぶって先導をする御先神《みさき》の男などの賑わしい声がひびかんばかりに描かれたりする。御霊社の祭はすでに藤原定家の『明月記』にも「今日御霊の祭と称し、上辺の下人経営す。金銀錦繡を着て渡る。今出川相門見物せらる」(寛喜元年八月十八日条)と上辺――上京辺の下人が金銀錦繡をつけて渡御したと見え、神輿と共に鉾などを持った「上京の下人」と書かれた男達が金銀の繡《ぬいもの》をつけてにぎやかに祭り狂ったのであり、近世も幸桙《さきほこ》といわれる剣鉾やまた王の鼻はかぶらず、竿の頭にささげ持つ祭になったり(『日次紀事』)してしまったが、御旅所は上京区両御霊町にあり、近世は中御霊といわれた御旅所で、八月十八日に還幸したのであり、その際に鉾などは与力とか同心とかいわれた人々が供奉し持ち歩いたのであるが、中世はおそらく御霊社の周囲の柳原や桜町といわれるような所の声聞師が供奉したかと思われる。御霊神は本来おどろおどろしき神であるが故に、その祭礼には活潑に荒々しく鉾を振り練り歩くのであり、上杉屏風では今しも先頭の神輿は一条通りから室町通りを練り歩く。王の鼻といわれる役の芸能は、現代も「王の舞」といわれる若狭地方などに見られる天狗のような鼻高の仮面をつけて鉾を振り舞う芸能や、兵庫県上鴨川住吉神社の太刀舞などに見られる剣や矛の威力が発揮される舞であり、下々の人々が支配階級に対抗して常におどろおどろしく威力を発揮する力を生ずる根源となってきたのは、中世「印地」といわれる石合戦、つぶて打ちと同じであったと私は思う。下京では祇園祭の鉾が、中世から近世にかけて芸能として異様に発揮されてくるのであるが、上京でも同じような祭、御霊祭が存し、ちょうど秋の季節の祭であるから一条戻橋のかなたは稲の収穫に忙しいが、一条通りを進行して行く御霊の祭を、上京に住む永徳が、「洛中洛外屛風図」にとり挙げて描いているのである。

「上杉屛風」の左隻では、上京は室町殿を中心として、何よりも室町殿を大きく、鮮やかに描いている。それに対して右隻では、下京的世界があざあざと描かれている。その中心をなすものは祇園会の神輿や鉾・山の世界で、そこに力点を置くが故に、東を祇園会の夏の世界とした。私は最初に、「洛中洛外屛風図」は四季の約束によって描かれていることを強調した。それは決して単なる写実ではなく、恐らく薬師寺の本尊薬師像の台座の四面に見られる四神とか、正倉院の「四神十二支鏡」などに始まる四神思想が古代から永く尾を引いているのである。この「上杉屛風」も、決して浮世だけを描いているのではない。しかし、それにしてもなんと永徳は華やかに、豪華に二千人を超える人物の会話が聞えんばかりに描いていることか。そして特に上京と異った下京的世界、私が毎日歩いている下京はなんと活き活きと、花々とした世界であることか。水は豊かに流れ、三つ鱗の竜神の象徴を二つもつけている「上杉屛風」の祇園会の鉾は、日本民族の水の信仰に根ざして躍りさざめく世界を表現している。永徳の「上杉屛風」は、作品それ自身が、私のような者が解説を書かなくとも、眺めるだけでそこから多くの意味を汲み取ることが出来よう。

私はもう一度言いたい、

面白の花の都や

と。

四

中世末期に成立してきた初期の「洛中洛外屛風図」にあっては春、夏、秋、冬の四季の推移が重要なモチーフとなっていることはすでに私は書いてきた。そして、その中でも北西と東の方角は特に重要なモチーフで近世の「洛中洛外屛風図」では東の方角が特に重んじられてきたと思われるのである。しかし、そこに描かれている世界は室町期の職人尽歌合や狂言の表現と結びつけて考えてみると、四季を通じて絶えず聞えてくるのは、平安時代の販婦《ひさぎめ》や市女《いちめ》、町女《まちめ》の流れを受けた人々のさんざめきの声々であり、洛中の大路小路の町のにぎわしさに私はやはり、「面白の都や」という表現をしてみたくなってくる。そして、もしその頃の京都の町を朝早く歩いてみるならば、聞えてくるのは、町なかを往来《ゆきき》した物売りの中でも、「菜候《さう》」と奥の大方殿《おおかたどの》にも聞えよと呼ぶ内野《うちの》の菜売りや、魚鳥の類を売る六角町の魚売りなどの商人であったろう。菜売りの女は『三十二番職人尽』に見え、又葱《ひともじ》売りの男が『七十一番職人尽』に見えてくるが、蓮如上人の子守唄には

山城ノ国カラモテデ、ウル物。キウリ、ホゾチ(熟瓜)シロウリ(越瓜)ナスビヒシヤク(瓢瓜)カモウリ(氈瓜・冬瓜)。アコダウリ(阿古陀瓜)ニホタウリ。カラウリ(甜瓜)ニヒメウリ(姫瓜)。サコソアヂノアルラン。ナウラウ。ニラウラウ。大コンウラウ、カハホネ(河骨)。カブラウラウ、フキ(蕗)ウラウ。ヨアヘ(御韲)メセトイフコヱ。シホ(塩)ナクゾキコヘタ。トツコロ(野老)ウラン。ヤマノイモニサトイモ。春ノ野ニアルナル。カヾミイヅルサワラビ。ユキノヒマニヲイタル、ツクヅクシウラウヨ。一モジ(一文字・葱)スギナ(杉菜)ク、ダチ(茎立)。アサツキ(浅葱)モウラウヨ。

といろいろの瓜や菜の類を持ってくる者があることを謡う。それに「御和《あへ》召せといふ声愛嬌《しほ》なくぞ聞へた」と見えるのは、以前洛外の梅が畑から出て来た畑の姥《あば》や大原女に見かけたような老女の菜売りなのであったろうか。京都の近郊は最近まで野菜栽培の永い、永い歴史があり、平安時代からずっと耕されてきた土地であったから全国一のうまい京野菜を産し、例えば遠く蝦夷松前の宇賀の昆布のようなものと共に鞍馬の野老とか、東山の蕪とかいうような野菜の名が中世の往来物に見えてくる。そして、殊に城南の瓜つくりは「山城の狛のわたりの瓜つくり」(催馬楽)とか、「音に聞くこまのわたりの瓜つくり」(『拾遺集』雑)、「瓜植し狛野の原の御園生の……」(『好忠集』)などと書かれ、また或いは綴喜郡にあった朝廷の御園《みその》―奈良園(『延喜式』内膳司)には「山城国……奈良御園瓜茄子蘿蔔」(『類聚雑要抄』)とある古くからの歴史があったと思われ、その伝統は府下の八幡市上奈良にある御園神社の十月九日に行われる青物祭りの青物神輿にも見られるのであり、また「山城茄子《なすび》は老いにけり」(『梁塵秘抄』)と謡われた、『新猿楽記』にも見える山城茄子のほか、苦《にが》瓜甘瓜阿古陀瓜も出来た「清太が作りし御園生《みそのふ》」(『梁塵秘抄』)として、奈良園のあった綴喜郡那羅郷のほかに、奈良坂、栗駒山に連なる大和道に沿った、瓜生田遺跡の石碑のある相楽郡精華町や山城町辺の狛野庄等にも住んでいた渡来の狛人《こまびと》の子孫により瓜・茄子は栽培されてきたらしく、平安期には「先は北野・賀茂河原につくりたるまめ、さゝげ、うり、なすびといふもの」(『大鏡』道長)という表現もあり、京野菜、殊に瓜の類は平安期から鎌倉室町期にかけて、熟瓜《ほぞち》とか、梵天、五色などといろいろの瓜の類が食べられたことは私家集にも詠まれて、文学作品や記録にも見えている。そして、近世「判の瓜」と言って称美された東寺の辺で産した真桑瓜の類は元来、美濃国真桑庄で作られ始めた故の称という。瓜には古くからの歴史があることは日本の各地の遺跡から出土する瓜の種子からも最近は探究されており、真桑瓜の類には古くから複雑な変遷があったと思われるが、織田信長が上杉謙信に贈った「上杉屏風」が出来た頃、天正三年(一五七五)三月には信長が内裏に真桑瓜を進呈したことが『御湯殿上日記』に見えているのが、指摘されている。そして、「上杉屏風」に見える近世市場があったという下京区の不動堂や時宗七条道場金光寺、東寺の辺の一帯は平安期から中世にかけて沼沢地帯も多かったかと思われ、現在もなお芹田が西大路九条辺の所々に残っている。例えばその辺の橋本四郎教授の生家の庭には泉水が噴出し、その池には芹田に多く住んでいた奇魚―とげ魚が泳いでいたといい、下京区や南区の辺、『太平記』にいう「作道《つくりみち》十八町」の、鳥羽田にかけての田畑には、近世も東寺の葱とか、或いは水菜とか、芋魁《いもがしら》とか、染物に用いる藍や、女児が白粉、墨で面や鬢髪、眉目口鼻を描いて玩具とした姫瓜など種々の野菜類を豊富に産していたことが、『雍州府志』により判るが、瓜の振り売りの姿などは「上杉屏風」の下京区四条油小路下ル辺りに描かれている。

その他、三室戸などから来たらしい狂言にも見える宇治の柿売りとか、おそらく山城国相楽郡からやって来た薑《はじかみ》売りなど、どんなに洛中を往来していた物売りが多かったことか。「弦召さう」と呼ばわり、顔を隠し歩いた「祇園殿《どの》」感神院に属する清水坂弓矢町に居た犬神人達、「赤かはらけは召すまじきか」と呼ばわった、おそらく奈良の「菅原や伏見の里」に居た土師部《はじべ》の流れを汲む深草の土器《かわらけ》売り、その他九条の筵打ち、西京《にしの》の麹売り、洛北大原から出て来た黒木を売る「小原女」、西岡《にしのおか》などから桂川を越えて出て来た竹売りや、嫁入りの際にお出入りしたり、桂川の鮎を売った巫女の桂女《かつらめ》、そんな京近郊から来る古くからの物売りだけでなく、朝早くから九里を越える大和道を残んの月を見ながら宇治から伏見木幡山を越えて「法性寺大路」から五条橋を渡り、入って来た奈良西京の火鉢売りや、同じ南都からやってきた法論味噌《ほろみそ》売りや豆腐売り、或いは久我畷《こがなわて》のぬかるみ道を東寺の五重塔をのぞみながら作り道から必ず東寺の門前に出て洛中に上《あが》って来、下京から上京までの小路小路の小家《こいえ》まで入って来て夜遅くまで廻ったであろう山崎油座の油売り、またはるか和泉国泉南郡新在家(岸和田市)などからやって来た和泉国の酢売り、或いは木綿帆の大型船北前船が風をふくらまし、北陸道の海から瀬戸うちに走り入るようになる以前、横浜港や神戸港に勝るとも劣らない、中世の京都の港として、敦賀港と共に重要な機能を果していた若狭の小浜港から九里半越えを過ぎ、高島郡今津から坂本、大津と近江路にかかり京の町に入って来、「昆布めせ〳〵、おこぶめせ、若狭の小浜の召しの昆布」と遠く松前の召しの昆布を上《うえ》つ方の御方《おかた》殿のお台所にも入り売り歩いた小浜の昆布売りなど。そのほか「粉《こ》葉のお茶召し候へ」と寺社の門前などで立ち飲みさせて歩いた一服一銭の商人や、「お煎じ物召せ、お煎じ物召せ」と祇園会などで呼ばわり、「陳皮《ちんぴ》、乾薑《かんきやう》、鷓鴣菜《まくり》、肉桂、甘草、人参加へた」(和泉流狂言「煎じ物」)と薬湯を読み売りして歩いた同じような仲間の、室町初期以来の煎じ物商人、或いは大きな檜笠をかぶり、仏前の垂れ絹などを持って配ったことに起源を持ち、呉服とか、薬品などを背中の笈に入れて「宿かせ、宿かせ」と都にまで、渡り歩いて入って来た商僧《まいす》の高野聖《ひじり》など。

そして、菜売りなどと共に何よりも洛中に見られたのは生活必需品の魚売りの商人であって、魚の振り売りの姿は「上杉屏風」の左隻にも見えている。洛中の魚の振り売りには御伽草子の「鰯売」(「猿源氏草子」の古写本名)の主人公猿源氏の如く、「鰯かうえい」と声高く小路を呼んで歩いた威勢のよい連中も居たのであろうが、京都で著名であったのは中京の六角町の魚棚の魚売りであった。蓮如上人の子守唄はまた、

六角町ニウル物〳〵。コイ、フナ、タイトスヾキトウグイ(石斑魚)カレイ、ナマヅト、イセゴイト、ナヨシ(鯔)トニシ(辛螺)ヤサヾエ、ボラノコ、アワビカツホ、スルメト、正月ニイワウハ、カキ(牡蠣)ヤタハラ(俵・海鼠)アイキヤウ(鰀鱜・子持ち鮎)、ヒシヤメ(販女)ハモチウリ(持売)、サワラ(鰆)ノコハキリウリ(切売)、タコノテモヤツ、

イカノテモヤツ、ホシダコモウラウヨ。

とある如く、海のもの、川のもの、鯉、鮒から螺や鮑、鰹、干蛸の類が売られており、また狂言「雁盗人」では、肴町に雁など山のものまでも売っているのも六角町やまた、「町田屏風」や「上杉屏風」に見られる上京の今町(上京区

東今町、西今町)などの光景で、「蛸の手も八つ、干蛸も売らうよ」と声高く客をさそったのは、平安時代の『年中行事絵巻』に干蛸の店があるのを見ると古くから京都の魚町の棚風景なのであろう。六角町の魚商人は元弘三年(一三三三)五月二十四日付の『内蔵寮領等目録』によると、六角町生魚供御人《くごにん》と言われ、内裏に供御として魚を献じていたのであるが、『七十一番職人尽』では魚売りは女性の姿になっており、「はやくこそ六角町のうり魚のなれぬ先より変りはてけれ」の歌がのせられてあり、京都光円寺蔵の「洛中月次風俗扇流屏風」の如きも六角町とされている魚屋の店先の扇面図があり、よく挙げられる。中世には今日、東北地方の農村や南島に見られる如く、女性は誠に勤勉であり、小原女、桂女は言わずもがな『七十一番職人尽歌合』によると、米売り、豆売り、餅売り、心太売りなど皆女性の姿に描かれている。

坊門町ニウル物。クワイガモチハシロクラ《(テ?)》、一クチナレドテウホウ、在京人ノメノドク、九条ノ町マデ、アモトイフテトホルハ、スヤ殿ノ事カヤ、ミセヘダイテヲキウリ、イタダイテヨミウリ。

と同じ子守唄は謡う。ここに見える坊門町は六条坊門小路と新町通りの交叉する辺にあった土地であったろうが、下京区のこの辺は近世初期東西本願寺が移ってきたりして変化が多かった場所と思われ、正確なことは判らない。しかし、「スヤ殿」は下京区数珠屋町に最近まで残っていて、本願寺の彼岸や報恩講のお華束《けそく》を作っていた酢屋餅屋の祖先であったろうが、後家になった曾我左近将監正成の母が酢屋と号する下京の餅屋の権利を相続していたことが見える天文十三年(一五四四)の文書(『賦引付』)があり(豊田武著『日本商人史中世編』一五九頁)、『七十一番職人尽歌合』に餅《もちい》売りが女姿に描かれているのは、「餅《あもー》」と町並みの家々の中まで聞えよと声を張りあげて、五条から六条、七条、八条、九条へと「白餅、赤餅、蓬餅、阿古屋、粽《ちまき》、水鈍《すいとん》」(『賦引付』天文十四年二月二十一日　曾我正成申状)専売の餅屋で御座いと下京の隈から隈まで、餅の入った箱をかつての大原女や白川の花売りに見られたように頭にいただいて声高く読み売りもして歩いたのであった。

そして、帯売りとか綿売り、麻の白布売り、白粉《しろいもの》売り、薫《たき》物売りのような物売り、或いは紺搔きや機織り、組師、縫物師、張殿のような職人が女性《にょしょう》であるのは縁が深いからであると理解されるであろう。しかし、例えば酒作りも女子であって、京の町では酒作りの女が「先《まつ》酒召せかし、流行りて候、うすにごりも候」とか、麴売りの女が「上戸達御覧じて涎《よだれ》流し給ふな」と『七十一番職人尽歌合』に呼ばせており、山一つあなたに住む狂言「伯母が酒」の伯母や、また朝早くから「新市の一の棚に付かう」とやって来、にごり酒を売る狂言「連尺」の女や河原の市に酒を売ろうとする狂言「河原太郎」の妻など、皆たとえ亭主は飲んだくれのさ者でも、女房はわわしいが、しっかりした女性であった。そして、京都は北から南に傾斜した地で、上《かみ》から下《しも》へ堀川や西洞院川、中川など多くの水流が上京から中京、下京へと町を洗い、井泉に名水も多く、水は清く、うまく、豊かであったが故に洛中に酒屋も多く、五条坊門西洞院(『蔭涼軒日録』文正元年七月四日条)に中世にあった「柳の酒屋」のような室町小歌にまで謡われた聞えた酒屋もあったが、なお民間では女性が酒を売ったのは何よりも古い民族の伝統を受けていたからであった。すなわち女性は古代には太陽であり、神聖な酒《みき》は女性によってかもし出されてきており、今日まで女性が神であったわが国の南島では、うら若き乙女が嚙み吐きかもす酒が神に供える酒であった。古く平安朝以前の造酒司《みきつかさ》以来、女性が酒に関与したことは『日本霊異記』の説話(中巻三十六・下巻二十六)にも窺われ、『沙石集』にも水を加えて酒を売った徳人《とくにん》の尼の笑話が見え、『長谷寺霊験記』にも大和の三輪の前岩根の里の女が酒を売ったことが見えたりすることが指摘されている。

そして、また『七十一番職人尽歌合』を見ると、扇売りも酒造りと同様女性であるのは、扇が元来宗教的な性格を持っていたからではなかろうか。扇を折って生活の方便としたので有名なのは、京都市下京区御影堂町に近世あった時宗新善光寺御影堂であったが、元来平敦盛の未亡人が尼となって堂の傍に創めた蓮華院で扇を折ることをやり始めたという。扇売りに関しては南北朝時代貞治三年(一三六四)『師守記』二月一日条に、前日に在地人の口才尼という扇商人の家に虹が立ったので、四条室町で絹布以下の諸物を売る市が立ったことはしばしば引用される。そして、城殿《きどの》という扇屋は『庭訓往来』にも「城殿扇」と見える古い扇屋で、室町期にはしばしばその名が日記・文書に見えるが、後に城殿は畳紙《たとうがみ》師となり、近世は畳紙師として下長者町新町西入ルの城殿和泉、右同町の藤原但馬、烏丸下立売上町の城殿出雲などの名が見え(『京羽二重』巻六)、また「鷹司通　下長者町通と云……此通に城殿とて扇作たゝう紙はりこやうの物あり」(同、巻一)とも見えており、今の上京区下長者町通新町西入ルの所にあった古い扇屋で、元来近江東坂本の駒井から出た近江国には特に多かった帰化人で駒井を姓とし、始めは扇を製作していたが後、雛や児女の御伽の張子、天児《あまかつ》や包み物を結ぶ水引(『雍州府志』土産門)、紅、白粉を入れる「扇(扇紙)で折った畳紙」(狂言「吃り」)とある畳紙など、すべて上流階級の女性《によしよう》方に関係のある優雅な有職の伝統を伝えた紙製品が売られ、近世は御伽草子の絵草子の写本なども売っていたらしいのであって、『七十一番職人尽歌合』には畳紙売りが女性の姿に描かれ、「忘れめや城殿に染むるたゝう紙しなやかなりし人の手ざはり」の歌が見え、おそらく平安期以来の優美な染紙の伝統を伝え、城殿では染めた美麗な畳紙を売っていたのであろうし、そんな畳紙などの類を売ることが、中世小説の絵草子類を売ることになったのであって、言わば上京を代表する職人の一人であった。

「洛中洛外屛風図」を見ると明らかにそれと判る桂包みの頭巾をかずいた桂女が、町田本では上立売通り、上杉本では正月の室町通りの街中を歩いているのは、上《うえ》つ方《かた》に正月に御機嫌伺いに伺候のためか、また、婚礼の祝言やお産の祈禱に参上のためであろうか。その他『七十一番職人尽』によると「すあひ」という女性は「御用や候」と言って家々を廻ったらしいが、後世のような呉服などの仲買人であったかどうか。御伽草子としてしばしば絵巻や絵草子の写本が見られる「御用《およう》の尼」では、白川のほとりにある遁世の法師の柴の庵に入って、古綿や古小袖の類の取りかえから阿伽陀円、膏薬、目の薬から紙扇は言わずもがな、宮仕えの女房から若き御比丘尼まで世話すると吹聴する一人の老比丘尼の滑稽な物語である。室町時代には比丘尼の中には科《とが》負い比丘尼と後世言われたような比丘尼の類も居たらしく、「或時は双紙、又或時は法話、又は今生後生の世帯仏法の物語をする尼比丘尼」(『世鏡抄』)も居り、富貴な御方殿の奥に出入しているような女性も居たらしく、洛中には中世末に六道輪廻の絵解きをする勧進比丘尼の類も確かに存していたのであった。

惣じて男女共に洛中に宗教人・芸能人がどんなに多く彷徨しているのが「洛中屛風図」に見られることか。勧進聖、薦僧、琵琶法師、千秋万歳、節季候《せきぞろ》、西宮の傀儡師《くぐつ》、猿牽、早歌謡いなど、或いは大きな傘の下にささらを摺る説経師なども必ず二人連れで、室町末期桃山時代の屛風絵にいて本地物の物語と無縁でなかったろうし、琵琶法師は平家以外の素語り的な物語を確かに管理しており、大晦日の晩などは二人連れの琵琶法師が大活躍する時であった。そういう類の中には津軽などに最近まで存していた御夢想《ゴミソー》、アリマサ、モノシリと言われた男巫の類は陰陽師として「占や算」の小屋掛を社の傍などにしていたろうし、鳥辺野の近く、五条橋のかかった加茂の河原に流れ灌頂に人を勧化するイタカなど人をまどわす類も多かった。その他、先に鹿の角のついた杖を突き、瓢簞を叩いたりして寒が近づくと無常の唱え声が夜毎に冴え渡った鉢叩きや、背中に短冊のついた篠竹を差し、腰に勧進柄杓と見せ鞘の刀を差し、月下にこきりこの竹筒を器用にもみ操って澄んだ声で謡ったり、大名邸の広庭に輪鼓や手鞠、品玉や時には雛を舞わせる等の施芸をし、「泛家四人来尽二種々能術一、一々神変奇特也」(『蔭涼軒日録』文明十九年五月十四日条)と「神変奇特」と書かれ、上つ方を驚かした放下《ほうか》など、古代世界に阿弥陀の聖《ひじり》と言われ、寛徳年間(一〇四四—四五)に祖霊の山にのぼるため、頂上の大嶽から麓まで「阿古屋の聖」が建てた石の千本卒都婆がつづく比叡の峯などから下って来、市の巷に又ぶりの鹿杖《かせづえ》を持ちつつ、金鼓《きんこ》を叩き、阿弥陀仏を唱えすすめ歩いた空也《こうや》上人の流れはなお洛中に生き生きと働いていた。

それは全国的な内乱の南北朝時代、文和四年（一三五五）二月の京軍《いくさ》に敵味方が日毎に市中に入れ交り、街なかで火花を散らし戦ったような時でも、物売りや芸能人は市中をうろついており、また合戦の際には「見物衆五条橋ヲ桟敷トス」（『源威集』）と物見高い京童は牛若もどきに「洛中屛風図」に見られる橋けたの高い柱の上に飛び乗って五条の橋で合戦見物と洒落たであろうし、「不思儀成シ事ハ当日終夜清水坂ニ立君袖ヲ列テ座頭琵琶ヲ調参シニ少々平家語ランスル烏呼ノ輩モ有シ也」（『源威集』）と、五条橋の東の清水坂には参詣の客の袖を引く名物の立君が夜にはうろつき、狂言「瞽女《こぜ》座頭」の如き烏滸《おこ》の輩は清水寺の舞台や西門で平家を語ろうとする者もあり、「猶咲《をかし》カリシ事ハ御遺物買物候歟、古針買トテ徘徊シ、合戦成ラヌ日ハ御方・敵洛中ノ湯ニ折合、時々物語過シ合シ、更ニ無レ煩シ也」（『源威集』）という有様で、町を「御遺物、買物候歟、古針買《かはん》」と呼ばわり歩く者があり、合戦もそう毎日はしてはおられず、合戦の休業日には市内の処々にあった湯屋に行き、恐らく「湯屋風呂ノ女童部」（『太平記』巻三十五）を相手とし遊興したり、また裸同士の敵味方が一しょに会ってやあやあと談笑して一向煩いが無かったというような光景も見られたのであろう。それはおおらかな、笑いに満ちた狂言の世界の、太郎冠者に飜弄されるような大名の頼うだ人が本当に生きていた時代であった。

五

そして、東男に京女というが、洛中にどんなに遊女が多かったことか。

地獄ガ辻シカラ、カセガツシヲミワタシ、ムロ町ヲトホレバ、ウラウウルマヒハ上臈サマノ御事カ。十七八カラ

ハタチニアマテ廿四五ノ上ラウ、ボウ〱マヒ（茫茫眉）ニウスゲシヤウ、ハサキトツテカネグロ、タチニタチテ
マシマス。

とも蓮如上人子守唄は謡う。『七十一番職人尽歌合』では辻君の条の歌に、「かせがづし、地ごくがづし」の名が詠みこまれており、一休の『狂雲集』の題詞にも「洛下《ニ》昔有《リ》ニ紅欄古洞両処一曰《ヒ》ニ地獄《ト》一曰《フ》ニ加世《ト》一 又安衆坊之口《ニ》有《リ》ニ西洞院一 諺所レ謂小路也」とあり、地獄、加世といわれた場所と安衆坊之口、西洞院すなわち七条坊門西洞院にも遊里があることを書いている。これらの地獄が辻、かせが辻の両所は明瞭でないが、一休は続いて「今街坊之間 十家四五娼楼也」とも書き、洛中に娼楼が多いことを述べたりする。地獄が辻については、永享三年（一四三一）十一月二十六日の朝に錦小路町の辻立君の家が焼亡した（『看聞日記』）ことが見えるが、『京町鑑』の「横町之分」の錦小路の条に「錦小路。観音堂辻子又鐘木辻子とも云。炭座辻子又地獄辻子ともいふ」とあり、『都すゞめ案内者』に「すみの座辻子 錦小路新町西へ入所 四条へぬける」とあり、錦小路の新町に近い所の炭の座辻子が地獄の辻子である（講談社現代新書『京都庶民生活史 I』第二章第二節・一一二頁）との下坂守氏の説をとるべきかも知れない。その他、洛中に遊君の屯する所は上京・下京を通じて多く、応永三十年（一四二三）二月二十四日に北小路西洞院の傾城屋に火事があった（『師守記』）などと見えており、上杉本の「洛中洛外屏風図」では「はたけ山のつし上郎」と墨書注がついている場所で客の袖を引いている遊君らしい姿が見られるのは、近衛殿や入江殿のすぐ東であり、上京区畠山町（室町と新町の間の今出川上ル）辺の光景であり、それより古いとされる町田本「洛中洛外屏風図」でも近衛殿や入江殿のすぐ傍（左隻三扇）にも同じような光景が見られたりするのは、公方足利将軍邸のすぐ近辺にもこのような女がうろうろしていたからであろう。或いはまた「山崎の女郎と寝た夜は袈裟と衣は女郎に剝がれる、帽子は亭主に取られた、傘は茶屋に忘るる」（和泉流狂言「鷺」）などと謡われるのは時代が近世に下るのであろうが、中世末期には洛中洛外にこの種の女

性が多く存していたと思われ、少くとも室町初期からの遊君の名所は五条通りであった。『看聞日記』の応永二十九年正月十一日の松拍《ばやし》の風流には伏見で五条の立傾城を真似した記事があるが、『犬筑波集』にも「五条わたりに立てる尼ごぜ」の句があるのは、五条通りが立君の名所であったのをふまえた句であろう。御伽草子の「御用の尼」にも二条五条の地名が見られるが、五条東洞院には「好色《いろこのみ》」という遊君が屯していたことは文学作品からも判ることは今指摘するまでもないことであるが、御伽草子の「鰯売」では、主人公の猿源氏は鰯売りの身ながら五条東洞院の遊女蛍火を五条の橋の辺で見初めて、舅の海老名の南阿弥陀仏という洛中に隠れもない遁世者から知恵をさずかり、関東大名の宇都宮に化けて恋の首尾を遂げるという筋である。また『明徳記』を見ると、中巻に明徳の乱の際に、元、姫子という「東洞院辺ノ好色」があって、「山名中務大輔ノ兵ニ家喜九郎」という者の女房となり、夫婦の契を結び五年になったが、合戦の際に夫の母と共に四条の道場の辺に忍んでおり、夫が八幡から鬢の髪一総を切り巻籠めて手紙を贈り、自分が戦死したら、「もとよりの御事なれば、春のわかれをなく鳥の、もとのふるすへこそ帰らせたまはんずらめ」云々と書いてあったのに対し、使の前で自ら髪を押切り、「又好色の身に成らば」と手紙に書いた心の恥ずかしさよと、十九の年の暮に尼となり、「一すぢに思きりつゝくろかみのかゝる乱の世をなげくかな」の返歌だけで、切った髪を添えて使に取らせ決心を示したので、家喜九郎も次の日大宮で思い置くことなく討死したとある記述があり、「東洞院の好色」という表現が見られる。幸若舞曲の「堀河夜討」には、判官義経を討つことを頼朝から命じられた土佐坊昌存が五条油小路に宿をとったのに対し、弁慶が義経の所に伺候せぬことを糺問に行くと、熊野参詣の代官を頼朝から命じられたが「五条のぢよいろこのみ酒持たせ門出祝ひ候」と釈明した、とある「いろこのみ」も、同じ五条東洞院に居た遊君であろう。現実に確かに五条東洞院に遊君が居たことが判るのは、足利義満の側室の西殿高橋殿の存在であった。世阿弥の『申楽談儀』を見ると、ロクヲンヰンノ御ヲモイ人タカハシドノ〈ヒガシノトヰノケイセイ也〉、コレ、万事ノイロシリニテ、コトニギヨイヨク、ツヰニヲチドナクテハテタマイシ也。上ノ御キゲンヲマモラヘ、サケヲモ、シヰ申ベキトキハシヰ、ヒカウベキトコロニテハヒカヘナド、サマ〴〵コ、ロヅカヰシテ、立身セラレシ人也。

と書かれてあるが、鹿苑院殿足利義満の寵愛を受け、義満の居た鹿苑院金閣寺に近い北野神社の北の高橋神明社のある高橋(上京区神明町)に住んだが、高橋は室町初期から明治まで、巫女の住む場所であり、よもや巫女の出身ではあるまいが、義満の死後も権勢を持ち、晩年応永二十八年(一四二一)三月や応永三十四年九月から十月にかけて行われた熊野参詣に加わったりしており(伏見宮家旧蔵「熊野詣記」)、永享元年(一四二九)十一月頃入滅したらしい(人物叢書、白井信義著『足利義満』二四八頁、参照)。この高橋殿は万事の色知りで、酒をも強い申すべき時に強い、控うべき所にては控えなど、色々心遣いをして、そのホステス振りは義満も鼻毛を読まれておった。この高橋殿を「東洞院の傾城也」と世阿弥は注している。室町時代には既に「傾城狂ヒ」という詞句が『史記桃源抄』に見えるが、この鰯売りの主人公は、関東大名の宇都宮弾正に化け、五条にやって来ると蛍火、薄雲、春雨など遊君十人が出てもてなしたとあり、この草子に見えるのと同じ名の実在の人物海老名の南阿弥陀仏は謡曲の詞章をも作るような同朋衆の類であったらしいが、そんな類の都に隠れもない遁世者やのさ者の太郎冠者などの手引きで五条の傾城宿に大名も遊びにくるということもあったかも知れず、あの専横な義教将軍なども嘉吉の変の時、赤松満祐に首を討たれた時、「其外御子出生御傾城達可然女中皆為尼」(『看聞日記』嘉吉元年六月二十五日条)とあり、傾城に生ませた子があったと書かれたりする。御伽草子の「物臭太郎」では、物臭太郎が都で長夫《ながぶ》の役をすませて、故郷の信濃に帰るにつき、女房を一人さがしてくれと宿の亭主に頼むと色好みを呼べと言われ、料足五十二三文しかないというと、辻取りをせよと教えられたとある色好みもこの遊君の類を言ったのであろうが、物臭太郎は清水の観音の縁日の十一月十八日に清水に参り、大門で辻取りをするので、来た女房に調子の言葉をかける話となるのである。好色を買うにしても調子の言葉と言われるような、謎めいた歌問答が行われたのではなかろうか。

コレナル上臈ノ、ナヲハナニト申候。ハツハナト申候。

ハルノハジメニヲモシロヤ、ハツハナ、コレナル御上臈ノナヲハナニト申候。

アタラシ殿ト申候。

アタラシ殿ト聞ヨリ、イマイデ(今出)ト思テ、ソトヨテミタレバ、御ナハアタラシ、御カホハフルウ御リアル

サモアレイカホドノ御出ゾ。

レイシキサブラウ。

レイシキノ事トハ一スヂノ御事カ、オモヒモヨラヌ事ナリ。

ソレサモ候ズハ、ホウラクノ御連歌。

〱トハ五十文ノ御事カ、オモヒモヨラヌ事カヤ。

と蓮如上人の子守唄に見える遊君との問答は或いは元来、千秋万歳などのリズミカルな謡いものであったための口調であろうか。それにしてもこんな問答が浄瑠璃姫と御曹司牛若がやりとりする「いかにや君聞こしめせ、陸奥の人目しのぶにあらねども物を言はじと候ふかや」とある如き「浄瑠璃十二段草子」に見える大和言葉という雅言の謎問答となってくるので、江戸時代になると「大和言葉」と題するラブレターの教科書が出版されたりする。そして、半月形の茫茫眉の青い黛《まゆずみ》に黒いお歯黒が光る遊君達と遊冶郎の対話は、例えば「町田屛風図」の右隻右端、五条通りの一つ北の通りの民家の軒先で立話の男女に見られる如き光景であったろうか。また、五条の東洞院のすぐ近くに通りに面して因幡堂平等寺の薬師如来の堂があり、下京では大きい御堂であったろうが、そこの鬼瓦に国元の山の神を思っ

てぽろぽろと涙を流す狂言「鬼瓦」の如き大名も居たが、大蔵流狂言の「吾妻大名」では吾妻の方の大名が訴訟のために永の在京に気が屈して、酒の相手になる女を抱え慰もうとして太郎冠者、次郎冠者に命じて奉公人を雇おうとして、すっぱにだまされる筋である。それにはすっぱが「五条の橋を渡って向うへ行けば、左へ行く細道がある。その細小路の角から三軒目に新しい家がある。乃ちその新家が奉公人の宿ぢや」と言っているのも五条辺に酒の相手になるような女が居る場所であることを意識しての表現であろう。

中世の五条通りは今の松原通りであって、清水観音から西へ清水坂を下って、五条橋、今の松原橋を渡って通りがついていたが、「四条五条の有様心もことばも及ばれず」(御伽草子「一寸法師」)とか、「交易売買之利潤者、超ニ過四条五条辻ニ」(『庭訓往来』)と書かれるような殷賑をきわめる場所とされている。そこには「心の直ぐにない」すっぱのような者も横行していたし、「室町伯楽」(『庭訓往来』)と書かれた馬喰が屯していた馬喰座があったことは社会経済史上からも指摘されている。『七十一番職人尽歌合』では十番に「馬《むま》買はふ」と鞭を持って歩いている馬喰の姿が見えており、それに「馬かはふばくらう時の立君の宵暁に通ひなればや」の歌が見えるのは立君の徘徊する五条に「馬かはふ」と呼ばわる馬喰連中が居たからで、蓮如上人の子守唄の替歌とすべき千秋万歳の「京の町」には「夫より行過、五条室町馬の市のあげくに、我等がやうなるしやれ者、我等がやうなるしやれ者、肌に何着なひで、綿もいらぬおひへ(麻)とりかさね、尺八腰につきさし、女郎の御前をそろり〳〵そと通れば」と表現しているのは、遊君達の屯する五条東洞院近くの五条室町に馬の市があったからで、「上杉屏風図」を見ると「玉津嶋」と注された小社、今の松原通り室町東にある新玉津嶋神社の傍を白い裸馬を引いたり、またその近く通りを西に二頭の馬に乗っている人物を描いているのは、この辺が南北朝期から室町時代末期まで馬と関係があったからで、吉田兼見は天正五年(一五七七)九月二十日「五条馬市見物」に出かけたりする(豊田武著『中世日本商業史研究』一八四頁)。室町初期には、或いは奥州閉伊郡の多久佐里《たくさり》(宮古市田鎖)の本牧《ほんもく》とか、糠部《ぬかのべ》郡の一戸立《いちのへだち》、二戸立、三戸立と言われるような地方産の、飛雀《とびすずめ》とか、鹿笛《ししのふえ》などの焼印《がね》のある竜馬《りゅうめ》や下野国安蘇郡の彦間(田沼町飛駒)立の大輪違の焼印のある馬など、今日ではほとんど忘却の世界にあるような、中世の牧場から京都に駿馬が引かれ到来し、馬市も活況を呈していたのであろう。しかし、幸若舞曲の「信田」では幼い信田小太郎が大津の浦で人商人の辻の藤太にかどわかされ、五条の宿につれて行かれ、「馬喰座の人商人の総領わう三郎」に売られ、駒一匹に換えられたとあるように、そんな馬喰の中には人商人をするすっぱ野郎も居たのであろう。

松原通りは今日では室町通りの繊維関係の問屋が会社組織となり、ビルディングが櫛比するのと交錯する辺を中心として賑やかな、空地のない通りとなってしまった。しかし、「下京や雪つむ上の夜の雨」の、あの下京の庶民の匂いが何処やらに感じられる。そして、松原室町の西、西洞院通りと交わる所は今日でも五条天神《てんしん》(下京区天神前町)が存して、通りの名称は松原通りと太閤さんの時以来変ってしまったが、依然として五条天神の額名をかかげており、古くからの五条天神が天使《てんし》突抜などという地名と共に存している。そして、中世の五条天神社は祇園の牛頭天王と同じような疫病の神であったから、応永二十八年(一四二一)五月二十三日には疫病が流行した時に流罪宣下を受けたり(『看聞日記』)、またそれ以前延文五年(一三六〇)五月、疫病が流行し四角四堺祭が行われた際に紫野今宮神社に正一位、五条天神社に従二位を贈られたりする(『愚管記』)ような性格の神であり、御曹司牛若が鬼一法眼の手下の印地の大将湛海と五条天神社で果し合いをするのも、印地者がそういう御霊神と関係が深い、神の下奴であったからであった。そして、その東には室町時代以前には道祖神が祭られていたが、室町時代には文献に見えないような巷の社であって、「上杉屏風図」でも五条天神と注した社を西洞院五条の田圃が雲の間から見える辺に鎮座させているのみである。「福富草紙絵巻」の「たかむこの秀武」が祈る道祖神も多分この五条の道祖神であろうし、今は新町通りと交わる近く、新町通り西側に東面して、元、民家の中にあったという小さな祠が、戦時中の疎開で表通りに出て祭られて、それと目されているが、或いは七条西洞院、京都駅近く、下京区不動堂町の、近世不動堂の青物市場があった近くの道祖神社がその後世の姿かも知れない。五条通り一帯はごみごみとした庶民の世界であった。古く『源氏物語』夕顔巻にも光源氏が五条の乳母の家を病気見舞に尋ねた描写ではその辺りを「むつかしげなる大路のさま」と書き、雷のように碓《からうす》に杵の柄を踏む音がすぐ隣に聞えるともある所で、平安時代には田舎わたらいする商人が五条から九条にかけて住んでおり、南北朝時代以前の表現を以てすれば、下辺《しもつわたり》、室町時代には下京《しもぎょう》と呼ばれた町であった。

六

「町田屏風」「上杉屏風」の古い「洛中洛外屏風図」を見ると、上京には足利公方邸や内裏が一際大きく目につくが、公方邸の前には直参格の家臣の邸、御曹司義経に膝元去らずの弁慶が居たように、表門近くには管領邸がでんと控えていたのは、むしろ古代世界から尊貴の御門《みかど》を守るというあの恩頼《みたまのふゆ》思想の伝統で、御内《みうち》、外様は中世の人間関係の重要な要素で、鎌倉幕府でも幕府邸のまわりに和田や三浦等の大名の邸、また北条執権邸の前には長崎、南条、安東等の御内人《みうちびと》の邸宅があったのと同じで、細川管領邸の周囲には薬師寺や三好の御内の家臣の邸が控えていた。上京では小川《こかわ》が「町田屏風」や「上杉屏風」は左隻の左端を南北に上《かみ》から下《しも》に流れているのが殊に目につくが、その小川は最近当局が埋め立てて暗渠としてしまった。しかし、埋め立てられる時まで屏風図そのままに現在の元誓願寺通りと交わる辺から革堂《こうどう》町、元百万遍町等の東まで下《しも》に流れ、一条通りで西へ曲って戻り橋で堀川に落ち込んでいたし、屏風図と同じく民家が小川をまたいで存していた光景も私は知っている。屏風図を見ると浄土宗西山深草派誓願寺、革堂行願寺、百万遍知恩寺と寺が並び立ち、「町田屛風」「上杉屛風」共に下京方面の右隻が西から東の清水、祇園方面を眺めているのに対し、この風景をあらわす左隻は上京を東から西を眺め、「上杉屛風」は相国寺の屋根を下に、小川を中心に遠く北山や鞍馬方面を右に、嵯峨の西郊を左に眺める光景を描き、右に北山鹿苑寺―金閣寺や高尾の雪景色、左は嵯峨方面の紅葉の秋の景色を描くのはまさしく古い四季の庭園の約束を守っているのであるが、小川のすぐ彼方の西に荒人神《あらひとがみ》の宮寺、北野天満宮の聖廟を点出させる。そして、一の鳥居の外に北野の経堂(願成就寺)との間に影向の松や、菅公の母伴氏社の五輪石塔、現在忌明《いみあけ》塔と言われ、別の所に移されているのが「町田屛風」では石の鳥居と共に、また中門と本殿の間には梅樹やまた背後の十二末社などが描かれ、文安元年(一四四四)四月の「麹騒動」(『賦引付』)以前に神宮寺朝日寺を西廊に、老松社や一夜松《ひとやまつ》社の末社が軒を並べていた昔とは異っていたであろうが、「文道之太祖風月之本主」の霊威はなお幕府や貴庶の信仰を得ていたことを示しくっきりと描かれており、「上杉屛風」では更にその向うに細川勝元建立の大雲山竜安寺が石庭でなく、今は石庭土塀の外の園池鏡容池の中島の雪景色、鴛鴦が水上に遊ぶ景色を示し、細川管領がかって余光を示していたことを示している。「上杉屛風」はそんな寺社と小川の間に千本の釈迦堂―大報恩寺、釈迦堂の屋根や聖天や盧山寺、芝薬師(上京区芝薬師町)などを堀川の流れの西に点出させ、今西陣の聖天と言われる雨宝院(上京区聖天町)は大聖歓喜寺の一坊としてあった千本五辻辺に「正てん」と墨書して描かれ、また盧山寺はかって南北朝以来天台教学に活躍したことを示すばかりに一条猪熊辺に屋根を見せているが、堀川の東の誓願寺、革堂、百万遍と寺が並び立つ所では、誓願寺では水塔婆に「南無阿弥陀仏」と僧に記書してもらったり、革堂では釣鐘堂の鐘をつく人物や巡礼が寺の堂に休んでいる姿や、小川のほとりに乞食を描いている。乞食の姿が百万遍の前などに見られるのは念仏聖《ひじり》系の寺院にしばしば見られる光景であることは『融通念仏縁起絵巻』や『一遍聖絵巻』からも推定される。そして、革堂には風呂があって、風呂では女が背中を流しており、衣類を包む風呂敷を持った人物が「上杉屛風」では見られたり、また扇を使いながらせいせいとして風呂の門から出ようとする人物など、皆風呂敷の包みをかついだ従者を従えているのが描かれたりする。南北朝から京中に風呂も多く、

風呂のうちにて伯母をよびけり
我親の姉が小路の湯に入りて

という『菟玖波集』の坂十仏の句などから見ると姉小路通りにも風呂があったのであろう。室町期の古辞書『運歩色葉集』には「湯女　風呂仕女之君」と、君(遊女)と書かれ段々と享楽的な湯女などが居る風呂もあったと思われる。中原康富は「下辺銭湯」に宝徳二年(一四五〇)六月六日に入っているが、それは東洞院の風呂である(『康富記』)がそんな風呂にも湯女の類が居たのかも知れぬ。しかし、一条革堂の風呂は元来革堂と関係があったのであろうが、山科言継のような公卿も入浴に行っており、中世末には殊に有名で、ホノルル美術アカデミーの「扇面京名所図」の如きにも小川の風景には風呂を必ず描く。策伝和尚は『醒睡笑』で、革堂の風呂に入ったうつけの専十郎がこざかしい藤五郎に頭を張られた咄を載せているが、或いは誓願寺が中京区新京極に中世末期に移転する前、上京区元誓願寺通り波小路西入ルの小川の西、革堂の隣に存した時代に、和尚自身が小僧の時見聞きした咄なのかも知れない。

そして、その小川は上流で上京区御三軒町の細川管領邸の傍で曲り落ち流れ、水落町の地名を残すのであろう。その上流は今の表千家、裏千家の前を流れており、その曲り角には御三軒湯という風呂屋が最近まで開業していて、かつてはその所で水流は落ち曲り激してどどめき流れていたのであろうし、「上杉屛風」では、細川邸の横を曲り流れ、現在と同じ地形となっているが、御三軒町は管領御三家の所在地の意であり、応仁の乱以前から細川家が力を持ってきた様子を表わして細川管領邸は大きく、またその庭園が「上杉屛風」では足利公方邸の花の御所と共に描かれてい

るのが目につくのである。そして、細川管領邸の隣には足利将軍の太刀持ち役の家である細川典廐《てんきゅう》邸があり、「上杉屏風」では主人らしき人物が庭前の縁で前に二つの鳥籠を置かせて聞いているのは室町時代に流行した風流であり、世阿弥も「コウシヨク　バクヱキ　大ザケ　ウグヰスカウコト　コレハ清次ノ定也」(『申楽談儀』)と父観阿弥清次が禁制したとする鶯合せであり、『三十二番職人尽』には「鶯飼」が「鳥刺」と対になって出てくるのである。そして、「町田屏風」でも細川邸で小姓に鳥籠を持たせている光景が見られるし、隣の典廐邸では放下が参上し、輪鼓を引き操り、主人にお見せしているではないか。また、「町田屏風」では内裏の北の三条西殿で公卿が鶯の鳴合わせを門前で聞いているのは、「町田屏風」は或いは注文者が公卿関係であったのかも知れない。そして、三条西実隆は明応五年(一四九六)六月五日細川阿波守の鶯合わせに来ることを再三命じられている史実も日記に見えている。総じて公卿の邸や「いせのかみ」と「上杉屏風」に書かれる御供衆の伊勢家のような有力武士、また上流階級と関係のある寺院などが櫛比しているのが上京であり、「上杉屏風」は花山院家—甘露寺親長(一四二四—一五〇〇)が住んだ「かんろうゐん殿」(京都御所苑南部—甘露寺邸)は上けい寺(浄土宗清浄華院、上京区元浄花院町)とは離れた場所に見えるが、「町田屏風」では花山院家邸と思われる邸の隣に寺院が見えるのは花山院邸が上京区竜前町にもあり、隣り合わせていたのであろう。そして、清浄華院は寺町通り(上京区北辺町)に移転し、浄土宗の大本山という格で存しているが、元来禁裏の内道場だったとの寺伝を有し、公卿関係の墓も多く、山科言継の墓も存しており、「上杉屏風」の左隻では上京の上流階級、花の御所、足利将軍邸、禁裏関係の邸が描かれ、右隻と好対照をなしている。また、「上杉屏風」では町通りの下、上京区勘解由《かでの》小路町の「ふゐい」—武衛、管領斯波邸では主人らしき人が表の門前で桃の節句に室町期内裏などでも行われた鶏合わせを見ているし、「町田屏風」でもその邸と思われる中の庭で、狂言(「二人大名」)にも演じられる鶏合わせをやっているのは、当時ここの主人が好んだからであろうか。

そして、「上杉屛風」では公方邸の西の、小川が流れている所、誓願寺の前の上京区靭屋町に相当する所では靭を買う人物が描かれ、現在もなお中世末の地名が残っているので興深いが、近世も『京羽二重』巻六に靭師として「小川元誓願寺下　喜兵衛」と見えるのである。「町田屛風」では誓願寺のすぐ上《かみ》の、時宗極楽寺(現在は左京区真如堂前町に移転)前や、更にその上、小川の西岸の、中央の空地に便所と井戸がある一画の民家には鳥をぶら下げている店や、弓屋、またその上に扇屋も見られ、その一画の横町の北側には魚をならべてある魚店があるのは、「上杉屛風」に見える今町の魚屋の向い側であり、まさしくこの辺、今町が上京の魚町であることを示しており、「上杉屛風」を描いたという狩野永徳は上京のこの近くに住んでいたからこの辺、上京は精細にこまごまと描いている。「上杉屛風」では「町田屛風」の小川の同じ西岸に弓屋を一軒書いて他の店は省略されている。更に「町田屛風」ではまたその上―北の飛鳥井殿の南の小川に跨った民家にも扇屋が見られ、水引らしきものや人形らしきものまで売られているのであり、一条小川の北辺には近世も御所扇子や舞扇を製する店があり(『京羽二重』巻六)、近世初期の成立である南蛮文化館蔵の「洛中洛外屛風図」では、「天下一すゑひろ扇屋」が小川一条に見られたりする。更に「上杉屛風」では遊女が見られる畠山の辻のすぐ西、上京区元新在家町の、中世に白雲と言われる地には練貫座があり、堀川の西の、同じ上京区菊屋町辺にあった大舎人座と共に今日の西陣の織物の起源をなすが、そこでは家の外で白い糸の束を扱う女性を「上杉屛風」で出すのは、白絹すなわち白羽二重の類の糸を機にかける前に扱っている姿を描くのであろう。そして、上京では例えば魚町の如きも今町の今の上京区東今町、西今町にあり、「上杉屛風」や「町田屛風」でも、前述の如く誓願寺の横町で「買いなはれ、買いなはれ」と売っている女の魚屋さんが見られたりする。ここのすぐ近い所に公方の御用絵師狩野元信(一四七六―一五五九)が住んでいた上京区元図司町があり、近世は狩野辻子があり、元信の孫の永徳もここに住んでいたろうから、「上杉屛風」の左隻では西陣の織屋の先祖の連中や、また職人絵からとったのでもあろうが、組糸を民家の近くで組んだりしている組師や靱や弓を製作したり、また前述の城殿のような扇、その他種々の紙製品を売るような、上《うえ》つ方の男女の御相手をする色々の職業は近くで見馴れているものとして詳しく描いたのであろう。そして、「上杉屛風」では、日野殿(上京区東日野殿町、西日野殿町)や日野家の分れである広橋殿(同区一条通り烏丸西入ル、広橋殿町)、一条殿(同区新町通り一条上ル、一条殿《でん》町)、徳大寺殿(同区今出川新町下ル、徳大寺殿《でん》町)とか、飛鳥井殿(同区今出川堀川東、飛鳥井町)など、それぞれ上京区の地名に名を残す、永禄年間前後の時代を代表すると思われる公卿の邸宅は「上杉屛風」の中に金泥の雲の中から板葺の屋根をいずれものぞかせているし、その他「上杉屛風」の右隻には藤原氏の北家勧修寺家流の甘露院殿(甘露寺氏邸、上京区竜前町)は元来、禁裏道場と伝え、貴族と密接な関係があった「上けい寺」(浄華寺の意で、浄土宗清浄華院、上京区元浄花院町)のすぐ傍に描かれ、また同じく藤原氏北家の道長直系の清華家、花山院殿(花山院家—上京区京都御苑内)の傍を下《しも》に向けて歩く公卿主従の彼方に二条殿を大きく描いている。二条殿は中京区竜池町を中心とした土地にあり、南北朝期には二条良基(一三二〇—一三八八)が居り、公武合体の室町期にも五摂家の一として重い位置にあり、連歌師や禅僧も出入し、そこの竜躍池がある名園は詩歌に詠まれたりした。そこは檜皮葺の屋根のある主殿の縁に、その竜躍池をながめる主人らしき公卿や、また傍の板葺の館には囲碁に興ずる童男童女を描いたりするのである。この二条殿の辺にも平安期には東三条殿その他の公卿邸が多かったのであるが、「上杉屛風」の左隻には殊に公卿邸が花の御所を中心として集中しており、やがて元亀四年(一五七三)四月、信長によって上京は内裏を残し、これらの公卿邸は御霊社や誓願寺や百万遍の寺社などと共に、また次に述べる比丘尼御所など上京のほとんどが焼かれてしまうことが「耶蘇会日本通信」その他の記録によって判るのである。すなわち「上杉屛風」には元亀四年以前の公卿の邸宅や寺社、或いは細川殿やその家臣邸が花の御所を中心としてあざあざと描かれている。そして、例えば飛鳥井殿は鞠の家の宗家《そうけ》として、入江殿の近く、堀川の西、現在、白峯《しらみね》神宮がある上京区飛鳥井町に住んでいたと思われるが、鞠の家の家格を表わす四本の松が「町田屏風」にも描かれるし、「上杉屏風」ではその四本の松樹の下で正月始めの鞠始めのプレーをする四人の人物と鞠が躍っているのを描くのは、「アリヤ」「ヤクワ」「オ、」などとのびやかに鞠を乞い、蹴りあげる掛声が今にも聞えてきそうではないか。公卿の邸は例えば日野家の邸宅は南北朝期には油小路中御門通り(椹木《さわらぎ》町通り)、今の上京区西裏辻町辺にあったらしく(『竹むきが記』『花園院宸記』)、移動しているのであるが、日野家は足利将軍家と関係が深く、中世後期には必ず描かねばならなかったのであろう。そして二条殿と共に摂関家の筆頭である近衛殿は元来は近衛室町東、今の上京区近衛町、護王神社の近くにあって、『拾芥抄』にその名が見え、基実・基通以来の名邸であって、そこには歴代の近衛関白が居り、この頃は近衛前久(一五三六—一六一二)が出ており、摂関家の筆頭の近衛家は最近まで、しばしば色々な目に遇うのであるが、その近衛殿は初期の洛中洛外屏風図には描かれず、花の御所室町殿の表門や鎌倉期持明院殿があった近くに別邸の近衛殿(上京区近衛殿《でん》表町、近衛殿《でん》北口町)が入江殿(浄土宗三時知恩寺、上京区新町通り上立売下ル、上立売町)の比丘尼御所の隣に檜皮葺で描かれており、この近衛殿の桜は、五山禅僧の詩文集『翰林五鳳集』にも詠まれたりして、謡曲の「西行桜」に「まづ初春を急ぐなる、近衛殿の糸桜」と謡われ、都大路に春の到来を告げる樹木であった。「上杉屏風」ではこの辺は正月の風景であるから、近衛殿では糸桜を咲かせていないが、「町田屏風」の図では近衛殿の庭前の糸桜のある縁で笛を吹く若人の風流を描いたりする。『芭蕉七部集』「冬の日」の、

　二の尼に近衛の花のさかり聞く

という連句は、入江御所、近衛殿のあたりを巧みに詠じた心象風景でないかと思うが、近衛殿は中世末、秀吉により京都御所の内、今出川門の西に移転させられた時にも、その邸に糸桜は持って行かれ、明治期になってその邸が東京目白に移ると共に桜もまた同じく移し植えられたといい、今もなお京都御所内のその場所には残りの桜が京の春を咲

かせており、古く花の御所にも足利義満がその桜を所望したりするような、桜の中の桜、花の中の花なのであった。

この辺には入江殿以外に比丘尼御所も多く、小川《こかわ》がどどめいて落ちていた水落地蔵の上流に、「上杉屛風」では「法鏡寺殿」、「町田屛風」では「ほうきやうゐん」と書かれる禅宗の百々《どど》御所西山宝鏡寺は現在の位置（上京区寺之内通り小川西入ル百々町、現在単立宗旨）と少し異なるかと思われるが、同じ尼門跡南御所大慈院（現在は宝鏡寺に合併）が、「上杉屛風」では「南御所」の墨書注が入り隣に共に並び小川に東面して建っており、また「けいかういん殿」と「上杉屛風」に墨書がある継孝院（上京区上御霊前通り新町東入ル継孝院町）は左隻二扇の左端に屋根をのぞかせているのも禅宗の尼寺（明治三十五年に神戸市垂水区山手二丁目に移転し、現在は尼寺ではない）であり、また常盤御所光照院（上京区新町通り上立売上ル安楽小路町、現在は浄土宗）も持明院殿の安楽光院の地、細川殿の東に「光照院殿」とあり、「町田屛風」も細川殿の東にそれと思われる建物があるが、入江殿などと共にこれらの比丘尼御所はいずれも皇族の姫君や公卿や足利氏のような上流武士の子女が入寺する御宮室とか御禅室とも言われた比丘尼を戴く尼寺であった。そして、『七十一番職人尽歌合』でも比丘尼と尼衆が対をなして見えるが、比丘尼の条には「教外別伝にては候はじ」などの禅宗関係の詞句が見え、

いつゝじ（五辻）やごねんじ（護念寺）かけて見わたせば京白川にすめる月影

と五辻通りにあった尼五山の一、護念寺（現在は上京区今出川通り千本西入ル南上善寺町、近世から浄土宗の寺院で尼寺でない）を歌の詞句に詠み込むのは、「五辻ニ景愛寺」（『応仁記』）など尼寺の多い辺の光景を巧みに詠じたのであり、また『七十一番職人尽』の絵には禅宗の尼僧の姿が描かれており、尼五山の時代を示している。

尼寺

尼五山は室町時代には例えば棭斎貞幹旧蔵の注記がある題簽の『撮壌集』の一写本には、

景愛寺《ハウキヤウイン》　以下比丘尼五山　通玄寺《ドンケイン》　護念寺　檀林寺　恵林寺

とあり、『文明本節用集』にも「比丘尼五山　景愛　通玄寺　檀林寺　護念寺　恵林寺」と見え、室町初期から五山に准じ「比丘尼五山」(『看聞日記』永享八年十一月二十五日条)の私称が出来ていたと思われ、『雍州府志』第四には「尼寺ノ五山」として「今不スレ詳ニセ二其処ロ一」と曇華院等の尼寺について記述しているが、景愛寺に「宝鏡院」、通玄寺に「曇華院」を意味する訓が付いている古字書があることは宝鏡寺が景愛寺、曇華院(中京区曇華院前町にあった瑞雲山通玄寺の塔頭で、足利二代将軍義詮の母智泉尼が建てた。明治四年右京区嵯峨北堀町の鹿王院近くに移転)が通玄寺の流れを受けていることを示し興味深い。京都市上京区には今日も前述の光照院や宝鏡寺のほかに千代野御所樹下山宝慈院(上京区衣棚通り寺之内、上木下町)や御寺《みてら》御所岳松山大聖寺(上京区御所八幡町)も上京区にあり、宝慈院や大聖寺は比丘尼五山第一(『撮壌集』)の景愛寺(上京区千本五辻東入ル西五辻東町にあった)の流れを宝鏡寺と共に伝える尼門跡であり、その他、天台宗真盛派の蔵人御所本光院(上京区真盛寺町にあったが、西方寺に合併)や薄雲御殿総持院を伝える竹之御所広徳山慈受院(上京区百々町、宝鏡寺西北、現在は単立寺院の尼寺)などの尼寺が今上京区の五辻通り近くにあり、景愛寺の開祖無外如大尼の一女が足利貞氏室であったこともあり、足利氏と密接な関係があったのもこれらの尼寺の性格を示しているのである。「上杉屏風」ではまた継孝院と宝鏡寺の間には禅昌院(上京区小川寺之内上ル禅昌院町)や大心院(上京区新町通り寺之内上ル大心院町)などが描かれているが、禅昌院は細川政国の法名、大心院は細川政元の法名による名で細川氏と関係の深い寺院であり、上京は寺院でも公卿や足利将軍など上流社会と関係の深いのが特徴で、加えて比丘尼御所などでは上流階級の子女、夫人のおかた殿の家室に出入したから、双六とか貝合せのような遊戯、或いは女房詞の類に古い伝統を伝えていたのである。或いは中世小説の類に構想の上でしばしば尼君が重要な役割をしており、殊に『住吉物語』のような、継子いじめの類の物語に、老尼が継娘を救う役をしているのであり、このことと関連して、平安時代の物語に女房が果したと同じような役割を比丘尼御所の比丘尼達がしていたのではないかと私は考えているのである。継子いじめの物語類には尼君が物語の中に見られると共に、幾つかの短歌と共に必ず長歌が収められていることも、尼君の存在と共に私は考えねばならないと思うのである。このことは洛中洛外の「屏風図」の中で上京には扇屋の如きものがあったことと関連させても重い意味を見出したいのである。

男性の御伽衆が作った近世初期の笑話等では言わずもがな、中世には一休禅師なども京ワランベの小歌として、

御僧ナウ〳〵比丘尼風ガフイテキタ　イレマウセ〳〵
ヲクノ寮ヘイレマウセ　放参スギテデキマウサウ

というのを『自戒集』に引用するなど、いわば比丘尼は嘲笑の対象であったが、そんな説話等の比丘尼とは正反対なのが、本当の御寮《おりよう》、御比丘尼の姿で、その矜持は高く、まことに優雅な王朝文化的な伝統、血統を最近まで保持し伝えた比丘尼御所が上京に集中していた。今日でもその辺を歩いて見給え、どんなに織機の音がせわしなう響いて来る昼下りの路地《ろうじ》近く、ひっそりとこれらの筋入りの土塀の尼門跡寺院が存していることか。比丘尼御所が比較的狭い花の御所室町殿を中心とした範囲に集中していることは上京の性格を示していると私は考えるのである。

「上杉屏風」では尼五山の一の「法鏡寺殿」には椿の花を咲かせている。現在も京都市の寺院にはしばしば茶道で重んじられている京椿が多く、例えば宝鏡寺では月光、熊谷、村娘というような椿が春が来ると美しく咲き出すのである。椿は茶道と関係の深いことはしばしば指摘されるのである。しかし、私は例えば若狭の小浜に残っている、椿の花を持って歩いた、中世の記録にも見える八百歳を生きたという八百比丘尼像の伝統をひそかにこれらの比丘尼寺に結びつける。そして、また「上杉屏風」には上京では上御霊社の、古く八月十六日に行われた上御霊社の祭の行列が一条通りに描かれている。そこには雅楽面と関係のある長い鼻の赤い面をかぶる「王の舞」をする人物が描かれて

いる。恐らくそれは元来、猿田彦なのであろうが、若狭の小浜方面には今も冬の寒さが終る頃にこの祭と関係があると思われる幾つかの祭り、例えば卯月八日に三方郡三方町の宇波西神社の祭礼に「王の舞」が行われ、同じような鼻の高い面をかぶる人物が舞う芸能が見られたりする。若狭の小浜の古い寺々にはしばしば人を強烈に引きつける仏像を多く伝え、言わば上京文化がそこににじみ出ているのであるが、私はそこに「洛中屛風図」に描かれる下京の祇園祭と相対比して、王朝的な上京の文化の伝統を描くのである。そして、八百比丘尼が手に持つ椿に私は今もなお毎年、寒が明ける頃南都の東大寺の二月堂に行われるお水取の造花の椿を思うのである。お水取の行事は若狭の遠敷川《おにゅう》の椿が咲く小浜市鵜の瀬で三月二日に行われる年中行事、お水送りと関係のあることが言われているが、私はまた椿を持つ八百比丘尼に小浜港や敦賀港と結ばれる日本海のはるか北の秋田の男鹿半島の、赤神社の近く、海岸一帯に初春の訪れと共に咲く椿の花や、修験者の笈の背に描かれたつらつら椿の花に、私達日本人の誰もが同じように持っている親の親—祖霊を思うのである。比丘尼と椿、また比丘尼御所に物語。両者は関係があるだろうか、果して如何。

七

それに対して、下京は庶民の住むいわば低湿地であり、南の八条、九条などは中世の詞を以てすれば、京辺土、都辺土と言ってもよかったかも知れず、西七条、西八条の辺は「上杉本」では淋しい田園風景で、七条の不動堂の側田圃の傍の道を牛を追う人物や時宗七条道場黄台山金光寺(下京区材木町)の土塀の南、今日の京都駅のそばを馬に乗って西国方面へでも旅をする人物を描き出している。平安時代の中央道路の朱雀大路は、中世は京都の西寄りの道で、鳥羽方面に向けて延びて、造り道となっていたのは南郊が低湿地帯であったからであり、今も八条、九条の西部は工場地帯の間になお、芹田が残存していることは前述した。上京と下京は古く上辺《わたり》、下辺《わたり》という表現で書かれ、高低があり、「一条の大路と東寺の塔の空輪の高さはひとしきとかや」という『作庭記』の記述もあり、どうかすると、京都の町の人は今も東寺さんの塔の天辺《てっぺん》と上《かみ》のどこやらの場所が同じ高さであるなど話すのを耳にするが、北から南へ、上《かみ》から下《しも》へと土地は低くなり、戦前には荷車を空荷《から》で上《かみ》にあがって行く時より荷を受けとって下《しも》にさがって行く方が楽であったという話題を、酒屋であった俳人の故松井千代吉氏から聞いたこともあった。そして、北から南へと潜流する京の水脈は多くの泉や池園を市中に噴出させていた。中世後期は幕府と内裏が上京にあった時代であったから公卿や上流武士はしばしば上京に住んだが、中には下《しも》で東山連峰の麓の高燥地に中世初期から住んだ九条家もあった。中京には閑院とか、東三条邸とか多くの貴族の邸宅が平安後期に存し、しばしば里内裏が平安朝の引続きで中京に存し、後醍醐帝が居られた富小路内裏のすぐ傍には二条高倉の足利尊氏邸が建武中興直後にあった。これはまさしく尊氏が後醍醐天皇の御内《みうち》として頼まれたことを意味し、その頃はよもや新田義貞は富小路内裏の近くに館があったわけではあるまい。上杉本の「洛中屏風図」では尊氏邸の跡は「等持寺」と墨書されて、中京区等持寺町を中心とした地の辺に寺院として描かれているのは、応仁の乱によって応仁元年(一四六七)八月十五日焼失したとしても、延徳二年(一四九〇)三月に等持寺の新殿の立柱上棟があり、応仁の乱後にすぐ北区の等持院に合併されたわけでなく、等持八講が盛んに行われた応仁の乱以前の宏大さはなくともなお存続していたのである。そして、御所八幡社(中京区御所八幡町に戦前あり、疎開して御池通りの南亀屋町に移転)がそのすぐ南に上杉本では「三条の八まん」として描かれ、赤い鳥居の社をのぞかせているのは、かつての尊氏邸の鎮守であった名残りであるが、その西には尼五山の一、瑞雲山通玄寺を伝える曇華院(中京区曇華院前町)が上杉本では「とんけとの」と墨書して描かれており、この比丘尼御所が足利義詮将軍夫人の母智泉尼が始め、ここに在るのも義詮の三条坊門高倉の館(中京区丸木材木町)のすぐ西に当ったからであろう。そして、その西北には中世切っての名園であった二条殿があった。町田本も上杉本も「□うとの」「二条殿」と貼紙や墨書のあるその邸園は二条御池殿、押小路殿とも言われ、中京区二条殿《でん》町、御池之町、竜池町の辺にあった邸であり、上杉本では園池の傍の殿舎の広縁に立ち、池を眺める公卿の姿を描くので、摂家の二条家はそこに住んでいた。その二条家は元来、二条家の祖普光園院殿関白良実（一二一六—七〇）が始めた「押小路殿〈又号二条殿、押小路南室町東、普光園殿下〉」（『拾芥抄』）で、南北朝時代には関白二条良基が居り、上京区の舟岡山の麓の梶井殿尊胤法親王の邸や京極の佐々木道誉の館と共に盛んに地下《じげ》の連歌師が出入し、連歌の会が行われた。文和四年（一三五五）この家で行われた千句の第一の百韻第三句以下に

　しげる木ながら皆松の風
山陰は涼しき水の流れきて

とあるのはこの邸を詠み込んだのであり、五山の禅僧も詩に詠み込むことが多く、竜が住むというその園池は竜躍池と名付けられた。良基自身も連歌学書『筑波問答』に名園であることを記述するので、御池通り（三条坊門通り）の名はこの園池に由来し、今もなお御池之町の石塚氏宅に名残りの二重の石垣に囲まれて掘られた深い井戸が残存しており、二条殿は近世初期成立の南蛮文化館の「洛中洛外屛風図」にも描かれるような名邸であった。屛風図で見ると町田本も上杉本も東洞院川が二条殿の横三条坊門通りで、右に曲り西流し、すぐ室町通りで左に曲り、室町川として下《しも》に南流しており、またその西の通り西洞院には西洞院川が平行して下に向って流れており、室町川は四条通りに至って曲り、西流して西洞院に至り、西洞院川に合流し、屛風図で見ると板葺の商家が多い民衆の町下京は水の都でもあった。今でもその辺、室町川が暗渠となっている中京区の室町通りは繊維関係の問屋街の中心であるが、その暗渠は幅が広く、私はここの辺をほとんど毎週歩く機会があるが、中世は恐らく淙々として音を立てて流れていたであろう

とふと心に描くことがある。そして、二条殿のすぐ上隣りには「たこやくし」(「上杉本屛風図」)があり、それは天台宗永福寺(中京区蛸薬師、今は新京極の浄土宗西山派妙心寺が後世の蛸薬師)であったが、蛸薬師は沢薬師であったのを後世誤まって蛸薬師と称したとある『都名所図会』の説の正しいことは、その薬師堂の中から水流が一筋流れて出ており、その水流で何か所作する人物を描いており、元来水の信仰と関係のある薬師堂であったことがよく判る。上京と下京の間の中京と称せられる地帯を中心に飛鳥井とか、『枕草子』にも見える東三条邸の千巻の井とか、少将井(中京区車屋町通り夷川上ル西の少将井御旅町、近時発掘が試みられ、井の跡が確認された)とか、滋野井(上京区西大路町)とかいうような井泉が古く多く、また加茂川の西には並行して中川が流れていたが、『源氏物語』では空蟬の舞台となり、法成寺と京極殿の間を流れていたといい、平安歌人の歌の題材としても詠まれたりする。『一遍聖絵』では第七巻の四条京極の釈迦堂の光景に京極通り(寺町通り)を一筋の水流が流れているのがすなわち中世の中川であって、近世の「洛中屛風図」では現在の誓願寺の前を流れているのがしばしば描かれたりして、以前は確かに寺町通りの地上に現われて流れていたのを知っている老人もあった。そして、町田本や上杉本の「洛中屛風図」では、上京に姿を現わす堀川は古く京都に材木を市中に運ぶ重要な河川であり、『一遍聖絵』にも第七巻の第三段の市屋道場近くの堀川を、筏にした材木を引きのぼる男の姿を描くのは、丹波から大堰川の梅津や安芸、土佐などから乙訓郡淀に運ばれた大物《だいもつ》の材木を更に引きのぼせ、京の材木座にと運ばれたのであり、流布本の『平治物語』に見られる平重盛が待賢門の戦に、大内裏の大庭の椋の木の近く、堀川の材木が充満した上で悪源太義平と戦う光景を記すのは、おそらく中京区堀川丸太町辺での合戦なのである。一方この水を取り入れた大宮川もその西にあり、芥川の称もあり、『伊勢物語』に見える業平の鬼一口の恋物語に芥川が見えるのであるが、中世の『伊勢物語』の注釈書に堀川のすぐ近く官の庁、神祇官の場所(中京区藁屋町辺)がその舞台に擬せられたりするのは、京都に住む人にとっては極めて自然な解釈であって、堀川の近くは堀川院や閑院のような貴族の邸宅も多く、堀川は種々の重要な機能を果していた。そして、「猪熊の紺」(『庭訓往来』)とある紺掻きも堀川のすぐ西の猪熊通りに居たであろうし、今の四条大宮の近くの裏町《うらん》を歩いてみると、染物関係の家が多いが、堀川のあることがこの辺を染物地帯としたことは容易に察しがつくので、加うるに九条辺の芹田には藍が近世裏作になっていた光景はもうすっかり人の記憶の中にはないのであるが、かつては広重の絵に見られる神田紺屋町とはまた異なった室町時代の紺屋風景が堀川の周辺にきっとあったであろうと私は思う。「洛中屏風図」の町田本や上杉本の系統には藍や紺系統の衣服を着る人物が何と多いことか。九条の辺でとられて恐らく西洞院川の周辺で染物に用いられたのが藍であり、桃山時代の屏風図がたとえ金色燦然と描かれたとしてもなお青は中世の色であったのである。

堀川がもし「洛中洛外屏風図」の下京に描かれていたらなかなか興味深いものがあったと思うのであるが、「洛中屏風図」の上杉本などでは下京を堀川よりは東の方から東山までを眺め描いており、西洞院川や室町川が中京、下京を流れているのが見られ、そこの賑やかな風景を描くのである。西洞院川は明治三十八年に暗渠となり、ほとんど忘れられた存在となってしまったが、その周辺は河川を利用した染物が盛んであって、近世初期西洞院四条辺で染めた憲法染、吉岡染は有名であるが、『庭訓往来』の「六条染物」もおそらくこの川筋の辺で行われたのでなかろうか。『三十二番職人尽歌合』の「桂女」は「絹綾ならぬ布の、ひとへぎぬながら辻が花を折る」と判詞があり、麻の素朴な「辻が花」を着ている姿が描かれるが、その素朴な、清らかな紅を点じた美しい布はよもや桂より遠方の国で染めたものではあるまい。そして、西洞院川ではその水を利用して製紙業もまた行われた。近世には西洞院紙、西洞院漉の名があり、中世には図書寮に属す紙漉の宿紙下座があり、『雍州府志』土産門の紙条によると、「今造ル二宿紙一ヲ者ノ両家在ル二西洞院西綾小路通西一二也、両家共ニ小佐治《コサチ》氏也是レ則チ紙師ノ座ノ酋長也」とあり、小佐治氏が宿紙座の酋長と書く。『京町鑑』には縦町の西洞院通りの松原下ル永念町条に「此町東側に宿紙御用兄頭部《このかうべ》長谷川喜右衛門居宅あり。西側は天使の社の表門なり」、また横町の高辻通りの永養寺町条に「此町……又南側宿紙御用兄頭部年寄片歌左兵衛居住有」とあるが、中世は図書寮に属して上、下の紙漉二座があり、末期には上座は栂井氏、下座は小佐治氏が統率していたのであり(図書寮関係文書)、兄頭部は「兄頭コノカウヘ　力者の頭なり」(『下学集』『伊京集』)と古辞書にあるように、力者とか、また雑色、小舎人などと言われた人々であった。また『京雀』巻三の西洞院通りの中には現在の下京区西洞院松原下ルの永倉町のあたりを大水町として「此町は五条天神のひがしの門前也。扇の地紙又は白紙を漉家《すくいへ》おほし」とも書くが、「上杉本屏風図」を見るとまさしく五条天神社のすぐ上《かみ》の所で紙を干している光景を描くのは、興深いが、側の橋を御比丘尼が二人の伴の比丘尼をつれて渡っているのは紙を仕入れに来たのであろうか。宿紙下座に対して、宿紙上座は上京区の紙屋川に沿い、西の京と言われる所に近く、宿紙村(上京区堀川町、『京町鑑』横町・下立売通り)があり、そこの紙漉はまた陰陽師などをも勤めたというが、私は宿紙下座もおそらく中世は五条天神社に関係した陰陽師とか、力者とか言われる人々であったと思うのである。

それにしても、この辺は大水町と称されたりしたが、西洞院川については「此流水染ものにいたつてよろし。故に衣服を染る諸職人多く住す。此流の川ばたに所々井有。清冷也。七条の下にながれては田畑へとる畑ものにもよろし。此末は桂川に合す」(『京町鑑』縦町・西洞院)とあり、その水質はまた特別で、今もかつてのこの河川に沿う地は染物によい井戸を持った家がままあって、古くは水が豊かで、井泉も多くこの川も種々の機能を果していた。四条西洞院の上《かみ》、中京区古西町、蟷螂山町の辺は染物関係の家は現代も多いが、古西町の上隣りの池須町は六角町の西に当った西洞院川沿いの地であった。中世六角町が魚商人の座があったことはしばしば言われるが、その六角町で売る、蓮如上人の子守歌に見える鯉とか鮒などの魚のために西洞院川から引いた生簀がある地が池須町でなかったか。『京町鑑』

には「又或人云、此町に中古東側に魚屋ありて生洲をこしらへ川魚を売けるゆへに号《なづく》とも云」（縦町・西洞院）とあるのはおそらく正しいであろう。そして、井泉もまたこの川沿いに多く、今は石標のみが残る西洞院四条下ル東側にあった小町の化粧水とか、古くは下京区西洞院松原上ルの本柳水町には柳の水などがあり、殊に柳の水はそこの柳の木の元に湧いた名水が酒水となったらしく、洛中に聞えた酒屋、柳の酒屋の所在地であった。その姓は中興《なかおき》と言い、中世の典型的な有徳人《うとくじん》であって、幕府に酒を毎日六十貫納めた（『蔭涼軒日録』）富有さで、その酒は狂言小歌にも謡われたほどであったことはしばしば指摘されている。今は上京区妙蓮寺前町にある日蓮宗の本門法華宗の卯木山妙蓮寺はその柳の酒屋が日像上人（一二六八―一三四二）に帰依し、頼うだ檀那となり、柳の字による卯木山の山号が付けられ、柳の酒屋の妙蓮の邸宅に寺を建てたのに淵源するといい、室町初期には大宮綾小路の下京区四条大宮町にあったという。私はその柳の酒屋が最初あったという本柳水町の土地に水の豊潤さを思うのである。そして、その水の清冷さは都会の汚穢をも浄化したのであろう。桃源瑞仙は応仁の乱を避けて、近江国神崎郡の山中、南北朝時代寂室元光が開いた永源寺に滞在して『史記』を講義したのが『史記桃源抄』であるが、それに

　前ノ此ノ飢饉ノ歳京中ニ死人カ多テ西洞院河ニ入ルホトニ水カセカレテ小路ヘノホリタ様ニソ

と「項羽本紀」条に書いている。平安時代にも『かげろふ日記』には作者が石山に赴く際に「河原には死人ふせりとみきけども、おそろしくもなし」とあるのは、加茂の河原に死体が遺棄されてある光景が見られたのである。『史記抄』で「前ノ此ノ飢饉ノ歳」とあるのは「自二四条坊橋上一見二其上流一流屍無数如二塊石磊落一、流水壅塞、其腐臭不レ可レ当也」（『碧山日録』）という想像を絶した室町時代の寛正二年（一四六一）の飢饉であろうが、西洞院川もそういう死体が流されるような河川でもあった。そして、「不浄ナル水ヲセ、ナギト云ハ何ノ字ゾ」（『壒嚢鈔』巻三）という記述もあり、京の市中は上京も下京も民家から流す不浄はせせなぎの細流となり、流れる間にも沈澱浄化され、更に多くの市中の

小河川に流れ込み、末は南郊の大沼沢地帯となり、宇治川は広がり広沢となり、更に

四方の川は淀の流れに落ち合ひてひとつ渡りになりにけるかな　慈円

と桂川と木津《こつ》川と一つになり淀み、乙訓郡淀の大渡となる辺の大沈澱地帯が一千年の間古都の浄化を果していたのであろう。

八

そして、市内では堀川以外にも、上京では小川《こかわ》や堀川の外の今出川が一条通りを流れているのが上杉本でちらりと見えるし、下京には室町川や西洞院川のような市中をめぐる河水があったればこそ多くの民家も存在し得たので、町田本、上杉本の「洛中屛風図」は屋根に石を置いた同じような形の、ほとんど皆平屋建ての民家が川に面して多く描かれている。しかし、民家の中でも柳の酒屋のような酒屋や土倉の有徳人の家は四丁町突き込めた位の、また別な広さであったかと思われるが、中には「福富長者物語」の乏少《ぼくしょう》の藤太のような貧乏人《ひんぼく》の、「幔幕ならぬ薦たれた夜寒の床を明しかねつつ」と薦が家の壁として垂れ下った——そういう家は戦前日本の辺鄙な地に確かにあった——わび人の家は下京などには多かったのでなかろうか。「洛中屛風図」はいわば大名などにお見せするような他処《よそ》行きの晴れ姿の屛風であったから、どの家も多く柱二、三間の、色々の紋を描いた暖簾や薦むしろを表に吊り、店棚が表に出たりする、杉などのこけら板葺で、切妻造りの屋根に竹売りから買った竹の榑止《くれどめ》で打留め、重しの石を置いた家である。そして、その中には上京の靭屋町のように中世からずっと同じ場所に座があった商家も多かったのであろう。その一例が上杉本に見える烏帽子屋である。すなわち室町川に沿った三条通りと交わる辺に烏帽子が描かれた看板の店があ

るのが、現在の中京区室町通り三条下ル辺の烏帽子屋町の場所で、『雍州府志』土産門の冠の条には烏帽子を製する家は室町三条の南にあり、板面に十一の字を書いて、表にかかげていると見え、十は立烏帽子の形を表わし一は士烏帽子の状を表わすかなどと説があることを記すが、室町通りと烏丸通りはすぐ近いから『庭訓往来』に「烏丸烏帽子」として見えるのであり、『庭訓往来』の書かれた室町初期からここに烏帽子屋の座があり、烏帽子は成年男子の印として何かの折には第一に必要な物で、上下の需要に応じていたのであろう。故に謡曲「烏帽子折」でも御曹司牛若が元服する際の事件を近江国鏡の宿としている設定だから、その土地の烏帽子折とするのは止むを得ないが、それにも烏帽子折に「さても某は先祖にて候はもとは三条烏丸に候ひしよな」と言わせたりする。狂言の「麻生」ではのさ者の下六が主人のために烏帽子屋に行く筋であるが、場所を言わなくても室町時代の人はここの烏帽子折の座のある町を想像していたのであろう。上杉本では店の内に烏帽子を買い受ける人物を描くと共にその店近く室町通りを十四五歳位の小童―かな法師が弟らしい幼童を抱いた親らしき人や弟などと共に、烏帽子をかぶり得々と歩いているのは、元服を表わしているのであろう。そして、この三条室町辺の賑わしさを見給え。烏帽子屋の隣の家の中では傀儡師が人形が三かしら上にある箱を首からぶら下げて演能しており、中に童男童女らしき人物が二人座ってこれを見ており、家の外にも見物している童子などの人物が見られたりする。烏帽子屋の下町《しもんちょう》では屋根板の普請の最中であるのは町田本などにも見られる光景である。その更に下の通りではお客の腕をとって店の内へ入れようとする女、荷馬を引いて室町川の小橋を渡った男などが見られ、横町（中京区御倉町）では医者竹田瑞竹の家の門近く、婦人が小児に尿《しし》をさせているのは、診療を待つ間に尿意を催した児に外に出て用をたさせているのであろうか。そして、三条室町の上《かみ》の、浄土宗深草派の円福寺（中京区室町通り御池下ル円福寺町）の横丁、姉小路の所には犬捕りの姿も見られる。また、中世の人々はよく髭を生やし、また鬢髪を抜いたらしく、毛抜や鋏などの看板のある床屋までが上杉本では町（新町）

通りと四条坊門（蛸薬師）通りが交わる辺に描かれたりするのはよく指摘されるが、床屋は江戸時代になると熊さん等の集まる町内の情報センターであり、近世初期の「洛中屏風図」でも五条橋など橋の傍に床屋が描かれたりし、番所でもあったらしいが、町田本を見ると、祇園会が行われているところ、四条東洞院通り上ルの通りに兜巾《ときん》姿の山伏が斧をかつがせたり、荷をかつがせたりする夫《ぶ》山伏を率い歩く道路の東側に、看板に鋏と櫛と毛抜などが描かれている家が見られ、内部は判らないが、恐らく床屋であったろうし、その東洞院通りの四条下ルには筆と思われる看板が見られるのは筆屋、筆結いかと思われる。店に看板があるのは『土佐日記』の山崎の「こひつのゑ」とあるのを絵看板とする説もあり、古くからあったのかも知れないが、室町期にはもう絵看板が所々の店にあったのであり、『星光寺縁起絵巻』上巻の終に民家の面に同じような筆らしい木札が描かれたりする。そして、町田本では室町通りの三条坊門通り（御池通り）を上った所では虚無僧が二人民家の前で向い合って吹き流しているし、その上《かみ》の通りには猿牽きの姿も見られたりする。中世末期室町通りや町通り（新町通り）は賑わしい商業の街であったに違いなく、上京までずっと続いており、メーンストリートであった。そして、四条、五条よりは更に下《しも》の、七条通りの辺には中世の詞を以てすれば「芸才」とか「下細」とか書かれるような職人仲間が古くから細く生きていたと思われる。すなわち後崇光院筆の「福富草紙断簡」（粉河寺縁起裏書）によると「この七条にある物はいかにもまれたゝある物はなし、太刀作、銅細工、蒔絵師なり」と書かれる薄打ちや金銀、銅細工、或いは鍛冶屋や仏師等の住む場所が平安朝以来七条町辺にあったことはしばしば指摘される。また、『明月記』を見ると、文暦元年（一二三四）八月五日条に

　一昨日火事実説、烏丸西、油小路東、七条坊門南、八条坊門北、払地焼土、土倉不知員数、商売充満、海内之財貨在其所云々、黄金之中務為其最自翌日皆造作云々、商売富有之同類相訪者如山岳積置、先隔大路、各引幔居其中境、飯酒肴不可勝計

とあり、八月三日に南北は七条坊門小路(正面通り)と八条坊門小路の間、すなわち京都駅の北の広い地帯が火事になったが、その間に土倉は数を知らず有り、商家も多く、海内の財貨はただそこにあり、その中で富有なのは黄金の中務なる者が第一で、火事の翌日もう普請を始め、同じような富商が火事見舞をし、大変であったと藤原定家は書くのであり、七条町に近い所、今の京都駅辺は中世後期は「上杉本屛風図」では淋しい場所であるが、鎌倉初期は賑わっていたと思われ、下京にはまた柳の酒屋のような有徳人も居り、狂言の「萩大名」に見られるように、宮城野の萩を植えてある「下京に見事な庭」を持った者も居たので、『宗長日記』に「下京茶湯とて此比数奇などいひて四畳半敷、六畳敷をの〳〵興行、宗珠さし入所に大なる松有、杉あり、垣のうち清く」とか、『二水記』に「当時数奇之張本也」(享禄五年九月六日条)とある宗珠のような茶の湯が下京に行われてくる。そして、上京には比丘尼御所のような寺院もあり、また、僧録司となり、幕府と密接な関係のあった万年山相国寺などの禅宗寺院があったのに比べ、中京から下京にかけてより目につくのは、踊り念仏をして民衆的であった時宗と室町期にはげしい宣布教化を市中に展開した日蓮宗系の道場であった。

中世後期にも鎌倉時代初期九条家が外護した禅宗の恵日山東福寺(東山区本町十五丁目)は稲荷山の近く、東山の高台から明治十四年まで、その壮大な「東福寺の伽藍づら」を雪舟の「東福寺伽藍図」そのままの偉容で、洛中を睥睨していたであろうし、南には真言宗の東寺、教王護国寺(南区九条町)の五重塔は、久我畷《こがなわて》から作り道十八町を上ってくるにせよ、また離宮南の門の鳥羽の港へ洛中から下るにせよ、常に眺められる目標であったろうし、下京には天台宗の因幡堂薬師、福聚山平等寺(下京区因幡堂町)や禅宗の六条御堂、万寿禅寺(下京区万寿寺町、現在は東福寺山内、東山区本町十三丁目)など名だたる寺院も民家の間に屋根瓦を聳えさせていたが、「上杉本洛中屛風図」では時宗では四条道場錦綾山金蓮寺(中京区中之町、現在は北区鷹峰藤林町に移転)や七条道場黄台山金光寺(下京区材木町、現在は東山区円山町の長楽寺に合併）や秋野道場称名寺（中京区二条烏丸南秋野町、後大炊道場聞名寺内に移る）や「六条念仏」（六条南堀川東にあった紫苔山歓喜光寺か、山科区大宅奥山田に移転）や「みゑいたう」（御影堂）新善光寺（下京区新町通り松原南か、後に下京区御影堂町に移転、現在は滋賀県長浜市に移転）などの道場が描かれているが、これらの道場は南北朝時代から別時念仏などに貴賤群集し、法会だけでなく、早歌など種々の芸能も行われ、四条道場などには素眼阿弥陀仏という連歌の上手も室町初期居たし、また「スイニ花タツル文アミ」（『多胡辰敬家訓』）と書かれる綉谷庵文阿弥の如き立花の名人も室町中期に居た。また六条道場などでは月ごとの二十五日に連歌の会が行われており、「天台、禅宗、時衆、僧三人座を同じうし、いざ、大いなる歌よみてあそばん。尤なり。然《しか》あらば時衆は歌道に心がけの家なり。まづ詠み給へ」（『醒睡笑』）とあるように、時衆は歌道に心がけの家として、地下の花下連歌の流れを伝えていた。そのほか「一度も南無阿弥陀仏といふ人の蓮の上に上《のほ》らぬはなし」と市の門に書いたという七条の市辺にあった時宗の市屋道場金光寺（下京区塩竈町）を始め、「せど（世渡扉）のひじり」（御伽草子「御用の尼」）と言われるような小さな庵の時宗道場は市中に多く、移動が多かったであろう。また、日蓮宗では聞法山頂妙寺（上京区新町通り上長者町元頂妙寺町、現在は左京区大菊川町に移転）や北竜華具足山妙覚寺（中京区衣棚押小路下ル下妙覚寺町、上妙覚寺町、現在は上京区下清蔵町）や町衆の有徳人小野妙顕が外護したのに始まる具足山妙顕寺（中京区二条西洞院町―元妙顕寺町―現在は上京区妙顕寺前町）や日静上人（一二九八―一三六九）が上洛し建てた六条門流の大光山本圀寺（下京区柿本町、現在の西本願寺の隣、現在は山科区御陵大岩に移転）や卯木山本能寺（中京区元本能寺町）などの寺が描かれているが、山門に室町時代にしばしば圧迫されながらも天文五年（一五三六）の天文法華の乱が起こるまでの、町衆に情強《じようごわ》宗門として活潑に教化した姿を彷彿とさせて屋根瓦を聳えさせているので、妙覚寺、妙顕寺も始め、下京区四条櫛笥にあり、その他慧光山本隆寺（上京区紋屋町）は室町時代末期は天文法華の乱以前は四条大宮坊城（中京区壬生賀陽御所町か）にあり、堀川の西であるから屛風図には見えないが、日像上人が四条櫛笥(中京区壬生賀陽御所町辺か)に建てた具足山立本寺(現在は上京区一番町)も本隆寺の近くにあり、中京区四条大宮町にあった妙蓮寺も近く、下京区四条大宮の辺を中心として下京は題目の声がかまびすしかったのが室町時代であって、日蓮宗系の寺院は洛中にあって法華一揆として町組の人々に後援され、一向一揆や山門との闘争に応仁の乱後もしばしば焼かれ、市中はその度に焼土と化し、また祇園会も中絶されることがあっても不死鳥のようによみがえり継続され、市内は恢復し、日蓮宗系の寺院は再建されたのであった。室町通り六角の小袖屋宗句が外護したのに始まる本能寺も四条大宮の近く、中京区六角大宮町にあって、天文法華の乱に他寺と共に堺に退転するが、天文十六年(一五四七)の頃池須町の西の元本能寺に来り、天正十年(一五八二)信長がここで殺されるまであり、上杉本の製作年代に近いのも興深く、岡山市立美術館の「洛中屛風図」になると、現在の中京区下本能寺町に本能寺は描かれる。

九

「洛中屛風図」の町田本や上杉本は一方が上京を、また一方が主として下京を中心として描き分けられており、上京の部分は幕府—公方邸などが大きく描かれている。それに対して下京—右隻の中心となるのは祇園会《ぎおんのえ》なのである。これらの「洛中屛風図」の中には五行思想による四季の景色の約束に従えば、祇園・清水の方面は春の景色でなければならぬ。しかし、中世後期、殊に応仁の乱以後に祇園会は異常な変化と発展があったことが推測される。下京のあらゆる風景、あらゆる年中行事の中で中心となるのは祇園会なのであったが故に、上京の内裏や公方邸は正月の景色であるのに対し、下京の祇園会が行われる辺は四季の景色の約束を破って夏の世界を表現しなければならなかったのである。平安時代には祭と言えば賀茂の社の祭であり、南北朝時代まで、上京の一条室町にあった一条桟敷屋の辺は四月の中の酉の日の奉幣使の行列は看督長《かどのおさ》以下放免まで、その華飾は一条通りに都人の上下を湧かしたりし、『平家物語』の橋合戦に「人は恐れて渡らねども、浄妙房が心地には、一条二条の大路とこそ振舞うたれ」と「一条二条の大路」という表現があるのである。それに対して「空也上人の、山陰の寂寞のとぼそを、物騒がしと悲しみて、都の四条が辻の、さぞ物騒がしきに、是こそ静かなれとて、むしろこもにて庵をひきめぐらしておはしけん昔も」(『撰集抄』巻二)という表現が出てくるのであり、祇園感神院の大鳥居がある四条大路は中世に次第に発展してくる。これも一面に洛外の祇園感神院の前から通じている門前の道路であったからであろう。殊に四条町や四条室町の辺は賑わしい町として発展してくるので「四条町ニ立、都ヨリトサン(土産)ニ何ヲカ買ハマシト思テ見廻ル程ニ商人ノ前ニ鏡有ヲ見テ」(『神道集』巻八、鏡宮事)とか、「京にのぼり、四条町にて買ひ取りたる由申さるべし」(流布本『曾我物語』巻八)などの表現がしばしば見えて、扇とか太刀・刀・絹等種々の物が売られており、四条町の立売りが式目で禁制になる(「建武式目追加」)ような賑わしい商店街であって、四条室町や四条町―四条新町通り辺を中心に、南北は三条から五条へ、下京が繁栄してくる。上杉本の「屛風図」を見ると、四条通りは祇園会の光景であり、下京区長刀鉾町から出た先頭の長刀鉾はすでに四条通りから曲って、京極通り(寺町通り)にかかり、やがて五条通り(松原通り)にかからんとしており、下京区灯籠町の灯籠堂「ちやうきうじ」(浄教寺、現在は下京区貞安前之町に移転、浄土宗)の屋根瓦の東に三条小鍛冶宗近作という長刀の鉾頭《がしら》を高くゆるがせて引かれており、次に蟷螂《かまきり》山がカラクリ仕掛けの蟷螂の羽や斧の前肢を進行につれてはたはたと動かしており、その次に下京区四条通り西洞院西入ル笠鉾町から出た、松と御幣が傘の上につく傘鉾が続き、四条京極の角にあった祇園社の摂社「くわじやとの」(冠者殿)の辺で鬼の棒振りをこの時ぞと太鼓を叩き演じるのは四条京極の所で必ずどの鉾山も芸を演ずる約束であったからであろう。続いて鉾頭に三角形の頂上に三日月を付けた鉾が続くのは函谷《かんこ》鉾であり、ちょうど下京区元悪王子町の摂社「あくわうじ」の屋根が見える近くを通っているのは、四条通りの柳馬場と高倉の間辺なので、昔は今の市長の如く、四座の雑色松村家等の四家が北面して控えたり、足利公方の桟敷が設けられたりした祇園会の中心地であった。そして、凾谷鉾は虎の皮の見送りを後部に軒からぶらさげているのは、舶来品を早くも使用し、華麗な祭の性格を示している。凾谷鉾は長刀鉾に続く第二の鉾となる慣例であったので、近世始めは次に続く放下鉾(洲浜鉾)と共に三つの鉾は籤を引かずに先頭に立つならわしであったらしいが、上杉本では凾谷鉾の次に伯楽天山をかつがせており、白楽天と道林禅師鳥窠和尚の問答の人形の姿がはっきりと見えている。更に三角形の枠の内に円形をつけた鉾頭の鶏鉾が続き、その後に岩戸山が引かれており、近世始めは先頭の三つの鉾と共に岩戸山と船鉾が殿《しんがり》を勤める慣例であり、鉾一個の後に山三本が連なり行く慣習となるのであり、ある程度の省略はされているが、先頭の鉾の慣例がここに早くも示されていると言えよう。そして、最後の船鉾は帆柱が立っている鉾であるのが今の船鉾と異なるが、綾小路通り室町下ル西の寺院「ぜんちやう寺」(善長寺)の傍を船鉾が出た下京区綾小路通り新町下ル船鉾町を通っているのは、今船鉾町を出発した六月七日の朝の光景なのであろう。そして、船鉾町の辺を群衆が息せき駈けているのは祭の興奮を示すかのようである。町田本でも長刀鉾を先頭に、伯牙山や三日月を鉾頭に付けた月鉾と鶏鉾、更に蟷螂山を描くが、長刀鉾はすでに五条通りに廻っている光景であり、上杉本よりは一体に動きの少い屛風図で省略されているが蟷螂山を加えているのは、その仕掛けに人気があったからであろう。そして、両本共に一方に加茂川—宮川を今しも祇園社感神院を出た神輿の神幸を描くが、上杉本では六角形の鳳輦—牛頭天王、四角形の葱花輦—少将井、八角形の鳳輦—八王子の三主神の神輿(三基の神幸を描き、神人や武者姿の氏子を従え、駕輿丁にかつがれて、赤衣の弦召《つるめそ》六人や騎馬に乗じた稚児らしい人物や引馬などが四条道場辺を先行しているのを描き、また上杉本では洛中の祇園社支配下の材木商人が毎年新たに架けた浮橋を神輿が渡っている光景を描くのは、六月七日の午後の祭礼の光景なのであり、神輿の形は平安時代の『年中行事絵巻』のものと似ているのである。やがて神輿は現在の四条寺町の御旅所でなく、元来は牛頭天王（素戔嗚尊）、八王子（八柱御子）の二神輿は烏丸通りに面した下京区大政所町にあった「おうまん所」、すなわち因幡堂の近くの御旅所大政所に、また少将井（稲田姫）の神輿は霊泉の少将井のある御旅所（中京区車屋町通り夷川上ル少将井御旅所町）に神幸が行われたのであろう。そして、十四日まで御旅所に神はましまして神楽が奏されたりして、氏子は祭の忌みの生活に神霊を迎え、慰め鎮めていたのであって、近世は七日夜から十八日夜まで四条河原で涼みの床が設けられ、賑わしい涼みの気分は祭礼に付きものの景物であった。大政所社は天文法華の乱に焼かれたというが、今は烏丸通り高辻上ルの東側に小さな祠が石の鳥居と共に雑踏の街路の東端に忘れられて存しているが、町田本・上杉本ではかなりの場所らしく描かれているのが注意されるし、新京極の錦天神社大和家蔵の祇園社大政所屏風二曲一双は屏風図の中に、今の河原町四条辺にあった祇園感神院の一の鳥居の大鳥居辺を三基の神輿が通過している光景を横に、大政所社の中に二基の神輿が鎮座し湯立神楽が行われている賑わしい光景を中心に、また鉾や山が大政所社の東、京極通りを進行している光景をも異時同図式に絵解式に表現し、薬師如来・文殊菩薩・十一面観音などの祇園社三主神の本地仏が大政所社の上空に影向している様子をも表わして、四条京極に御旅所が移る以前の、室町末期の祇園会を大政所社の御旅所を中心に表わし、興趣深い室町末期の屏風図なのである。なおまた、少将井の御旅所は上杉本では土御門東洞院内裏の南、中京区少将井御旅所町と思われるその所に南面して田圃の側に「せうしやう院」と墨書されて赤い鳥居と共に描かれている。しかし、今は京都御所の御苑内の宗像神社の中に少将井社として存しているのみであるが、元来、少将井のあった少将井町や少将井御旅所町は二条通りの北は御霊社の氏子であるのに対して、ここのみ、祇園社の氏子であり（『京都民俗志』一九頁）、今も祇園会の際に町内が祇園社にお参りしているのも、祇園感神院の主神の一、少将井（稲田姫）が元来、泉である少将井に神霊を招いたによる神であったからであろう。そして、神輿を御旅所に遷し、神を招き迎える祭礼こそは祭の本来の姿であり、神は祭礼に御旅所に遊行来臨するのが古意であった。そして、祇園会は祇園御霊会と古くから言われ、疫病鎮撫の御霊信仰であることがしばしば言われるが、またその祭は本来水の信仰であった。

田舎の旧六月は水の神の祭り月であった。これを天王様とも祇園とも呼ぶのが普通になつて居るが、今でもその趣旨は他に色々とある。日が照り過ぎれば、植田の泥は柔らがず、梅雨が強く降れば挿した苗も漂蕩する。川の堰や流れを飲水にしてをれば、毎日の涸れ濁りを苦にしなければならぬ。恵みも悩みも一つ神の力であつた。日本はこれほどまでに水をよく使ひ、水に頼り切つた国民でありながら、どうして昔から水の祭が、こんなにいゝ加減なのかと訝かる人もあるやうだが、実はいゝ加減で無く、又「昔から」でも決してないので、単に水道などで顔を洗つて居る人が其方に冷かだつただけである。いはゆる御霊会系統の都市の祭でも、この月営まれるものは水の縁が深く、浜降り神輿洗ひ泉の御旅所、さては船の中の伎楽などと、すべて水の神の祭と態様を同じくして居るのだが、何か理由があつたと見えて、その神を水の支配者とする信仰は、記録の上にはまだ現れて居らず、人はたゞ夏だから又は涼しさうだから、位にしか考へて居ない。しかも悪い病の流行は毎年のことでもないから、次第にその目的がはつきりとしなくなつて、町では涼み祭などといふ清遊気分が横溢するやうになつたのは、勿体ない話だと私は思つて居る。

（『妖怪談義』所収「川童祭懐古」）

とある柳田国男先生の説明は祇園会の本来の性格を巧みに解説している。

古く六月七日に御輿迎えを少将井にした（『中右記』長承四年五月二十七日条）が、また祇園会の間神水として氏子が身を浄めに参る中京区烏丸通り錦小路上ルの手洗町東側に現存する手洗水《おちょうずのみず》があり、「古へ祇園御旅所のみたらし也。毎歳六月七日より十四日迄井の蓋を開く。諸人これを飲ば疫を除くといふ」（『都花月名所』）とあり、すぐ近くの四条烏丸通り南の大政所社の手水所とも言い、また六月の祭礼に第三の神輿は烏丸二条北少将井町、また牛頭天王と蛇毒神の二神輿は烏丸四条南にあって、此の井が中間で旅所に詣でる者は、この水を汲み面手を洗い、両旅所を拝した（『雍州府志』古蹟門・手洗水）ともあり、元来、大政所社の御旅所はこの井と関係が深かったのでないかと思われ、その他神輿をかつぎに来る大坂難波の氏子が手水に使ったという西洞院の西にあった下京区油小路四条下ル石井筒町の石井筒の如き、また旧暦五月晦日の夜と六月十四日の祭礼の終った十八日の夜、加茂川べり、四条宮河辺に出て神輿洗いをした如き、水の信仰である痕跡は著しい。それが祭の御輿のお渡りよりはむしろ鉾や山のお練りの方に人々の注意が注がれてきたのが中世後期の祇園会であり、祭の忌みの後のざんざめき、いわば節会の際の豊の明りの宴《うたげ》に重きを置かれるようになってくるのが、すべて我が国の祭の止むを得ざる歴史であった。一条兼良作という『尺素往来』の種本である四条道場の素眼作という『新札往来』には

祇園御霊会今年山済々所々定鉾。大舎人鵲鉾。在地々々ノ神役。尤叶二神慮一候哉。及レ晩白河鉾可二入京之由風聞一候。促二印地一六地蔵之党　動《ヤヤモスレバ》　招二喧嘩一候。尤不レ可レ然。侍所之警固可レイ二河原之辺一候。

とあり、『尺素往来』には

祇園御霊会今年殊結構、山崎之定鉾、大舎人之笠鷺鉾、所々之跳鉾、家々ノ笠車、風流之造山、八撥、獅舞、在地之所役。定叶二於神慮一歟、晩頭白河鉾可二入洛一之由風聞候、六地蔵之党如レ例企二印地一招二喧嘩一候者、可レ及二洛中鼓騒一之条太不レ可レ然者也。仍為二其警固一侍所之勢就レ可レ被レ打二出河原辺一、同御進発之旨伝承候之間、蟷螂二十足牽二進之一候。

と文詞を変えているが、山や鉾には京都周辺の白河とか、木幡の六地蔵からやって来る鉾もあり、また市中の大舎人の笠鷺鉾とか、北畠などから出る跳鉾などが記録に見られ、必ずしも定まったコースでなく、かなり自由な行動をし

た手に持って歩く鉾であって、室町初期仙洞御所に跳鉾が参上し、上皇は築地の上から見物するということも見え、白河鉾のような徒党が神輿をかつぐ神人と衝突するというような事件も見えて、祭礼につきものの喧嘩があるのが例年の慣例であった。それは神輿をかつぐ人々が御霊神のような荒ぶる神に仕える荒々しき所行の、中世の表現を以てすれば「悪」と書かれる悪党の中であったからでもあって、鉾をかつぎ共にわざ招ぎの芸能をし、神に共感し、供奉する人々もそんな人々、声聞師とか印地者とかいう人々が多いのが中世の祇園会であったが、中世末期、殊に応仁の乱以後、町組の人々の鉾や山の行事と変って行くのがおおよその祇園会の変遷であったのでないかと思われる。そして、殊に十四日の朝、巳の刻に行われる山の練行は祭の忌みの後の解放で、多くの山が練り歩き、近世は橋弁慶山が籤引かずに先頭を切り、鈴鹿山以下の山が続き、前日の籤引により、列を定め、四条町から出た凱旋船鉾も籤を引かず鷹山に続いて最後列となり、三条通りから京極通りを下り、四条通りに渡る慣例となってくるが、三条通りの東洞院と高倉の間に雑色が南方で北面して座し鉾、山を検分した。一方、十四日の午の刻、神輿送りが行われ、神輿はそれぞれ御旅所を出て、中京区三条通り大宮東入ル御供町の神泉苑に近い又旅御供所《ごくしょ》に至り同列となり、御供が献じられて後、三条通りから中川の流れる京極通りにかかり、誓願寺の門前で公儀の奉行が検分し、祇園社に神輿は帰ったのであり、それが最近まで行われていたいわゆる後の祭りであり、十四日の渡御、神幸は祭礼気分の横溢したものであったが、多くの祭礼がようかつがぬ若者組に下に車輪をつけられた御輿が引かれる当世、最近は観光化されてその雰囲気はこわされてしまった。

いわば三条通りと松原通り─旧五条通りの市中、祇園社の氏子が居る市中が歴史の舞台となってくるのであり、中京、下京は近世にかけて船鉾町、木賊山町、芦刈山町、鯉山町、橋弁慶町と鉾や山の名がつく町名が出来てくるので、祇園会は市民の祭礼である性格が著しい。そういう下京的世界の一中心が旧五条通りであり、旧五条通りは西洞院通りに五条天神社があり、中世初期に主として見えてくる五条道祖神も或いは同一の神であったかも知れないが、五条天神社は祇園感神院の御霊社と同じ性格の社であり、その通りには馬市が立ったり、宿屋があったりした。そして、その通りの東の端で京極通りが交互する所は鎌倉期には五条東洞院などと共に篝屋が置かれ、在京人の武士が居た要地であったが、そこで加茂川を東に渡る五条橋があった。

一〇

そして、五条橋を更に東に渡って後、南行すると法性寺から三十三間堂、東福寺を横に見て法性寺大路が通じ、「月を伏見の」木幡山を越えて、宇治路からはるか大和へ通じる十一里の道があった。また、古くは『梁塵秘抄』に「何れか清水へ参る道、京極くだりに五条まで、石橋よ、東の橋詰四つ棟六波羅堂、愛宕寺大仏深井とか、それを打ち過ぎて八坂寺、……」と東にまっすぐに行きのぼる、元来法相宗だった音羽山清水寺への参詣の道が謡われ、五条橋は「石橋よ」とあるが、室町時代には「四条五条の橋の上、老若男女貴賤都鄙、色めく花衣」(謡曲「熊野《ゆや》」)とあり、上杉本や町田本の屛風図に見られる五条橋は、天正十八年(一五九〇)に豊太閤が増田長盛にかけさせた五条坊門通りの五条橋と異なり、古くから清水寺の願成就院が勧進聖《ひじり》となり、橋の勧進をして架ける勧進橋で、上杉本では「たいこくたう」(東山区大黒町松原下ル北御門町の寿延寺大黒天堂の元の姿か)と墨書注が付いている堂のある中洲をはさんでせまい橋が板四枚の幅の二つの橋で、町田本でも中洲に大黒堂と思われる建物があるのは、今よりかなり東まで、宮川町筋まで河幅があったからであろう。そして、橋を渡ると平安末期には四方に破風が出ている四棟造りの建物であった普陀洛山六波羅密寺の観音堂が三十三所観音の一つとして道の横にあり、空也聖人の西光寺の昔を偲ばせていたが、鎌倉期は六波羅北方探題館にすぐ隣接しており、室町期には「車大路や六波羅の地蔵堂よと伏し拝む、観音も同座あり」(「熊野」)と謡曲に謡われ、むしろ六波羅の「地蔵堂」(『太平記』巻八その他)と呼ばれ、六道の巷に臨む地蔵菩薩のまします堂とされていた。その道は五条橋から東へ通じ、中世は釘貫門がすぐあって東山区弓矢町辺であったが、北には弓矢町の弦召《つるめそ》が正月二日に集まり、天狗の酒盛をする天台宗の愛宕念仏寺(現在は右京区嵯峨鳥居本町深谷に移転)の門があり、そこを過ぎると「愛宕《おたぎ》の寺も打ち過ぎぬ。六道の辻とかや、実に恐ろしや此道は、冥途に通ふなるものを、心細鳥辺山」(「熊野」)とも謡われ、平安期から七月十五日の盆に、「祖《おや》ノ為ニ食《じき》ヲ備フル」(『今昔』巻二十四・四十九)参詣の場所であり、愛宕寺とも言われる珍皇寺(東山区小松町)があり、この辺一帯が六道の辻、愛宕で、今も盂蘭盆に精霊迎えに六道詣りをする場所である。その北は学問面《づら》の建仁寺があるが、六道の辻は人々が「到彼岸」を観じる此世との堺であり、北東には鳥辺山とも言われる阿弥陀峯が東山三十六峰の一として眺められ、この辺から清水坂の坂道となり、北には古く奈良大仏の半分の八丈の長《たけ》の大仏がまします雲居寺の見えたのも応仁の乱に焼けてなく、室町末期は八坂の法観寺の塔が祇園感神院の社の楼門のこなたに眺められて、道には「北斗の星の曇りなき御法の花も開くなる経書《きやうかく》堂は是れかとよ、其たらちねを尋ぬなる子安の塔を過ぎ行けば」(「熊野」)と謡われる北斗堂(東山区清水四丁目)の御燈が星空の夜に淀のあたりからも見られる堂を過ぎると、三年坂と合する所が経書堂(東山区清水二丁目)であった。更に登ると三重の泰産寺子安塔があり、清水寺の大門の内、車宿り、馬駐《と》めがあり、西門にかかり、「清水寺西門女瞽」(『蔭涼軒日録』文明十九年五月二十五日条)と瞽女がその門前で鼓を打ったり、また西門を越えた本堂の懸け造りの舞台と言われる前面には座頭が琵琶を弾じたりしており、参詣の客をさそっていたりもしたから狂言「清水座頭」のような筋も生まれていた。西門を越えると千手観音が「鳥辺山谷に煙の燃え立たば」(『拾遺集』)とある、とろとろと無常所の煙が絶えない南方の鳥辺野に大慈大悲の眼を投げており、本堂の舞台に至り「南を打ち見れば、手水棚手水とか、お前に参りて恭敬礼拝して見下せば、この滝は様がる滝の、興がる滝の水」（『梁塵秘抄』）と観音の手水の音羽滝にはみそぎの人が絶えず、後は「あら〳〵　面白の地主の花の景色やな」（謡曲「田村」）と地主権現の花の名所で、一期《いちご》の見物は京を訪れる京都の中でも名所中の名所が清水の観音堂なのであった。

上杉本の「洛中屏風図」には笠の如き帽子をかぶり、白衣の浄衣の参詣姿の女性の幾人かが五条の橋を渡ろうとしているのは、妻観音と狂言にしばしば言われた清水寺に参る姿であり、殊に女性はこの「観音験を見する寺」に一夜参籠し、示現により幸福な結婚をする説話が平安朝から多く、男性も狂言「二九十八」や「伊文字」の主など、「某《それがし》いまだ定まる妻が御座らぬ」と申妻をする者も多かったろうし、或いは「所願成就皆令満足」と書いた絵馬を奉納する賽《かえりもうし》の御礼参りも中世末期にはあり、十八日の観音の縁日はさしも草の如く繁く貴賤群集する衆生の参籠は堂を狭しとし、殊に六月十八日は「今日所々観音当二平生百度一」（『日次紀事』）と後世の万日回向、四万六千日に相当する日であり、参詣者も多かったであろう。建武三年（一三三六）八月の頃、足利尊氏は鎮西から都に捲土重来し、楠木正成を兵庫に戦死させ、光明天皇を擁立し、幕府を立てるが、清水寺に八月十七日に「この世は夢のごとくに候。尊氏にだう心たばせ給て後生たすけさせをはしまし候べく候……今生のくわはうをば直義にたばせ給候て、直義あんをんにまもらせ給べく候」と弟の直義に今生の果報を賜えと願文を書いて清水寺に祈るのも、清水寺が御福《おふく》―果報を祈り、また不思議な縁が生ずる場所であったからで、清水寺の脇士の一に観音菩薩の二十八部衆の一の毘沙門天が祀られ、「某鞍馬の多聞天王を信仰致し、毎日参詣致すところに、夜前不思儀の御霊夢を蒙つた。其の子細は清水へ参詣申せ、御福を下されうとの御夢想で御座つた程に、今日は清水へ参らうと存ずる」（大蔵流狂言「夷毘沙門」）と見えたりする。そして、『義経記』では、太刀を御曹司牛若に五条天神社の最初の一回戦の果し合いで取られた弁慶法師が六月十八日の夜に清水寺に参り、「我地に入らむ者には福徳を授けんと誓ひ給ふ御仏なり。されども弁慶は福徳も欲しからず」(巻二)と御曹司の黄金の太刀をと祈誓し、二回戦の切合でも、清水寺の仏前の舞台に貴賤群集する中で弁慶は見事に負けて御曹司と主従の契約を結ぶというのも、「富士巻狩」とか「鈴鹿御前」や「宇治橋浄妙合戦」などの説話と同じく、盂蘭盆の灯籠の題材として室町初期「内裏御燈二申出拝見……一、清水風情。牛若弁慶切合風情也……」(『看聞日記』永享九年七月十九日条)と見えるのは、人々に知られた室町ごころの美しい絵様であったからである。『義経記』では御曹司が東下りの途中、尾張国熱田神宮で元服してから後の事件としているから、唐輪まげの美しい児姿《ちご》であってはならない筈であるが、それをなお児姿としているのは元来独立した説話として存し、室町びとの心に焼き付いていたからで、その場所はいわば浅草の観音さまである下京に近い清水寺の舞台でなければならず、室町後期には例えば厳島神社の天文二十一年(一五五二)壬子三月吉日銘の弁慶牛若丸の絵馬や桃山期の「清水参詣曼荼羅」の中の五条橋の一つで、牛若と弁慶の切合いが見られるのも、五条橋が清水寺と縁浅からざる所であったからであった。御伽草子の「弁慶物語」でも

但だうの内は余に人めしかるべからずとて二人さもなつかしげに打つれて清水坂へ下られける。扨合戦のさい初はいづくぞと仰ければやがて此辺しかるべしとて五条橋に立渡り八月十七日夜半ばかりの事成に九らう義経生年十九才と名乗御はかせするりとぬき給ふ。弁慶も生年廿六と名乗四尺六寸をするとぬきわたり給ふ。観音参詣の衆上下ぜんごの道をさしふさぎ、不思議の見物出来とてかさをぬぎひざをついて見物す。互に手なみの程を見せんとうけつそむけつおうつ返しつ打物より火を出しゐい声をあげてぞきりあひける。(偶目一写本)

と変化させているのは、清水寺邂逅譚の一変形で、熊野生まれの弁慶が北野とか祇園の社で御曹司に遇って、主従の契約をしては絵にならないのであって、祇園会の後の祭りにも「祇園祭礼図」に見られる如く橋弁慶山が先頭を切ったのであった。

一一

上杉本などの「洛中屛風図」は清水寺の辺は夏の世界であるから、「散るか散らぬか見たか水汲散るやらう散らぬやらう嵐こそ知れ」と地主権現に花見の見物左衛門を浮かれさせてはおらず、上杉本では初春の風景はむしろ夏の祇園会と対比させて内裏や足利公方邸の周辺に展開させている。故に、内裏では正月の節会に雅楽が奏されているし、公方邸の西の小川《こかわ》通りの辺は師走の風景であり、小川の流れに沿う板屋の民家の中で女性が臼に竪杵をついたり、家の前に門松が立てかけられており、街頭には門松をかついだり、裏白の葉を入れた籠を朸《おうこ》にかつぐ物売りの姿が見られる歳末風景なのである。そして、また節季候《せきぞろ》が四五人羊歯《しだ》を頭にかぶり、白い布で覆面をし、歩いているが、『三十二番職人尽歌合』の胸叩きの条に「宿ごとに春まいらんと節季に契し」と詞書に書かれた胸叩きの変化《へんげ》の姿であり、春の予祝の祝人《ほぎびと》であった。近世初めは毎年臘月二十一日から小草笠の上に貫首《しだ》の葉を頭上に挿しかぶり赤布巾で面顔を覆い、わずかに両眼を出して四人または六人で節季候と称し、人家の庭に入り米を乞い、元日から十五日までは笠を著て白布で面を覆い、手を敲いて門戸で米銭を乞い、敲《たたき》の与次郎または鳥追いと称したなどと『雍州府志』悲田寺の条に見えているが、節季候は東北地方には秋田などに最近まで存して『秋田風俗問状答』にも見えて、私は祖母からも名を聞いたことがある。同じような類の祝人の座頭の坊も琵琶をかついだ弟子《こぎう》を後に引きつれて、笠をかぶり、杖をつき、犬に吠えられながら歩いているのは、絵巻物や寺社曼荼羅の類にしばしば見かける光景であり、町田本の屛風図では右隻三扇の日蓮宗妙覚寺かと思われる寺の西の堀近くを同じような姿で小盲に琵琶をかつがせて歩いているのが見られるのは、或いは地方に下る旅立ち姿かも知れないが、細川邸の横の水落地蔵堂の前を流れる小川《こかわ》の下流の対岸にも同じく犬に吠えられ小盲をつれる琵琶法師をまた点出したりしている。室町時代には「盲者在城中唱平氏曲者五六百員以検校為綱首」(『碧山日録』)と書かれ、当道の琵琶法師が検校以下五六百員も居たという座頭だらけの王城には、普段も夜などは犬に吠えられながら、日待ちのお伽に行かんと歩いていたので、殊に歳末にはお引きにあずからんと御贔屓の上つ方には挨拶に伺候せんとしているのであろうか。『西行物語絵巻』にも歳末の風景の中で盲女が二人杖を突き歩いているのは、絶えず見られる歳末風景であったのだろう。やがて大歳の夜が暮れ、「亡き人のくる夜とて魂祭るわざはこの頃都にはなきを」(『徒然草』)と先祖の霊祭りこそ京都では行われなくなったが、遠近の寺社に大歳の年籠りに籠り、御福を祈る者もあり、民家では敬虔な静かな一夜が過ごされたのであろう。そして、東山が白むと元旦であり、公方邸の表通り、唐門のある室町通りは、上杉本はどの家も正月の裏白の飾りのある門松風景となる。街路には祝言に参上する白い桂包みを頭に高く巻いている桂女も見られ、また人形を手に持った人物が三人、児童に付きまとわれ歩いているのは傀儡廻しであろうし、そのほか大黒舞かと思われるような人物も見られるし、馬の首を頭にかぶるのは春駒であろうし、傀儡廻しを始め皆白い布で覆面しているのは、正月こそこのような異形の者が我が時とばかり街頭にあらわれて、京の町を祝言ににぎわしたのであろう。そして、ぶりぶり毬杖《ぎっちょう》をする少年の群れや、横町で四面が通りに面した町家の裏庭で胡鬼板に羽根遊びに興ずる子女を描くのは、塾に通うのに忙しい当世は知らず、永く子供の国であった日本の正月の風景で、平安末期の『年中行事絵巻』にもぶりぶり毬杖を正月にする童子の姿が見られたりするが、『近世扁額軌範』に収める寛文二年(一六六二)五月吉日の年記のある清水寺の絵馬に見える正月の街頭風景にも、門松の立つ街角に千秋万歳や節季候、或いはぶりぶり毬杖や羽子板に興ずる童男童女の姿が描かれたりする。上杉本では公方邸の近く常盤御所常照光院の内庭でも同じ遊びに羽根が空に舞うのを描くのは、御比丘尼の御付弟の子女なのであろう。元旦から正月の十五日までは年の始めの行事に上下の階級を問わず、忙しくめでたい時節なのである。公方邸の東門には四つ目の紋の幕が見られるのは、近江国の佐々木氏の家紋であり、鞍置き馬が二疋門外にあり、北横の「にしおち」(西大路)と墨書注のある今の上立売通りを、輿に乗った武士が引馬を先に家来をつれ騎馬を三騎従え公方邸に向け進行しているのは、恐らく正月の椀飯《おうばん》の節振舞いに参内する大名なのでなかろうか。正月一日には管領、二日には土岐氏、三日に佐々木京極氏、佐々木六角氏が隔年に椀飯振舞いが行われたのは、まさしく『万葉集』の「我《あ》が主の、み霊《たま》賜ひて」(巻五)とあるあの古代の恩頼《みたまのふゆ》思想の引続きであり、やがて花の御所の主殿で御祝いの御膳を献じ、三つ目の御盃を献ずるなど、事々しい儀式が中世末期ですら如法に行われたのであろう。そして、下剋上の代表のように言われる「松永弾正」久秀邸の門前では青竹が束ねられて立てられて、正月十五日の左義長の行事がはやされており、その近くの南北の通りは町通り―新町通りであろうか。民家の門には千秋万歳の大夫がやんらめでたやと才蔵に鼓を打たせて踊っているのは、公方邸に近い上京区上塔之段町、下塔之段町、毘沙門町の辺、北畠と中世に言われた土地などの、御霊神社(上京区上御霊竪町)とおそらく関係のある神奴であった人々であるかと思うが、めでたい瑞気は町中にみなぎって、春駒の姿も見られ、ぶりぶり毬杖や綱引きの野外遊戯に興ずる童男の姿も見られたりする。

公方邸の周辺は上杉本では正月であるから、その辺は春の景色となっており、左隻右隻にかけて武衛斯波氏邸などに梅の花を咲かせており、また、上京の千本閻魔堂に普賢象の桜や鞍馬寺に雲珠《うず》桜を咲かせたりしている。京都の町は「花の下にて我死なむ」と西行が歌った二月となれば、見物左衛門は言わずもがな、花の下の好士と言われるような人々の群れが西山の花見にと小塩の山麓の花の寺(天台宗勝持寺、西京区大原野南春日町)の西行桜に足を延ばして、神代の昔をしのぶなど、洛中洛外に花の名所は多かったが、「昨日は東山の地主の桜を一見仕り候」(謡曲「西行桜」)と第一に一見すべきは地主権現の桜であり、「東には祇園清水」(謡曲「放下僧」)と東山一帯は桜も多く、文永の頃(『とはずがたり』一)、「我が宿に千本の桜を植ゑ置かば」(『玉葉集』)と神の示現があった祇園社牛頭天王の周辺では、足利公方の御成がしばしばあった寺門派華頂院のある華頂山(東山区粟田口花頂町)や若王子社(左京区若王子町)、また地主の桜のすぐ傍にあった時宗国阿派の霊鷲山正法寺の鷲尾の桜や、或いは少し北方の、白川の天台宗法勝寺(左京区岡崎法勝寺町)や黒谷の浄土宗金戒光明寺(左京区黒谷町)など、鎌倉期に花下連歌が盛んに行われた場所がこの内にあり、「地主鷲尾花下近年廃怠」(『新札往来』)と中世後期にこそは花下連歌が零落したが、東山一帯の春の風光は想像以上のものがあったであろう。そして、屏風図では爛漫たる都の春景色、「ただ狂へ、浮世は夢よ」と花に狂うような光景は強調されていない。また、三月四月となれば洛中洛外には藪椿や山躑躅《つつじ》などの花が野山を盛りと次々に咲き、上下、貴庶をも野外の遊覧に誘ったであろう光景や、例えば椿が松、竹などと共にめでたいものとされたらしく、山伏の笈にしばしば彫刻されたりする、いわば民族の基底にひそむ花とそれに関係するような文化精神は必ずしも「洛中洛外屏風図」に表現されてはいない。しかし、例えば上杉本の屏風図では千本閻魔堂すなわち光明山引接寺(上京区千本通り鞍馬口下ル閻魔堂前町)の桜が描かれたりする。そこは「千本の花盛り、雲路や雪に残るらん、毘沙門堂の花盛り」(謡曲「西行桜」)とあり、鎌倉期に花下連歌が行われた出雲路の毘沙門堂(上京区毘沙門町、現在は山科区安朱稲荷山町)と共に「千本の花盛り」とあるのが千本閻魔堂の花で、それは都人に一陽来復を告げる花であったらしい。上杉本を見ると「千本ふけん堂」の屋根が金碧の雲の下に見え、白い桜が咲く隣に「千本ゑんまたう」の本堂の内では、朱髪の面をかぶった鬼が亡者らしい人物を打たんとしているのは念仏狂言が行われているので、現在もほそぼそと続いている狂言「閻魔庁」の類でも演じているのであろう。ここの桜はその花心に普賢菩薩の乗物の象のきばのような双葉の雌しべがある名桜普賢象で、咲くと枝を折って所司に献じ、米三石を賜わって十日間の念仏の資粮としたと『雍州府志』引接寺条に見え、釈迦念仏が行われたが、『雍州府志』には、按ずるに千本引接寺や壬生地蔵堂の二月念仏会は鎮花法会の余流かなどとも書く。この辺は舟岡山の麓の蓮台野に近く、蓮台野は鳥辺山などと共に京都の五三昧の一であり、閻魔堂は六道辻の愛宕寺と同じような性格の寺で、人々は花の咲き初める頃に浮かれんとする疫神の霊を鎮めるために躍らざるを得ず、それは春の同じ頃に行われる近くの今宮社（北区紫野今宮町）のやすらい花の祭と同じく鎮魂の性格を持ち、心の不安を鎮めるカタルシスであったろう。

「洛中屏風図」は以下師走まで次々に年中行事を展開してくる。私は今その一々を絵解するつもりはないが、それが元来四季の風景の約束を守りながら、それを破っていることの意味を考えてみたのである。そして、左隻に足利公方邸が、右隻の屏風に祇園会が展開していること、また上京と下京との対比に意味を見出したのである。例えば上杉本左隻六扇では上京には上御霊社の秋の祭礼―八月十八日の御旅所からの還幸を描いているが、その祭礼に二基の神輿が今出川の流れに沿う一条通りを通り、神輿の前を王の鼻とか、猿田彦とか、道祖神とか言われる、大きな鼻の赤い面をかぶった人物や三基の剣鉾を両手で捧持して帯に立ててゆく男などが先行して行列して行くのが見られ、剣鉾と二基の神輿が通る同じ祭礼と思われるものは吉川観方氏蔵の「洛中洛外図」一帖の中の一図に一条通りらしい神幸風景が見られるが、上杉本では先頭は烏丸通りにかかっており、横町から祭礼を土下座して拝むかずき姿の女性や、北の通りでは、この時代にもう子供神輿があり、児童が二基の小さい神輿をかついだりするのを点描している。猿田彦は出雲路の幸神社（上京区寺町今出川西入ル幸神町）の祭神でもあり、この社は元来、東の加茂河原に近い所にあったというが、「八月御霊会の日猿田彦の頭形をみゆきなさしむ」（『莬芸泥赴《つぎねふ》』巻一）とも書かれており、近世はその面を榊の先につけ渡ったりし（『花洛細見図』）、また鉾には近世祭鉾とか幸鉾とか言われる鉾を室町時代には日記記録を見るともっと多く捧持していたらしく、棒鉾、いわば悪党の武器である材棒の棒振りの芸能がその特長で、祇園会に出た北畠の跳鉾なども元来御霊会に関係のある鉾でないかとも思われる。そして、上杉本の屏風図は祇園会の鉾の数は省略されているかと私は思う。また、近世以前は「上杉本屛風図」右隻第六扇に見える「上御りやう御たひ所」と墨書注のある赤い鳥居のある御旅所（上京区新町通り下長者町下ル両御霊町）すなわち上京区中御霊町の、京都御所近くの今の梨木神社の近くにあった御旅所以前の御旅所から還幸の行列を上杉本に描いているのであろう。下御霊社は上杉本では武衛邸（上京区室町通り下立売下ル武衛陣町）の隣に描かれ、そこの祭礼も同日にあった筈であるが、上杉本は上御霊社の祭礼のみが描かれており、中世御霊社の祭礼は祇園感神院の祭礼とならぶ京都の祭礼で元来あったかと思われ、ほかにも春の稲荷祭とか、藤森社の深草祭とか、北野社の秋の祭礼とか洛中洛外に人を集めた中世の祭礼は多かったが、中世後期には祇園会の賑わしさは比ぶべくもないのであり、上杉本では他は描かれていない。

一二

それにしても全体をおおっているのはなんと溌溂とした景気であることか。屛風図の中には草鞋を売る店が街頭に見られるにしても、大部分の人々は上杉本や町田本の中では、大地をしっかりと踏んで裸足で歩いているではないか。実際、九州の南端や東北の辺陬では戦前に家を朝早く裸足で飛び出し、夕方家に入り寝るまで労働していた人々があったのを私は知っている。そして、屛風図の中で町田本や上杉本は京に田舎ありで、上京の清浄華院の東の田畑では肥桶で糞尿をやっているのが見られ、町通りには幼児は街頭で藁の籠の中に入っており、またその中に入りながら母から授乳されているような図も見られるが、かつては東北地方の農漁村などでイズメなどと呼ばれる籠の中で、父母が田畑山林に働きに出た留守に幼児は祖父母に「めんけいぼっこ」とあやされて泣いたり、笑ったりしているのがよく見られたのであった。そして、また、屛風図の年中行事の中で童子も嬉々と活躍している。その一例が五月五日の菖蒲の節句の印地打ち―石合戦である。上杉本では東洞院通りの、三条坊門通りを下った所が夏の端午の節句の風景であるが、男が板屋の屋根の上にあがり、軒に菖蒲を葺く作業をしている。その軒の下の街頭では菖蒲売りの籠の中から菖蒲を買う女や、また傍らを親の肩車に乗る幼童とその親と共に歩く菖蒲甲をかぶり、おそらく柳で作った長刀や木刀を携帯した童子を描くが、その下町《しもん》の「とんけい殿」(曇華院)の尼寺の門前では、小弓や槍、長刀やつぶてで争う男童の群れを出すのは、端午の節句の印地なのである。印地という習俗は五月五日を中心に行われるようになるが、室町期にも盛んに行われたらしく、しばしば記録に見えてくるが、南北朝時代には応安二年(一三六九)四月二十一日、加茂祭の際に雑人が一条大路で合戦をし死亡した者が出たが、俗に「伊牟地」と称したとあり(『後愚昧記』)、また、文和四年(一三五三)五月四日に下渡《しもわたり》、すなわち下京辺で「仮童」が菖蒲で合戦を真似し成人武士までも交わり、刃傷殺害に及んだ(『園太暦』)と見えているが、印地は加茂の河原などで行われ、鎌倉期から河原印地と言われたりした。この習俗は祭礼と結び付き平安末期から行われたことは『年中行事絵巻』に見えるので窺えるが、古くは向飛礫《むかいつぶて》とも言われた。治承二年(一一七八)正月七日のことであるが、下京の六条院―海橋立《あまのはしだて》、六条辺で向飛礫が打たれ、検非違使右衛門尉基広に制止させた事件が『山槐記』に見えている。また、嘉禄元年(一二二五)に京中の「向飛礫之凶徒等」で、老衆・若衆と称するものが、すでに春のころ立別れ、稲荷祭の際に勝負を決せんとしたのが、ひいては六月十四日の祇園会の際に老衆は六角堂に、若衆は京極寺に集まり、会稽―仕返しをしようとしたことになったので、三条大路の祭見物の桟敷の経営も止まり、見物の人も無く、馬長《うまおさ》も東洞院より騎馬で馳せて通ってしまい、神輿の後に彼等は喧嘩することを期したので、検非違使庁の者は神輿をおさえ、日が入った後、神輿を入らしめたので事無きを得た。しかし京極寺の凶徒は「勇気」を示さんがために三条大路を西行し、洞院辺を徘徊し、多くの者は冑腹巻をつけ、また白布を以て頭を結び、また「菖蒲の薦」等を背に結び付けていた。古今飛礫を打つ者は有るが、こんなことは全く聞いたことがなく、武士も知っていて制止しなかったと藤原定家は『明月記』の翌六月十五日条に書いている。これは全く南北朝の頃行われた『新札往来』に見える祇園会の際に白川鉾が六地蔵の党と争い印地を企て、侍所が出て制止するという祇園会の祭礼の際よくおこる事件の先例で、もう向飛礫を打つ「凶徒」が鎌倉期に発生していたのであり、中世末期にも「上杉本屏風図」で印地をやっている尼寺曇華院の門前では天文十九年(一五五〇)六月十四日の祇園会に喧嘩があり「礫矢等以外也」(『言継卿記』)と印地が行われたりしたので、また古くこんな事件もあった。それは鎌倉時代の建久年間のことであるが、石清水八幡宮で御神楽が奏され、権別当の増清が出仕した時のこと、例座の神楽が終り、各々が榊を取ったところ、一人の気骨高く、顔色殊に青く、その長六尺ばかりで浄衣に折烏帽子に無文の紺の宿衣を着た男がにわかに出で来り、増清の榊を取ったので、増清の侍の源八盛遠なる者が左右無くくだんの男の顔を打ったので、この男に相具する輩が五六人傍より出てたちまち争論に及ばんとしたところ、かの男はその輩に待てと制止を加えて、我は世に聞ゆる印地の高太である。掖《わき》に招き寄せ印地で雪恥をするのは安平事—お安い仕事でござるが、しかし、今日は神徳を蒙らんがために遠くより参った次第、どうして社頭で濫吹を致すべきと申し、榊を返し置いた。主人の増清権別当も感嘆し、また豪なる者はかえって道理を全身に知ると別当幸清は語ったという(『石清水文書』五)。この印字の高太はいわば『義経記』で御曹司牛若と五条天神社で果し合いをする印地の大将なのである。恐らく祇園の御霊会などはこういう「向へ礫、印地、云甲斐なき辻冠者原」(『平家』巻八)を、いわば悪党を早くから発生させていたのであり、祇園御霊会は『年中行事絵巻』に見えるような祭の形式から永い発展変化の歴史があったのである。私は屏風図の中に見える上杉本のように二千人に及ぶ登場人物や一つ一つの年中行事の中にそれぞれにどんなに溌溂とした歴史がひそんでいるかを想うのであり、太郎冠者でないが一緒に洛中を舞下りにはやして廻りたい思いである。私は終りにも一度言いたい、興がる都や、あら面白の都やと。

あとがき

七回忌を迎えることになって、やっと「遺稿集」として上梓されることになり、感無量のものがある。そもそもこれ等の原稿を初めて岩波書店から出版していただく話のあったのは、正雄の亡くなる七年前のことであった。いったん全部を渡したにもかかわらず、「面白の花の都や」の原稿を手許に返してもらい、以来幾度も幾度も急かされながら遂に完成せずに逝ってしまったものである。その間原稿は手許を離さず日夜書き直し、加筆していた。旅行の時にも必ず携帯し、ホテルの机でこれを展げていた。幾度清書を書き直したことであったろうか。書き直しの原稿が大きな箱いっぱいに残されている。この間他の論文は一切書かず、ただただ「面白の花の都や」の年月であった。朝から晩までこの論文に付きあわされて来たので、せめて三回忌までに版行しなければならないのが、あまりにも長く朝から夜まで付きあわされたので、子離れのしない親同様に、これを手離すにしのびず、ついつい今日に至った次第である。遅すぎるとお叱りを受けるのも尤もなことと思う。

このたび佐竹昭広氏、徳江元正氏の御尽力で刊行されるようになったことに感謝の言葉もない。その上、師とも兄とも敬慕していた中村幸彦先生に序の言葉を頂けたことを、本人もさぞよろこんでいることと思う。また岩波書店の国府田利男氏をはじめ、佐岡末雄、野口敏雄、小島潔、片岡修の諸氏に並々ならぬ御苦労をおかけしたことにおわびと御礼を申し上げる次第である。何度も書き直し、持ち歩いているうちに、前後のはっきりしない箇所や書き足りない箇所が出てきたりで、さぞ大変な作業であったことであろう。本人の満足するものが出来たとは考えられないが、もし長らえて最後まで手を加えていたらまだまだ出来上っていなかったことを確信する。

檀家まいりの途中、カタカタと下駄をならしながら路地々々の奥まで入り込み、各所で世間的に変った人といわれているような人(その道の達人、偏屈といわれている)と仲よくなり時間を忘れて話し込んで、いろいろ京都の古いことを教えてもらっていたようである。「関西人、特に京都の人とはつきあい切れん」と関東系の故梅津次郎氏とよく話しあっていたが、京都生れの私より京都をよく知り、こよなく京都を愛していたものである。「わしが死んだらわからんようになることがようけえあるのやでー」と病床で話していたことが忘れられない。暖かくなったら退院出来るものと信じて、メモをしておかなかったことが悔まれる。生きている間中、本探し、清書等に使われて、よくここまでもったものだと自分自身感心するくらいだったので、「あるときはありのすさびに」云々の心境をしみじみ感じさせられる昨今である。とは言うものの「何せうぞ、くすんで、一期は夢よ……」とばかり、印度、西蔵、敦煌等々へ旅したが、同行二人の思いが深い。印度では大きな芭蕉の葉で葺いた小屋から物臭太郎がひょろりと出て来そうな気がしたし、敦煌の壁画の中に洛中洛外屏風図の中の絵柄の嚆矢とも思える図を見ることが出来た。もとより素人の私が云々すべきことではないと思うが、今日までに絵巻物・絵草子等々を見る機会があった。職人尽絵や鼠草子に描かれた台所の風景等々の中にない、庶民の生活が描かれているのが不思議と思う。先年「清明上河図、趙浙筆一巻」(万暦五年(一五七七))を見るに及んで大変興味深いものを感じた。模写が万暦、原本が南宋のものであるとしたら、敦煌のは五代時代のものであることとまんざら縁がないとは言えないのではなかろうか。私の妄想に御多忙の中をいろいろ御協力いただいた敦煌の孫秀珍先生に多大の感謝を捧げたいと思う。

岡見が〆切に間に合ったのは卒論と博士論文の時だけだろうとわらわれながら、まわりの方々に御迷惑をかけっぱなしで逝ってしまったこと、いかにも正雄らしく、今更ながら皆様の御厚情に御礼を申し上げる次第である。

顯原退蔵先生のお宅から頂いたとき一メートルくらいだった朴が大木になり、「奥山ならぬ街の中の朴の木ようなう……」と花を葉を賞でていたが、バサッ、バサッと朴の葉の散る大きな音を聞きながら拙い筆を擱く。

一九九五年十二月

岡見　淑

初出一覧

室町ごころ	『国語国文』	昭和二十六年十一月
白河印地と兵法——義経記覚書——	『国語国文』	昭和三十三年十一月
瞽女覚書	『女子大国文』20	昭和三十六年二月
唱導師と説話	「日本古典文学大系第二期月報」9	昭和三十九年十二月
琵琶法師と瞽女	「日本古典文学大系第二期月報」10	昭和四十年一月
物語僧のことなど	「日本古典文学大系第二期月報」11	昭和四十年二月
絵解のことなど	「日本古典文学大系第二期月報」12	昭和四十年三月
陣僧	「日本古典文学大系月報」62	昭和三十七年十月
小さな説話本——寺庵の文学・桃華因縁——	『国語と国文学』	昭和五十二年五月
熊野の本地のことなど	『国語国文』	昭和二十八年十月
絵解と絵巻、絵冊子	『国語国文』	昭和二十九年八月
御伽草子絵について——十二類合戦絵巻・福富草紙・道成寺縁起絵巻を通じて——	「日本絵巻物全集」18	昭和四十三年十一月
説話・物語上の西行について——一つの解釈——	「日本絵巻物全集」11	昭和三十三年十一月
天狗説話展望——「天狗草紙」の周辺——	「日本絵巻物全集」27	昭和五十三年三月
遁世者——時宗と連歌師——	『国文学論究』	昭和十五年十一月
心敬覚書——青と景曲と見ぬ俤——	『国語国文』	昭和二十二年九月

なお、本書に採録するにあたって、次のような整理を施した。

- ●表記は新仮名づかいに統一、常用漢字の新字体を採用。
- ●副詞など、一部、漢字表記を平仮名に改めた。
- ●書名、論文名などは『』「」で括った。
- ●長文にわたる引用等は、行を改め、字下げを施した。
- ●その他、読解の便をはかるため、文意を損ねない範囲で、読点、中黒、かぎ括弧などを補入した。

岡見正雄略年譜

年	月　日	事　　　項
大正 2 (1913)	7月30日	東京において生まれる．父宇一，母聿の長男．本籍秋田市．
大正 8	4月	東京 音羽小学校入学．
大正 12		大阪 玉出第二尋常小学校へ転校．
大正 14	3月	同校卒業．
大正 15	4月	大阪府立住吉中学校入学．
昭和 5	3月	同校四年修了．
	4月	大阪府立浪速高等学校入学．
昭和 8	3月	同校卒業．
	4月	京都帝国大学文学部国語国文学科入学．
昭和 11	3月	同校卒業．
	4月	京都帝国大学大学院入学．
昭和 14	9月	天理外国語学校教授．
昭和 18	3月	京都府立京都第一高等女学校教諭．
昭和 23	10月	京都府立桃山高等学校教諭．
昭和 24	3月	京都市立日吉ヶ丘高等学校教諭．
昭和 29	4月	京都女子大学教授．
昭和 36	4月	関西大学教授．
昭和 37	3月	京都大学より文学博士号授与．
昭和 54	4月	中京大学教授(昭和62年3月退職)．
平成 2 (1990)	2月　6日	死去．享年76歳．

京都大学(昭和28，29，32，35年)，天理大学(昭和30年)，奈良女子大学(昭和32-45年)，高野山大学(昭和32，35年)，岐阜大学(昭和34，37年)，九州大学(昭和37年)，同志社大学(昭和37年)，立命館大学(昭和38-47年)，愛媛大学(昭和41年)，成蹊女子短期大学(昭和47-平成2年2月)の非常勤講師を歴任．

ダブリン即興[三省堂ぶっくれっと 40]　昭和 57 年　8 月
洛中洛外屛風図をめぐって(座談会)[文学]　昭和 59 年　3 月
花の下の猿楽[兵庫県能芸文化祭]　昭和 63 年　4 月

4. 講　演

芭蕉の遺跡　伊賀上野と新大仏寺〈近畿文学会〉　昭和 46 年　7 月 18 日
太平記に見える笠置〈近畿文学会〉　昭和 46 年 10 月　9 日
酒呑童子〈舞鶴市民文学講座〉　昭和 51 年 10 月　2 日
お伽草子〈NHK テレビ〉　昭和 52 年　5 月(4回)
太平記〈朝日アートセンター〉　昭和 52 年　9 月　3 日
天狗説話展望〈国学院大学公開講演会〉　昭和 52 年 11 月 26 日
平家物語〈毎日教養講座〉　昭和 53 年　2 月 13 日
お伽草子の世界〈帝塚山大学日本文学会〉　昭和 53 年　6 月 15 日
説教と説話〈おてつぎ運動(浄土宗)〉　昭和 54 年　6 月
奈良絵本について〈奈良絵本会議〉　昭和 54 年　8 月 22 日
福徳招来の物語〈NHK ラジオ放送〉
　文正草子　昭和 55 年　1 月　1 日
　大黒舞　昭和 55 年　1 月　2 日
　猿源氏草子　昭和 55 年　1 月　3 日
面白の花の都や〈折口信夫古代講座講演(於慶応義塾大学)〉　昭和 55 年 10 月　4 日
博多日記のことなど〈中世文学会(於熊本大学)〉　昭和 55 年 10 月 27 日
旅〈芦屋市民講座〉　昭和 61 年　7 月　4 日
琵琶法師の事など〈観音経講座(於妙法院)〉　昭和 61 年　7 月 20 日
面白の花の都や〈中京大学公開講座〉　昭和 61 年　9 月

(岡見弘道)

一遍聖絵随想[日本思想大系月報 9]	昭和 46 年 1 月
『幻中草打画』翻刻[近世文学作家と作品]	昭和 48 年 1 月
冬の旅[関西大学通信]	昭和 48 年 1 月
浄林房阿闍梨豪誉の事など—金沢貞顕・貞将書状と太平記—[国文学 50](関西大学)	昭和 49 年 6 月
謎の中世山徒史[歴史読本]	昭和 49 年 10 月
常世の浪の寄する国[文学の旅 10](千趣会)	昭和 50 年 3 月
語釈雑談(二)　朝夕雑色[国語科通信 29]	昭和 50 年 6 月
番場蓮華寺過去帳のことなど[柴田実先生古稀記念会]	昭和 51 年 1 月
時宗と陣僧[時衆研究 70]	昭和 51 年 11 月
小さな説話本—寺庵の文学，桃華因縁—[国語と国文学]	昭和 52 年 5 月
天狗説話展望—天狗草紙の周辺—[日本絵巻物全集 27]	昭和 53 年 3 月
熊野の物語—熊野の本地—[日本神道史研究第二巻月報]	昭和 53 年 4 月
道成寺縁起の物語化[国語科通信 37]	昭和 53 年 5 月
御伽草子の世界—その絵解的表現—[太陽]	昭和 54 年 7 月
琵琶法師と旅[朝日カルチャーブックス　日本の旅びと]	昭和 58 年 4 月
面白の花の都や—上京と下京—[文学]	昭和 59 年 3 月

3. 書評・紹介・解説・座談会，その他

風巻景次郎著『新古今時代』[国語国文]	昭和 11 年 8 月
横山重・藤原弘著『説教節正本集』[国語国文]	昭和 11 年 12 月
柳田国男著『昔話と文学』[国語国文]	昭和 14 年 3 月
伊藤寿一・鹿嶋正二著『和漢朗詠集山城切解説及釈文』[国語国文]	昭和 14 年 5 月
『雁草子複製』	昭和 16 年 3 月
市古貞次著『中世小説の研究』[文学]	昭和 31 年 5 月
金井清光著『時衆文芸研究』[国語と国文学]	昭和 43 年 9 月
柳田国男著『雪国の春』解説[角川文庫]	昭和 46 年 5 月
古本奈良絵本集解題[天理図書館善本叢書]	昭和 47 年 9 月
『岩手県上閉伊郡昔話集』解説[『日本昔話記録』2]	昭和 48 年 10 月
柳田国男著『物語と語り物』解説[角川選書 54]	昭和 50 年 4 月
筑土鈴寛氏の業績—『筑土鈴寛著作集』の刊行によせて』—[文学]	昭和 51 年 8 月
お伽草子の世界(佐竹昭広・松田修と鼎談)[文学]	昭和 51 年 9 月
中世文化の心と形—乱世—(村井康彦・守屋毅と共同討議)—[淡交]	昭和 51 年 4 月
徳江元正著『芸能，能芸』[国文学]	昭和 52 年 7 月
故角川君を偲ぶ[伝承文学研究 20]	昭和 52 年 7 月
乱世(中世—心と形)対談[講談社]	昭和 53 年 5 月

室町ごころ[国語国文] 昭和26年11月
近古小説のかたち[国語国文] 昭和28年10月
絵解と絵巻・絵冊子—近古小説のかたち(続)—[国語国文] 昭和29年 8月
「もの」—出物・物着・花の本連歌—[国語国文] 昭和30年 2月
日本文芸における連歌の位置[女子大国文3] 昭和31年 1月
鼠草子—御伽草紙復刻集(一)—[女子大国文5] 昭和32年 3月
鼠草子—御伽草紙復刻集(二)—[女子大国文6] 昭和32年 6月
どんな新しい研究領域があるか・中世[解釈と鑑賞] 昭和32年 5月
説教と説話—建保四年写明尊草案集中の一説話の釈文—[国語国文] 昭和32年 8月
管見資料二・三—幸若舞写本・是害坊・自戒集—[中世文学3] 昭和33年 5月
白河印地と兵法—義経記覚書—[国語国文] 昭和33年11月
説話・物語上の西行について——一つの解釈—[日本絵巻物全集11] 昭和33年11月
御伽草子[図説世界文化史大系(日本III)] 昭和34年 6月
絵解と絵巻・絵冊子[日本絵巻物全集6] 昭和35年 3月
時宗と連歌師[日本古典文学大系月報35] 昭和35年 3月
瞽女覚書[女子大国文20](京都女子大学) 昭和36年 2月
国文学における民俗学的方法[解釈と鑑賞] 昭和36年 4月
御伽草子と絵[中世文学6] 昭和36年 6月
陣僧[日本古典文学大系月報62] 昭和37年10月
御伽草子小考[日本古典鑑賞講座月報25] 昭和38年 1月
琵琶法師の生活[古典の窓6] 昭和39年 3月
大原の別所その他(平家物語の旅)[古典の窓6] 昭和39年 3月
説教と説話—多田満仲・鹿野苑物語・有信卿女事[仏教芸術54] 昭和39年 5月
唱導師と説話(書かれざる文学8)[日本古典文学大系第二期月報9] 昭和39年12月
琵琶法師と瞽女(書かれざる文学9)[日本古典文学大系第二期月報10] 昭和40年 1月
物語僧のことなど(書かれざる文学10)[日本古典文学大系第二期月報11] 昭和40年 2月
絵解のことなど(書かれざる文学11)[日本古典文学大系第二期月報12] 昭和40年 3月
中世文学と仏教(討論会要旨)[中世文学13] 昭和43年 5月
御伽草紙絵に就いて—十二類合戦絵巻・福富草紙・道成寺縁起絵巻を通じて—[日本絵巻物全集18] 昭和43年11月
御伽草子—絵草子の問題に関連して—[講座日本文学6] 昭和44年 1月
御伽草子の世界[日本歴史シリーズ8] 昭和44年 2月

岡見正雄著作目録

1. 編 著 書

良基連歌論集(一)	古典文庫	昭和27年10月
良基連歌論集(二)	古典文庫	昭和29年 1月
良基連歌論集(三)	古典文庫	昭和30年 3月
義経記(日本古典文学大系37)	岩波書店	昭和34年 5月
太平記・曾我物語・義経記(日本古典鑑賞講座12)〔共編〕	角川書店	昭和35年 2月
太平記(三)(日本古典文学大系36)〔共編〕	岩波書店	昭和37年10月
愚管抄(日本古典文学大系86)〔共編〕	岩波書店	昭和42年 1月
日本文学の歴史6 文学の下剋上〔共編〕	角川書店	昭和42年10月
抄物資料集成〔共編〕	清文堂	昭和46年 7月
古奈良絵本集(一)(天理図書館善本叢書8)	八木書店	昭和47年 9月
太平記(一)(角川文庫)	角川書店	昭和50年12月
太平記・曾我物語・義経記(鑑賞日本古典文学21)〔共編〕	角川書店	昭和51年 8月
太平記(二)(角川文庫)	角川書店	昭和57年 4月
標注洛中洛外屛風(上杉本)〔共編〕	岩波書店	昭和58年 3月

2. 論　文

室町時代物語の一特質[国語国文]	昭和10年 1月
福富草紙絵巻について[昔話研究1-8]	昭和10年12月
御伽草子解説[昔話研究1-12]	昭和11年 4月
春浦院本福富草紙詞章私解[国語国文]	昭和11年 5月
御伽草子解説[昔話研究2-3]	昭和11年 7月
座頭と笑話—義経記に至る中世口承文芸史抄—[国語国文]	昭和12年 8月
判官物語考—義経記に至る中世口承文芸史抄—[国語国文]	昭和12年11月
物語より記へ—義経記に至る中世口承文芸史抄—[国語国文]	昭和12年12月
応安新式の成立	
観応弐年識語「僻連抄」を中心として[国学院雑誌]	昭和15年 8月
同上　[国学院雑誌]	昭和15年 9月
僻連抄・僻連秘抄・連歌新式事校訂[国学院雑誌]	昭和15年10月
遁世者—時宗と連歌師—[国文学論究]	昭和15年11月
義経記覚書—鬼一法眼のことなど—[国学院雑誌]	昭和16年11月
歌問答を廻りて—歌垣に関する断想—[国語国文]	昭和17年12月
心敬覚書—青と景曲と見ぬ俤—[国語国文]	昭和22年 9月

■岩波オンデマンドブックス■

室町文学の世界——面白の花の都や

1996年2月23日　第1刷発行
2016年2月10日　オンデマンド版発行

著　者　岡見正雄《おかみまさお》

発行者　岡本　厚

発行所　株式会社　岩波書店
〒101-8002 東京都千代田区一ツ橋2-5-5
電話案内 03-5210-4000
http://www.iwanami.co.jp/

印刷／製本・法令印刷

ISBN 978-4-00-730372-2　　Printed in Japan